延暦寺と中世社会

河音能平・福田榮次郎［編］

法藏館

序　文

延暦寺文書復元研究会　代表
河音　能平
福田榮次郎

私河音が黒田俊雄さんと最後に学問的な話をしたのは、一九九一年春、黒田さん宅へお見舞いに行った時ではなかったかと思う。黒田さんは、一九八五年大阪大学文学部長をされていた時、脳梗塞で倒れられたが、その時は手当てもよくリハビリによってはやく回復されて、学部長の職責を果たされた。その後一九八九年九月、大阪大学文学部教授を停年退官され、大谷大学文学部教授となられた。そして一九九〇年、『日本中世の社会と宗教』（岩波書店）を刊行された。私河音はこの本の刊行後にお見舞いにあがったことになる。この時は、自宅が近所であることもあって私一人でお会いしたと思う。

黒田さんは、日本中世宗教史の史料論の話をされ、最大の寺院権門である延暦寺の文書がないことがどんなに日本中世史像をゆがめているか、熱をこめて語られた。延暦寺文書を復元できるものであれば復元したい。しかしそれはかなわぬ夢である。不十分なものでもいいから、中世史家みんなの協力でなんとかしてこの巨象に迫りたい。このような話をされた。その後入院され、一九九三年一月二十六日逝去された。

周知のように、延暦寺は元亀二年（一五七一）九月、織田信長の焼き打ちにあって、当時三千あったという坊舎もすべて焼き払われ、多くの僧侶が殺され、延暦寺文書も消失してしまった。日吉神社文書も同じ運命にあったであろう。信長は王権（weltliche Autorität）の教権（geistliche Autorität）に対する優越を天下に示すために、この暴挙を実施した。おそらく、山陰加春夫氏が高野山文書について明らかにするように（山陰加春夫著『中世高野山史の研究』、清文堂、一九九七年）膨大な延暦寺文書群が整然と保管されていたであろう。その量は高野山文書をはるかに上回ったであろう。さいわい延暦寺の奥の院葛川明王院には、葛川明王院文書が残されており、その一端をかいまみせてくれる。

延暦寺文書を復元しようとすると、次のような作業が必要であろう。たとえば、嘉禎元年（一二三五）十二月十五日「延暦寺政所下文写」（大音文書六号、『若狭漁村史料』所収、『鎌倉遺文』四八六四号）、正応五年（一二九二）十月日「日吉十禅師宮社領御賀尾浦職宛行状写」（大音文書一八号、『鎌倉遺文』一八〇四一号）、弘安七年（一二八四）十一月三十日「山門下知状」（今堀日吉神社文書一号、『鎌倉遺文』一五三六七号）などは差出者側の控である案文（複本）が延暦寺政所に伝来していたはずである。また正安三年（一三〇一）十二月日「延暦寺東谷仏頂尾衆徒訴状案」（今堀日吉神社文書二号、『鎌倉遺文』二〇九四四号）などの場合は、延暦寺政所にその正文が伝来していたはずである。私たちはこれらの散在する文書群を丹念に蒐集して、分類・整理・研究して、延暦寺文書を復元する努力をしなければならない。

しかし、問題は延暦寺文書・日吉神社文書にとどまらない。実は、事情はさまざまであるが、日本中世において、最高の権門勢家はその文書群をほとんど残していないのである。

平安末期から鎌倉期にかけて、最大の荘園領主であった王家には王家文書はほとんど残っていない。かろうじて、鎌倉中期以降、院庁職務を世襲した島田家（紀氏）に建久二年（一一九一）十月「長講堂目録案」（後白河法皇〔院位、一一五八〜九八）が所有した荘園グループの年中課役を書き上げた「定文」）などが伝来しているにすぎない。こういった王家領荘園目録は他にも多少残っているが、肝心の院庁の裁判関係文書や伝領関係文書はほとんど残っていない。島田家文書の大部分は島田家の私領荘園文書である（大山喬平『長講堂領目録と島田家文書』、思文閣出版、一九八七年）。おそらく、王家の家長たる院やその一族の女院が死亡すると、その院庁は解散となり、堆積していた文書群は荘園目録を除いて廃棄されたものと考えられる。その場合、院庁発給文書の正式の案文（控）は紙屋院に送られたと考えられる（河音能平「日本中世前期の官司・権門における文書群の保管と廃棄の原則について」、『古文書研究』三三号、一九九〇年）。八条院（院位、一一六〇〜一二一一）に保管されていた文書群の一部が高山寺聖教類の料紙となり、高山寺聖教類紙背文書として伝来している（石井進「源平争乱期の八条院周辺――「八条院文書」をてがかりに――」〈石井進編『中世の人と政治』、吉川弘文館、一九八八年〉）。王家に伝来した最古の文書は、正和元年（一三一二）十二月日「伏見上皇自筆処分状」（伏見宮家文書、『鎌倉遺文』二四七七六号）である。

中央官司太政官においては、太政官発給文書の正式の案文（控）は十四世紀半ばまで左大史を世襲した小槻氏（壬生家）の家に保管されていたが、王権が室町幕府に移るにつれて、その保管体制は解体した。壬生家文書の大部分は太政官御厨家領所領文書、すなわち小槻氏の私領荘園文書である。

五摂家の内、九条家はかろうじて九条家文書を残している（『図書寮叢刊』九条家文書、六冊）。この程度のものは他の四摂家も残していたと考えられるが、応仁・文明の乱で失ったのであろう。火事に際して笈に入れて持って逃げた第一のものは、先祖の書いた日記の類いであった。近衛家は藤原道長の自筆の日記『御堂関白記』を残している。五摂家に伝来する日記には紙背文書はなかった。紙背文書をもつ日記を伝えたのは、中級以下の公家の家であった。たとえば、鎌倉期の権中納言勘解由小路経光の日記『民経記』は多くの紙背文書を有しており、子孫の広橋家に伝来した。

他方、南都についてみると、『春日神社文書』として刊行されているものは、旧興福寺唐院文書である。興福寺には『大乗院寺社雑事記』などをはじめ、多くの別当日記が残っていて、現在国立公文書館に所蔵されている。それらにはすべて紙背文書があり、佐藤進一氏、笠松宏至氏、永村眞氏が解読にあたっておられる。それによれば、紙背文書のほとんどは、日記の筆者尋尊に宛てられた書状である。一方春日神社には、膨大な春日社家記録が伝来しており、現在まで鎌倉期の三冊が刊行されているにすぎない。私たちの友人が確認したかぎりでは、これらの社家記録にはすべて紙背文書があるという。興福寺別当の日記と似た様相が推定される。私たちは今後その調査・研究・刊行について膨大な作業が必要であろうと覚悟しなければならない。

最後に、室町期最大の荘園領主であった五山の文書であるが、わずかに、南禅寺文書の一部が伝来するだけで、ほとんど伝わっていない。応仁・文明の乱で消失したのではなかろうか。寺家では火事に際してまず持って逃げたのは本尊をはじめ仏像類であったであろう。

私たちはこれまで、主として東大寺文書・東寺百合文書・高野山文書などを基本史料として日本中世史研究を進めてきたが、それらは第二級の荘園領主の文書であって、第一級の荘園領主の文書が欠けているということをあらためて再確認しなければならないのではないであろうか。黒田さんの問題提起は以上のようなひろがりをもっていると私たちは考える。

このような黒田さんの問題提起（遺志）をうけとめて、私たちは延暦寺文書復元研究会をつくり研究・討論を進め、巨象中世延暦寺に迫ってきた。本書はそのささやかな成果である。

二〇〇二年九月三〇日

延暦寺と中世社会＊目次

延暦寺と中世社会

第Ⅰ部　延暦寺の内部構造

延暦寺の禁制型寺院法について

岡野　浩二

はじめに

古代・中世の寺院社会と国家権力との関係を論じる素材として、僧尼令や寺院法などの法制史料がある。僧尼令については、成立、祖法との関係、効力などに関して、多くの議論がなされてきた[1]。中世の寺院法については、僧侶集団の自治や寺領支配を論じる方向から始まり、公家新制との関係も取り上げられるようになった。すなわち稲葉伸道は、鎌倉時代の興福寺を素材に、公家新制が発令されると、それを受けた寺院が「寺辺新制」を自ら発布したことを明らかにしたのである。

平安時代については、寺院法や公家新制が誕生・成長した時期にもかかわらず、寺院の自治と国家の法制の関係が十分に検討されていない。延暦寺には早い時期の寺院法が知られ、そのなかには禁制の性格が強いものが含まれている。それらの内容を分析し、性格を解明することで、国家権力と寺院勢力をめぐる議論に寄与することができると考える。

ただ寺院法は多様であり、その概念化が十分に進んでいない。そこでまず寺院法に関する先行研究の論点と成果を示し、次に平安時代の寺院法を概観したい。その後で、延暦寺の禁制型寺院法と国家の法制の関係を論じることにしよう。

一　寺院法の研究史と課題

平安・鎌倉期の寺院法に関する先行研究のうち、管見に及んだ主要なものを以下に挙げ(2)、どのようなことが問題とされてきたかを簡単にまとめてみよう。

三浦周行「寺院法史料」（『続法制史の研究』、岩波書店、一九二五年）
細川亀市「寺領に於ける法制」（『日本寺院経済史論』、啓明社、一九三〇年）a
宝月圭吾「平安時代に於ける寺院法制の一考察」（『宗教研究』新一〇巻一号、一九三三年）
細川亀市『日本中世寺院法総論』（大岡山書店、一九三三年）b
堀　大慈「良源の『二十六箇条起請』制定の意義」（『史窓』二五号、一九六七年）
梅田義彦「神社・寺院の内部法」（『改訂増補日本宗教制度史〈上代篇〉』、東宣出版、一九七一年）a
梅田義彦「自治法としての社法・寺法（鎌倉時代）」（『改訂増補日本宗教制度史〈中世篇〉』、東宣出版、一九七二年）b
羽下徳彦「領主支配と法」（『岩波講座日本歴史』5中世1、岩波書店、一九七五年）
黒田俊雄「中世寺社勢力論」（『顕密仏教と寺社勢力』、法藏館、一九九五年、初出一九七五年）
尾上寛仲「慈恵大師『廿六条式』と天台宗教団」（『奥田慈応先生喜寿記念　仏教思想論集』、平楽寺書店、一九七六年）
平林盛得「仏教文書」（『日本古文書学講座』第三巻古代編Ⅱ、雄山閣出版、一九七九年）
渡辺恵進「『慈恵大師起請二十六箇条』について」（叡山学院編『一千年遠忌記念　元三慈恵大師の研究』、同朋舎出版、

一九八四年）
稲葉伸道「寺辺新制」（『中世寺院の権力構造』、岩波書店、一九九七年、初出一九八六年）
山岸常人「寺院法からみた内陣・礼堂」（『中世寺院社会と仏堂』、塙書房、一九九〇年、初出一九八六年）
清田義英『日本中世寺院法の研究』（敬文堂、一九八七年）a
永村　眞「中世寺院と『寺法』」（永原慶二編『中世の発見』、吉川弘文館、一九九三年）
清田義英『中世寺院法史の研究』（敬文堂、一九九五年）b

第一に、寺院の自治を論じるなかで、それを象徴するものとして寺院法が取り上げられてきた。三浦周行は、寺院の自治・寺領内の犯罪処罰を指摘し、細川亀市aも、寺領内の司法・行政を規定し、教団が治外法権的な地位を確立したことを指摘した。また細川亀市bや清田義英abは、僧侶集会の発達との関係で寺院法を位置づけている。さらに宝月圭吾は、平安時代中期に国家統制が失墜し、それに代わって慣習による寺院の自治が発達し、寺院法は公家法・武家法と鼎立する存在となったと述べている。

第二に、神仏に誓約する文言に注目し、起請文との関係が論じられている。宝月圭吾は依拠すべき権威に関して、国家権力や檀越に代わって神仏の霊威が強調されるようになったとして、起請（寺院法）と起請文（仏罰神罰文言をともなう誓約書）の関係を指摘した[3]。また清田義英aは、神仏に誓約する落書状にも注目している。

第三に、寺院が国家権力から自立して自治を行うようになったという図式だけで処理するのではなく、内実を検討して、国家権力と寺院の自治の絡みを再検討する視点が提示された。梅田義彦aや清田義英aは、「統教権と治教権」という概念を提示している。すなわち梅田によると統教権は「国家が、その領土内の宗教教団に対する権利」、治教権は「宗教教団が自らその内部を規律し、かつその機関を規定する権利」である。また羽下徳彦は中世の法を論じるなかで、寺院法も国家権力に依拠している点を指摘した。すなわち、良源の二十六箇条起請の処罰規定に「公家・官底」に引き渡す規定がみえ、また文覚の神護寺起請文の効力も後白河上皇によって保証されているというのである。また稲葉伸道は公家新制と寺辺新制の関係に注目している。治承五年（一一八一）六月の興福寺「寺辺新制事」（『平安遺文』三九六八号）は、①②③学衆の所従・衣服・乗物、④⑤禅衆の所従・衣服、⑥修二月会造花、⑦若宮祭田楽装束、⑧中童子などの過差禁止を命じたもので、公家新制を受け、それを斟酌して寺辺新制が制定された。そして鎌倉時代にも嘉禄元年（一二二五）の公家新制を受けたとみられる翌二年の南都新制や、弘長三年（一二六三）の新制を興福寺に伝える太政官牒が確認できるという。

第四に、僧侶集団の秩序を論じたものである。黒田俊雄は、寺院法が鎌倉時代に発達する意味に関して、高野山を例に取り、門流や房流ごとに分裂しがちな状況があり、寺院法でそれらを統一的に秩序づける必要性が生じていたと論じた。また山岸常人は、寺院法にみえる内陣・礼堂に着目し、それらから法会の執行形態や、寺内階級を分析している。

第五に、寺院法の分類方法についてである。宝月圭吾は「起請」に限定して論を進めた。また平林盛得は、定形の書式があるわけではないと前置きしたうえで、寺院法の多くが箇条書きで順守事項を列挙したものであることから、式・規式・起請・遺言の見出しを立てて説明している。寺院法は制定主体、対象、内容などで多様な広がりをもっているために、様式論だけでは十分に分類・整理できない。永村眞は整理の基準について、次のような柱を立てている。

A寺法の成立要件、①制定主体（僧団、長老、開山〈再興開山〉、寺家の長官・寺官）、②制定対象（僧団、荘官・荘民）、③制定内容（僧団規制、法儀・法会、寺務組織、世俗〈荘園〉）。

B寺法の構成要素、①制定意図、②準拠、③効力持続、④保障、⑤制定手続、⑥制定形式、⑦違反規定。

以上の五点のうち、第三の国家権力と寺院自治の関係を再検討する視点は重要である。とくに稲葉伸道の公家新制・寺辺新制の指摘は、平安時代にはそのまま当てはまらないが、新制や寺院法の誕生・成長期にはどうであったのかという問題を提起している。

二　平安時代の寺院法の概観

平安時代の寺院法を、制定契機と制定主体を軸として分類し、紹介しよう。制定契機は、先の永村眞のいう「制定意図」に該当し、寺院や法会の創始・継承に当たってのもの、特別な事件や事態に対応して制定されたもの、という区分である。制定主体は、具体的には主導僧・外護者・衆僧である。

1　新教団の旗揚げ、寺院の建立・再興

主導僧が制定

最澄の山家学生式　（『伝教大師全集』巻一）　山家学生式は、天台法華宗年分学生式（六条式）・勧奨天台宗年分学生式（八条式）・天台法華宗年分度者回小向大式（四条式）の総称である。制定年代は、それぞれ弘仁九年（八一八）五月十三日、同八月二十七日、弘仁十年三月十五日である。

「天台法華宗年分学生式」の内容は、①年分度者は戸籍から除かず、度縁に官印を請う、②戒牒に官印を請う、度者は十二年山籠する、③止観業の学業規定、④遮那業の学業規定、⑤能行能言・能言不行・能行不言の者の処遇、

⑥天台僧の国講師としての活動規定である。「勧奨天台宗年分学生式」の内容は、①得業学生の試験、②得業学生の衣食、③得業学生の心性不良による交替、④得業学生の受戒、十二年の山籠、止観業・遮那業の学業、⑤年分学生・自進者の供料・法服・房、⑥年分学生の住山十二年の者に法師位を授与、⑦適格者への大法師位・法師位の授与と不適格者の除名、⑧俗別当による監督、盗賊・酒・女の禁止である。「天台法華宗年分度者回小向大式」は、①仏寺の三種（大乗・小乗・大小兼行）、②仏寺の三種の上座の別（文殊・賓頭盧・両者併置）、③仏戒の二種（大乗・小乗）、④仏の受戒の二種（大乗戒・小乗戒）を説いている。

　制定者は最澄、制定の契機は大乗戒壇設立運動であり、制定手続きは、天皇の勅許のかたちを取っている。内容は、おおむね年分度者の就学規定である。天台宗の年分度者は、延暦二十五年（八〇六）正月二十六日の官符「応レ分二定年料度者数幷学業一事」で二人が確保された。この山家学生式は、その施行細則の「式」に当たる。[4] また南都との相違や山籠の後の処遇を強調しており、天台僧の地位を外部に周知させる目的がうかがえる。

円仁の首楞厳院式　『慈覚大師伝』に「（承和）三年四月於二楞厳院一制二九条式一」とあり、『天台霞標』[5]（五編巻之一）に「首稜〔楞〕厳院式合九条」として次のような内容を掲げている。①山門の内に女人を入れない、②院中一衆・童子の飲酒の禁止、③橡を食とし、秋に檀法を行う、④院中一衆が父母・兄弟のように和す、⑤院中一衆が慈悲・敬順をなす、⑥施主との折衝は「僧次人」が行い、檀越に院内で法事を行わせない、⑦院中一衆は行住坐臥、心を法性に安住し、実相無分別を観じる、⑧院中一衆は色を好まない、⑨院内で修学する者は世間の名利を得ず、法会衆生のため、国家を利するため、仏法を住持し、菩提を証得するために修学する。末尾に「凡院中一乗〔衆〕、毎レ人可レ看二此式一、承和三年四月二日　円仁」「右首稜〔楞〕厳院式壱通、大永年間所レ写」「文久二年壬戌秋八月　横河沙門円空和南」の奥書がある。

道雄の海印三昧寺式　『類聚三代格』（巻二・年分度者事）所収の嘉祥四年（八五一）三月二十二日の官符は、海印三昧寺を定額寺とし、公卿別当と年分度者の設置を定めたものである。これは権少僧都道雄の上表によるもので、俗別当の設置、年分度者の十二年の山籠など、最澄の山家学生式に類似している。裁可の文言「但可レ試経数幷令二得度一者依二別式一」から、「別式」の存在が確認できる。

遍昭の花山元慶寺式　『類聚三代格』（巻二・年分度者事）所収の寛平四年（八九二）七月二十五日官符に、元慶寺の年分度者が受戒の後六年間法華阿弥陀三昧を兼修することが規定されている、それに遍昭の作成した「花山元慶寺式」に、元慶寺の法華三昧・阿弥陀三昧には、同寺常住の僧侶を用いることが定められていたという。

文覚の神護寺起請文　（『平安遺文』四八九二号）神護寺を再興した文覚が元暦二年（一一八五）正月十九日に記したもので、冒頭に神護寺の由来や、空海自筆の金泥両界曼荼羅が後白河院によって蓮華王院から返付され、播磨国福井荘が寄進されたことなどが記されている。四十五箇条からなり、寺僧の和合、寺務・三綱・住僧の規定、禁止条項、荘園の経営などの条文がある。いくつか紹介しよう。①寺僧の一味同心、②貴賤を問わず戒臈をもって次第とする、④寺務執行人の恣意の禁止、⑦三綱・供僧は器量の者を任命する、⑧実否を確かめての治罰、⑩大事の訴訟は衆徒が引率して公家に奏上、⑪堂舎の修造、⑫恒例仏事の執行、⑭僧徒の聚落常住の禁止、㉔帯刀杖甲冑の禁止、㉖寺内での殺害の禁止、㉚酒宴の禁止、㉛房舎の売買禁止、㉟美服の禁止、㊱寺内に女人を宿泊させることの禁止、㊲大門内への魚鳥五辛の持ち込み禁止、㊵牛馬鳥の飼育禁止、㊹根本荘園の預所に住僧侶を補任、㊺領家・地主の寺役懈怠禁止。前文の末尾に「太上法王之御手印也、仍寺僧等以二此置文一、為二末代之明鏡一」とあり、日付の箇所に後白河院の朱の手印が押されている。また清書は院司の藤原忠親によってなされた。

慈円の大懺法院条々起請　『門葉記』（巻九十）[6]に収められ、建永元年（一二〇六）の年紀をもつ。大懺法院は慈円が元久二年（一二〇五）に京都三条白河坊吉水房に建てた道場である。内容は以下の通りである。①長日勤行、②毎月仏事、③毎年仏事、④供僧の器量、⑤供僧等の勤行のこと、⑥僧侶の坊、⑦供米、⑧仏聖灯油以下のこと、⑨仏経料物毎日布施のこと、⑩阿闍梨の解文、⑪寺官等のこと、⑫荘園のこと（平方荘・坂田荘・藤島荘・桜下門跡荘園等・松岡荘・志度荘・加々美荘・淡輪荘）。

外護者が制定

藤原頼通の平等院起請　『中右記』長治二年（一一〇五）三月四日条に、「故宇治殿（藤原頼通）十二ケ条起請初条云、平等院検校、以二慈覚（円仁）智証（円珍）門徒中上臈一可レ補、但若任二天台座主一者早可レ補二其替者一」とあり、『玉葉』文治二年（一一八六）八月二十九日条にも同寺の三綱に関して「本願御起請」があったという。(7) また『中右記』承徳二年（一〇九八）六月十三日条に法成寺執行の人事についての記事があり、そこに「件事入道殿（藤原道長）無二別起請一者何事在哉」とみえ、藤原道長による寺院法の制定を示唆している。

空覚（鳥羽上皇）の起請　（『平安遺文』補三一八号）　妙法院文書に残る案文で、「以前五箇条起請如レ件」の書止文言、仁平四年（一一五四）九月二十日の日付、「沙弥空覚」（鳥羽上皇）の署判があったという。本文の前半は欠けており、また「自余条々略之」と案文作成時の省略もある。この寺院は円聖が発願したもので、鳥羽の皇子・皇孫が長者として代々相承するとの前文と、院内諸務・寺領荘園執行・大勧進は、円聖の門弟が相承するとの一箇条が残っている。(補)

行真（後白河上皇）の起請五箇条　（『鎌倉遺文』一二三〇号）　「起請　高野大塔長日不断両界供養法条々事」で始まり、奥に文治三年（一一八七）五月一日の日付と「阿闍梨行真（後白河上皇）起請」の位置がある。内容は、①長日不断行法の子細、

②器量を撰び供僧に補任、③供僧故障の代わりに非供僧を用いることの不可、④供僧改補の子細、⑤仏僧供以下の用途である。ここで後白河上皇は、阿闍梨行真と名乗っているが、実際には寺院の外護者であった。この法会は後白河上皇から前年に寄進された備後国大田荘を財源として、このとき創始されたものであった(8)。

2　法会の創始・念仏結社の結成

主導僧が法会を開催

慈円の天台山勧学講七箇条　『門葉記』(巻九十一)に天台勧学講縁起と天台山勧学講七箇条が収録されている。作成者は慈円で、承元二年(一二〇八)二月の年紀がある。縁起には次のように記されている。勧学講は慈円が天台座主であった建久四(一一九三)、五年に思い立ち、源頼朝から越中国藤島荘を財源として与えられたが、その後中断した。今後は無動寺大乗院を道場として、先達四十人、講衆六十人を三塔(東塔・西塔・横川)および無動寺から選出し、十月一日から七日間講会を行う。七箇条の内容は以下の通りである。①先達・講衆を定め置く、②先達・講衆は器量を撰んで闕を補う、③講衆の臨時に故障時の所作、④三塔四谷の先達・講衆の配分、⑤供料布施を懈怠しない、⑥結衆中に放逸放埒者があれば互いに教誡する、⑦講会の功労により抽賞する。

念仏結社の結成

横川首楞厳院二十五三昧起請　(『恵心僧都全集』巻一)　奥付に寛和二年(九八六)九月十五日に慶滋保胤が草したとある。①毎月十五日に念仏三昧を勤修する、②念仏結願ののち、光明真言を誦し土砂を加持する、③人を撰んで闕を補う、④別所に往生院を建立して病気の結衆を移し住ませる、⑤結衆が病のとき結番して看る、⑥墓所を点定して花台廟と号し、二季に念仏を修する、⑦常に西方を念じ深く功力を積む、⑧結衆の没後は義を守り、善を修する、という内容である。これらの条文を増補した十二箇条の「横川首楞厳院二十五三昧起請」が永延二年（九八八）六月十五日に源信によって撰定されている。

僧範好等連署起請文（『平安遺文』四五七六号）　本文は欠けており、「為二永代制式一而已」の書止文言、長徳二年（九九六）八月二十六日の日付、僧範好・睿桓・忠正・延久・惟慶の署判、それを認可した検校・別当・勾当・知院法師・預法師の署判がある。奥の別紙に、寛和元年に飯室北谷を安楽と号し、二年夏の供養会に源信が来訪したのを機に道心の者が集会して結縁の行法を企て、財源を確保し僧房を修造したという由来が記されている。

3　主導僧の遺告・遺制

空海の御遺告（『大正新脩大蔵経』巻七七）「遺告諸弟子等」「応勤二護東寺真言宗家後世内外一事、管二合弐拾伍状〔条〕一」の書き出しで始まり、奥に承和二年（八三五）三月十五日の日付と、入唐求法沙門空海の署名がある。内容は、①真言宗の由来、②実恵を長者とする、③弘福寺を真雅に託す、④珍皇寺の管理、⑤東寺を教王護国寺と名づける、⑥東寺灌頂院を長者の阿闍梨が監督、⑦食堂仏前での僧・童子の金剛界五悔の念誦、⑧大安寺を本寺とする、⑨門徒となる者は情操を本とする、⑩東寺に長者を立てる、⑪弟子は東寺長者を敬う、⑫弟子は三論・法相を兼学する、⑬東寺の供僧（定額僧）二十四人を定める、⑭定額僧を後七日御修法に請用する、⑮後七日御修法の修僧の所得を高野山修理雑用に充てる、⑯年分度者を試度する、⑰末世の弟子は祖師の恩に報じる、⑱東寺僧房に女人を入れない、⑲僧房での飲酒の禁止、⑳神護寺は門徒長者の阿闍梨が進退する、㉑たやすく伝法灌頂阿闍梨職位・両部大法を授けない、㉒金剛峰寺を宗家の大阿闍梨が管摂する、㉓室生寺で避蛇法を修する、㉔東寺座主大阿闍梨は如意宝珠を護持する、㉕末世に蜜華薗を破壊しようとする者があれば修法を行う。この御遺告は、後世に空海に仮託されて記されたものである。[9]

真紹の禅林寺式（『平安遺文』一五六号）これは貞観十年（八六八）に真言宗の真紹が弟子の宗叡に付属状（『平安遺文』一五五号）とともに作成したものである。真紹は、空海の高弟・実恵の弟子であり、空海―実恵―真紹―宗叡という法脈が知られる。禅林寺は真紹が京都東山に建立した寺院である。

内容は次のようである。①三摩地を修し、礼懴ならびに念誦を絶やさない、②布薩説戒を闕怠しない、③上堂のとき晩上早却しない、④施主が法会を催すとき、衆僧は食堂に集まり平等に食を受ける、⑤上下和穆して学道し、法を護る、⑥大衆集会のとき威儀清潔に上堂する、⑦受戒の後、六箇年は寺内に住み、外に出ない、⑧不宜の門徒に寺務を領知させない、⑨顕密両教を弘伝する、⑩先師の忌日に追福を修する、⑪観心寺に仏灯料を送る、⑫寺僧は宅を設けない、⑬上堂の人の履を盗用することを禁断する、⑭聚落に入り数日を経た僧は、洗浴ののち、堂に入る、⑮三宝の施は、長財（田園）をもって仏殿などの修理に充てる。

円珍の大師遺制　園城寺文書を紹介した『唐房行履録』（巻下）に、寛平三年（八九一）十月二十八日に円珍が増命ら五人の弟子に書き示した「大師遺制」が掲載されている。①七仏薬師像の安置、②園城寺別当に円珍門徒を任じる、③正月十四日に慈覚大師のために曼荼羅供を修する、④円珍の著作や入唐将来の法門を結番して守護する、⑤地主三聖神のために年分度者を確保する、⑥円珍の死骨をもって影像を造り山王院に安置する、⑦円珍の死後、仏事を修さず、一乗妙典を講じ、天台法門を讃歎し、布薩を行う、⑧円珍の死後、その父母のために七仏薬師像を造立し、『法華経』『薬師経』を書写する、⑨円珍の門人は、慈覚大師の門徒と父母兄弟のように和す、⑩懺悔のために懺法を修行し、『普賢観経』千巻を書写する、⑪小戒を受ける者は門徒から追放する。『叡岳要記』上にも根本一乗止観院の「七仏薬師像七体」に掛けて「智証大師十二箇条起請文在レ之」と記されているが、この遺制は偽書と考えられている⑽。

聖宝の東南院院主起請　（『平安遺文』四五五二号）　東大寺東南院院主の聖宝が延喜七年（九〇七）二月十三日に記したもので、「東南院　定置院主起請事」の書き出しで始まる。東南院は、荒廃した佐伯氏の氏寺・香積寺（佐伯院）を延喜四年に東大寺別当道義が同寺内に移したもので、佐伯今毛人の子孫らも同意した。香積寺の悲田院の屋を移築して東南院院主の住房とし、聖宝の一門が伝領するという取り決めである。箇条書きで運営方針や禁止条項を列挙した一般的な寺院法ではなく、誓約を明文化した起請文との関係が注目される。聖宝が七十六歳で記したものであり、晩年の遺制といえる。

良源の遺告　（『平安遺文』三〇五号）　良源の自筆で天禄三年（九七二）五月三日の日付が冒頭にあり、「初記没後事」とあり、横川定心房・真言堂・南谷根本房地・西塔本覚房・東塔房地一所・華山中院妙業房といった房舎から始まり、岡屋荘・鞆結荘・立荘・黒田江西荘などの荘園、鈴・鏡などの道具の相伝とその後の処置、そして「葬送事」として葬儀の配役が決められている。房舎や荘園は、藤原師輔から喜捨され、尋禅（師輔の子）に伝えたものが多い。その尋禅も同様の遺言状を作成したようで、『門葉記』（巻七十三・寺院三・横川）に定心房や真言堂について、永祚二年（九九〇）二月十三日の「慈忍（尋禅）和尚御遺言帳」が、『山門堂舎』妙音（香）院の項に同年二月十四日の「慈忍和尚御起請帳」が引用されている。

実経の栄山寺記置雑事　（『平安遺文』一三九七号）　「栄山寺記置雑事　合三箇条」の書き出しで始まり、「一、堂舎修造恒例仏事」「一、所領荘薗事」「一、不レ可レ成下以二他家他門僧一別当職上事」が規定されている。奥には、承徳二年（一〇九八）八月十五日の日付、検校・別当・上座・寺主・都維持那の位署書、大学頭藤原某・文章博士藤原某など氏人の「判」が認められる。栄山寺は南家藤原氏が経営した氏寺で、康平二年から承保二年（一〇五九～七五）ごろまでの間に興福寺の末寺になった[11]。この置文の三箇条目では、別当は実経の一門が相伝し、たとえ氏人であっても実経の門跡でない僧は寺務を執行してはならないと記されている。

守覚法親王の御記（『大正新脩大蔵経』七八巻）　守覚法親王が病気を機会に記した箇条書きの書で、六十七箇条からなる。『大正新脩大蔵経』は太秦広隆寺蔵写本に従い『御記』の表題で収録しているが、「拾要集」の表題もある。冒頭の「今年東夷北狄相起」の記事からみて治承四年（一一八〇）の成立であろう。門徒の心構えや、日常や法会の際の作法を説いたもので、最後の「交談事」では、弘法大師以来の真言宗の歴史が長文で記されている。いくつかを紹介しよう。①門流の後輩は専ら和を以て心となす、②門主の輩は先に慈悲深重の心をもって門弟を救う、③真言行者は道を過ぎるとき心に九想観を懸ける、⑦真言行者は酒宴乱会を好まない、⑨児童ならびに禅侶の腰刀の使用停止、⑪僧正に任じる者は平衆に交じらない、㊸有職の前駆の人数規定。

4　主導僧の交替、新主導僧の宣言

延暦寺禁制式　延暦寺禁制式二十二箇条は『天台霞標』（五巻之一[12]）仁忠禅師の項に収録されており、「山家要略、略載㆓十五条㆒」の注記のように十五箇条が知られる。奥には「天長元年五月廿三日」の日付、「上座仁忠、付法伝燈大法師位義真、伝燈大法師位円澄」の連署がある。さらに「延暦寺禁制式一巻、凡弐拾弐条、右式、検見既訖、自今以後、依㆑制行之、天長元年七月五日、別当正三位行宮内卿藤原朝臣（三守）、参議従四位下守右大弁勲六等大伴宿禰国道」の追記がある。つまり延暦寺の上座仁忠と、義真・円澄が、最澄没後の主導者として制定し、延暦寺俗別当にその実施を申請して裁可を得たのである。天長元年（八二四）は、大乗戒壇での授戒が実現した翌年であり、

『天台座主記』によると、六月二十二日に義真が太政官牒で座主の職に就任している。

内容は次の通りである。①五大色の袈裟の着用禁止、②唐袈裟の着用、③入堂時の共列座黙、④童子への私的刑罰の禁止、⑤皿器・草座履の窃盗禁止、⑥他人の浄履・木履・足形の著用禁止、⑦戒臘による座順の遵守、⑧近事の帽子・衣を墨染とし、俗衣色を禁止、⑨童子の学生への昇格、師による童子への加罰、童子の放逸撲滅、⑩房主帳に僧の号・国郡・姓名を記し、政所に提出、⑪死僧の埋葬、財物の処分、⑫誦経布施を設け、看病者料・埋葬料に充てる、⑬暫住行人を長期に寄宿させることの禁止、⑭罵言・闘争・悪言の禁止、⑮厠を清浄に保つ。これらは寺内での日常生活の細部にわたる規則である。

準拠として、先師最澄の遺訓（①②④）・梵網経（①）・南海伝（南海寄帰内法伝）（⑪）がみえ、末尾でも「今録二先師之遺訓一、兼加二便宜之事一」と記されている。延暦寺禁制式には違反規定として、同院不許可（②⑩）、擯出（⑥）、拝と懺悔（③⑦⑨⑭⑮）、上堂不許可（⑧）などが見受けられる。

延暦寺の構成員として「仏子・近事・童子」の別があり、それらは「入堂衆」とも呼ばれた（③）。近事の衣冠の色は墨染色とされ、違反の罰則として「不レ許二上堂一」（⑧）があったことがわかる。また童子の放逸行為として「聚落」（集落に交わること）が挙がり、「諸堂庇屋、暫住行人」と寄宿人の日数を制限していることは、寺院の内・外の別が強く意識されていたことを示している。

なお、④⑩条が良源の起請二十六箇条に引用されており、そこでは「天長元年五月廿三日廿三箇条制式」と呼ばれている。

延暦寺起請六箇条事　『朝野群載』（巻三・文筆下）に、「延暦寺起請六箇条事」が掲載されている。末尾に「天承元年二月十三日　作者式部大輔藤原敦光朝臣」と日付・作成者が記されている。『天台座主記』によると、大治五年

（一一三〇）十二月二十九日に天台座主に補任された忠尋が、同六年（天承元年＝一一三一）正月五日に比叡山に登り、十一日に東陽房で印鎰を受け、拝堂の儀を終えている。この寺院法の制定契機は、忠尋の座主就任であろう。内容は、①『摩訶止観』などを習学せずに広学竪義の請用を望むことの停止、②受戒以後、三臈・五臈未満の者が五時講・法華三十講の講師・問者の請用を望むことの停止、③三部儀軌を読まず、両界行法を修さず、年少で阿闍梨職位を望むことの停止、④凶徒を招集し、兵器を営求することの停止、⑤僧侶の美服の着用、所従の童子の過差の停止、⑥供養の間の酒盃の停止、である。

準拠については、承和十年十一月十六日格（③）、令条（⑤⑥）、律議（⑥）が挙げられている。③の承和十年十一月十六日格は『類聚三代格』（巻二・修法灌頂事）に収録される「応下為二国家一於二東寺一定二真言宗伝法阿闍梨職位一幷修中結縁等灌頂上事」、⑤の令条は僧尼令10聴着木蘭条である。[13]

5　臨時の禁制

主導僧や朝廷が制定

為延暦寺式四条　『日本三代実録』貞観八年（八六六）六月二十一日条に「為二延暦寺一立二式四条一、其一、禁下制修二灌頂一日職掌僧闕怠上（中略）、其二、禁下制供二舎利会一職掌僧闕怠上（中略）、其三、禁二制寺裏養一レ馬（中略）、其四、禁三制山僧着二美服一（中略）、先レ是、寺家申二請施二此制一、至レ是聴レ之」の記事がある。

制定主体に着目すると、この法制は「寺家申請」、すなわち座主安恵の申請によって、国家が定めた「式」「制」といえる。内容は①灌頂を修するときの職掌僧の闕怠禁止、②舎利会の職掌僧の闕怠禁止、③寺域内での馬の飼育禁止、④美服の禁止である。

準拠については、③に貞観元年九月十七日の官牒で同内容の命令が下されたこと、④に「美麗衣装、先師所レ制、故座主円仁闍梨亦加二厳制一」「而猶違二先式一」の文言がみえる。違反規定は、①に「今須二一年不レ参者、一年不レ聴レ歯レ衆、（中略）永不レ預二衆例一、亦拘二階業一」、②に「其有二闕怠一之類、一准二灌頂一将レ懲二其怠一」、③に「一度教喩（中略）、須下捉二其馬一送中於左右馬寮上」「若不レ触二寺司一、請返之類勿レ歯二僧中一」、④に「若有二違反一者、不レ預二衆例一」など、法会や僧侶社会からの排除が規定されている。

良源の二十六箇条起請（『平安遺文』三〇三号）　表題は「廿六箇条　阿闍梨公筆」、端裏は「廿六箇条起請　慈恵大僧正　延暦寺」、書き出しは「座主権少僧都法眼和尚位良源敬啓、為レ令二法久住一、立二雑制廿六箇条事一」、奥は「天禄元年七月十六日」「座主権少僧都法眼和尚位良源」「奉行　上座伝燈大法師位法僘　寺主伝燈大法師位寿連　都維那伝燈大法師位聖燈」である。「延暦寺印」が押されている。

制定主体は座主良源であり、延暦寺の三綱がこれを「奉行」するかたちを取っている。延暦寺禁制式のような俗別当の署判はなく、代わりに「延暦寺印」があることから、教団の自主性が表面に出ているといえる。

内容は、①舎利会の際の過差禁止、②六月会の際の過差禁止、③六月会立義への調鉢煎茶の停止、④十一月会講師への調鉢煎茶の停止、⑤安居講師が調鉢を所司に送ることの停止、⑥木履で上堂することの停止、⑦羯摩の物品の代価提出規定、⑧布薩法用の闕怠禁止、⑨登壇受戒後の作法、⑩法会での誦讃唄散の練習、⑪講経聴聞の闕怠禁止、⑫年分学生は法器の者であること、⑬参籠僧が山外に出ることの禁止、⑭禁色衣服の着用禁止、⑮読経の座の懈怠禁止、⑯破子を山僧に送ることの禁止、⑰山内の牛馬を捕らえて馬寮に進めること、⑱裹頭妨法の者の停止、⑲兵仗を持つ者を捕らえて公家に進めること、⑳私的刑罰の禁止、㉑授戒の妨害の禁止、㉒房主帳の作成、㉓山王二季御読経の見参（参加者名簿）の提出、㉔舎利会の後に綱維・堂達が別当房を訪ねることの禁止、㉕綱維が座主房に出向いて慶賀を申すことの停止、㉖綱維の礼儀を守ることである。

準拠としては、梵網経(⑪⑲⑳)、大師所制八箇条式(⑫⑬⑭)、大師遺誡(⑯)、天長元年五月廿三日廿三箇条制式(⑳㉒)、貞観元年九月十七日官符(⑰)、貞観元年以来制式(⑦)、貞観元年十二月十五日式文(⑦)、貞観・寛平・昌泰・延長・天慶等年年度度制式(⑦)、天慶五年七月十二日制式(⑦)、康保四年立制(⑭)、康保四年八月一日立制(⑱)が知られる。大師所制八箇条式は最澄の勧奨天台宗年分学生式、天長元年五月廿三日廿三箇条制式は延暦寺禁制式であり、貞観元年九月十七日官符は、寺域内での馬の飼育禁止令で貞観八年の式四条にも引用されていた。

処罰規定は、法会への請用停止(⑧⑮)、擯出(⑬)、身柄を捕捉して寺家に送り官底に進める(⑲)、当寺僧は衆断に処し、他寺僧および沙弥・童子は検非違使に付す(㉑)、などが知られる。また「護法善神先加二冥罰一」(⑲)と、神仏による処罰文言もみえる。

衆僧が制定

内山永久寺起請　東京国立博物館蔵『内山永久寺置文』[14]の「一、代々起請御教書等肝要事」には、平安末・鎌倉期の寺院法が収録されており、多くが抄録や要旨である。本願(山務)が制定したものもあるが、「山僧起請」「山僧連署」などの語が認められる。嘉応元年(一一六九)六月十四日の山僧起請は、山内での悪口禁止と違反規定(擯出)が規定されていた。養和二年(一一八二)三月の籠山条々起請では、「湯柴料」のことや、山内に牛馬を放つことの禁止などが、元暦元年(一一八四)六月の条々起請では、女人の諸房出入禁止、住房の他人への譲渡の禁止、双六・毬打の禁止、湯屋への腰刀の持ち込み禁止などが規定されている。

以上、新たに集団を結成したり、法会を開催する（1、2）、次世代へ教団を託す（3）、新主導僧の宣言（4）、非常の事態への対応（5）、という制定契機に分けて平安時代の寺院法を紹介した。4、5は、これまであまり注目されていなかったが、延暦寺を対象とし、禁止条項を多く含むものが多い。これらについては、次節で検討しよう。

制定対象に注目すると次の二点が指摘できる。第一に、荘園の荘民を対象としたものはみられない。財源として荘園に言及しているものは、真紹の禅林寺式、良源の遺告、実経の栄山寺記置雑事、空覚（鳥羽上皇）の起請、文覚の神護寺起請文、行真（後白河上皇）の起請五箇条、慈円の大懺法院条々起請である。寺院法は寺僧集団の規則として成立し、のちに荘園支配にまで拡大していったのである。

第二に、寺僧全体と院・門流・私房の関係である。比叡山には、東塔・西塔・横川の三ブロックに諸院が存在した。これらすべてを対象としたものは、最澄の山家学生式、延暦寺禁制式、為延暦寺式四条、良源の二十六箇条起請、延暦寺起請六箇条事、慈円の天台山勧学講七箇条の六点である。円仁の首楞厳院式、円珍の大師遺制、慈円の大懺法院条々起請は、おのおのの門流を対象としており、真紹の禅林寺式、聖宝の東南院院主起請、良源・尋禅の遺告も、その性格が強い。また荘園など財源のことがみえる寺院法の多くが、院・門流・私房に関わるものであることも注目される。延暦寺内の門流・私房などの分散化と統合の問題については後述する。真言宗については、空海の御遺告には、東寺が中心となって高野山・神護寺以下の寺院を従える秩序が主張されている。また守覚法親王の御記に記された真言宗の歴史にも、自身が密教の正統な継承者であるとの意識がうかがえる。

三　禁制型寺院法の特色

1　条文と律令格式・公家新制の関係

臨時に発布され、禁止条項が大半を占める寺院法を、仮に「禁制型寺院法」と呼ぼう。すなわち、為延暦寺式四条（貞観八年＝八六六）、二十六箇条起請（天禄元年＝九七〇）、延暦寺起請六箇条事（天承元年＝一一三一）であり、延暦寺禁制式（天長元年＝八二四）もそれに準じたものといえる。

これらの制定契機は、主導僧の交替か、非常事態である。延暦寺禁制式は、最澄没後の後継者が制定したものである。これに連署した義真・円澄・仁忠の関係は微妙で、弘仁十四年（八二三）に義真が大乗戒の戒師をつとめたとき、仁忠がそれに反対している[15]。また最澄の書状や遺言に、諸房の近事・童子・諸師が壮語していて悩ましい、童子を打つな、といったことがみえ、近事・童子という若者集団に対して体罰を加える事態が生じていた[16]。為延暦寺式四条については、『日本三代実録』によると、貞観八年六月三日に天台座主の資格が止観・真言の両業に通じた者と規定されており、筆者は以前に天台座主の地位確立との関係でこの式四条を捉えた[17]。しかしそれだけでなく、六月四日には僧侶の飲酒・贈物が禁止され、僧綱・三綱にその取り締まりが命じられている[18]。また同年閏三月十日に応天門が焼亡し、それを受けて、四月二十六日に東西両寺・五畿七道で仁王般若経を転読、八月十九日に藤原良房が摂政となり、五畿内の諸寺破損を検察させている。二十六箇条起請については、『日本紀略』などによると、この天禄元年四月二十日に延暦寺惣持院が焼亡しており、それを契機に比叡山の綱紀粛正が図られたと解釈できる。延暦寺起請六箇条事は、忠尋の座主就任を契機に発布されたようである。これより先の大治五年（一一三〇）には、春の授戒の際に裹頭数十人が悪事をなし、五月に権上座の房が毀たれるなど[19]、山上の秩序は不安定な状況にあった。効力の保障については、国家権力に依拠しているか、それと共存している。延暦寺禁制式は、俗別当が認可している。為延暦寺式四条の制定主体は朝廷である。二十六箇条起請の制定主体は天台座主であるが、官底・検非違使など公権力と共存していた。延暦寺起請六箇条事は文章博士が作成し、依拠すべき法は僧尼令や格である。

次に、しばしば登場している事項を取り上げ、国家の法制との関係を明らかにしよう。

a　法会の適正な勤修　為延暦寺式四条①②、二十六箇条起請の①から⑪、延暦寺起請六箇条事①②であり、いずれも冒頭に位置している。舎利会・灌頂・六月会・十一月会・広学竪義・法華三十講など、天台宗の主要な法会が多い。二十六箇条起請⑤の安居講師の条文で、鎮護国家・成熟年穀が目的であるとの文言がみえる。真紹の禅林寺式でも、法会が冒頭に位置している。公家新制では、長保元年（九九九）七月二十七日新制（第三条）に仏事の異例を禁制する条文、寛喜三年（一二三一）十一月三日新制（第二条）に恒例・臨時仏事の執行の条文が確認できる[20]。

b　僧　服　延暦寺禁制式①②、為延暦寺式四条④、二十六箇条起請⑭、延暦寺起請六箇条事⑤であり、国家の法については僧尼令10聴着木蘭条に法服の規定があり、長保元年七月二十七日新制（第七条）に男女道俗着服を禁制する条文があり「美服過差、一切禁断」の語がみえる。また建久二年（一一九一）三月二十八日新制（第十一条）、寛喜三年十一月三日（第十一条）、弘長三年（一二六三）八月十三日新制（第二十八条）にも、道俗の服装についての過差禁止がみえる。また治承五年（一一八一）六月の興福寺寺辺新制にも学衆および禅衆の衣服・乗物の規定がある。

c　法会の役僧の饗応の過差　二十六箇条起請①②③に「過差」の語があり、④にも「右停止之旨、一同二前条一」と記されている。建久二年三月二十八日新制（第十八条）、寛喜三年十一月三日新制（第十九条）に「二会三会已講弁灌頂阿闍梨綱所饗禄過差」の停止が規定されている。二会は法勝寺大乗会と円宗寺法華会である。

d　所従（従類）の員数・過差　延暦寺起請六箇条事⑤に「又童子眷属、動以二衆多一、論二之物議一、理不レ可レ然（中略）仍須下恒例入堂之時、童子一人、臨時交衆之日、随従三人、永為中常式上」と規定されている。僧綱などの従僧の員数は、『類聚三代格』（巻三・僧綱員位階幷僧位階事）所収延暦十七年（七九八）六月十四日官符や『延喜式』（巻二十一・玄蕃寮）に規定があり、建久二年三月二十八日新制（第十五条）や寛喜三年十一月三日新制（第十五条）に僧綱・凡僧の従僧・童子の数が規定されている。また治承五年六月の興福寺辺新制にも学衆および禅衆の所従の定員がみえる。

e　年分度者・阿闍梨・供僧の法器　二十六箇条起請⑫に年分度者に法器の者を撰ぶことが、延暦寺起請六箇条事③に阿闍梨の資格規定がみえる。文覚の神護寺起請文⑦に三綱・供僧の法器が、慈円の大懴法院条々起請④に供僧の法器がみえるのも同じである。寛喜三年十一月三日新制（第二十一条）、文永十年（一二七三）九月二十七日新制（第十三条）に諸寺の阿闍梨に法器の者を充てる条文があり、とくに寛喜三年新制には三部経・両部印契の伝授や、『摩訶止観』の習学が必要条件として示されており、延暦寺起請六箇条事と酷似した内容である。

f　僧侶が山外へ出ることの禁止　年分度者などの山籠は、最澄の山家学生式・道雄の海印三昧寺式・真紹の禅林寺式⑦などに規定されていた。これを受けて二十六箇条起請⑬で修行すべき僧侶が山外へ出ることが禁じられ、具体的な境界が定められている。長保元年新制（第五条）では、僧侶が里に出て、「車宿」と号したり、堂舎を構えることが禁止されている。なお関連事項に、山や堂舎の内外の別を区別した規定が知られる。外部者の来訪については、延暦寺禁制式⑬に暫住行人の長期滞在の禁止、円仁の首楞厳院式⑥に施主・檀越を院内に入れないことがみえる。真紹の禅林寺式⑭には、聚落に出た者は洗浴して堂に入る規定がある。文覚の神護寺起請文⑭でも聚落に常住することが禁止されている。

g　馬牛の飼育禁止　為延暦寺式四条③、二十六箇条起請⑰にみえる。伽藍の清浄を保つことが理由であり、延暦寺禁制式⑮の厠の規定も同じような発想であろう。また文覚の神護寺起請文㊵にも、牛馬鳥類の飼育禁止が規定されている。

h　兵仗の禁止　二十六箇条起請⑲、延暦寺起請六箇条事④にみえる。僧尼令でも1観玄象条で兵書を読むこと、26布施条で兵器を布施とすることが禁止されていた。『法曹至要抄』（中・禁制条・兵杖事）によると、貞観九年（八六七）六月二十日、天延三年（九七五）三月一日に非職の者が兵杖・弓箭を帯びることが禁じられており、水戸部正男は後者と二十六箇条起請を一連の動きとみている。[21] また弘長三年八月十三日新制（第三十三条）で僧徒兵仗の禁止が、東大寺・興福寺・延暦寺・園城寺に発せられている。

i　酒・女人の禁止　山家学生式（八条式）の⑧に酒・女、円仁の首楞厳院式①に女人、②に酒の禁止が規定されている。為延暦寺式四条制定の直前（貞観八年六月四日）に僧侶の飲酒・贈物が禁止されたのも留意すべきである。僧尼令7飲酒条で酒・肉・五辛の飲食が、11停婦女条で僧房に婦女を停めることが禁止されている。文覚の神護寺起請文㉚㊱にも酒・女の禁止がみえる。弘長三年八月十三日新制（第十二条）「可㆔諸寺諸山顕密僧侶守㆓戒律㆒事」では飲酒・妻帯を指摘し、延暦・弘仁・貞観の符に任せて放逸を禁じるとしている。

以上、条文の多くは、律令格式にさかのぼり、公家新制にも盛り込まれたことが明らかになった。

2　条文の配列と基本思想

内容と条文の配列についてみよう。延暦寺禁制式は日常生活の作法が多くを占めている。これに対して、為延暦寺式四条、二十六箇条起請、延暦寺起請六箇条事は、法会の適正な執行、その後に僧侶の資質、禁止条項が続き、過差の停止は法会の執行にも絡んでいる。すなわち、為延暦寺式四条①②が法会の適正な勤修、③④が禁止条項、二十六箇条起請の①から⑪が法会の適正な勤修、⑫が僧侶（役僧）の資質、⑬⑭⑮⑯⑰⑱⑲⑳㉑㉔㉕が禁止条項、延暦寺起請六箇条事①②が法会の適正な勤修、③が僧侶（役僧）の資質、④⑤⑥が禁止条項である。

こうした条文の配列は、公家新制と同じ発想といえる。そのことを長保元年（九九九）新制、『意見十二箇条』、『類聚三代格』から説明しよう。

公家新制については、天皇の勅旨に発源する法令で、禁制的性格が強く、天暦元年（九四七）から十四世紀末まで六十回にわたって発令され、下級官人の身分を超えた華美な生活や、地方官の職務怠慢が主な対象とされた、との水戸部正男の説明が一般に受け入れられてきた。これに対して佐々木文昭は、新制には、a賀茂祭など特定行事の間だけ過差を禁じたり、公事の順守を規定したものと、b攘災のための徳政の一環として発布され、神社仏事、過差停止、公事催勤の項目を必ず含むものとがあり、aは「新しい禁制」という一般名詞であり、bこそ「新制」で、長保元年七月二十七日が初見であると論じた[22]。この見解は、長保元年新制から神仏に関する規定が冒頭に配置されるようになったとの佐々木馨の指摘[23]とも符合する。

『意見十二箇条』において三善清行は、第一条で水旱を消し豊穣を求めるために神社への幣物の奉納と、護国法会を行う僧侶の持戒・精進練行が欠かせないと述べ、第二条で俗人・僧侶の奢侈の禁止を、第十一条で諸国僧徒の濫悪、宿衛舎人の凶暴の禁止を主張している。佐々木文昭が指摘するように、それは公家新制と共通する思想である。これらを勘案すれば、次のようにいうことができよう。「護国法会の適正な執行と、それに関わる僧侶の身分秩序や濫行停止が、国家の存続に関わる重要な事項である」、そうした発想が九・十世紀に形成され、さらに神事・仏事を冒頭に据えた公家新制が十一世紀に入るころに成立した。禁制型寺院法もそれと密接に関係しているのである。

禁制型寺院法の条文配列は、『類聚三代格』（巻二・三）[24]の仏教関係法令の配列とも類似している。すなわち『類聚三代格』（巻二）造仏々名事、経論幷法会請僧事、修法灌頂事、年分度者事、（巻三）国分寺事、定額寺事、僧綱員位階幷僧位階事、諸国講読師事、僧尼禁忌事は、

・仏事法会の適正な勤修　　造仏々名事、経論幷法会請僧事、修法灌頂事、
・僧侶およびその居住空間・指導者　　年分度者事、国分寺事、定額寺事、僧綱員位階幷僧位階事、諸国講読師事、
・僧侶の禁止条項　　僧尼禁忌事、

と読み替えることができる。さらにいえば、『類聚三代格』全体の構成も、「神事・仏事」を冒頭に据え、「禁制」を末尾もしくはその近くに配置する点で、新制の条目と類似している。『類聚三代格』の成立は十一世紀であり、神事・仏事を冒頭に据えた「新制」の成立とほぼ時を同じくしている。巨視的にみれば、十一世紀に入るころに律令とは異なる原理の公家新制が誕生し、その依拠すべき先行法令集として『類聚三代格』が編集されたといえるのである。

僧尼令の条文は、その名の通り僧尼の身分や行動に主眼が置かれていた。延暦寺禁制式もその色彩が濃い。それに対して『延喜式』（巻二十一・玄蕃寮）では、宮中・主要寺院・国分二寺での法会が冒頭に位置している。それは編集方針の相違とともに、八世紀末から九世紀に仏事法会が充実し、その護国法会の重要性が強く意識されたことによるのであろう。そして、それらが適正に執行されないことが災異の原因と考えられ、それに絡めて僧尼の過差、非行の禁止を指弾する論理が展開されたのである。

3　禁制型寺院法の終焉

鎌倉時代には、上記のような延暦寺を対象とした禁制はみられない。制定されたが現存しないのではなく、おそらく制定されなかったのであろう。傍証として『座右鈔』を取り上げよう。『座右鈔』は三鈷寺の恵仁・昭源が延文三年（一三五八）九月十一日に制定した二十五箇条からなる寺院法である。三鈷寺は浄土宗西山派の寺院であるが、『座右鈔』第四条に「可㆔出家後必登㆓山門戒壇㆒事」と記されるように、天台系の寺院である。『座右鈔』が依拠した先例は、梵網経、義浄南海伝、南山尼抄、天台山十制第一条、伝教大師籠山発願文、山家式、延暦寺禁制式、貞観七年三月十五日官符、慈恵大師二十六条式、慈恵和尚病中述懐詩であり[25]、良源以降のものはみられない。

制定されなくなった理由を考えるとき、次の三点が注目される。第一に、延暦寺起請六箇条事がすでに形式化していること。この起請六箇条事に準拠として引かれているのは、僧尼令や官符の類で、比叡山内部の先例がみられない。また承和十年十一月十六日格は具体的には真言宗の阿闍梨の規定であり、天台宗の阿闍梨についてなら貞観十三年九月九日の太政官牒を引くべきであるが[26]、そうはしていない。それは貞観十三年官牒が『類聚三代格』に収録されていなかったためであろう。さらに処罰規定がみえないことも留意すべきである。これらの特色は、起請が式部大輔藤原敦光[27]によって作成されたことによる。つまり忠尋の天台座主就任の吉書、もしくは改元を受けた新制に準じた法制として作成されたのであり、文筆の手本として『朝野群載』に収録されてはいても、山内統制という点で迫力に欠けた形式的な文書になっているのである。

第二に、平安末・鎌倉期に天台宗は青蓮院・妙法院・梶井（梨本）坊の門流に分かれ、座主が山上に常住しなくなり、全山の統合が難しくなったことである。覚快法親王や慈円は、天台座主と同時に青蓮院門主であり、京都白河の三条白河房を居住・活動の場とした。先にみた慈円の大懺法院建立は、青蓮院の堂舎が固定するまでの途中段階を示している。[28]

第三に、新制が主要寺院に均一に頒布されるようになったことである。『朝野群載』（巻十一・廷尉）に収録される院宣は「依二天下之過差一、近日被レ下二新制一、慎守二綸旨一、不レ可レ乖レ法之由、可レ被レ下二知当寺僧綱以下一者、依二院御気色一、執達如レ件、九月二十三日　左近衛中将藤原公教奉」「謹奉天台座主御房　又大僧正三井寺　官法務東大寺別当僧都山階寺」というものである。年代は長承元年（一一三二）と比定されている。[29] つまり天下の過差を禁止した院宣（新制）が出されたので、僧綱クラスの僧侶もそれを守るよう、延暦寺・園城寺・東大寺・興福寺の四箇大寺[30]に公布されたのである。

一方で、各門流と比叡山全体の新たな法が姿を現している。慈円によって建久五年（一一九四）に創始され、承元二年（一二〇八）に再開された勧学講は、開催場所が無動寺大乗院であることから青蓮院の進止となったが、先達・講衆は三塔（東塔・西塔・横川）から器量のある者が撰ばれることになった。慈円は勧学講という法会の開催によって、三塔の統合を図り、学僧の資質を維持しようとしたのである。[31] 禁止条項や日常生活の規範を示したこれまでの寺院法との質的な差異が認められる。

おわりに

寺院法は、僧侶集団の自治を示すもの、寺領支配を示すもの、という観点から研究が始まった。しかし、平安時代の寺院法については、朝廷や檀越の力を前提としたものも多い。また寺領支配に主眼を置いた寺院法は未発達である。

寺院法は多様であり、様式論だけの分類方法では、内容や特質が十分に把握できない。本稿では永村眞の整理方法に学びながら、とくに制定契機と制定主体に着目して分類し、内容も斟酌して「禁制型寺院法」を検出した。

延暦寺の禁制型寺院法は、僧侶集団の自治を示すというより、国家の仏教統制の系譜を引くものである。その制定契機や条文配列に、公家新制に近似した性格をうかがうことができる。それらは平安時代に固有のものであるが、早い時期の特徴的な寺院法として認識すべきである。こうした法制が延暦寺に限って残っているのは、最澄の大乗戒壇設立による「南都教団とは異なる」との意識や、比叡山に集住した寺院の形態によるのであろう。

平安時代は、天台座主が朝廷とともに、禁制型寺院法を制定した時代であった。しかし鎌倉期には、座主による禁制型寺院法は姿を消し、代わって平安末から公家新制が延暦寺・園城寺・東大寺・興福寺など主要寺院に均一に発布されるようになった。その一因に、座主が山上に常住せず青蓮院など里坊を拠点に活動するようになったことがある。

以上がこれまでの考察から導き出せる結論である。最後に効力について付言しておこう。立法行為は、守られない現実と裏腹の関係で存在している。延暦寺の禁制型寺院法も、その例外ではなく、二十六箇条起請が先行法をいくつも挙げているのがそれを示している。山内止住の規定を例に取ると、山家学生式で年分度者の十二年の山籠が規定され、延暦寺禁制式や二十六箇条起請で房主帳の作成が義務づけられて在住者把握の努力が続けられた。また二十六箇条起請で、山籠修学の規定を破って外出する事態に対して比叡山の四至が成文化されたのである。一方、罰則の実施については、『慈恵大僧正伝』によると良源は地主三聖神のための『金剛般若経』転読に参加しなかった僧を籍帳から除いたといい、擯出が確認できる。しかし、十二世紀には寺院法に反する行動を取る僧侶が寺内で登用されていたりする。たとえば『中右記』長治元年（一一〇四）十月七日条に次のような記事がある。法薬禅師は、武勇の人で合戦を好み、山上の争いに関わり、諸国末寺荘園を兼任し、数十の武士を引率していた。東塔の大衆はこれを延暦寺の都維那に任じたという。寺院法が遵守されなかった一因に対象者の境界線が曖昧であったことが挙げられる。延暦寺禁制式には、仏子に加えて近事・童子が、二十六箇条起請には、他寺僧・沙弥・童子が登場している。また山内の馬牛飼育禁止令は、周辺の住民・領域と関わる問題である。比叡山には、上層部の学僧だけでなく、半僧半俗の集団が存在し、さらにその裾野には、里坊や、のちに寺内町と呼ばれる地域が存在していた(32)。延暦寺の禁制型寺院法は、悪僧・荘園・里坊の展開とともに終焉を迎えたといえるのである。

註

（1）　僧尼令については、中井真孝「僧尼令における犯罪と刑罰」（『日本古代仏教制度史の研究』、法藏館、一九九一年、初出一九七六年）、吉田一彦「僧尼令の運用と効力」（『日本古代社会と仏教』、吉川弘文館、一九九五年、初出一九八六年）、伊能秀明「古代における法と法意識をめぐる一考察」（『法制史料研究1』、巖南堂書店、一九九四年、初出一九八八年）、湯浅幸孫「僧尼令考釈」（『仏教大学研究紀要』七二号、一九八八年）を参照。

（2）　土橋秀高「中国における戒律の屈折」（『戒律の研究』、永田文昌堂、一九八〇年、初出一九七〇年）、同「高弁の戒律思想」（『戒律の研究』第二、永田文昌堂、一九八二年、初出一九七七年）によると、戒律を基礎として中国で僧制・寺制が生まれた。禅宗の清規も寺制の一形態であり、また高弁の星尾寺条々などの寺院法も日本における寺制の展開と捉えられるという。戒律・僧制・寺制という流れにも留意すべきである。禅宗寺院の清規や制規については、今枝愛真「清規の伝来と流布」（『中世禅宗史の研究』、東京大学出版会、一九七〇年、初出一九六〇年）、葉貫磨哉「武家の統制と禅林の弛緩」（『中世禅林成立史の研究』、吉川弘文館、一九九三年）などの先行研究があるが、ここでは割愛する。

（3）　こうした視点を継承した研究に、芝野康之「起請文考」（『角田文衞博士古稀記念古代学論叢』、一九八三年）がある。

（4）宮城栄昌『延喜式の研究』論述篇（大修館書店、一九五七年）は、諸司式以外の式編纂の一つとして山家学生式を取り上げ、井上光貞『日本古代の国家と仏教』（岩波書店、一九七一年）は、八条式・六条式を「延暦二十五年の法令（格）に則る細則（式）」と捉えている。筆者もこれらに従いたい。

（5）『大日本仏教全書』一二六冊所収。

（6）『大正新脩大蔵経』図像十二所収。

（7）藤本孝一「平等院の十二ケ条起請について」（駒沢大学大学院史学会古代史部会編『日本古代史学論聚』、一九七九年、初出一九七八年）。

（8）上川通夫「後白河院の仏教構想」（古代学協会編『後白河院』、吉川弘文館、一九九三年）。

（9）森田龍僊「御遺告及び御手印縁起の研究」（『密教研究』七五・七六号、一九四〇・四一年）。

（10）佐伯有清『人物叢書　円珍』（吉川弘文館、一九九〇年）によると、これは偽書であるが、円珍の円仁への敬意は、仁和四年の「垂誡三条」からもうかがえるという。

（11）米田雄介「栄山寺の興福寺末寺化をめぐって」（『赤松俊秀教授退官記念国史論集』、一九七二年）。

（12）『大日本仏教全書』一二六冊所収。

（13）僧尼令の条文名は『日本思想大系　律令』（岩波書店、一九七六年）による。

（14）東京国立博物館編『内山永久寺の歴史と美術〈史料篇〉』（東京美術、一九九四年）。

（15）『伝述一心戒文』（巻中・一乗戒牒御筆文）。仲尾俊博『日本初期天台の研究』（永田文昌堂、一九七三年）を参照。

（16）『伝教大師消息』『叡山大師伝』。福井康順「宗祖の遺誡『不打童子』考」（『日本天台の諸研究』法藏館、一九九〇年、初出一九七九年）を参照。

（17）拙稿「延暦寺俗別当と天台座主」（『駒沢史学』三三号、一九八五年）。

（18）阿部猛『菅原道真』（教育社歴史新書、一九七九年）は、この時期を「貞観四年の新制」「貞観八年の治安立法」の見出しで記述している。

（19）『中右記』大治五年五月十七日条。

(20) ここで取り上げる公家新制の出典は次の通りである。長保元年七月二十七日(『新抄格勅符抄』/『新訂増補国史大系』)、建久二年三月二十八日(『三代制符』/『続々群書類従』七法制部)、寛喜三年十一月三日(『三代制符』)、弘長三年八月十三日(『公家新制』/『続々群書類従』七法制部)、文永十年九月二十七日(『三代制符』)。合わせて水戸部正男『公家新制の研究』(創文社、一九六一年)、『日本思想大系 中世政治社会思想 下』(岩波書店、一九八一年)を参照した。

(21) 水戸部正男註(20)前掲書、三三頁。

(22) 水戸部正男註(20)前掲書、佐々木文昭「平安中・後期新制小考」(佐伯有清先生古稀記念会編『日本古代の社会と政治』、吉川弘文館、一九九五年)。新制について、三浦周行「新制の研究」(『日本史の研究』新輯一、岩波書店、一九八二年、初出一九二五~二六年)は、律令格式のうちの格に相当するものと評価しており、また稲葉伸道「新制の研究」(『史学雑誌』九六編一号、一九八七年)は、平安末・鎌倉期に、天変地異などを契機に発令されたことを指摘し、徳政との関係を論じた。早川庄八「起請管見」(『日本古代の文書と典籍』、吉川弘文館、一九九七年、初出一九八九年)は、「起請」の語の変遷を探るなかで、新制は「新しい制、新しい禁制という、一般的な意味のことば」であると論じた。佐々木文昭の指摘は、これらを踏まえた論である。

(23) 佐々木馨『中世国家の宗教構造』(吉川弘文館、一九八八年)八二頁。

(24) 『類聚三代格』の巻数は『新訂増補国史大系』に従う。飯田瑞穂「『類聚三代格』巻第四の復元に関する覚書」(『古代史籍の研究』中、吉川弘文館、二〇〇〇年、初出一九八四年)によると、写本によって巻数に異動があるが、全体の配列に大きな違いはない。

(25) 『大正新脩大蔵経』巻八三。該当の条文事書と準拠は次の通りである。①可童子入室時先授三帰五戒事(義浄南海伝)、②可弟子得度時師主告示衆僧事(南山尼抄)、③可剃髪出家時即授沙弥十戒事(南海伝・山家式)、⑥不可為衣鉢未具人授大僧戒事(天台山十制第一条)、⑦可授大戒時先令修三十七日悔過事(梵網経・貞観七年三月十五日官符)、⑨可衣鉢道具体色如法事(延暦寺禁制式・慈恵大師二十六条式)、⑭不可半月布薩闕怠事(二十六条式)、⑲不可無伴入聚落事(南海伝)、㉒不可無知不学好独住事(南海伝・山家式)、㉔可互行慈忍不致闘諍事(梵網経)、㉕可廻所修行業欣求極楽事(伝教大師籠山発願文・慈恵和尚病中述懐詩)。なお天台山十制は智顗の立制法十条の

ことであろう。池田魯参「天台智顗の『立制法』」（『駒沢大学仏教学部論集』二号、一九七一年）を参照。
（26）拙稿「伝法阿闍梨職位と有職」（虎尾俊哉編『律令国家の政務と儀礼』、吉川弘文館、一九九五年）。貞観十三年九月九日官牒は園城寺文書を活字で紹介した『余芳編年雑集』（『大日本仏教全書』二八冊）に収録されている。
（27）藤原敦光には「勘申」「中禅寺私記」などの著作があり、前者には三善清行『意見十二箇条』の影響がうかがえる（『日本思想大系　古代政治社会思想』、岩波書店、一九七九年）。
（28）慈円と大懺法院については、多賀宗隼『慈円の研究』（吉川弘文館、一九八〇年）を参照。
（29）水戸部正男註（20）前掲書六八頁。ただし佐々木文昭「平安中・後期の過差禁制」（『北海道武蔵女子短期大学紀要』二四号、一九九二年）は、年代比定を保留している。
（30）弘長三年八月十三日新制の兵仗禁止も、東大寺・興福寺・延暦寺・園城寺に伝えられている。この四箇大寺は『公事根源』にみえる最勝講の請僧の所属寺院と一致する。註（26）前掲拙稿参照。
（31）勧学講については、野村君代「勧学講と藤島庄」（『ヒストリア』六一号、一九七二年）、田中文英「慈円と勧学講」（大阪大学文学部日本史研究室編『古代中世の社会と国家』、清文堂、一九九八年）を参照。
（32）比叡山の里坊については、西口順子『女の力』（平凡社、一九八七年）、寺社の経済活動と境内都市については、伊藤正敏『中世の寺社勢力と境内都市』（吉川弘文館、一九九九年）を参照。
（補）西口順子「白河御願寺小論」（『平安時代の寺院と民衆』、法藏館、二〇〇四年、初出一九八六年）によると、この寺院は四天王寺念仏三昧院のことである。

「堂衆退散」と延暦寺の平和

衣川　仁

はじめに

中世寺院の史的意義は、国家と仏教、社会と寺院が有機的連関の中で支配秩序を形成したことの多面的検証によって、繰り返し指摘されている。両者の不可分な関係が、寺院の世俗権力への求心にのみ機能するのではなく、そこで生成された摩擦の中で、一方では「寺社勢力」として自律的な動向をみせた点に中世的特質があった。その「勢力」の根源が何であるのか、そしてそれが社会に向けていかに稼働したかについて考えることが、独り寺院史上だけの課題ではなく、中世社会の全体像を描く上で必要になってくると考える。

その際に中世延暦寺の研究が果たす役割は大きい。その権門としての規模もさることながら、記録に多く残された内部での葛藤や外部との摩擦の歴史が、社会的な影響力をもった山門という「勢力」を磨き上げてきたことに対象としての重要性が存する。したがって中世延暦寺は、単に史料的制約から他の権門寺院に立ち遅れた研究対象としてではなく、中世史研究の対象として積極的な理由をもつ。

建仁三年（一二〇三）五月、延暦寺では、学生（学侶）に湯屋入浴の「剋限之違乱」を咎められた釈迦堂衆が「種々之謗言」を吐き、これをきっかけに両者の間では緊張が高まっていた。そして八月には激しい武力闘争が巻き起こる。堂衆は近江三箇庄の軍兵を率いて攻勢に出、学生は山上に城郭を構えてこれに対峙したという。

学生訴申云、縦誡二今度之張本一不レ可レ改二自性之猛悪一、不レ如下永追二却其身一削中名字於叡山上云々。叡慮之趣、謂以堂衆誡雖レ非二顕密之行人一、久以為二住持之法侶一、争忽削二名字一永被レ止二其衆一乎。雖レ然、学生忌二帰山一強依二訴申一、十月四日堂衆削二名字於叡山一、可レ令レ追二却其身一之由被レ下二院宣一、又賜二官兵一可二追却一之旨、同被二仰下一畢。(1)

寺院社会には、「行」を勤める堂衆と、教学研鑽を旨とする学生という二つの身分集団が存在し、彼らが中心となって寺院大衆を構成した。山門では、両者の「行学合戦」(2)が十二世紀前半よりたびたび繰り広げられていたが、建仁の騒動では、学生の訴えによって堂衆に対する山上追却の院宣が下された。しかし、西塔釈迦堂衆は東塔中堂衆と連携して勢力を強め、八王子山の城郭に立て籠もって抗戦の構えをみせる。これに対して官軍が派遣され、堂衆勢は退散を余儀なくされた。その後、十一月には「当院堂衆所領等庄園一向為二院主之沙汰一、可レ為二本堂相折料一也」(3)という院宣が出され、堂衆はその所領をも没収されてしまう。

この「堂衆退散」(4)の後、比叡山上での堂衆の活動は史料上確認できなくなる。院政期以来、さまざまな顕密仏事や武力行動などの場面で頻繁に姿をみせた堂衆の「退散」は、下坂守氏が指摘されたように、(5)延暦寺という権門寺院の在り方に多大な影響を及ぼしたであろうことは想像に難くない。ゆえに、堂衆とその「退散」を手掛かりに寺内の変化の内実を探ることには、堂衆自体もその一部であった、中世延暦寺の「勢力」を解明する一前提としての意義が認められるであろう。

一　延暦寺の堂衆と堂衆阿闍梨

堂衆についての研究視角は、おおむね僧兵論と、それに関連した僧侶集団内の身分問題が中心であったが[6]、南都では堂衆の「行」の分析によって、律や修験との関係にまで議論が及んでいる[7]。一方、延暦寺において堂衆を考える場合、『源平盛衰記』『驢驢嘶余』『天台座主記』所収の「当今出世制法」などを典拠に、彼らは学生に仕えた者が出家して清僧になったものと定義される[8]。しかし、これらの史料は後世のものであると同時に、「堂衆ト申ハ……」といった規定から入る硬直性が感じられる。従来型の身分論・僧兵論に収斂させないためにも、堂衆をめぐる歴史的な動向そのものから動態的にみる必要があろう。

延暦寺の堂衆は、十一世紀の末頃から史料上に現れる。『阿娑縛抄』に記録された延久三年（一〇七一）七月の安鎮法（阿闍梨勝範）では、道久・妙勝・良順・相寿という四人の中堂衆が伴僧を勤めていた[9]。彼らは、同じ『阿娑縛抄』の別の箇所では「中堂久住者」と表現されている。「久住者」とは籠山者のことであり[10]、「久住」の語義から堂舎での勤行によって仏法を広く浸透させる者を意味している。実際に『中右記』によれば、永久二年（一一一四）四月、「中堂衆」の中に悪僧が入ったとの風聞に応じて天台座主仁豪に調査が命じられ、その結果「中堂久住者誉快」が悪僧として追却された[11]。「中堂夏衆」「中堂衆」「中堂久住者」と呼ばれて堂舎での仏事を勤める存在を、顕密の学問を旨とする修学者（「学生」）に対置された「堂衆」として、広く把握してよいと考えられる。

堂衆は三塔諸堂に所属し、「結番」による「守護」を勤めつつ、そこでの「祈請」に夏衆として従事する[12]。また彼らはこの恒例仏事・雑事に加えて、他所で行われる密教修法の伴僧となることもあり、大抵は五人から十数人が主に陀羅尼などの役で参加した。安元三年（一一七七）の七宮覚快の新座主拝堂の際には、「儲㆓御座於正面㆒哉否、又妻戸開儲哉否、堂衆答云」[13]といった儀式の細則に関する寺家の質問に堂衆が答えており、その経験的な知識が求められることがあった。永久二年の悪僧風聞の一件では、早急な調査が命じられるとともに、座主仁豪が「悪僧更不㆑入㆓中堂衆㆒」との請文を提出している[14]。これは悪僧問題の社会的な深刻さを示す一例であるが、この場合、諸々の仏事に深く関与していた堂衆に、悪僧が入ることで想定される仏事退転を聖俗双方が恐れた結果でもあった。

　堂衆は、仏事勤修・修法の伴僧以外にもさまざまな職務をもっており、その一つが中堂執行職であった。中堂執行に就いた堂衆には、建仁の追放以前に確認できるものだけでも、快朝・延勝・覚全・広命・性賢・増暹がいる[15]。この執行職は、建保二年（一二一四）の両門跡不和の時には「谷々学頭」と並記され、寛喜元年（一二二九）には南谷の静学律師が「学頭之職幷中堂執行」を停止されたように、「堂衆退散」後には大衆組織の代表であった学頭が兼務する職になっていた可能性が高い[16]。それ以前については堂衆の職であったようで、たとえば建久二年（一一九一）の七仏薬師法（阿闍梨顕尋）では、伴僧八口のうち四人を占めた中堂衆について「仰㆓執行㆒」せて召請し、新座主拝堂では呪願を勤めるなど、中堂に関する堂務一般と、請僧といった堂衆の統轄を職務としていた[17]。その他にも中堂領の管理・運営にあたっており、鎌倉後期に起こった根本中堂領近江国木戸・比良両庄と青蓮院領葛川との相論に証拠として提出された木戸庄側の百姓申状によれば、慈円の時代に中堂執行である「堂衆明浄房」広命が、実検のため「木戸方」として「中堂承仕長講」を派遣している[18]。この申状はまた、葛川常住が「堂衆退散之折」を得て濫妨したとも述べており、中堂領支配に果たした堂衆の役割の大きさも窺うことができる。

　以上のように、顕密仏事のみならず世俗的な堂務運営にも深く関わっていた堂衆は、学生とはいかなる相違をもつのであろうか。堂衆の場合、入山後の研鑽階梯を含めた社会生活の全容を明らかにすることは難しいが、その一端を示唆する史料として『阿娑縛抄』両寺灌頂がある。灌頂時の讃衆についての記述で、十方神供・門前灑水などの役の人数について、「中堂衆上臈二人」「入壇者二人」などとする「教王云」の異説を載せている。ここで「教王」房賢暹が堂衆を「入壇者」に対置したように、堂衆とは上臈であっても非「入壇者」、すなわち灌頂を遂げていない者であると考えられる。[19] また、安鎮法での伴僧が「皆悉伝法灌頂徒」とされるのに対して、堂衆は「練行久積」と表現されており、[20] ここでも堂衆と学生との差異が灌頂にあったことが確認できる。

次に、堂衆の社会生活を考える上で示唆的な二つの事件をみてみたい。まずは大治五年（一一三〇）の春季授戒の際に、裹頭した中堂衆数十人が「悪事」を成したという事件である。調査の結果「中堂衆所為」であることが判明し、「堂衆不レ可二裹頭一」という座主仁実の命をうけて、権上座静命が派遣された。応対した「堂衆上臈」は、「尤可レ然、不レ可レ背二此仰一、件旨可レ下二知堂衆一」と答えたが、五月になって数十人の堂衆が「乱発」し、静命の房を切房するに至ったため、山上では所司、外部では検非違使に対して追捕命令が下された。[21]

この事件から三年後、再び堂衆による騒動が起こる。長承二年（一一三三）七月、東塔学生が庚申の遊戯に「恣摸二苦住者体一」て散楽をしたことに怒った「苦住者」＝久住者（堂衆）と、東西学生の間で激しい戦いとなった。

> 叡山西塔学徒責二中堂苦住者等一、焼二一和尚房一、切二二和尚房一、責二落苦住者等於一谷一、一両人射云々（中略）苦住者彼時雖レ被二責落一、後横川東塔窺二学生等一、多以殺害、学生等成レ恐逃散云々。為二山上太騒動一也。[22]

大治・長承という二つの事件に描かれた堂衆の姿からは、ある程度の存在形態を知ることが可能である。彼らは学生と同様、年臈が浅い段階では師主の住房に止住し、上臈の僧や宿老的存在の統制下にあった。そのうちに臈を積むと私的な房を構えることができたようで、長承の事件では久住者の「一和尚房」「二和尚房」が放火・切房にあっている。これは堂衆独自の房の存在を示すと同時に、堂衆の中だけで認められた「一和尚」以下の序列、すなわち学生とは別個の臈次体系の存在を物語る。(23)大治の事件では、上臈が堂衆全体に下知する体制が堂衆内部に成立していた。また他の事例によれば、学生との合戦で「堂衆等」が「日吉社為レ楯集二会社内一」し、治承・寿永の内乱では大衆より早く源氏への同意を決定していた。(24)建仁の騒動でも、堂衆が「谷々相議」して「各別湯屋」を興すことを決めていた事実があり、これをあわせて考えるならば、堂衆は学生主導の大衆とは別に、独自の意思決定を行っていたとすることができよう。堂衆が「退散」時に没収されることになる「堂衆所領等庄園」を所有し、学生との合戦にはそこから「軍兵」を徴発していたことはすでに述べた。したがって、学生から独立した集会での決定は、独立した武力と経済力を背景とする堂衆独自の政治行動に直結する。

学生と堂衆の「行学合戦」は、史料上それと明白に認識されていた大規模なものだけでも、長承二年の騒動を始め、久安二年・治承二年・同三年・建仁三年に発生している。(25)その要因としては、身分差を背景に「苦住者体」を真似た学生の差別的意識が表面化したという側面が当然考えられよう。除病加持のために堂衆のみ派遣されたことについて、藤原忠実が不快感を露わにした事例があるように、(26)経験や知識があっても祈りの主体とはなり得ない学生に劣る身分としての認識は、世俗社会にも浸透していたようであるが、両者の亀裂は寺内に形成された右のような集団意思の二重構造の歴史的帰結であったことにも留意する必要がある。「入壇」によって区分される身分的な差をもち、学生とは別個の序列を生む臈次体系にあった堂衆は、同時に独自の意思決定を行い得る体制を備えており、それが院政期山門における僧侶集団の内部分裂を助長していた。

堂衆は、山門の仏教行事のさまざまな場面で活躍して重要な機能を担っていたが、密教修法においては灌頂を受けないまま参加するという特異なかたちをとった。ところが十二世紀中葉以降、この堂衆の中に「堂衆阿闍梨」と呼ばれる存在が確認できる。中堂衆延勝は、康治二年（一一四三）正月の僧事において、天台座主行玄の解文によって根本中堂の阿闍梨となっている。また文治三年（一一八七）には、三塔の常行堂衆の「一和尚」が楞厳院阿闍梨に補任されることになった。さらに治承二年（一一七八）十月の七仏薬師法（阿闍梨覚快）では、連光・広命という二人の「堂衆阿闍梨」が参加している。(27) 連光・広命の二人は、蓮信以下六人の「堂衆非職」とは区別され、堂衆阿闍梨として上位に位置づけられていた。密教修法に召請された堂衆阿闍梨は、この他にも建仁三年（一二〇三）の「堂衆退散」直前まで史料的に認められる。一般に灌頂を受けない堂衆を阿闍梨に補任し、密教修法の伴僧として参加させることにいかなる意義があったのだろうか。

　堂衆阿闍梨の存在によって、大衆内に問題が生じた事例がある。中世寺院社会において、大衆の集団としての結合を維持する際に機能したとされるのが「僧伽」であり、その和合する「僧伽」集団を秩序づける基本的な編成原理として臈次が重視されていた。(28) 保延五年（一一三九）二月の普賢延命法（阿闍梨行玄）での伴僧二十人の座順は、「臈次第座、先有職九人臈次〻〻遍仁道源少々従二有職一雖二上臈一、依二非職一下臈有職之下座、又堂衆等従二有職一共雖二上臈一、依二堂衆一全玄公下堂衆等臈次座」(29) というように、臈次よりも僧綱に次ぐ僧職である阿闍梨などの有職であるか、あるいは非職かの別によって決定していた。しかし堂衆は、堂衆であることによって大衆の下座に指定され、ここでも堂衆の臈次が別体系であったことを認め得る。堂衆は職に拘わらず大衆の下座であって、その場合、堂衆阿闍梨と大衆非職の座には通常の阿闍梨と非職ならばあり得ない順序の倒錯があり、かつそれが容認された。

　堂衆阿闍梨が確認できるのは門跡の修法の場であり、唯一確認できた補任は青蓮院行玄によるものであった。座の次第を始めとする「行学」間の摩擦の中で、門跡の意向であったと推測される堂衆阿闍梨の設置を位置づけることが必要になる。まず山門内の諸仏事に深く関与した堂衆の経験・知識を、門跡が主催する仏事・修法に取り込むという意図があり、彼らの働きの見返りとして阿闍梨という職が用意されていたと考えたい。堂衆阿闍梨が門跡のこうした意図に沿って設置されたとすれば、その職は、学生を中心とする大衆と堂衆の間に存在していた身分的な差を埋める緩衝として機能したのではないか。つまり堂衆阿闍梨は、堂衆にとっては望むべくもなかった昇進の道が存在するという希望に映ったであろうし、一方の大衆側にとっては座の次第にみられるように身分的な逆転が起こる心配はなかった。双方の不満を解消させつつ、堂衆内の「器量」を積極的に編成することによって、自らの修法を確立させていくという門跡の意図をここに読むべきであろう。

二　門跡による住山者編成

門跡は堂衆を阿闍梨に補任し、積極的に修法に参加させる方針を取ったが、このような門跡の意向の背景について、ここでは門跡による宗教活動を中心に検討する。

十世紀中葉以降にみられる貴種子弟の入寺は、「門跡」の成立・変遷の上で画期となる要素であるが[30]、寺院社会への影響としてみた場合、臈次を唯一の身分階梯の基準とする「僧伽」的秩序に加えて、新たに門閥・貴種による非「僧伽」的秩序が打ち出されたことを意味する。貴種僧は年臈いまだ浅い段階で、臈を積んだ一般の僧侶を越えて僧綱位に昇進していく特殊な存在となった。したがって、十分な修学をしないままに高位に就き重職に携わる彼らによって、寺院社会が「素質の低下」に導かれたとの評価が下されることもあった[31]。この場合の「低下」とは、事教二相における低迷・衰退を意味すると考えられるが、現実には密教の事相が発展した時期にあたり、教学上も決して単純な衰退に向かうわけではなかった[32]。むしろ貴種僧の入寺による門流支配の深化が、寺院運営や所領支配の構築・維持の上で、大衆勢力に匹敵する比重をみせていたのではないかとする見解もある[33]。いずれにせよ貴種僧は、本来的に寺院外部の要素をもっているから、彼らが寺院社会で拠点とした門跡にとっては、内部の大衆といかに関わっていくか、彼らの勢力をどのように取り込むかということが課題となったはずである。

山門四箇大法の一つとして、「此法山門之秘揵、国家之珍重也」といわれた熾盛光法勤修の際、康楽寺僧正慈賢が披露した「大阿闍梨宿老之時者、護摩壇為二器量之浅臈一不レ可レ有レ苦、阿闍梨為二若少之仁一者、護摩壇必可レ用二宿老之仁一」という和尚慈円の口伝によれば、修法勤修の主である大阿闍梨の「若少」が容認されている(34)。ただし、これらは「宿老」的な熟練僧の補佐が前提条件であって、「浅臈」の貴種僧に一任する体制にはなかった。たしかに次代の門主となる僧侶はその「器量」を問われたが、院政期以来の仏教が事相面で発展を続けたのは、このような熟練僧による支えがあったからであり、儀式作法の諮問を受け、門跡の修法に編成された堂衆や堂衆阿闍梨も、そういった意味で不可欠な存在となっていた。

十二世紀以降整備が進む延暦寺の門跡は、自己の権益を拡大する手段として密教修法を重視した。その手段を実際に運用する場合、事相面で他流派との差異を強調するだけではなく、担い手となる伴僧の教化と独占化が要請される。そのことは同時に、「門徒」による修法の確立が必要となったことを意味していた。門主が堂衆阿闍梨の補任を行ったことが確認できるのは行玄のみであるが、それ以降全玄を除いてすべて門主による召請である。ここからは、堂衆でも昇進の道があることを示し、かつ年臈を積んだ堂衆の豊富な経験を取り入れて自らの修法を確立・発展させようという門跡側の目論見を読み取ることができる。

しかしながら、当該期山門には堂衆と学生の亀裂という埋め難い障碍が現前していた。冒頭でも述べたように、山門の堂衆は建仁三年に学生との激しい闘争の末、山上から追放されてしまう。この後、堂衆が勤仕していた仏事などは学生が代わって勤めることになるが、これは堂衆なき後の仏事退転を危惧した後鳥羽院の意向でもあり(35)、延暦寺堂衆の働きの重要性が、院を始めとする世俗社会にも認識されていたことを示している。

堂衆の動向は、実は山上追放によって史料上から完全に消失するのではなく、十一月の追討院宣発給の後にも少しながら確認できる。元久二年（一二〇五）十月の山門の火災では、堂衆に放火の疑いがかけられているし、建永元年（一二〇六）には「今夜延暦寺堂衆群㆓集大津㆒之由有㆓浮説㆒、仍被㆑遣㆓追討使㆒、即退散」というように、追討使派遣が妥当とされるほどの集団行動をみせることもあった[36]。また、「山堂衆四百人許、為㆓院庁沙汰㆒被㆑居㆓北山妙見堂㆒、是為㆑令㆑勤㆓行公家御祈㆒也」というように、院からは祈禱の要請を受けてもいる[37]。しかし、これらはいずれも寺外での動きであって、山門内部での活動、特に仏事勤行における堂衆の姿はみられない。そこで以下では、「堂衆退散」後の山内における仏事勤行の在り方の変化と、その意義を考えてみたい。

原則として堂衆が補任された中堂執行職は、「堂衆退散」後は学生が勤めることになり、恒例仏事の勤修に備えて、根本中堂には顕密の供僧が設置される[38]。この中堂供僧は、東塔の四谷から集められた百二十人に加えて、新たに各谷から選抜された二百七十人の顕密僧が結衆したもので、供僧に関する決定は「山上評定」でも行われており、「退散」後の堂衆の跡を埋める作業が、一山全体に関わる重要な意味をもっていたことを示している。これによって、以前には堂衆が勤めていた安居などの行法は、「四谷下臈」といわれた僧侶が行うようになった。

一方、密教修法においては、堂衆に代わって「住山者」と呼ばれる存在がみられるようになる。住山者とは比叡山に止住する僧侶のことで、当時延暦寺には山内に住む僧侶と在京する僧侶とがおり、これを区別するため前者を「住山者」と呼んだものであろう。一般に山僧が京都に私房をもつようになるのは院政期であるとされ[39]、綱位をもつ上級の僧侶が多く京に下った。逆に住山の僧の多くは僧綱位・阿闍梨職をもたない非職であったと考えられ、「京」「住山」という呼称が新たな身分差を含意していた可能性もある。

住山者は、密教修法において先の堂衆と同様に陀羅尼を担当しており、「本山久住」の「能陀羅尼学生」が選定され、伴僧として参加を要請された[40]。陀羅尼とは仏の教えの精要を呪文のかたちで唱えることで、「不レ堪二灌頂大阿闍梨之器一、一陀羅尼人也[41]」とされるように、阿闍梨を勤め得る僧に比して、相対的に下臈・非器・下級の僧侶の役割であったから、住山者には「退散」後の堂衆の代替機能が期待されていたと思われる。門跡は、このような住山者を取り込むべく、「退散」以降積極的に修法への参加を要請し、住山者もこれに応じた。しかし、堂衆と変わらない勤行、昇進での不遇では、新たな身分差となった「京」「住山」が、「行学合戦」の二の舞になる危険性は否定できない情勢にあったと思われる。こうした中、延暦寺支配＝「治山」の上での確固たる地位を目指す門跡に、何らかの措置が求められたのではないか。

「堂衆退散」後間もない承元二年（一二〇八）二月、青蓮院門跡の慈円は、天台勧学講再興にあたって起請文を作成する[42]。天台勧学講は、仏法の衰微を嘆き学問の興隆を図った慈円が、源頼朝などの協力を得て料所となる荘園を獲得、再興したものである。この功によって勧学講は青蓮院に付され、その結果青蓮院は、「此勧学講トイフ事ヲ、此門跡ニツケテカク行ヒ候ニヨリテ、此門跡ハカク梨下ト劣ラス候[43]」と評されるまでに成長した。この起請文は、門跡の発展を確実にした勧学講のメンバーに関して、先達は「稽古久積年臈稍闌」の門徒から選び、講衆は「未遂業之仁」を宛てるよう定めている。この規定は、貴種を優先する非「僧伽」的な補任ではなく、出自を問わず臈次に則って起用することで、「僧伽」的階梯の遵守を確認するものであった。また同時にこの起請文は、「於二今結衆百人一者、必住山不退輩之中、撰二定器量一可二補入一也」というように、「住山不退輩」の中から「器量」によって結衆を選ぶことを約している。これは、「住山」という事実を選定の基準とすることで、住山者の仏事参加への道を確保したものと評価できよう。堂衆に対して堂衆阿闍梨という地位を示したように、慈円はこの起請文に住山者を

「門徒」に組み込もうという意図を込めたと思われる。これによって青蓮院門跡は、門徒による修法勤修の体制を発展させ、門跡独自の密教修法「大熾盛光法」の創出とその道場である「熾盛光堂」の構築とともに(44)、青蓮院門跡の行法確立に向けて歩を進めたのである。

三 「堂衆退散」の歴史的意義

堂衆が一掃されたことで、住山者による仏事勤修体制に移行した建仁三年の「退散」とは異なり、治承二年（一一七八）から翌年にかけて続いた「行学合戦」では、追討宣旨が出されたにも拘わらず(45)、最終的には堂衆の帰住が求められた。

延暦寺学徒与二堂衆一自二去年一度々合戦、東坂本辺連夜放火無レ絶、仍去上旬之比、遣二官兵一焼二払堂衆住所三ヶ庄一、或云、堂衆自放火云々。其後猶籠二横川城一、今日為二蔵人頭左中弁経房朝臣奉行一、被レ仰下可二和平一之由於堂衆上、於二久修練行之輩一者如レ本可二帰住一、至レ于二濫行張本一者可二召進一之由仰遣云々。被レ仰二遣此旨於上座主宮御許一、差二所司一遣二堂衆城一云々(46)。

治承三年（一一七九）十月、官兵派遣によって漸くその勢力を削がれた堂衆に、「和平」命令が下される。この時、堂衆の去就は「久修練行之輩」と「濫行張本」に分かたれ、前者の叡山帰住が認められた。「久修練行之輩」の合戦への参加を示す史料としても注目すべきだが、彼らが帰住を許されたのは、戦いに参加せずに伴僧を勤めた者だけではやはり役務執行が十分でなかったため、宗教機能の上で帰還を期待され、大衆もそれを容認したものと考えられる。それに対して、建仁の事件で大衆が堂衆の帰住を徹底して認めなかったことは、その後座主・僧綱を介して山上に提案された堂衆「勅免」の議について、大衆が僉議での決定に基づき七社神輿を振り上げて抵抗したことに鮮明に表れている[47]。その時の彼らの言い分は、堂衆が排除されたことで「円宗教法」が再興されたという宗教的側面も含意したもので、治承段階での帰住要請とは大きく異なっており、結局「止㆓勅免議㆒」という結果に終わった。ここからは、「退散」への意欲を執拗にみせた大衆の意向を窺うことができるが、その背景はどのようなものであったのか。

鎌倉期以降の顕密寺院に多大な影響を与えたと思われる幕府の成立とその宗教政策は、京・南都の権門寺院に対しては、まず仏神事興行と悪僧規制として具体化した。これは王法・仏法の守護者としての正統性を要し、軍事権門としての立場を確立しようとした頼朝の政治的意図に沿うものであり[48]、その軍事面での機能からしても特に悪僧への対応が求められたと考えられる。保元新制以降、朝廷の政治課題でもあった「諸寺諸山悪僧」への規制に対する頼朝の姿勢は顕著で、義仲を討ち一谷で平氏を破った寿永三年（一一八四）二月の段階で、すでに「好㆓武勇㆒、忘㆓仏法㆒」れた悪僧への対策として公請停止と武器没収を言上し、義経追討段階では、彼への「同意」を理由に山僧の兵具禁制を要請している[49]。こうした仏法興隆・悪僧否定の政策基調は、内乱後の延暦寺にとっても当然無視できないものであり、積極的な対応をとっていた。「山上仏法興立」の試みは少なくとも認められるし、実際に山内の「谷々」が悪僧禁断の一環として兵具禁制の起請を成したという[50]。

鎌倉期に入って最初に延暦寺と武家の衝突が表面化したのは建久年間（一一九〇〜九九）、近江佐々木庄の千僧供未進を発端とする佐々木定綱との紛争であった。この「定綱濫行」について頼朝が出した奏状には、仏法への「忠節」を強調しつつも、山門の行動を「逆徒」と断じて非難する件がある[51]。そこでは、「是則悪徒者多、善侶者少歟。然者悪徒其性雖ㇾ似㆓瓦礫㆒、善侶其性争不㆓慙愧㆒乎」とされ、「善侶」と「悪徒」が混在する集合体として寺院大衆を把握し、「善侶」の「慙愧」に認められるその「性」に、本来的な「疎略」すべからざる天台仏法の姿を期待するという、院権力と同様の大衆理解が底流にある。(52)したがって、少なくとも頼朝および初期幕府の宗教政策は、基本的に院政を踏襲し、「悪徒」を排除した「善侶」＝大衆による仏法秩序確立への期待をベースにしていた。

中世国家の宗教政策という座標軸上に堂衆を位置づける場合、その前提として堂衆勢力が社会的にどのように認識されていたのかということを明らかにする必要がある。平安末期以降の新制が問題視した悪僧・神人の濫行とは、具体的には「侵㆓奪田地㆒」し「掠㆓取公私物㆒」ることによって被る諸国の損害を指していた。(53)保元新制が宗教的な名目を謳って経済活動を営む延暦寺・興福寺等の「夏衆彼岸衆」を非難したように、政治権力が規制の対象とした悪僧・神人には、夏衆として活動した堂衆も想定されていたことは明白である。たとえば鴨御祖社祝祐季と、その隣人であった「法成寺久住者」との間でトラブルが発生し、「号㆓延暦寺釈迦堂領㆒、彼堂衆立㆓榁榊㆒」てたところ、祐季がこれを破棄したため、「堂衆忿怒、悪僧十余人引率行㆓向新造宅㆒、致㆓狼藉㆒切㆓舎屋㆒」ったという。(54)「法成寺久住者」と、この事件で還俗に処された「延暦寺悪徒」弁円との関係など不明な点も多いが、堂衆が「立㆓榁榊㆒」てるという神人的な行動をみせたことは強調されてよい。また内乱期の延暦寺堂衆は、「堂衆之党与㆓力近州㆒」といわれたように、いち早く反平氏の方針を固めて近江源氏との連携を基軸とする行動をとっていた。ただし、この動きが即反国家・反権門闘争として受けとめられていたかについては、慎重を期すべきであろう。(55)

もちろん、社会問題化していた悪僧が堂衆のみに同定されるものではない。また、悪僧問題が寺内の一部異端分子ではなく、むしろ運営体制の根幹に関わるような存在であったことにこそ、問題の中心があったことも事実である。(56)しかしここでは、右の史料で「忿怒」した堂衆に引率された「悪僧十余人」が堂衆ではなかった可能性を残す中で、大衆一般に解消されずに堂衆の問題として扱われたことからしても、自立性の強い堂衆がみせた独自の行動が、問題化していた悪僧として把握される要素をもっていたことは確認しておきたい。そして、山内の問題として考える場合、「行学合戦」と相俟って、大衆がその一部である堂衆を別の勢力として認識し、その動向に困惑し、あるいは反感を募らせていたことは否めず、ここに堂衆が悪僧として認識される観念的な筋道を読み取ることができよう。堂衆が悪僧的行動をとった場合、その原因が堂衆であるという事実自体に求められるような、〈堂衆＝悪〉という思考様式が、寺院内部から発信されていたのではないか。

こうした政治的・思想的状況の下、内乱を経た山門内の「行学合戦」は最終局面を迎える。争いの原因や経緯については、内乱以前の「行学合戦」とほとんど相違なかった建仁の騒動に、学生を中心とする大衆がことさらに意味づけを行った。公武権力が掲げた悪僧否定の基本姿勢に対応しつつ、その体制の中に自らを位置づけ、王法を護持し安穏を祈る権門寺院としての地位を確固たるものにするために、延暦寺大衆は堂衆という格好の排除対象をとらえて、内乱後の仏法秩序と平和を体現する存在として、自らを示すことができたのである。

ただし、こういった大衆の動向は、公武支配秩序の下に「体制」化というかたちで一方的にコントロールされることと同義ではない。建暦三年（一二一三）八月、山門末寺である清閑寺と清水寺との堺相論を発端とする騒動では、東西両塔の大衆が閉門・離山を決行するが、この事件が閉門・離山の初例であったことは旧稿で触れた[57]。東大寺では、堂衆が堂舎を閉ざして仏事を退転させることで、独自の意思貫徹を図ったことが指摘されている[58]。延暦寺でこうした事例を見出すことはできないが、「退散」の十年後、「勅免」騒動から間もない時期に、閉門という手法が採用されたことは注目してよいだろう。ここでは、「堂衆退散」によって堂務が学生に移行したことに閉門実現の要因を認めたい。学生とは別体系の秩序をもつ堂衆が排除されることで、学生主体の衆議が遂行され、その意思で全山機能の停止である閉門が可能となった。

　このように、悪僧否定という動きをみせることで「体制」化への姿勢を示しつつ、その一方で閉門に代表される自律的な政治行動をとったところに寺院大衆の面目があることは、鎌倉期においても同様である。悪僧とは、大衆自らの「善」なる性を保持するために想定された排除すべき「悪」であるから、「堂衆退散」によって悪僧排除が完結するのではなく、常に平和を乱す原因として概念的に再生産される以上、実体的にも完全な排除はあり得ない。「堂衆退散」によって作り出された延暦寺の平和は、「悪」の排除によって世俗権力との協調のうちに正統な地位を獲得するという、悪僧概念を利用した平安期以来の大衆の政治的行動という文脈の中で理解する必要があろう。

むすび

　青蓮院門跡の修法について記録した『門葉記』には、おおむね「堂衆退散」前後から「出世者」「世間者」と称される存在がみられるようになる。出世者は門主との師弟関係にある近侍の清僧、世間者は坊官など俗的な存在であった(59)。世間者である坊官が門跡の運営上重要な位置を占めていたことはすでに指摘されており(60)、行事僧などの役によって修法にも深く関与し、その賞として里僧綱（世間僧綱）へ昇進するなど、門跡によって優遇されていた。このことは、出世者である一般僧侶を刺激する。宝治元年（一二四七）八月、「二間初参」のため参内する道覚法親王の一行に、列の順序をめぐる騒動がもち上がった。

　行列歩行　先専当八人　次維那六人　次所司六人　次前駈八人　房官四人恢基、経玄、泰円、泰裕　有職二人長源、禅俊　僧綱二人最盛法眼、泰舜法眼
　已上各乗二松明一、有職難レ列、世間者僧綱下之由頻雖二訴申一、任二慈鎮和尚御例一立二行列一畢(61)。

有職である長源・禅俊の後に、僧綱である最盛・泰舜が来て何らおかしいところはなかったが、有職二人が列順を頻りに訴えたその理由は、最盛・泰舜が「世間者僧綱」であることにあった。彼ら出世者にとって世間者はいわば俗人であり、たとえ僧綱であっても序列として下に置かれることには抵抗があったのだろう。こうした出世者の優越意識は一般的であったと考えられるが、結局「慈鎮和尚御例」を根拠に、訴えは聞き入れられなかった。

慈円は、世間者でも僧綱であれば出世者の上座につくべきことを先例とした。これは堂衆・学生の場合とは逆の関係である。すなわち、有職であっても身分的に低いとされて上位につけなかった堂衆に対し、世間者はそれが可能となったのである。この措置によって、慈円は世間者が身分的に劣るという認識を否定し、綱位による階梯を唯一のものとして門跡内あるいは山門の内部分裂を克服しようとした。そして、この問題に関連して注意すべきなのは、「退散」以前の堂衆が、修法の場で「普賢伴僧ハ出世者一行に著レ畳、堂衆伴僧西一二間北御簾に副天板に坐、対二出世者一」と、出世者に対置されていたことである[62]。

治承二年（一一七八）十月の七仏薬師法についてはすでに触れたが、この年は、八月以降「行学合戦」によって「一山欲二磨滅一」と表現され、「恒例仏神事悉以退転」という状況にあった[63]。この時点で抗争は継続していたから、七仏薬師法に堂衆が召請されたことは、学生との合戦の最中に修法の伴僧として招かれる堂衆も存在していたこと、堂衆という存在が一まとまりの集団ではなかったことを示唆している。

ここから推測されるのは、建仁の「堂衆退散」によって堂衆がその存在を根本から、すなわち入寺の機縁やその経路に至るまでを完全に排除・消滅されたのではなく、悪僧的な活動をする勢力を除き、以前よりの機能性から何らかのかたちで山内にとどまることを要請されたのではないか、それが門跡によって、「世間者」に名を替えての編成として遂行されたのではないかということである。ただしこの推測は、「堂衆退散」の前後を通じて確認できる「堂衆」と呼ばれる者が皆無であることから、その追放の徹底ぶりの前に妥当性は甚だ弱いと言わざるを得ず、両者の出身母体に関連させて身分問題として敷衍させるとしても、今それを論証する術はない。

しかしながら、「堂衆退散」は院政期以降政治権力の懸案であった悪僧問題として把握し得る。久野修義氏は、内乱後の中世寺院が悪僧否定の方針を取ったため、彼らに残された道は「寺家」「門流」に対応してその体制に組み込まれることであったと指摘された(64)。「堂衆退散」という現象は、仏事勤修で貢献する住山の門徒として山内にとどまるか、悪僧として追放されるかという点で、現実の悪僧否定の一つであったと評価できる。そして山内に残った学生中心の大衆は、「堂衆退散」の事実を強調することによって延暦寺における悪僧排除の励行を示し、悪僧否定を観念的に補強するという意図をもっていたのではないか。勧学講など宗教面での興行と、「堂衆退散」による悪僧否定を通じて平和をつくり出してみせることで、延暦寺は鎌倉期の公武権力の政策基調に合致する姿勢を提示し、体制内での地位と自律性を保持しようとしたのである。

註

（1）『校訂増補天台座主記』実全、建仁三年八月条。以下『座主記』と略す。
（2）『一代要記』建仁三年八月条。
（3）建仁三年十一月二十二日後鳥羽上皇院宣（『鎌倉遺文』第三巻一四〇六号）。
（4）『座主記』真性、建仁四年二月十二日条。
（5）下坂守「中世寺院における大衆と「惣寺」」（『中世寺院社会の研究』、思文閣出版、二〇〇一年）二三二頁。
（6）平岡定海「堂衆・僧兵について」（『日本寺院史の研究』、吉川弘文館、一九八一年）、田中稔「侍・凡下考」（『鎌倉幕府御家人制度の研究』、吉川弘文館、一九九一年）。
（7）神谷文子「十五世紀後半の興福寺堂衆について」（『史論』三九、一九八六年）、永村眞「寺内諸階層の形成」

(『中世東大寺の組織と経営』第三章第一節、塙書房、一九八九年)、徳永誓子「修験道当山派と興福寺堂衆」(『日本史研究』四三五、一九九八年)。

(8)『源平盛衰記』巻第九「山門堂塔」、『驪驢嘶余』(『群書類従』雑部)、『座主記』常胤、慶長六年二月条。延暦寺堂衆に関する研究としては、平田俊春「上代寺院の武力の発達」(『平安時代の研究』、山一書房、一九四三年)、首藤善樹「院政期の延暦寺堂衆」(『龍谷史壇』六八・六九、一九七四年)などがある。

(9)『阿娑縛抄』安鎮法日記集甲(『大正新脩大蔵経』図像第九巻、八八六頁)。以下では『大正蔵』巻―頁と略記する。

(10) 中村元「久住者　くじゅうしゃ」(『佛教語大辞典』、東京書籍、一九八一年)。

(11)『中右記』永久二年四月二・六・八・十四日条。

(12)『兵範記』仁安四年二月十日条。

(13)『門葉記』山務一(『大正蔵』図像一二―五九五)。この時、寺主性真は、「執当代官」として宣命を受け取っている。

(14)『中右記』永久二年四月六日条。

(15)『阿娑縛抄』安鎮法日記集乙(『大正蔵』図像九―九〇六)、『門葉記』熾盛光法一(『大正蔵』図像一一―一)、『門葉記』七仏薬師法一(『大正蔵』図像一一―一一二)、『阿娑縛抄』安鎮法日記集丁(『大正蔵』図像九―九二三)、『座主記』慈円、建久四年三月二十三日条、『玉葉』文治三年五月十九日条。

(16)『座主記』承円、建保三年九月条、『明月記』寛喜元年八月八日条。近江木戸比良両庄百姓申状案(『鎌倉遺文』第二四巻一八七〇六号)では、「学生執行香禅房」が確認できる。学頭については、下坂守前掲註(5)論文参照。

(17)『阿娑縛抄』七仏薬師本(『大正蔵』図像八―三四二)、『門葉記』山務一(『大正蔵』図像一二―五九八)。

(18) 近江木戸比良両庄百姓申状案(註(16)前掲)。『門葉記』七仏薬師法一(『大正蔵』図像一一―一一二)に「広命明浄房」とあることから、「堂衆明浄房」を広命とする。

(19) 鈴木智恵子「「出世者・世間者」考――醍醐寺僧の場合――」(『醍醐寺文化財研究所研究紀要』三、一九八一年)。

(20)『阿娑縛抄』安鎮法日記集丙(『大正蔵』図像九―八九四)。

(21)『中右記』大治五年五月十七日条。
(22)『長秋記』長承二年七月二十一日条。
(23)正治二年（一二〇〇）八月の七仏薬師法でも、伴僧であった「堂衆一和上永円」が、「老病」のため他の堂衆に交替している（『門葉記』七仏薬師法二、『大正蔵』図像一一—一一八）。
(24)『玉葉』治承二年九月二十四日条、『吉記』寿永二年六月二十九日条。
(25)『座主記』行玄、久安二年八月条、『同』覚快、治承二年八月条、治承三年九月九日条、『同』実全、建仁三年八月条。
(26)『本朝世紀』康治二年七月五日条。
(27)『本朝世紀』康治二年正月十三日条、『華頂要略』門主伝（『大日本仏教全書』一二八）慈円、文治三年六月二十四日条、『山槐記』治承二年十月二十五日条。『門葉記』七仏薬師法一（『大正蔵』図像一一—一一二）により、両者が中堂衆であることがわかる。この他に、快朝・延賀・覚増・道応・用源・連覚・俊清・弁実・智真・安源・覚全・暹尊・聖賢・定厳・良暁・定実が「堂衆阿闍梨」として確認できる。典拠は『阿娑縛抄』保延六年十月安鎮法（阿闍梨行玄）、『門葉記』天養元年五月普賢延命法（行玄）、『阿娑縛抄』保元二年九月安鎮法（最雲）、『門葉記』長寛二年七月七仏薬師法（覚快）、『門葉記』文治四年十二月安鎮法（全玄）、『阿娑縛抄』建仁二年十月安鎮法（慈円）。
(28)黒田俊雄『寺社勢力』（岩波書店、一九八〇年）は、一味和合の仏教的社会を意味する「僧伽」が、寺院大衆の自治を支える基本原理であるとして注目する。ただし氏自身、「日本の寺院は「僧伽」本来の性格をもっていたことがかつてあったのかなかったのか」を再検討する必要も認められたように、それは今後の大きな課題である。黒田俊雄「日本中世における寺院と民衆」（『黒田俊雄著作集』第三巻、法藏館、一九九五年）三二二頁。
(29)『門葉記』普賢延命法一（『大正蔵』図像一一—一二五）。
(30)永村眞「「門跡」と門跡」（大隅和雄編『中世の仏教と社会』、吉川弘文館、二〇〇〇年）。
(31)圭室諦成「平安朝末寺院の社会史的考察」（『史学雑誌』四三—一、一九三二年）。
(32)中世仏教の教学の問題は、歴史学においても研究が進められている。上島享「真言密教の日本的変遷」（『洛北史

学』創刊号、一九九九年）、同「院政期仏教の歴史的位置――〈日本仏教〉の形成――」（『仏教史学研究』四三―二、二〇〇一年）。
(33) 大石雅章「寺院と中世社会」（『岩波講座日本通史』第八巻、岩波書店、一九九四年）。
(34) 『門葉記』熾盛光法三（『大正蔵』図像一一―一二三）、『阿娑縛抄』熾盛光本（『大正蔵』図像九―一四）。
(35) 『座主記』真性、建仁四年二月十二日条。
(36) 『吾妻鏡』元久二年十月十三日条、『三長記』建永元年九月二十五日条。
(37) 『百練抄』建暦元年九月七日条。辻善之助「頼朝以後鎌倉幕府の宗教政策」（『日本仏教史』中世篇之一、岩波書店、一九四七年）は、これを対北条氏の祈禱と推定する。
(38) 『座主記』真性、建仁四年三月条。
(39) 井上光貞「法然教と天台教団」（『新訂日本浄土教成立史の研究』第三章第三節、山川出版社、一九五六年）二八三頁。
(40) 『阿娑縛抄』薬師末（『大正蔵』図像八―三一九）。
(41) 『三長記』建久七年十二月二十日条。
(42) 承元二年二月日天台勧学講起請（『鎌倉遺文』第三巻一七一六号）。勧学講の成立とその意義については、田中文英「慈円と勧学講」（大阪大学文学部日本史研究室創立50周年記念論文集『古代中世の社会と国家』上巻、清文堂、一九九八年）。
(43) 『門葉記抄』愚管抄七（『大日本史料』建仁三年七月七日条）。
(44) 藤井恵介「三条白川房の熾盛光堂」（『密教建築空間論』、中央公論美術出版、一九九八年）。熾盛光法については、衣川仁「〈呪術〉性の展開と中世仏教」（『敦賀論叢』一七、二〇〇二年）でも触れた。
(45) 『玉葉』治承三年七月二十八日条。
(46) 『山槐記』治承三年十月二十五日条。
(47) 『座主記』承円、建暦元年八月十九・二十二・二十五日条。
(48) 平雅行「鎌倉仏教論」（『岩波講座日本通史』第八巻、岩波書店、一九九四年）。

(49)『吾妻鏡』寿永三年二月二十五日条、文治五年二月二十二日条、同年四月十九日条。
(50)『明月記』建仁二年七月八日条、『座主記』弁雅、建久十年三月十八日条。
(51)『吾妻鏡』建久二年五月三日条。この争いについては、黒田俊雄「延暦寺衆徒と佐々木氏――鎌倉時代政治史の断章――」(『黒田俊雄著作集』第一巻、法藏館、一九九四年)参照。
(52)衣川仁「強訴考」(『史林』八五―五、二〇〇二年)。
(53)『続左丞抄』保元二年三月十七日太政官符、治承二年七月十八日太政官符。新制にみえる悪僧・神人条項の意義については、棚橋光男「院権力論」(『中世成立期の法と国家』、塙書房、一九八三年)参照。
(54)『山槐記』安元元年八月二十四日条。
(55)この時期の延暦寺堂衆については、浅香年木「近江・北陸道における「兵僧連合」の成立」(『治承・寿永の内乱論序説』、法政大学出版局、一九八一年)。ただし堂衆を含んだ当該期大衆の動向は複雑で、氏が使われた「衆徒・堂衆・神人集団」概念では把握しきれない嫌いがある。「山悪僧」の一部でしかなかった堂衆には、全山を反国家権力闘争に駆り立てる力はなかったとする田中文英「治承・寿永の内乱――平氏政権と寺院勢力――」(『平氏政権の研究』、思文閣出版、一九九四年)の見解は重視されるべきであろう。
(56)久野修義「中世寺院と社会・国家」(『日本中世の寺院と社会』、塙書房、一九九九年)。
(57)衣川仁「中世前期の延暦寺大衆」(大山喬平教授退官記念会編『日本社会の史的構造』、思文閣出版、一九九七年)。
(58)久野修義「中世寺院の僧侶集団」(同註(56)前掲書)二二六頁。
(59)鈴木智恵子前掲註(19)論文が醍醐寺を例に明らかにしている。
(60)伊藤俊一「青蓮院門跡の形成と坊政所」(『古文書研究』三五、一九九一年)、下坂守「中世門跡寺院の歴史的機能――延暦寺の場合を中心に――」(同註(5)前掲書)。
(61)『門葉記』長日如意輪法補二(『大正蔵』図像一一―五〇九)。
(62)『明月記』建仁三年二月十七日条。
(63)『玉葉』治承二年九月二十四日条、『百練抄』同年十月四日条。
(64)久野修義前掲註(56)論文。

青蓮院門跡の成立と展開

稲葉　伸道

はじめに――門跡論の現在

中世寺院社会において寺院大衆（惣寺集団）とは異質の権力組織である院家・門跡について、黒田俊雄氏はその著『寺社勢力』（岩波新書、一九八〇年）において、青蓮院・三千院・妙法院・一乗院・大乗院を事例として次のように定義した。

門跡という語は、本来は「一門の祖跡」つまり祖師の法灯を継ぐ者という言葉であった。それが貴種継承の院家の称号として一般に用いられるようになるのは、十三世紀初頭であるが、その実質は以上のように十二世紀の中頃から見られるのである。

その後、上川通夫氏は勧修寺を例に中世寺院社会における師資相承原理とそれによって発生する門流の寺院における存在意義を強調した(1)。また、大石雅章氏は、中世寺院の「貴種僧の支配組織としての機能に注目すれば、その画期は巨大な大衆勢力を形成した権門寺院内での貴種僧による門跡独占体制の確立である」とし、青蓮院門跡は行玄、梶井門跡は最雲、興福寺一乗院は覚信、同大乗院は尋範の時、すなわち平安末院政期に門跡が確立したとし、こうして確立した門跡は大衆の一部を門徒として組織し門流支配を形成し、師資相承原理によって正統化されたとした。[2]

以上の寺院史研究において、門跡の成立は十二世紀院政期であるとする見解が共通認識としてあるが、最近、永村眞氏は論文「『門跡』と門跡」において「門跡」の語義の検討を行い、「門跡」の語義の確立を南北朝期とした。[3]すなわち、門跡の語義の変遷に関する考察を行い、その意味を(A)法流、(B)門徒、(C)院家・院家主、(D)貴種住持の院家とし、「門跡」は平安時代が(A)(B)の意味で用いられ、鎌倉時代に(C)の意味が発生し、やがて鎌倉後期に(D)の語義が派生し、南北朝期に(D)の語義が確立したと分析し、(C)から(D)が派生する背景には、鎌倉前・中期に皇族・公卿の子弟がその世俗的立場を保持しながら貴種として院家に入室する現象の拡大と、寺院社会側も権貴「一門」との媒介となる貴種を積極的に受容しようとする意識」があったとする。永村氏の考察は多様な語義とその変遷を史料に基づいてはじめて明確にされたものであり、今後の門跡を論ずる際の基礎となるものである。ただ、これまでの研究との関連を考えると、(i)門跡成立の画期をどこに置くか、平安末期と鎌倉中期の違いについて、とくに平安末期に門跡の実質的な組織ができたという黒田説との関係について述べられていないこと、鎌倉中期から後期に貴種門跡が成立してくる理由が問われていないこと、(ii)「青蓮院門跡」「大乗院門跡」「梶井門跡」など○○院門跡あるいは○○門跡という組織名称はいつ成立したのか、それが貴種を示すようになったのはいつからか、なぜそうなったのかが問われていないことなど、まだ検討の余地は残されている。

以上の門跡全体の定義、あるいは位置づけとは別に、近年の寺院史研究において個別の門跡についての事例研究が蓄積されてきた。たとえば、延暦寺の門跡については青蓮院門跡を中心に伊藤俊一、下坂守、衣川仁各氏の研究があり、興福寺の門跡については大乗院門跡に関する安田次郎氏、および筆者の研究、一乗院門跡に関する大山喬平氏の研究がある。また、園城寺の円満院門跡に関する酒井彰子氏の研究、仁和寺御室に関する横内祐人氏の研究、大覚寺門跡に関するに大田壮一郎氏の研究、東大寺東南院門跡に関する永村眞氏の研究などがある。これらは扱う時代も平安後期から室町期までと広範囲にわたり、組織・所領・組織の継承・国家との関係などさまざまな問題を扱っている。ただ、現状では一部の例外を除いて、先の門跡論一般との関係では個別研究の段階にあるといえよう(4)。

このほか、近世の門跡については杣田善雄氏の研究があり(5)、それを踏まえた中世から近世への門跡の歴史を解明することも課題として残されている。

本稿では個別事例として青蓮院門跡をとりあげ、鎌倉期に展開する門跡継承をめぐる争いの分析から、中世における門跡継承の論理と国家（王朝・幕府）との関係について検討したい。

一　青蓮院門跡の成立と展開

1　青蓮院門跡の成立

青蓮院門跡の成立については尾上寛仲氏の先駆的な研究(6)と、それを出発点とした伊藤俊一・下坂守・衣川仁各氏の研究（前掲）がある。これらの研究で青蓮院門跡の成立過程について詳細に検討した衣川論文は、成立過程について以下のような結論を導いている。

①『華頂要略門主伝』をはじめとする後世の門跡系譜が初代とした行玄の時に門跡として成立した。

②「師弟集団が居住所・宗教施設として所有する房・院家などの空間の御願寺化・阿闍梨設置による宗教的機能充実、及び経済基盤としての所領集積、そしてそれら総体を師資相承し、且つその「門跡相承」を世俗権力によって認定されることが、権力機構としての門跡成立の大きな契機になったと考えられ、その時期は十二世紀

中葉以降の鳥羽・後白河院政期におくことがで」きる。
③師からの法脈伝授（三昧流＝皇慶の法脈）が門跡継承の絶対条件である。
以上の衣川論文の指摘を踏まえて、改めて青蓮院門跡の成立について確認してみたい。
まず、組織の形態から検討すると、鎌倉時代の青蓮院門跡は青蓮院・無動寺・三昧院など複数の院家・寺院・坊などの集合した複合組織として存在している。この複合組織としての門跡の家政機関（政所）が活動を始めるのは、伊藤俊一氏の指摘によれば元久二年（一二〇五）の大懺法院上棟段階である。この大懺法院は多賀宗準氏の研究によれば顕教堂と真言堂、さらに熾盛光堂を有する御願寺で、顕密の修法の道場であり、慈円を頂点にいただく門徒の結集の場であった[7]。これ以前、建久六年（一一九五）に慈円が設立した勧学講も国家的法会につながる学僧養成の場であり、門徒結集の場であった[8]。組織、およびそれに結集する門徒僧の統合の場という観点からみれば、青蓮院門跡の成立は慈円の段階といえる。

次に、「青蓮院門跡」という呼称の成立から、門跡の成立を考えてみよう。「青蓮院門跡」の史料上の初見は宝治二年（一二四八）閏十二月二十九日後嵯峨上皇院宣である[9]。ただし、この院宣が道覚に出される原因となった相論においては、葉室定嗣の『葉黄記』では「無動寺門跡事」として記されており（宝治二年十一月二十六日、十二月二日条）、「青蓮院門跡」の呼称は当時の王朝内部で必ずしも固定した呼称ではなかった。それ以前は、承元四年（一二一〇）十月の慈円譲状[10]や嘉禄元年（一二二五）五月二十三日の慈円譲状[11]では「師跡」と表記している。また、宝治以後の門跡譲状をみると、弘長元年（一二六一）十二月十二日の天台座主阿闍梨親王尊助譲状では「青蓮院門跡聖教庄園房舎等事」とあり、弘安元年（一二七八）十一月二十四日の尊助の付属状では「青蓮院門跡事」とみえている[12]。これらの用例からみれば十三世紀中頃鎌倉中期には「青蓮院門跡」の呼称が成立したものと考えられる。

以上のように青蓮院門跡の呼称は鎌倉中期に確立したが、政所を有する複合組織体としての門跡は鎌倉初期の慈円が門主であった時期に成立したといえる。それでは、なぜ他でもなく「青蓮院門跡」の名称が慈円の所持する複合組織の名称として採用されたのか。その理由は、おそらく門跡の原形がすでに平安末期、青蓮院行玄の時に成立しており、それが強くその門流に意識されていたことによるであろう。「青蓮院門跡」とは青蓮院行玄の門流であり、その意味で後世作成された青蓮院系図がその第一祖を行玄とするのは当然なのである[13]。

この行玄は最初、理智坊に入って良実と名乗ったが、三昧院検校や無動寺別当に就いた元永元年（一一一八）頃には「青蓮房」において「金剛界私記」「観自在王如来儀軌」などの三昧阿闍梨本の聖教を書写している[14]。「青蓮房」は久安六年（一一五〇）十月四日に美福門院の御願として阿闍梨五口が置かれ、「青蓮院」と号することになった[15]。「青蓮院」は行玄の時に成立しているのである。承久の乱頃成立した慈円の『愚管抄』巻第七では、天台座主行玄を「青蓮院座主」と表現しており[16]、慈円の頃には行玄は青蓮院をもって通称されていた。また、鎌倉末期、正和元年（一三一二）四月以前に成立したとされる『青蓮院門流[17]』では、第一祖行玄大僧正について「青蓮院、行玄僧正事也」と記されている。青蓮院といえば行玄だったのである。「青蓮院門跡」の名称は行玄を意識したものであった。前掲の衣川論文では「青蓮院門主慈円の特権的地位とその権力は三昧流の相承によって保証されていた」として、青蓮院門跡における三昧流（行玄の師である三昧阿闍梨良祐に伝わった皇慶の法流）の継承の意義を述べているが、門跡の名称に良祐の住房である桂林院の名称を付けることはなかった。また、行玄以前に青蓮房に居住した勝豪などは門跡の始祖とは考えられなかったのである。門跡の初代と見なされたのは、摂政藤原師実の子で、三昧院・無動寺・法性寺などを複数管領する行玄でなければならなかったと考えられる。

このように青蓮院門跡の原形が行玄の時にできたが、門跡が成立する慈円に至るまで、すなわち後に第二代覚快から第三代慈円と記憶される時期は、いまだ門跡の継承は不安定であった。この問題は行玄から覚快への継承においては表面化しない[18]。それが表に現れるのは覚快から慈円への継承段階である。この点については、すでに衣川論文が指摘しているところであるが、師資相承の問題を考える上で重要であるので、再度検討してみたい。

慈円が覚快の三条白河坊に入室し出家・受戒をしたのは十一歳、仁安二年（一一六七）、以後、治承二年（一一七八）に二十四歳で法性寺座主になるまで、青蓮院「門跡」の一部を継承した形跡はない。しかし、その後、無動寺検校職継承において実寛権僧正と慈円の争いが発生した。衣川氏は相論の過程で主張された両者の相承論理に注目し、「この段階が門跡内部での臈次によらない弟子の選定と、それによって特殊化された師資間での一系相承の確立期であった」と指摘した。この相論が青蓮院門跡継承における一系相承の確立において重要な契機となったのは間違いない。ただ、注目すべきは、門跡を摂関家出身である慈円に相承させようとする藤原兼実の意志、それとは別に自らの意志で門跡を譲ろうとする覚快の意志の対立、そして、無動寺僧実寛の論理と後白河院の意志が複雑に絡み合い、この時期の門跡相承問題がすべて露呈していることである。すでに法性寺座主職の継承においても覚快は前太政大臣藤原忠雅の子である忠雲法眼に譲ろうとしたが、「長者之一族、有可然之人時、多以補来事也」として慈円を推す藤原兼実の反対論に圧されて、その後慈円に譲った経緯がある[19]。無動寺検校職の場合も、すでに衣川論文が指摘するように、覚快は治承四年（一一八〇）十二月に行玄の「門跡」（門流）と関係しない「他人」に譲ろうとしたが、兼実の意向によって慈円への継承を予定された全玄が継承した。しかし、この継承には行玄の門徒である実寛が異を唱え、その結果、翌年六月覚快が再び検校職に還補されている[20]。覚快は入滅の前に「処分」、すなわち、門跡の譲渡を図ったらしいが、実現していない[21]。結局、養和元年（一一八一）十一月の入滅後、「七宮（覚快）門跡」のうち三昧院・成就院は慈円に継承すべく「宣下」がなされたが、無動寺については実寛と慈円との間で相論となった。覚快は自らの意志で無動寺検校職を含む「門跡」の譲与を行うことができなかったのである。この覚快の門主としてのあり方は後述する慈円とは大きく異なる。天皇家の子弟であり、貴種として申し分のない覚快でも、自らの意志で次期「門跡」継承ができなかったのである。覚快の自由な「門跡」譲与を阻害したものは、一つには慈円を推す兼実であり、もう一つは、慈円に対抗する門徒僧実寛であった。実寛は自分こそが「行玄門跡」の上﨟であること、「一和尚」であることを訴訟において主張した。これは、覚快の代においてもまだ、行玄の門徒集団が無動寺に存在することを示していると思われる。実寛の背後には行玄の門徒・門流と意識する僧侶集団があり、その集団の論理、すなわち門徒集団のなかで﨟次が多い僧こそ集団の長であるという論理に乗って実寛は訴訟を起こしたのではないだろうか。[22]後白河院は実寛側を勝訴とし、実寛を「別恩」により検校職に補任した。後白河院は無動寺における僧の﨟次の秩序を壊すことはできなかったと考えられる。結果的に実寛が没して慈円が検校職に補任され、決着がなされるが、平安末期段階では、まだ、門徒僧の門跡継承の主張も大きな意味を持っていたのである。

2　慈円以後の門跡継承

慈円の時に門跡の組織・所領が整えられた青蓮院門跡は、鎌倉期を通じて門主継承をめぐって複雑な歴史をたどる。この慈円以後の門主継承の過程についての詳細は、複雑なので紙数の関係上本稿に収めることを断念し、別稿にまとめた。[23]ここでは行論の必要上、関連系図を**（図1）**、門主の交代を**（表1）**で示し、段階ごとにごく簡略に叙述するに止める。したがって、典拠史料等叙述の根拠については別稿を参照されたい。

さて、鎌倉期以降の青蓮院門主の転変を全体に見通すと、以下の通り時期区分することができる。

図1　青蓮院「当門系図」（「青蓮院文書」）

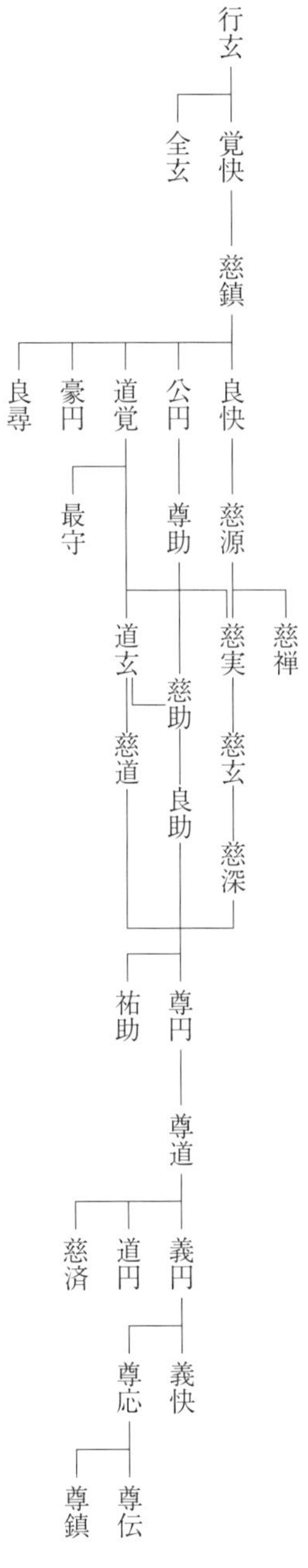

表1　鎌倉・南北朝期の青蓮院門主

門主および門主予定者	出身家（父）	入室坊	受戒年・戒師	灌頂年・灌頂師	門跡管領・門跡改替理由	その他
慈円	藤原忠通	一一六五年覚快室 白河坊	一一六七年座主明雲	一一八二年全玄	一一八二年無動寺検校職補任。	
良尋	九条兼実	一一八七年慈円室	一一八七年座主全玄	一一九六年慈円	一一九九年門跡の譲状を慈円から得る。慈円との不仲により、一二〇二年「逐電」。	
真性	以仁王	一一八三年昌雲室 一二〇二年慈円室	一一八三年座主明雲	契仲 一二〇三年慈円	慈円との不和により一二一四年「離房」。	
朝仁親王（道覚）	後鳥羽院	一二〇八年慈円室 吉水坊	一二一六年座主承円	一二一八年慈円	一二一〇年慈円譲状。一二一六年「庁政事始」。一二二一年「籠居」。	一二二一年承久の乱
慈円					一二二一年、再び門跡管領か。	一二二五年入滅
良快	九条兼実	一一九七年尊忠室 本覚院	一一九七年座主弁雅	一二〇八年慈円	一二二三年慈円の譲り。	一二四二年入滅
慈源	九条道家	一二二八年良快室 吉水坊	一二三〇年座主良快	一二三六年慈賢	一二三四年良快の譲り。一二四〇年道覚と子弟関係を結ぶ。	一二三三年妙光院相伝

					一二四八年後嵯峨院宣により、無動寺・三昧院検校職停止。	
道覚					一二四八年青蓮院門跡管領をめぐる訴訟に勝ち、後嵯峨院により門跡管領。 一二四九年置文を作り、最守を中継者として最尋（道玄）に門跡を継承させることとする。	一二五〇年入滅
慈源					一二五〇年後嵯峨院宣により無動寺・三昧院検校職に補任、門跡管領。 一二五二年九条道家一門「籠居」により、両寺検校職停止。門跡管領停止。	一二五二年妙光院検校以下を慈禅に譲る（青蓮院・桂林院経蔵を含む）
最守	藤原基房	一二二四年尊性室 綾小路坊 一二四五年道覚室	一二二四年座主円基	一二二九年仁聖	一二五二年後嵯峨院宣により門跡管領。 一二五四年後嵯峨院宣により門跡管領停止。	一二三九年十楽院門跡相伝
尊助	土御門院	一二三二年尊性室 一二五二年最守室	一二三二年座主尊性	一二三三年公円	一二五四年門跡管領。 一二六一年慈助入室。尊助、道玄（最尋）への譲状を書き、後嵯峨院に提出。同日、道玄、慈助への譲状を作成し、後嵯峨院に提出。 一二六八年「一山闘乱」により門跡没収。いったん天台座主慈禅、門跡管領するも大衆蜂起。	一二三六年仰木門跡相伝
道玄	二条良実	一二四一年尊覚親王室 一二四八年最守室 一二五八年尊助室	一二四九年座主道覚	一二五三年最守	一二六九年後嵯峨院宣により門跡管領。 一二七一年門跡管領を辞し、愛宕坊に移る。	一二五五年十楽院門跡管領
慈助？	後嵯峨院	一二六一年尊助室 三条白河坊 一二六九年道玄室 一二七〇年尊助室 一二八〇年道玄室	一二六五年座主澄覚	一二六八年尊助 一二八六年道玄	一二七一年三条白河坊に戻る。	
道玄					一二七八年以前に再び門跡管領。一二七八年門跡管領停止。前年の青蓮院門跡と梨本門跡との合戦が原因か。	一二七七年幕府評定 一三〇四年入滅

尊助					一二七八年再び門跡管領。三条白河坊に移る。同年付属状を作成し、門跡を慈実に譲ることとする。一二六一年の道玄・慈助への譲状を破棄。一二八六年亀山院宣により、無動寺・三昧院検校職を慈実に譲与。	
慈実	九条道家	一二四三年慈源室 白河坊 一二七七年尊助室 北嵯峨坊	一二四九年座主尊覚	一二五六年成源 一二七八年尊助	一二八六年無動寺・三昧院検校職に補任。門跡管領か。一二八九年両寺検校解職。	
慈助					一二八九年無動寺・三昧院検校職に補任。	
慈実					一二九〇年無動寺・三昧院検校職に再任。禅空の口入によるか。	
慈助					一二九一年無動寺・三昧院検校職補任。慈実との訴訟による。一二九五年七月二十四日門跡を良助に譲る。	一二九五年七月二十七日入滅
慈実					一二九五年八月十日無動寺・三昧院検校職に再任。幕府の推挙による。一二九七年一月慈玄に譲るべく付属状と置文を作成。	一三〇〇年五月九日入滅
慈玄	一条実経	一二六九年慈禅室 浄土寺 一二七七年尊助室 北嵯峨坊	一二七〇年座主慈禅	一二八〇年尊助	一二九七年六月二十八日無動寺・三昧院検校職に補任。良助と門跡管領をめぐり訴訟。一三〇一年一月八日門跡を慈深に譲る。	一三〇一年一月二十六日入滅
慈深	一条家経	一二九四年慈玄室 槇野坊	一三〇七年座主覚雲	一三〇八年澄尋、公什	一三〇一年、門跡管領。良助と門跡管領をめぐり訴訟。同年十二月十六日院評定。慈深敗訴。	
良助	亀山院（宗尊親王猶子）	一二七九年尊助室 三条白河坊	一二八四年座主尊助	一二八五年尊助	一三〇一年十二月十九日後宇多院宣により門跡管領。一三〇三年三月二十日門跡管領停止。幕府による処断か。	一三〇〇年妙法院門跡管領

慈深					一三〇三年門跡管領。幕府の推挙による。 一三一〇年無動寺・三昧院検校職補任。 一三一一年七月一日、門跡を尊円に譲り近江に遁世。	
尊円	伏見院	一三〇八年慈深室	一三一九年座主慈勝	一三一九年桓守	一三一一年門跡管領。 慈道と門跡管領をめぐり訴訟。	
慈道	亀山院	一二九五年道玄室 愛宕坊	一三〇一年座主良助	一三〇一年道玄	一三一四年尊円と和解し、尊円は慈道の資となる。慈道、これまでの門跡継承の契約を破棄し、尊円および「新院宮」への譲渡を約束。 一三三三年頃門跡管領をめぐり訴訟。 一三一九年門跡管領停止。	
尊円					一三一九年一月十八日幕府の推挙により門跡管領。 一三三三年六月一日無動寺・三昧院検校職停止。	一三三三年五月鎌倉幕府滅亡
慈道					一三三三年六月門跡管領。	
尊円					一三三五年後醍醐天皇の勅裁により慈道と和解し、十月一日綸旨により門跡管領。 一三五二年将軍足利義詮から門跡領を安堵される。 一三五六年八月二十六日門跡を尊道に譲る。	『門葉記』の編纂 一三五六年入滅
尊道	後伏見院	一三三八年岡崎坊 一三四〇年十楽院	一三四〇年座主尊円	尊円	一三五六年九月十日の後光厳天皇勅書により門跡継承を認められ、同年十一月十二日の綸旨により安堵される。	一三六二年妙香院門跡を慈済に譲与
道円	後光厳院	一三七二年尊道室 十楽院	一三七五年座主尊道	一三七九年尊道	一三八一年門跡継承。	一三八五年入滅
尊道					一三八五年再び門跡管領。 一三九二年足利義満息尊満入室。 一四〇三年足利義満息義円入室。	一四〇三年尊満遁世 一四〇三年入滅
義円	足利義満	一四〇三年尊道室 十楽院	一四一一年座主尭仁	桓教	一四一二年将軍足利義持から門跡領を安堵される。 一四二八年還俗（足利義宣、後義教と改名）	

第一段階　慈円の悔返し――〈慈円→良尋・真性・道覚・良快〉――

慈円から次期門主への門跡継承において、悔返しが行われた段階である。慈円が最初に門跡継承者としたのは、藤原兼実の子良尋である。この良尋に対して慈円は正治元年（一一九九）に門跡を譲ったが、良尋は建仁二年（一二〇二）、「逐電」してしまう。師弟間の不仲が原因であった。良尋逐電のあと慈円の室に入ったのは以仁王の子の真性である。しかし、これも建保二年（一二一四）「師資不和」により門跡を去る。「離房」の原因は後鳥羽院の子息朝仁が承元二年（一二〇八）に慈円の吉水坊に入室し、その後、慈円から門跡相承の譲状を得たことによる。承元四年（一二一〇）、慈円は朝仁親王への譲状を後鳥羽院に上申した。譲状によれば朝仁親王は後鳥羽院の意志によって青蓮院に入室したことがわかる。建保四年（一二一六）、朝仁親王は無動寺南山坊にて出家、受戒した（法名道覚）。七月一日には「庁政事始」も行われ、道覚への門跡継承は問題なく進行するはずであった。ところが、承久の乱は事態を思わぬ方向に動かす。道覚の父後鳥羽院は隠岐に配流され、道覚も承久三年（一二二一）七月に西山に移り「籠居」せざるを得なくなった。

貞応二年（一二二三）、慈円は「所帯之諸門跡」を法性寺座主権僧正良快法印に譲った。良快は藤原兼実の子である。

第二段階　二つの門流の形成――〈良快→慈源→慈禅〉と〈道覚→（最守）→尊助〉――

文暦元年（一二三四）に良快は両寺検校を慈源に譲り、十月、横河飯室谷に「籠居」した。この時、青蓮院門跡に加えて妙香院も含めて九条道家の子慈源に譲っている。仁治元年（一二四〇）、慈源は西山に隠遁していた道覚の室に参じて、嘉禄元年の慈円の譲状に任せて道覚と「師資の礼約」をした。慈源が道覚と師弟関係を結んだのは、慈円の悔返しによって二つの門流が生じていたものを一つに統一するためであった。しかし、宝治二年（一二四八）、道覚は訴訟を起こし、その結果後嵯峨上皇院宣によって慈源の無動寺・三昧院検校職は止められ、青蓮院門跡は道覚に付けられることになった。

この結果、慈源は翌建長元年（一二四九）に三条白河坊より浄土寺の住房に移住した。しかし、その一年後の建長二年（一二五〇）、道覚は三条（白河）坊において入滅してしまい、門跡を再び慈源僧正に付ける後嵯峨院宣が下された。一月十七日、慈源は両寺検校に還補され、二月四日に還住した。慈円の遺言がもたらした二つの門流の対立は、ここに慈源に統一されたかにみえたが、政治の動向が再び門跡の混乱を生み出すことになる。建長四年（一二五二）二月、慈源の父九条道家が没し、四月には将軍藤原頼嗣が京都に送還され、六月二十六日には「彼（慈源）一門籠居」によって、慈源の両寺執務を止められたのである。七月十八日、慈源は良快から継承した「師跡」を慈禅僧正・慈実僧都に譲る付属状を作成した。妙香院検校・元慶寺主・慈徳寺検校・観音堂・吉水坊地・日吉新宮社壇・八条烏丸坊地・本尊道具顕密聖教〈桂林蔵・青蓮蔵〉目録および末寺・庄園を権僧正慈禅に譲り、その後慈実僧都に譲ることを申し置いている。ここには青蓮院・無動寺・三昧院・成就院など青蓮院門跡は含まれていないが、青蓮蔵・桂林蔵の聖教が含まれていることに注意しておかねばならない。

道覚は入滅する前の建長元年十二月二十七日、最守僧正を中継ぎとして最尋僧都（道玄）に門跡を継承させるべく置文を作成している。最守はこの道覚置文および慈源の思わぬ没落により、建長四年（一二五二）六月二十六日、後嵯峨院宣により青蓮院門跡を管領することとなった。土御門院の子二品親王尊助を「附弟」として門跡継承者にする条件であったと思われる。建長六年（一二五四）、最守は後嵯峨院宣によって青蓮院門跡管領を止められ、門跡は尊助親王に付せられた。『華頂要略門主伝』の異本では、山徒の訴によって管領を止められたとする。

第三段階　尊助の悔返し――〈尊助→道玄→慈助〉と〈尊助→慈助・慈実〉――

弘長元年（一二六一）、後嵯峨院の皇子慈助が門跡継承予定者として尊助のもとに入室する。十二月十二日、尊助は慈助への門跡継承、および自身の一期の間の門跡管領を条件に、道玄（最尋）への譲状を作成し、さらに、同日付で道玄による慈助への譲状も作成され、これらは後嵯峨院の許に提出されている。その後、尊助の門跡管領は続いたが、文永五年（一二六八）、梨本（梶井）門跡と青蓮院門跡の不和により「一山闘乱」となり、両門跡が没収された。天台座主慈禅が両門跡を管領することとなったが、この処置に対して延暦寺大衆が蜂起し、翌文永六年（一二六九）、慈禅の門跡管領は停止され、後嵯峨院宣により十楽院前大僧正道玄が管領することとなり、三月道玄は三条白河坊に移った。先の弘長元年に定めた通り門跡継承がなされたのである。

文永八年（一二七一）、道玄は自ら院に参じ門跡管領を辞し、愛宕坊に移った。前年に尊助の大原北嵯峨坊に移っていた慈助は、再び三条白河坊に戻った。道玄のあと青蓮院門主となった者は不明であるが、これまでの経緯を考えれば、慈助の可能性が高い。しかし、道玄は弘安元年（一二七八）以前に門主に復帰している。同年四月、道玄は青蓮院門跡管領を停止され、尊助が門主に復帰した。道玄の管領停止の理由はつまびらかでないが、天台座主職停止とともになされたことから考えると、前年（建治三年）の梨本・青蓮院門跡の合戦が原因かと思われる。再び門主となった尊助は弘安元年十一月二十四日、九条道家の子息である慈実に青蓮院門跡を付属した。尊助は慈円の先例にならい、自らに敵対した道玄・慈助に対する弘長元年の「契状」を破棄し、慈実に付属したのである。また、自身が所持する慈源から譲与された「代々正流本尊道具等」と「池上十九箱以下秘決」も同時に付属した。ただし、将来、尊助の許に入室予定の「当院若宮」（亀山院皇子、良助）への譲進と、尊助一期の間の管領を条件として付けている。弘安九年（一二八六）、尊助は両寺検校（無動寺・三昧院）を慈実に譲った。亀山院宣による行動であったという。

第四段階　慈助と慈実、良助と慈玄・慈深の相論

正応二年（一二八九）から青蓮院門跡をめぐり熾烈な争いが繰り返されるようになる。一年ごとにめまぐるしく門主の交代がなされたのである。正応二年、慈実から慈助に門主が交代し、翌年には再び慈実が門主となり、さらに翌正応四年には慈助が還補された。平雅行氏は、正応四年の青蓮院門主の交代が当時幕府政治を主導した平頼綱と密接な関係があった禅空と関連することを指摘している。[24] 伏見天皇親政の開始によって、それまでの後深草院政とも密着した禅空の介入した訴訟・人事が逆転したのである。そのように考えると、正応三年の慈実の門主補任は禅空の口入によるものであることは確実であろう。『青蓮院門流』によれば、幕府が慈実の門跡管領を認める裁許を行っていたことがわかる。

正応四年に両寺検校に還補された慈助は、入滅の前の永仁三年（一二九五）七月二十四日に門跡を良助に譲った。ただし、良助の後は「禁裏」（伏見天皇）の「若宮」（後の尊円）に相承するのが条件であった。ところが伏見天皇の安堵を期待したこの譲与は実現せず、八月十日には慈実がまた両寺検校に補任された。

永仁五年（一二九七）一月、慈実は門跡を一条実経の子である慈玄に譲る付属状を作成した。この付属状では、「青蓮院門跡本尊聖教」を慈玄に譲ること、ただし、「禁裏若宮」（伏見天皇皇子尊円）が慈玄の許に入室し受法灌頂を遂げたら、若宮に譲ること、また、一期の間は慈実が門跡を進退することなどが記されている。同日に記され慈玄に渡されたであろう「前天台座主慈実置文」（『華頂要略』巻五十五）には、良助親王に対して「先年」（弘安元年か）に門跡継承の「契約」（尊助の付属状の内容を指すか）をしたが、その後良助は慈実との「師弟の儀」を変じ、慈助親王許に入室したこと、慈実の下部《しもべ》を刃傷し、その原因が慈実にあると「都鄙の訴訟」（朝廷と幕府での訴訟）に及んだことを記し、良助がもはや慈実の弟子でもなく、門跡継承者でもないことが述べられている。さらに、同

年三月十八日の慈玄宛「前大僧正慈実書状」(『華頂要略』巻五十五)によれば、慈実は良助への継承を破棄し慈玄に譲与することを、過去の慈円や尊助の悔返しの事例になぞらえて正当化し、正応四年に「不慮依違」があったが「根本相承之証文等」を提示して幕府に子細を申し、その結果、幕府の「御返事」を得て「聖断」に預かったと、幕府・朝廷の裁許を得ていることを強調している。また、慈実は慈玄への譲与を確実にするため、慈玄に伏見天皇の「勅許」を受けるよう指示している。慈玄は同年六月二十八日、両寺検校職に補任され、青蓮院門跡継承を認められた。

一方、良助はその後、朝廷に訴訟を起こしたらしい。『門葉記』(雑決補四)には正安元年(一二九九)七月の良助の訴状と推定される文書が収載されている。それによれば、この段階ですでに朝廷において「三問三答訴陳」がなされており、良助は慈玄僧正が「第三度事書」を受け取りながら返答せず、三カ月間そのままにしていることの非を訴えている。翌正安二年、慈玄は長大な陳状を書いている。『華頂要略』(巻五十五)に収載されている「本尊聖教并青蓮院門跡等事」で始まる無年号無署名の文書は、本文中で引用する「永仁五年正月日先師僧正(慈実)遺誡」、「当年四月(慈実)重遺誡」が、同じ『華頂要略』(巻五十五)に全文が収載されており、それによって慈玄が正安二年に作成したものであることが判明する。慈玄は自分に至る門跡継承の正当性を建長六年一月十四日の「慈源僧正遺状」や「先師僧正」慈実の付属状等を根拠に主張し、良助が弘安元年十一月二十四日の尊助付属状を根拠にして門跡継承を主張したことに反論している。

訴訟の最中の正安二年四月、槇野坊に退去していた前門主慈実は門跡をめぐって良助と訴訟になったことを嘆き、本尊聖教について万一良助の側から「微望之企」があっても、たとい灰燼にしても承諾してはならないと、慈玄に強く申し置き、翌月入滅した。

訴訟が決着をみないまま正安三年（一三〇一）一月二十六日、今度は慈玄が四十二歳で入滅してしまう。入滅前の一月八日、慈玄は青蓮院門跡を一条家出身の慈深に譲った。慈玄から慈深への継承に対して良助がいかなる対応をしたのかよくわからないが、訴訟は継続したものと思われる。吉田経長の日記『吉続記』（『増補史料大成』）の正安三年十二月十一日条には後宇多院の評定で「青蓮院門跡事」が議されたことが記されている。その結果十二月十九日に良助を青蓮院門主とする後宇多院の院宣が出された。しかし、嘉元元年（一三〇三）三月二十日に良助は門跡管領を停止された。良助のあと門跡を管領した慈深について『門葉記』（門主行状二）は「関東推挙」によるとしている。

第五段階　慈深・尊円と慈道の争いから尊円一統へ

嘉元元年（一三〇三）、慈深は「関東推挙」によって青蓮院門跡を継承した。『青蓮院門流』によると、若宮（尊円）が成人に達するまでの門主として「都鄙」（王朝と幕府）から認められたものであった。ただし、慈深はまだ受戒をしておらず、青蓮院門主が必ず就任する無動寺と三昧院検校の職に補任されたのは延慶三年（一三一〇）になってからであった。応長元年（一三一一）七月一日、慈深は「祖師先師遺戒」によって、門跡を入道尊円親王に譲り遁世した。この時尊円は十四歳で、先月に出家したばかりであった。この間、道玄の跡を継いで十楽院門跡を継承していた亀山院の子息慈道は、嘉元四年（一三〇六）十一月二十四日、遊義門院の猶子である「宮御方」が愛宕坊の自坊に入室する際に、「青蓮院門跡山洛寺院房舎庄園本尊聖教等」を「宮御方」に譲与することを約束している。慈道は何らかの訴訟を慈深あるいはその跡を継いだ尊円に対して起こしていた。正和三年（一三一四）尊円と慈道は「和与」し、尊円と慈道は師弟関係となった。同年四月八日の慈道奏状によると「門跡和談事」につき後伏見院の「安堵院宣」を求めている。同十三日、慈道は尊円親王との師弟の儀が成り、尊円が慈道の門下に入ったら、嘉元四年の「遊義門院御猶子宮」への譲与を改変し、「当門跡幷桂林院師跡本尊聖教等」を慈道が管領した後、尊円そして「新院宮」への後日の譲渡を約束している。この「新院宮」とは後伏見院の皇子としてこの年に生まれた尊実（慈真）であろうか。慈道の門跡管領はその後も続いたが、元亨三年（一三二三）には再び訴訟となっていたらしい。その後、元徳元年（一三二九）、後醍醐天皇の綸旨によって慈道の青蓮院門跡管領が停止され尊円が門主となる。「関東推挙」による決定であったという（『門葉記』門主行状三）。元弘三年（一三三三）鎌倉幕府が滅亡すると、同年六月一日、尊円の両寺執務は停止され、慈道が再び補任されて、青蓮院門跡は慈道の管領するところとなった（『門葉記』門主行状三）。

建武二年（一三三五）九月二十一日、慈道と尊円は後醍醐天皇の「勅裁」により「和睦」し、「師資之礼」をとるため尊円は慈道の室に入り、十月一日慈道の譲与により尊円の門跡管領を認める綸旨が出された。後醍醐天皇が吉野に移った建武三年（一三三六）十二月二十七日には慈道が本来管領していた十楽院・桂林院も尊円が管領した（『門葉記』門主行状三）。

二　鎌倉期における門跡相論の特徴

1　家の相続論理と師資相承論理

前章で概略を示したように、鎌倉期における青蓮院門跡の継承は混乱を極めたといってよいだろう。その原因はどこにあるのか。本章では門跡継承論理に内在する問題から、まずその原因を検討してみたい。

かつて、上川通夫氏は中世寺院社会を特徴づける編成原理として師資相承論理を大衆の僧伽の論理と並べて強調した。[25] 中世寺院社会における師弟間の法脈継承論理、とくに密教におけるそれについて重視するのは当然であるが、氏が勧修寺を例に挙げて主張された点には、平安後期という時代的限定を付ける必要があるように思われる。すなわち、氏は寛信という勧修寺流藤原氏出身の僧を起点とする勧修寺流という法脈と、勧修寺流藤原氏という貴族の家の成立とが関連していることを指摘しながらも、師弟間の師資相承原理の成立の意味を強調し、勧修寺別当が勧修寺流という藤原氏の家の出身者に固められていくことを重視していないのである。これはそれ以前の勧修寺が勧修寺家出身以外の僧が別当であったこと、また、勧修寺家の氏長者が勧修寺西堂長者として直接寺院を管理していたこととの違いから導き出された見解であった。古代寺院の中世的寺院への転換という点で、この見解は正しいと思うが、中世寺院が師資相承原理、それも純粋に非世俗的な法脈の伝授で継承されていったかというと、決してそうではない。むしろ、法脈伝授の形式をとりつつも、実際は世俗的な家の継承論理が優越していったとみるべきである。鎌倉期の青蓮院門跡の継承をみると、師資相承論理（法脈の継承）よりも世俗的な家相続論理が優越するように思えるのである。

この問題を考える手がかりになるのは、慈円や尊助が行った次期門主候補の悔返しの事実である。慈円による良尋・真性の廃嫡、尊助による道玄・慈助から慈実への門主継承の変更の事実に注目しなければならない。先にみたように尊助による慈実への門主継承は道玄・慈助の尊助に対する「違背敵対」が原因であった。[26] このような師弟間の争いは、他にも宝治二年（一二四八）からの道覚と慈源の「師弟相論」により、道覚による慈源の「義絶」が成された事例[27]や、良助の尊助の許からの離脱と慈助の許への入室の事例を指摘することができる。最初の師弟関係は門跡・院家への入室段階で決まっており、出家・受戒後の灌頂で決定されるが、それは未来にわたって永久的絶対的なものではなく、師の許を去り、別の師の許に入れば、その段階で新たにその師から灌頂を受けるのである。たとえば、真性のはじめの灌頂の師は契仲阿闍梨であったが、慈円の許に移った後、新たに慈円から灌頂を受けた[28]。慈実の最初の灌頂の師は成源であるが、尊助の許に入室した後は、尊助から灌頂を受けている[29]。慈助は尊助の三条白河坊に入室し、尊助から灌頂を受けるが、尊助と離反し道玄の許に移ったあとは道玄から灌頂を受けている[30]。こうした「重灌頂」は決して珍しいことではないのである。

変更可能な師弟関係、師資相承原理よりも重要なものは家の相続原理である。門跡を継承する僧の場合、出家・受戒・灌頂より前に門跡への「入室」の儀があることが重要である。門跡という僧の「家」に「入室」することが、次期門跡を約束するものなのである。門跡への「入室」は基本的には幼児段階であり、「入室」する個人の意志は関係しない。ここではその出身母体の「家」(「家門」)と「入室」先の門主の意向がすべてである。「入室」し、門主と同宿することはまさにその家の家族となることを意味する。出家・受戒・灌頂という出世間の論理より、「入室」という世俗の論理が優越していることに注目しなくてはならない。

鎌倉後期の青蓮院門跡について検討した澤博勝氏は、青蓮院をめぐる抗争と両統迭立の関係を論じ、「青蓮院の内部抗争の本質は、このように聖教類の相承をめぐる抗争であり、その意味でまさに寺院権門独自の論理によって生じ拡大した抗争であると言えよう」と結論した。池上十九箱の相承と桂林院(桂林蔵)をめぐって抗争が起こったこと、『青蓮院門流』(南渓蔵本)が池上十九箱と桂林蔵の相承を重視していることを証左としている[31]。しかし、桂林蔵・青蓮蔵の聖教の所持を相論において自己の正当性の根拠としたのは、慈実・慈玄の側である。敵対する慈助・良助側ではない。なぜなら、慈源が建長四年(一二五二)に後嵯峨院の勅勘によって門跡を停止された時、彼は妙香院などとともに青蓮蔵・桂林蔵の聖教を慈禅、そして慈実に譲っている。以後、青蓮院門跡は最守—尊助—道玄に継承されるが、その間、聖教は尊助—慈実—慈玄の系列に相伝されるのである。聖教所持を門跡継承の正当性主張の根拠とする論理は、慈助・良助との相論において、現実に門跡を管領していなかった慈実・慈玄側の正当性の論理であって、現実の門跡継承において重要ではあるが、必ず必要なものではなかったのである。また、『青蓮院門流』の記主が慈深の可能性があることから[32]、この記録が聖教を重視するのは当然であろう。繰り返すが、鎌倉末期の相論は門跡継承をめぐる抗争であって、門跡の聖教をめぐる争いは主要なものではない。聖教の所持によって門跡の管領が決定されたわけではなく、あくまでも一つの要素にすぎないのである。「聖教類の帰属をはじめとした寺院権門独自の論理による抗争」との評価は誤っていると考える。師資相承原理による門跡継承が優越したのは、覚快からの門跡相承において、慈円と実寛とが争った段階が最後であって、以後、門跡継承論理として師資相承論理が世俗の家相続論理に勝ることはなかったといえよう。

このことは別の観点からも証明できる。すなわち、門跡の継承を証明する文書の種類の問題である。門跡継承にとって重要なのは、本尊・聖教・堂舎・所領などを含む「家」を相続するための譲状であり、未来の門主を指定するための置文であって、三昧院流の付法伝授のための印信ではない。歴代門主たちは門跡を自分の意にかなった人物に相続するために、譲状や置文を作成し、未来の門主を指定する場合が多いのである。たとえば、後の門跡継承に大きな影響を与えた嘉禄元年(一二二五)の慈円譲状(遺戒)[33]では「以此子細関東将軍御成人之後、慈円遺言如此之由被申、更不可有御抑留歟、其後則又、将軍御兄弟令受継給、不可有相違者也」として、未来の門跡継承者を慈円の属する九条家の鎌倉将軍藤原頼経の兄弟、すなわち九条道家の子どもに限定している。譲状の作成は慈円の段階から行われており、まさにこの段階で青蓮院門跡が一つの「家」として確立し、貴族や武士の家と同じく譲与の対象となったことを示している。

2　家相続論理と国家（朝廷・幕府）の関与

（a）家相続論理と「家門」

青蓮院門跡継承にみえる「家」相続の論理について、具体的にみておこう。嘉禄元年（一二二五）の慈円譲状にみたように、慈円は青蓮院門跡が九条家出身者によって相続されることを意図していた。良快から九条道家の子の慈源への継承がそうである。この慈円の意図は、鎌倉幕府における摂家将軍の没落に連動した九条道家の政治的没落によっていったんは崩れるが、道家の子の慈実が門跡を継承して復活する。〈慈実―慈玄―慈深〉の相伝は九条家そしてその分流である一条家の有する門跡としての相伝である。しかし、結果的にはこの三代において青蓮院門跡を九条家または、その分流である一条家「家門」[34]の寺院として位置づけることはできなかった。その理由は、第一に度重なる訴訟にある。第四段階における大覚寺統の〈良助―慈道〉との相論の過程で訴訟で優位に立つために、持明院統の尊円への譲与を約束せざるを得なくなったことが考えられる。永仁五年（一二九七）の慈実付属状の頃から伏見院皇子尊円の入室が確実視され、慈深の門跡継承も尊円へのつなぎと位置づけざるを得なくなったのである。このことは大覚寺統との対立のなかで、一条家は持明院統の皇子を門跡に推戴せざるを得なくなったことを示している。先述したような応長元年（一三一一）の慈深の籠居、遁世は慈深の意志によるものではなく、政治的圧力によるものであったと推測されるのである。もう一つの理由は、九条家と一条家の対立により一条家の家門としての自立が十分でなかったと思われることである。この点は、南都興福寺大乗院門跡の状況から説明できる。鎌倉末期、大乗院門主は慈信、尋覚、聖信という一条家出身の門主と九条家出身の覚尊とが対立・抗争する構図ができていた[35]。これは、一条家と九条家が家門として一体化しているのではなく、天皇家における大覚寺統と持明院統の対立と同じように分裂し対立していることを示している。一条家は九条家出身の大乗院門主を受け入れざるを得ないのであり、ここに一条家の家門としての未熟をみることができるのである。大乗院門跡に対する管領も確立できなかった一条家は、ましてや天皇家との相論をかかえる青蓮院門跡を家門管領の門跡にすることはできなかった。

九条家家門管領寺院には九条道家創建の東福寺のように道家の処分状(36)に挙げられる寺院と、大乗院門跡のような門主に九条家出身者を据えることができる寺院とがある。青蓮院門跡は後者であり、九条家・一条家や天皇家から門主が出るが、それらの家門が建立した氏寺、御願寺のごとき寺院ではないために、九条家における東福寺、天皇家における長講堂のような支配の対象ではない。したがって、家門による門跡への関与は門主の選任が主要なものであり、門跡組織・門跡領を含む門跡総体に及ぶものではない。青蓮院門跡の場合、一つの家門による支配が確立せず、鎌倉末期まで常に訴訟が引き起こされていたため、家門による門跡支配管領は確立しなかったといえよう。

（b）国家の介入

なぜ私的な青蓮院門跡の相続問題に王朝や幕府という国家権力が干渉できるのか、この点について考えてみたい。鎌倉後期においては国家の介入が門跡継承をより複雑化させたからである。

①無動寺・三昧院・成就院検校職と法性寺座主補任権

まず考えられるのは、青蓮院門跡の中核をなす無動寺・三昧院・成就院の検校職の補任権が王朝にあり、検校職が王朝国家から「補任」されるものであったことを挙げることができる。補任状は残っていないが、『玉葉』養和元年十一月八日条に「七宮（覚快）門跡事之内、三昧院・成就院且可被宣下無動寺事」とあり、同二十三日条に「実寛僧正被補無動寺検校了」とあることが証明となろう。また、法性寺座主も藤氏長者の推挙によって補任（「宣下」）されるものである。[37]『華頂要略』の記述において「補」「補任」と表記されていることは、その職が王朝による補任であることを考慮していることを示している。青蓮院門跡全体を管領する門主の補任は本来あり得ないが、門跡のなかの個々の寺院・院家に対する補任権を王朝が有している場合があるのである。

②門跡相論の裁許

門跡の継承をめぐる争いは王朝の法廷に持ち込まれ裁判となる。とくに後嵯峨院政以降の鎌倉後期において、王朝裁判は徳政の一環として制度の整備が進められる。その時代状況のなかで門跡相論は王朝で裁許されることになる。宝治二年（一二四八）の後嵯峨院宣は、道覚と慈源の相論が同年十一月二十六日の院評定で議され、それに基づいて出された裁許の院宣であった。[38]また、正応・永仁・正安段階の門跡相論が王朝に持ち込まれ、正安三年（一三〇一）には後宇多院政下の院評定で裁許されたことは先にみたところである。さらに、正和三年（一三一四）の慈道と尊円の和談も後伏見院政下での一種の裁許である。

幕府は王朝の政策に関してさまざまな介入（「関東の計」）を行ったが、訴訟に関してもそうであった。宝治二年の訴訟においても六波羅探題北条長時の関与が指摘でき、永仁五年（一二九七）一月の慈実の置文や同年三月十八日の書状には、良助が下部の刃傷事件を理由に「都鄙（京都と鎌倉）の訴訟」に及んだことが記され、永仁段階では幕府に直接訴訟が持ち込まれたことが指摘されている。しかし、基本的には門跡相論の裁許は幕府では行わず、幕府は王朝に指示を出すことに止め、裁許の院宣や綸旨が出されたものと思われる。門跡裁判は王朝の裁判管轄下にあったといえるであろう。

この王朝裁判において、公平が保たれていたかどうかは疑問である。正安元年（一二九九）の訴訟において、伏見院が訴訟の裁許を遅らせたと推定されること、その後、後宇多院が良助を勝訴としたことなどは、王朝裁判の一方の当事者が王家と関係がある場合、王家の側が有利であったことを示すものであり、王朝裁判の限界を示すものである。

③門跡安堵

訴訟と並んで、王朝が門跡継承に関与した事例として安堵がある。承元四年（一二一〇）、慈円は門跡を朝仁親王（道覚）に譲ることを約束した譲状を後鳥羽院に提出した。[39] 弘長元年（一二六一）十二月十二日の尊助の門跡譲状も後嵯峨院の許に提出されている。これも後嵯峨院の子慈助が尊助の許に入室した際に作成されたものであり、将来、門跡を慈助に継承させることを約束したものであった。王家の子息が門跡継承予定者として入室する際、王家の側はその保証を譲状作成という形で求めたものといえる。この二つの事例においては譲状は一種の契約状の機能を果たしており、それが作成されたからといって、その日付で門跡が譲渡されるものではない。あくまでも未来の譲渡を約束するものなのである。幕府の譲状安堵のようなシステムはできておらず、この場合も安堵の院宣が出された形跡はない。

永仁五年（一二九七）一月、慈実は付属状と置文を作成し、慈玄への譲与と、未来における伏見天皇皇子（後の尊円）への門跡譲与を記し、同年三月十八日には慈玄に伏見天皇の「勅許」を得るよう指示している。この場合、まだ尊円の入室はなされておらず（尊円入室は延慶元年）、良助との対立状況のなかで慈玄への譲与を治天の君である伏見天皇から安堵してもらうために作成されたものと思われる。ただ、この場合も安堵の綸旨が出された形跡はなく、同年六月二十八日に「両寺検校」への補任というかたちで門跡継承が認められた。正和三年（一三一四）に慈道と尊円の「和与」がなされた際、慈道は未来における尊円、そして後伏見院皇子への門跡譲渡を約束し、後伏見院の「安堵院宣」を要求している。この場合も治天である後伏見院の院宣が出された形跡はないが、はじめて

「安堵院宣」という言葉が使われていることは注目される。確証はないが、この頃から院政・親政の主導者である治天（院・天皇）の「安堵」が制度化されたのかもしれない。興福寺大乗院門跡の場合、元亨四年（一三二四）十一月に門主慈信の置文が後醍醐天皇の王朝に提出され、それに対して対立する覚尊の門跡管領を停止し、慈信の門跡管領を認める綸旨が下された。ついで、同年十二月三十日には改めて慈信の聖信への門跡譲与を認める綸旨が出されている。二度の後醍醐天皇綸旨のうち後者の綸旨こそ譲与安堵の綸旨といえるものであろう(40)。

青蓮院門跡の安堵がいつから行われていたのかを問題にするためには、一般的に王朝の公家家門安堵がどの段階から行われていたのかをみておく必要がある。金井静香氏は、建武政権下の後醍醐天皇による近衛家や西園寺家の家門安堵の事例を挙げ、さらに、久我家に対して鎌倉末期に「家門管領」の後醍醐天皇綸旨が出された事例を紹介している(41)。王朝による公家家門安堵がいつから始まったのかは、いまだ結論が出ていないが、鎌倉末期であることはほぼ認められるであろう。久我家に関して久我通雄と長通の「和睦」を受け、綸旨が発給されたこと(42)は、青蓮院門跡における「和与」後の後伏見院「安堵院宣」の請求というあり方と類似しており、後醍醐親政以前にすでに家門安堵が行われていた可能性は残る。ただ、注意しておかねばならないのは、鎌倉末期の安堵はいずれも家門相続に関して相論が起こっている状況のなかでの安堵である点である。安堵は一種の裁許としてあり、家門の継目相続にあたって行われた譲与安堵とはその性格に違いがみられる。

④門主改替

鎌倉期の青蓮院門跡に関して相論が絶えなかった原因は、門跡相続において門主の意向だけではなく、門主の出身母胎である家門の意向が大きく影響したことに加えて、門主の地位が内乱や政変などの政治的理由によって王朝や幕府により改替されたことにある。たとえば、承久の乱の結果、後鳥羽院の子息である道覚法親王の門主改替と、西山「籠居」が幕府の指示の下でなされたこと、また、九条道家の没落に伴う政変では、九条「一門」が「籠居」し、そのなかに道家子息の青蓮院門主慈源も含まれ、慈源の門主改替がなされたことを挙げることができよう。承久の乱以降、こうした王朝による門主の「解職」が幕府の指示の下で行われたのである。「解職」の後の門主については、王朝による「補任」がなされた。慈源の「解職」後、最守が尊助までの中継ぎの門主として後嵯峨院による「朝恩」として院宣により「補任」された。もちろん「青蓮院門跡職」や「青蓮院門主職」などという天台座主職のような王朝によって補任される「職」があったわけではないが、複合家産組織である門跡が成立している段階において、門跡全体を管領する門主の改替が、王朝によってなされたのである。こうした改替は延暦寺全体を巻き込んだ闘乱・合戦状況の場合にも幕府主導で闘乱鎮圧の手段として行われた。文永五年（一二六八）に青蓮院門跡と梨本門跡の抗争による「一山闘乱」に対して幕府が介入し、翌年、後嵯峨院によって両門跡を天台座主慈禅が管領する処置がなされた。さらに、建治三年（一二七七）の両門跡の抗争が原因となって、翌弘安元年に道玄の門跡管領停止が幕府の指示のもとに亀山院によってなされている。門跡内部に王朝によって補任される「職」を有する寺院・院家を含むとはいえ、全体としては私的存在である門跡に対して、非常事態においては王朝は当然のごとく門主に対する支配権者として立ち現れ、幕府は国家の治安維持を目的として、王朝にその指示をするのである。

むすびにかえて——南北朝期・室町期の青蓮院門跡

鎌倉期に門跡管領をめぐって熾烈な争いを繰り返した青蓮院門跡は、建武政権下の統一以後安定化する。建武二年（一三三五）九月二十一日の後醍醐天皇による勅裁によって、大覚寺統出身の慈道が持明院統出身の尊円に門跡を譲与した。この時の和談の条件ははっきりしないが、正和三年（一三一四）の和談を引き継いだとすれば、尊円以後の門主は大覚寺統から出すことが条件であったかもしれない。しかし、建武政権が三年で崩壊したあとはその条件は不要になり、以後、尊円と争う者はいなくなり門跡相論が消滅する。大覚寺統の吉野への没落によって、青蓮院門跡の家門である王家の分裂要因がほとんど消滅したのである。南北朝期、門跡領に対しては室町将軍によって安堵が行われた。文和元年（一三五二）三月十八日、足利義詮は青蓮院門跡領全体を尊円に安堵している。一方、延文元年（一三五六）の尊円から後伏見院の子尊道への譲与にあたっては、後光厳天皇の綸旨によって安堵が行われた。ここに、門跡全体の安堵は王朝、門跡領については幕府による安堵という方式が出現した。鎌倉末期にみられた門跡の安堵が南北朝期の後光厳親政において譲与安堵として制度化したものといえよう。当該期の公家家門安堵については水野智之氏の研究[43]があることを指摘するに止め、紙数の関係もありここではこれ以上触れないが、治天および室町殿の安堵によって門跡相論が消滅したことは注意しておかねばならない。この時期には門跡をめぐる訴訟も発生していないのである。

その後、室町殿義満の段階になり王朝権力が幕府に吸収されていくと、義満は青蓮院門跡に自身の子息尊満を入室させ、その器量に問題があると遁世させ、同じく子息の義円を入室させた。摂関家・天皇家に限定されていた門跡の継承者に、武家の室町将軍家の出身者が加わったのである。そのことの意味は別に問題にしなければならない。

註

（1）上川通夫「中世寺院の構造と国家」（『日本史研究』三四四、一九九一年）。
（2）大石雅章「寺院と中世社会」（『岩波講座日本通史』中世2、一九九四年）。
（3）大隅和雄編『中世の仏教と社会』、吉川弘文館、二〇〇〇年。

（4）伊藤俊一「青蓮院門跡の形成と坊政所」（『古文書研究』三五、一九九一年）、衣川仁「中世延暦寺の門跡と門徒」（『日本史研究』四五五、二〇〇〇年）、下坂守『中世寺院社会の研究』（思文閣出版、二〇〇一年）第四篇、安田次郎『中世の興福寺と大和』（山川出版社、二〇〇一年）第三章、稲葉伸道『中世寺院の権力構造』（岩波書店、一九九七年）第六章、第七章、大山喬平「近衛家と南都一乗院――簡要類聚鈔考――」（岸俊男教授退官記念会編『日本政治社会史研究』下、塙書房、一九八五年）、酒井彰子「園城寺円満院門跡の形成」（『文化史学』五二、一九九六年）、横内祐人「仁和寺御室考」（『史林』七九―四、一九九六年）、大田壮一郎「大覚寺門跡と室町幕府」（『日本史研究』四四三、一九九九年）、永村眞「中世東大寺の『門跡』とその周辺――東南院『門跡錯乱』をめぐって――」（『史艸』四二、二〇〇二年）。
（5）杣田善雄「近世の門跡」（『岩波講座日本通史』一一、近世1、一九九三年）。
（6）尾上寛仲「天台宗三門跡の成立」（『印度学仏教学研究』二一―一、一九七二年）。
（7）多賀宗準『慈圓の研究』（吉川弘文館、一九八〇年）。
（8）田中文英「慈円と勧学講」（大阪大学日本史研究室編『古代・中世の社会と国家』、清文堂出版、一九九九年）。
（9）『華頂要略門主伝』（鈴木学術財団編『大日本仏教全書』第六十六巻、史伝部五、講談社、一九七二年）門主伝第六。「青蓮院門跡事、任慈鎮和尚之契状、可令伝領給（下略）」の文言で始まる。同文書は『華頂要略』巻五十五上（『天台宗全書』第十六巻、華頂要略第三、第一書房、一九七四年）にも所載されている。
（10）『華頂要略門主伝』。慈円から朝仁親王（後の道覚）への譲状。
（11）『門葉記』（『大正新脩大蔵経』図像第一二巻、大蔵出版、一九八九年普及版）。『華頂要略』巻五十五上にも所載されている。本文書は京都大学文学部所蔵「慈鎮和尚建暦目録」にもみえる。この目録については『京都大学文学部博物館の古文書』第九輯（思文閣出版、一九九二年）の解説を参照されたい。
（12）いずれも東京大学史料編纂所写真帳「青蓮院文書」一に所収。
（13）東京大学史料編纂所写真帳「青蓮院文書」五所収「当門系図」。同影写本「青蓮院系図」。
（14）『青蓮院門跡吉水蔵聖教目録』、汲古書院、一九九九年。なお、同書所収、山本信吉「青蓮院門跡吉水蔵聖教について」を参照。

(15)『華頂要略門主伝』第一。ところで、「房」から「院」へ名称変更するのは阿闍梨などが設置され、天皇・院・女院の御願寺とならねばならなかったかと推定される。衣川論文では、青蓮院・本覚院・妙法院が「房」から「院」に名称変更し御願寺化する事例を挙げている。『華頂要略』には他にも金剛寿院・勝蓮華院・大乗院・浄戒院・桂林院などが同様の事例としてみられる。金剛寿院の場合、東塔にある明寂・覚尋らの住房が後三条院の御願によって御祈願所となり造営が開始され、白河院に引き継がれて、承保三年に金剛寿院として創建されたという。その創建供養の際、勧賞として阿闍梨三口が認められたという。勝蓮華院・大乗院の場合、西塔北谷にあった覚慶の住房である東陽坊の地に一条院の御願によって勝蓮華院・大乗院が建立され、長保三年に勝蓮華院に阿闍梨五口が寄せられたという。飯室谷の浄戒院の場合、文暦元年に了快が籠居のため新造した浄戒房が、その後慈慶に伝領されて「公家御祈願所」となり浄戒院と改号したものである。東塔北谷の桂林院の場合、建久元年に後白河院の御祈願所となり、阿闍梨三口が寄進され、桂林院と改号したものである。以上の事例から延暦寺の院家の場合、房号から院号に呼称が変わるのは御願寺化が契機であったようにも推定できるが、他寺の場合も含めて検証する必要がある。

(16)『愚管抄』(『日本古典文学大系』、岩波書店、一九七一年)巻七注57。

(17)多賀宗準「青蓮院門流」(叡山南渓蔵本)(『金沢文庫研究』一三巻七号、一九六七年)。

(18)覚快が行玄の後継者とされたのは、行玄が鳥羽法皇の護持僧であり、かつ、法皇受戒の際の戒師をつとめるなど、行玄と鳥羽法皇との個人的な関係によるところが大きかったと思われる。覚快は鳥羽院第七皇子で七宮と呼ばれた。ただ、もし摂関家の藤原師通の子に忠実・家政・家隆、さらに藤原忠実の子に忠通・頼長の他に男子があれば、あるいは事態は異なっていたかもしれない。行玄は摂関家の嫡流の子弟に「門跡」を継承させたかもしれないのである。行玄の兄弟である尋範は興福寺に入り、大乗院門跡の基礎を作り、その後、代々摂関家の子弟が入寺する門跡となっていく。摂関家の氏寺である興福寺と延暦寺との違いがあるが、慈円以後の青蓮院門跡をみると行玄以後摂関家に門跡が継承される可能性はあったと思われる。

(19)『玉葉』安元三年五月十日条。同治承二年閏六月二十八日条。

(20)『玉葉』治承四年十二月二十三日条、同治承五年六月十五日条。『吉記』養和元年十一月二十二日条。『門葉記』門主行状一によれば、全玄が実寛を「超越」したことに対して実寛が異を唱えたという。

(21)『玉葉』治承五年九月八日、同二十七日条。
(22)伊藤俊一前掲註(4)論文や福島睦城「近江国葛川にみる青蓮院・無動寺の支配機構」(鎌倉遺文研究会編『鎌倉時代の政治と経済』、東京堂出版、一九九九年)が指摘するように、慈円以前の無動寺は「天台別院」としての寺格を与えられ、三綱から構成される政所組織を有し、山岳修験の中核寺院として比叡山で特別な存在であった。鎌倉初期には東塔無動寺谷に多くの坊舎を有し、「無動寺衆徒」をかかえる寺院であり、他の院家とは性格が異なる。実寛の背後にある「無動寺衆徒」の存在を見逃してはならない。
(23)稲葉伸道「鎌倉期における青蓮院門跡の展開」(『名古屋大学文学部研究論集』史学四九、二〇〇三年)。
(24)平雅行「鎌倉山門派の成立と展開」(『大阪大学大学院文学研究科紀要』第四〇巻、二〇〇〇年)。
(25)上川通夫前掲註(1)論文。
(26)『門葉記』(雑決補四)、東京大学史料編纂所写真帳「青蓮院文書」一所収、弘安元年十一月二十四日尊助付属状案。
(27)『岡屋関白記』(『大日本古記録』)建長元年正月二十六日条に「座主(道覚)与無道寺僧正(慈源)師弟有相論事、子細難尽紙上、師弟之上、雖不可及論敵、於此事者別段也、依之頗有喧嘩事」とみえる。また、建長元年十二月二十七日の道覚譲状案(『華頂要略』巻五十五上)には「抑至慈源僧正者、年来雖存師弟之儀、不守先師之遺戒、不随愚老之教訓、終以令義絶畢」とみえる。
(28)『華頂要略門主伝』(真性)。
(29)『華頂要略門主伝』(慈実)。
(30)『華頂要略門主伝』(慈助)。
(31)澤博勝「両統迭立期の王権と仏教——青蓮院と醍醐寺を中心に——」(『歴史学研究』六四八、一九九三年)。
(32)稲葉伸道前掲註(23)論文の注34参照。
(33)京都大学文学部所蔵「慈鎮和尚建暦目録」。同文書は『門葉記』目録、および、『華頂要略門主伝』第六にもみえる。京都大学の目録については、部分ではあるが京都大学文学部『博物館の古文書』第九輯に参考資料として掲げられている(なお、大山喬平氏の解説を参照)。原本調査では京都大学文学研究科助手野田泰三氏のお世話になった。記して感謝したい。

（34）「家門」の意味については、とりあえず金井静香氏の定義、すなわち「家督人をその管領者とし、家記・寺院・家屋などを共有する親族集団」を挙げておく（金井静香『中世公家領の研究』〈思文閣出版、一九九九年〉第一章「公家領安堵の変遷」）。
（35）稲葉伸道『中世寺院の権力構造』（岩波書店、一九九七年）第六章参照。
（36）『九条家文書一』（図書寮叢刊）、五、九条道家初度惣処分状等。
（37）『玉葉』安元三年五月七日、治承二年閏六月二十八日条。
（38）『葉黄記』宝治二年十一月二十六日条。
（39）稲葉伸道前掲註(23)論文参照。
（40）稲葉伸道註(35)前掲書参照。
（41）金井静香註(34)前掲書。
（42）『久我家文書』（続群書類従完成会）第一巻、三八号、七月二日「後醍醐天皇綸旨」。
（43）水野智之「室町将軍による公家衆の家門安堵」（『史学雑誌』一〇六編一〇号、一九九七年）。

青蓮院の門跡相論と鎌倉幕府

平　雅行

はじめに

延暦寺では、鎌倉中期よりほぼ百年間にわたって、青蓮院門首の地位をめぐる相論が行われた。その史料はかなり豊富に残されているが、残念ながら研究は乏しく、紛争の経緯が十分に明らかにされているとは言いがたい(1)。比較的分かりやすい道覚・慈源段階を別とすれば、門跡紛争に対する朝廷・幕府の関わりがほとんど解明されておらず、紛争の根本原因を把握できないまま、単なる師弟争いのレベルでしか問題を捉えることができないでいる。しかも紛争の経過がきわめて複雑で錯綜している上、相論ということもあって意図的な歪曲や捏造も珍しくない。そのため事実の確定がむずかしく、『天台座主記』『華頂要略』の編纂段階で基礎的な事実誤認をしているものも少なくないし(2)、先行研究が多く依拠してきた『華頂要略』二一「三昧流来由事書」「当門跡相論事」ですら、荒唐無稽な話が相当混入している。そこで本稿では、それら地の文への依存を極力排し、『門葉記』や青蓮院文書、および『天台座主記』『華頂要略』所収の文書史料を中心的素材としながら、門跡紛争の実態を復元したい。それはまた青蓮院門跡に与えた鎌倉幕府の影響の深度を、私たちに指し示してくれることだろう。

なお本稿では、事実経過については基本的に『門葉記』巻一二八（慈円・良快・慈源・道覚・最守）、巻一二九（尊助・慈禅・道玄・慈実・慈助・慈玄・良助・慈深)、巻一三〇(慈道・尊円)の門主行状記に拠っている。あまりに煩瑣なため、特別な場合を除いては、これらを註に挙げていない。この点、諒解をお願いしたい。また『門葉記』は『大正新脩大蔵経　図像部』所収の一八四巻本の巻数表記に従った。誤字・誤植・誤読などは、青蓮院本写真版(大阪大学日本史研究室架蔵)によって適宜補訂している。

一　慈円の遺誡

本論に入る前に、まず青蓮院門跡について概観しておく[3]。青蓮院はもともと東塔南谷にあった琳豪僧都の住坊である。青蓮院門跡初祖行玄の時に、美福門院の祈願所となり阿闍梨五口が置かれて、これが山上本坊となった。洛中本坊である大成就院は鎌倉時代は基本的に三条白川坊であったが、一時、後鳥羽院の御願寺(最勝四天王院)にその地を譲って、吉水坊(一二〇五~三七年)に移転している。青蓮院門首それ自体の補任は存在せず、「無動寺・三昧院両寺検校職、任㆓相承㆒蒙㆓勅宣㆒、以㆑之為㆓門首㆒」と記されているように[4]、無動寺検校職と横川の楞厳三昧院検校職を相承し、朝廷から両職に補任された者を門首とした。このうち無動寺は雲林院・大和多武峯・越前平泉寺・出雲鰐淵寺・豊後六郷山や近江国伊香立庄といった末寺荘園を保持しており、楞厳三昧院は鎮西鏡社や近江坂田庄などを領有している。門跡にはこのほか桂林院・常寿院などの院家があった。このうち桂林院は東塔北谷にあった良祐の住坊を母胎とし、行玄―全玄―慈円と継承されて門跡領に組み入れられた。良祐が台密の名門三昧流の祖であっただけに、桂林蔵には貴重な聖教が収められており、宗教的に重要な意味をもっていた。常寿院は洛東小野にあった法勝寺の末寺である。門跡初祖行玄がその別当に補されてからは門跡の相承となり、越前織田庄・遠江保田庄などを管領している。鎌倉中期からは青蓮院の門首経験者が別当に補されるケースが多い。

さて、同じように青蓮院門首とはいっても、実は二種類の門首がいた。たとえば鎌倉初期の門首良尋・真性はそれぞれ慈円から青蓮院門跡を譲られ、朝廷から無動寺検校・三昧院検校に補任されたが、師弟不和によって慈円から義絶され両検校職を解任されて門首の地位を剝奪されている。この三名は形の上ではいずれも青蓮院門首であるが、慈円と良尋・真性のそれとはまったく質が異なる。門跡の管領権だけでなく、相承者を決定する伝領権、および門跡譲進後もそれを取り戻す悔返権を保持している門首と、一時的な管領権を所持するだけで伝領権・悔返権をもっていない門首とがいた。この相違は中世史料においても表現の違いとなって表れている。たとえば『華頂要略』巻五五上に所載の慈玄申状は、その門首が「根本財主」なのか、それとも「一旦擬宜《ぎぎ》」なのかを論じている。[5]「擬宜」は仏教用語で、中村元『仏教語大辞典』によれば「よろしきにかなうや否やをためす」の意とする。また後者の門首の補任を、「暫雖レ宿二申之一」「宿補」「片時管領」と表現したものもあり、[6]その暫定的性格を表している。それぞれの門首の呼称に悩むが、本稿ではとりあえず前者を本主的門首、後者を遷替的門首と呼ぶことにしたい。

以上のことを確認した上で本論に入ろう。青蓮院における門跡紛争の発端は、承久の乱にある。これによって、慈円は道覚に門跡を継承させることができなくなり、道覚への相承の可能性をさぐりながら、別人に門跡を委ねた。これがそもそもの紛争の発端である。

後鳥羽院の子の西山宮道覚（一二〇四～五〇）は、承元二年（一二〇八）に親王宣下を受けて、慈円のもとに入室した。これは慈円にとって重要な政治的意味をもっていた。なぜなら、道覚は山門における入道親王の初例であったためである。入道親王は親王宣下を受けてから出家するもので、出家の後に親王宣下を受けた法親王よりも格が上であった。これまで延暦寺では最雲・覚快・承仁といった法親王を擁したが、入道親王は仁和寺御室以外にいなかった[7]。ところが同年八月に朝仁親王（道覚）が青蓮院に、十二月には寛成親王（尊快）が梶井門跡に入室して、入道親王が相次いで延暦寺に誕生する。彼らを門首にいただくことは、青蓮院・梶井門跡が仁和寺御室につぐ地位であることを国制的に認めさせることにつながる。朝仁の入室は慈円にとっても、門跡にとっても、この上ない名誉であった。そこで慈円はその好意に応えるべく、青蓮院門跡を朝仁親王に譲ることを繰り返し後鳥羽院に誓約した[8]。そして朝仁は建保四年（一二一六）に出家受戒して道覚と名乗り、二年後に慈円から伝法灌頂を受けた。

しかしながら道覚の運命は承久の乱で一変した。彼は後鳥羽院の愛子であるだけでなく、二位法印尊長の養君でもあった。乳父の尊長は一条能保の息で法勝寺・蓮華王院・最勝四天王院などの執行であり、承久の乱では一方の大将をつとめるなど朝廷側の張本の一人であり、乱後は幕府の目をのがれて逃亡している[9]。そのこともあって、幕府は道覚の門跡相承に反対し、道覚も洛西に籠居した。やむなく慈円は乱の直後に、甥の良快を道覚の「御師匠」に擬して青蓮院を譲ることにし、将来、幕府の許しが出たならば道覚に相伝し、さもなければ「前殿下（九条道家）若公」に門跡を譲るよう、良快に申し置いた[10]。そして貞応二年（一二二三）に良快（一一八五〜一二四二）が無動寺三昧院検校となって青蓮院門首に就いている。とはいえ、慈円は道覚相承の可能性をなお模索していた。死没直前の嘉禄元年（一二二五）に、道覚に次の遺誡を残している[11]。

①青蓮院門跡の相伝を道覚に約束してきたが、承久の乱後、幕府が伝領に反対している。
②良快の後は道覚が門跡を相承すべきだ。将軍頼経が成人したのちに、道覚への相承を慈円が遺言した、と訴えれば承認されるだろう。
③道覚の後は「将軍（九条道家息）御兄弟」に門跡を継承させよ。

つまり慈円は、道覚に対する幕府の対応如何によって、ⓐ良快―道覚―九条道家息、もしくはⓑ良快―九条道家息、という二通りの相承形態を考えていたことになる。

ここで留意すべきは、道覚に譲られるべき門首の性格が変化した事実である。たとえば建暦三年（一二一三）の門跡譲進状では、「世間雑事」の項に次のように記されている。[12]

慈円存日更々不レ可レ有二御憚一、一切事、随二思食一可レ有二御沙汰一、世出世人々不レ可レ有二御憚一、無動寺三昧院等検校宮（真性）前大僧正仁暫雖レ宿二申之一、若不レ叶二御意一事候之時ハ、無動寺ハ豪円法印、三昧院ハ座主僧正（公円）、此両人可レ被二宿補一候也、御出家成人之時、早可レ有二御補任一候

当時は真性が無動寺三昧院検校、つまり青蓮院門首に就いていたが、道覚（当時十歳）の気に入らなければ真性を改替してもよい、と慈円は述べているし、自分の存命中も遠慮することなく門跡のすべてを差配してよい、と明言している。つまり慈円は道覚を本主的門首と位置づけており、慈円が保持していた本主権を、建暦三年段階から道覚が行使することも了承していた。ところが、慈円遺誡では道覚の次の相承者を慈円が決定しており、道覚の伝領権が否定されている。つまり慈円は、乱前においては本主的門首の地位を約していたが、乱後は道覚を遷替的門首に格下げした。同じ門首とはいっても、道覚が就くべき門首の性格が大きく変化したのである。九条道家息（慈源）との確執の芽がここに胚胎した。

門首となった良快は天台座主・四天王寺別当を歴任した。ところが天福元年（一二三三）に四天王寺別当を妙法院尊性に奪われると、籠居の意志を固めて青蓮院門跡を十四歳の慈源に譲った。後鳥羽院とその関係者に対する幕府の警戒心が依然強かったため、良快は門跡相伝に際し、ⓐを断念して、ⓑ良快—九条道家息（慈源）を選択したのである。慈源（一二二〇～五五）は、九条道家と西園寺公経女との間の子で、**図1**のように九条教実・二条良実・一条実経・将軍頼経・興福寺別当円実・仁和寺御室法助はいずれも同母兄弟である。慈源が門首となった時期は、

図1　天皇家および藤原摂関家の主な延暦寺僧

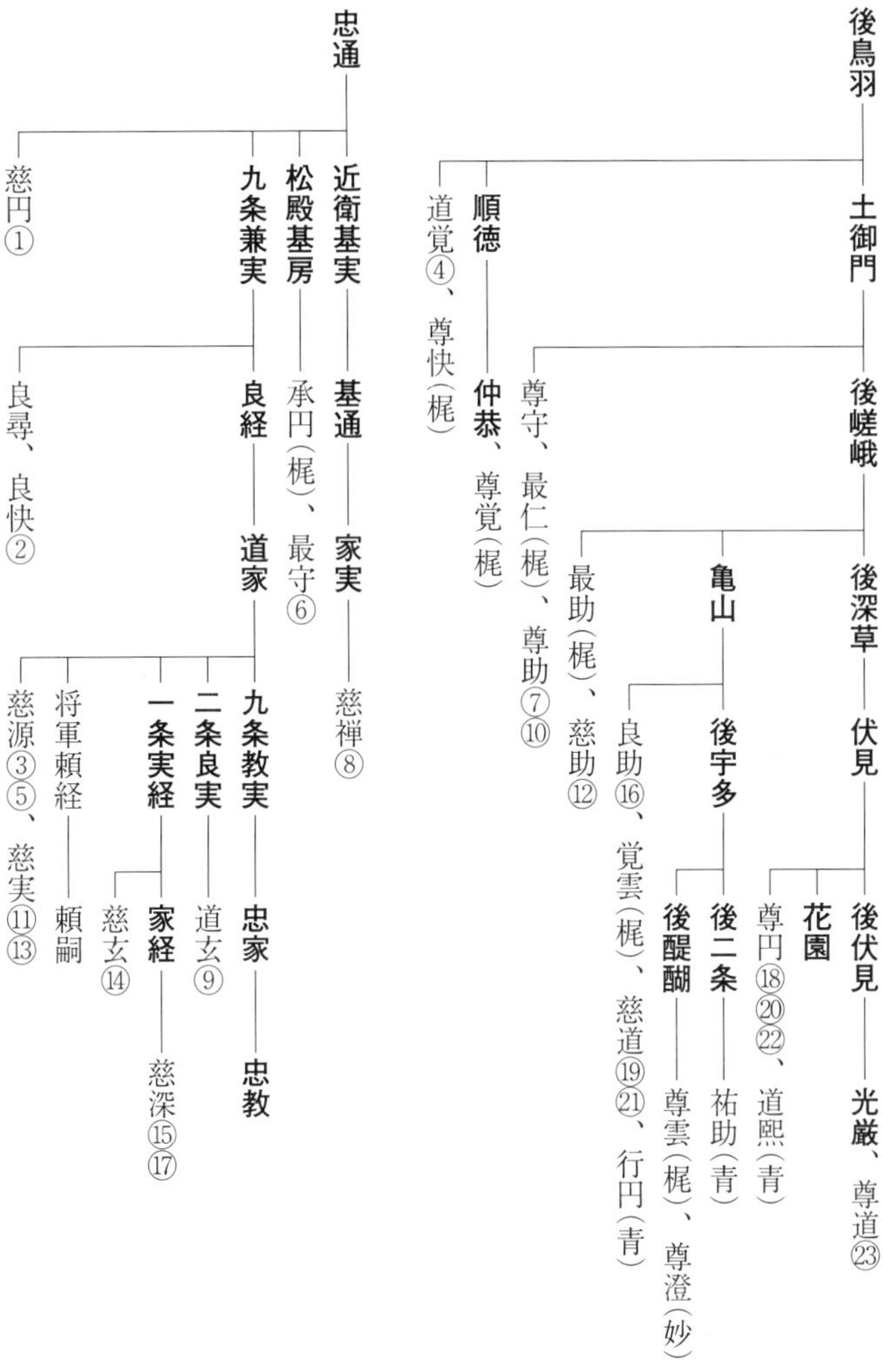

（注）数字は慈円からの青蓮院門首の継承順、太字は天皇・摂関、（青）は青蓮院、（梶）は梶井、（妙）は妙法院。

九条道家の外孫が四条天皇、道家の息子の教実が摂政、頼経が将軍、舅の西園寺公経が関東申次という、道家の絶頂期であった。その権勢を背景にもった慈源は、本主的門首として門跡に君臨した。嘉禎三年（一二三七）には三条白川坊を再建して三十数年ぶりに本坊を吉水坊から移転させ、翌年にはわずか二十歳で天台座主となった。これは異例の若さである。鎌倉末までの天台座主をみると、就任年齢のもっとも若いのが尊快（後鳥羽院息）の十八歳であり、ついで慈源と尊雲（後醍醐天皇息）・尊澄（同）の二十歳で、あとは承円の二十六歳、承仁の二十八歳となる。尊快・尊雲・尊澄の座主就任が倒幕の布石として強引に進められた人事であったことを思えば、平時における慈源の二十歳での座主就任がいかに異例であるかが分かるだろう。そして慈源は師の慈賢に座主を譲った半年をはさんで、寛元五年（一二四七）まで十年近く座主をつとめた。

一方、道覚は洛西善峯寺で隠棲していたが、乳父の尊長は嘉禄三年に密告されて自害し、後鳥羽院も延応元年（一二三九）に死没した。これによって後鳥羽関係者への警戒は一挙に緩んだ。しかも、三浦義村・北条時房・北条泰時といった幕府要人が相次いで亡くなり、その死が後鳥羽院の祟りによると噂されたため、謚号が顕徳院から後鳥羽院に改められたり、後鳥羽の菩提を祈る安楽心院八講が公家沙汰とされるなど、後鳥羽院への対応が一転して手厚くなった。そのなかで道覚をとりまく環境もやわらいで、延応二年に慈源が西山の道覚を訪ねて師資の礼をとっている。慈円遺誡の良快―道覚―慈源によれば、道覚は慈源の師にあたるため、敬意を表したのである。時に道覚は三十七歳、慈源は二十一歳であった。さらに寛元元年（一二四三）には水無瀬の蓮華寿院を西山に移建して、入道親王の住坊にふさわしい体裁を整えたし、翌々年には最守が道覚のもとに入室して堂舎聖教の譲与が約されている。[13] 北山僧正最守（一二一三～五六）は摂関家の松殿基房の子である。すでに妙法院尊性から十楽院門跡を相承し、しかも権僧正・鞍馬寺検校となるなど、一定の地歩を築いている。こうした人物が三十三歳という年齢で道覚のもとに入室したということは、道覚の復活が間近であることを示唆している。そしてそれは予想外のところからもたらされた。九条家の躓きである。

鎌倉において将軍と得宗との権力闘争が激化するなかで、寛元四年（一二四六）に宮騒動が勃発して九条頼経が追放された。九条道家は籠居して謹慎したが、翌年正月には幕府の要求で一条実経が上表もないまま突然摂政を罷免された。面目を潰された実経はそれに抗議して閉門し、慈源もそれに呼応して天台座主を辞任した。後任の座主候補として名前が挙がったのは、次の二名である。

梶井宮尊覚……三十四歳、順徳院の息、梶井門跡の当主

高橋宮尊守……三十八歳、後嵯峨院の兄、妙法院尊性の弟子

延暦寺は直奏して尊覚の就任を強く求めた。承久の乱の直前に梶井尊快が座主となって以降二十五年余りの間、梶井門跡から座主が出ていないためである。しかし尊守の方が年齢が上であるし、治天の君・後嵯峨院の兄でもある。両者が激しく競望するなかで第三の候補が浮上した。道覚（四十四歳）である。西山での籠居が長いが、二人よりも年齢が上であるし、「知法之名望」のある「一門之宿老」である。そこで後嵯峨院は幕府の了解を取りつけた上で、宝治元年（一二四七）三月道覚を天台座主に補任した[14]。

こうして道覚は顕密仏教界に復活した。その道覚を慈源は「師資之儀」をもって迎えており、この段階でも二人の間は表面的にはなお友好的である。この一年半後に両者は争うことになるが、では二人の間に亀裂が入った原因は何なのか。

第一は青蓮院の聖教引き渡し問題である。これより先、延応二年（一二四〇）に慈源が道覚のもとを訪れて師資の礼をとると、同年末に道覚は慈賢に対し、慈円から預託された聖教を返すよう求めた。慈賢（一一七五～一二四

二）は、かつて慈円が台密の教授者として道覚に推奨した知法の高弟であり、慈源の師でもある。慈円譲状では、「随身皮子秘書等」については「一向慈賢為二其案内者一」と記しており[15]、行玄以来の門流の聖教秘書の管理は慈賢に委ねられていた。そこで道覚は慈賢にその返納を求めたのである。『青蓮院門跡吉水蔵聖教目録』によれば、道覚は三十点近い書物を編纂・執筆しており、この要請は純粋に台密研究のためであったろう。門首の慈源はこの要請を拒否することも可能であった。しかし師資の礼をとった手前もあり、それに応じた。ところが慈賢は折り悪しく中風で重病となっており、結局進納すべき聖教を整理する暇もなく翌年三月に死去した。慈源は門弟に命じて聖教を届けさせたが、慈賢没後の混乱もあって聖教の一部が紛失していた。不信をもった道覚はその調査を執拗に要請し、困惑した慈源は九条道家・西園寺公経と相談した結果、疑惑をかけられた門弟に起請文を書かせ、自らも無実を誓って了解を求めた。道覚がそれを了承して事件が終息したのは寛元二年（一二四四）末のことであり、解決まで四年かかっている[16]。この事件は一応無事に決着したが、のちの相互不信の伏線となった。

二人の関係悪化の決定的な要因は、慈源がその権力を道覚に譲らなかったことにある。慈源は天台座主を辞任したとはいえ、青蓮院門跡はもちろんのこと、正護持僧の地位も譲っていない[17]。住坊についても、門跡の本拠たる三条白川坊を道覚が使ったのは座主宣命を受け取る儀式の時だけで、日常的には慈源が三条坊を占め、道覚は吉水坊に入っていた。道覚にしてみれば、必要なのは形の上での弟子の礼ではなく、慈円遺誡の実現であり門跡の返還であった。傷ついたとはいえ、道覚は山門初の入道親王である。師であり「知法之名望」ある道覚に対し、門跡はおろか、正護持僧すら譲ろうとはしない慈源の姿勢は、道覚には不誠実なものと映っただろう。しかし慈源の立場からすれば、彼自らは本主的門首であり道覚は自分への中継役でしかない。師資の礼を尽くすとはいっても、自ずから限度があり、道覚の要求は過分にすぎる。かつて師の慈賢に天台座主を半年譲ったように、慈源が青蓮院門首のまま、道覚に座主をつとめさせる形で十分である、と考えたのだろう。

さらに厄介なことに、道覚の座主在任中に青蓮院門徒が相次いで事件を起こした。宝治元年五月には、神宝犯用問題で無動寺が日吉社禰宜を訴えた。無動寺は青蓮院門跡のもっとも重要な拠点であるが、そこの有力者である俊範法印がこの件で襲撃合戦を行うなど、実力行使に及んでいる。また翌年八月には青蓮院と梶井門徒が乱闘事件を起こした挙げ句、両門徒が山内の講会を別立する騒動へと発展した。[18] いずれの事件も座主道覚はその解決に意を尽くしたが、青蓮院門首たる慈源は動いた形跡がみえない。延暦寺を治めてゆく上でも、門跡の掌握は不可欠であった。二人の関係は決定的に悪化し、道覚は門跡の引き渡しを求めて提訴した。後嵯峨院は幕府と協議の上、宝治二年閏十二月に道覚勝訴の院宣をくだし、慈円遺誡（良快―道覚―慈源）の通りに門跡を相伝するよう命じた。[19]

こうして道覚は無動寺三昧院検校に補任され、三条白川坊に入った。しかし間もなく体調を崩して座主を辞し、建長二年（一二五〇）正月に四十七歳で病没する。門首の在任はわずか一年であった。死に臨んで道覚は、最守の弟子である最尋（のちの道玄）を直弟にして門跡の譲状を書き与えた。[20] 道玄は二条良実の子である。九条道家と良実は親子とはいえ、寛元の政変以後、激しく対立しており義絶状態にあった。慈源―九条道家と対抗しようとする道覚が、二条良実の子を付弟として迎えたのは、政治力学からして理解しやすい。その譲状のなかで道覚は次のように述べている。

①最尋（道玄）は「法器」であり「瀉瓶」でもあるため青蓮院門跡・聖教を付属する。道覚一期ののちに最尋が門跡を伝領し、成人するまでは最守が扶持せよ。
②慈源は「先師《慈円》之遺誡」「愚老《道覚》之教訓」に背いたため義絶した。
③慈円遺誡は将軍の「兄弟」を付弟にせよと述べているが、最尋は「将軍親類」（将軍頼嗣の従兄弟）であるので、

慈円の意向にも叶っている。

最尋（道玄）への相承が慈円遺誡に添うものであり、慈源はそれに背いていると主張するなど、繰り返し慈円遺誡に言及していることが印象的である。ところが朝廷は、道覚―最守―道玄という譲状を認めず、道覚が死没すると青蓮院門跡を慈源に与えている。この判断の根拠も慈円遺誡であった。そもそも遷替的門首である道覚に伝領権は存在しない。である以上、慈源の義絶も、最尋（道玄）への付属も無効である。すでに宝治二年の後嵯峨院宣では、慈円遺誡（道覚―慈源）に従って門跡を相伝せよ、と述べている。道覚の没後に門跡を慈源に返付するのは、朝廷の既定方針であった。だが、この時、門跡は慈源に返納されたが、聖教秘訣は返されることなく最尋（道玄）に相伝された。青蓮院歴代の随身皮子など、慈賢を介して道覚に伝えられた聖教は私的要素が強いと見なされたのであろう[21]。これらは別相伝が認められて門跡から切り離された。道覚譲状も一定の機能は果たしたのである。

こうして建長二年正月に慈源が青蓮院門首に復帰した。翌年には大成就院（三条白川坊）の修正会や結縁灌頂を勅願とさせるなど、その政治力によって門跡経営が順調に進むかにみえたが、再び挫折する。建長三年十二月に九条家の陰謀が発覚し、将軍頼嗣が更迭され、二条良実を除く道家一門が勅勘を受けた。そして翌年六月の後嵯峨院宣で、慈源の門跡領知を停止して最守に管領を命ずるとともに、門跡付属の仁は追って沙汰するとした[22]。ここで遷替的門首として登用された最守は道覚の弟子である。道覚譲状では、最尋（道玄）が成人するまで門跡管領を最守に委ねている。後嵯峨院は道覚譲状を認めなかったが、最守を中継役とする点ではその判断に従った。結局、後嵯峨院が門跡付属の仁に選んだのは、異母兄の尊助であった。そこで尊助は最守のもとに入室して親王宣下を受け、建長六年十一月に門首となった。慈源に使用を認めていた吉水坊も間もなく門跡に返付され、さらに道覚付弟の道玄も尊助のもとに入室するなど、ここに青蓮院門跡は尊助のもとで政治的に統合された。

一方、失意のなかで生涯を終えようとしていた慈源は、建長四年・建長六年に譲状を書き残した(23)。そして、

①妙香院・慈徳寺検校、吉水坊地など慈源の遺跡、および桂林蔵・青蓮蔵の本尊聖教は慈禅—慈実（九条道家息）と相伝せよ。

②慈実が夭逝すれば一条実経の子息に相伝させよ。

と書き記している。これは青蓮院門跡の譲状ではないが、門跡の公的な聖教ともいうべき桂林蔵・青蓮蔵が別相伝化していることは注目してよい。慈源は幕府・後嵯峨院の政治力に敗れたが、門跡の宗教的核心だけは手元に残すことができた。こうして青蓮院歴代の私的聖教・公的聖教の中核部分を、道玄と慈源派が分掌することとなった。尊助の政治的統合におけるこの欠落は、やがて顕在化することになる。

二　二つの勅裁と門跡没収

1　後嵯峨院の勅裁

では、尊助とはどういう人物なのか。大原宮尊助（一二一七～九〇）は土御門天皇の子で、後嵯峨より三歳年上の異母兄である。妙法院尊性のもとで出家したが、付弟になれなかったため離房し、十七歳で慈円の高弟公円から伝法灌頂を受けた。後嵯峨院の「臨時勅許」によって建長六年に青蓮院門首となり、天台座主を四度、後深草・亀山・後宇多の三代天皇の正護持僧となった。特に天台座主の補任四度は、慈円・尊胤（一三〇六～五九）との三名だけであるし、二品に叙されたのは**表1**のように仁和寺御室を除けば尊性・円助についで三人目である。後嵯峨院や幕府の信頼が非常に篤く、後嵯峨院の出家戒師となった時、「一生不犯」の尊助に対し「上皇（後嵯峨）殊有㆓款信㆒」りと

表1　鎌倉時代の僧籍の二品親王（仁和寺御室を除く）

僧名	父　親	所　属	叙任年
尊性	後高倉院	山門妙法院	1223年
円助	後嵯峨院	寺門円満院	1274年
尊助	土御門院	山門青蓮院	1289年
覚助	後嵯峨院	寺門聖護院	1300年
覚雲	亀山院	山門梶井	1315年
慈道	亀山院	山門青蓮院	1320年
尊雲	後醍醐天皇	山門梶井	1330年

（注）『釈家官班記』（『群書類従』24輯39頁）に拠った。

記されている。鎌倉幕府も尊助を「智行治術兼備之高僧」と捉えており、弘安七年の天台座主、弘安九年の四天王寺別当の補任はいずれも幕府の吹挙によるものであった[24]。

こうして後嵯峨院は尊助を青蓮院の門首に選び、やがて自分の皇子を付弟として送り込んで門跡を継承させようとした。それが慈助である。市川宮慈助（一二五四～九五）は後嵯峨院と西園寺公経女との間の皇子である。弘長元年（一二六一）十二月十二日に八歳で尊助のもとに入室するが、その際、同日付けの三通の文書が後嵯峨院に引き渡されている[25]。一通は尊助から道玄に対する門跡譲状であり、もう一通は道玄から慈助への門跡譲進状である。その内容はいずれも、①尊助一期の後に青蓮院門跡を道玄に譲る、②道玄は「次第之契約」に従って将来は門跡を慈助に譲る、と述べている。三通目は尊助から後嵯峨院に宛てた次の書状である。

□宮令レ入給之上者、任二先規一、青蓮院門跡聖教荘園房舎等、可レ令二譲進一之由思給候、但道玄僧正依レ為二入室
之上足一、先以令二委付一候、仍次第不レ可レ有二相違一之由、□□候畢、任二　勅定之趣一、如レ此相計候者也、得此□
可レ被二洩　奏一之状、如レ件

弘長元年十二月十二日　　判（尊助）

追申

道玄僧正令レ進二若宮一之御譲状等、即令二召進一候、同可レ被二披露一候也

傍線部分からすれば、慈助の入室と引きかえに、慈助への門跡相伝を後嵯峨院が要求したことが分かる。それに対して尊助は、当時体調を崩していたこともあって、道玄を中継ぎ役にして「次第之契約」を取りまとめた。時に慈助は八歳、尊助は四十五歳、道玄は二十五歳であった。道玄はかつて西山宮道覚から門跡を譲られた人物である。この道覚譲状が認められず尊助のもとに入室していたが、ここに遷替的門首の地位が約束された。

第一期は慈円遺誡が門跡相承を規定したが、建長四年に慈源の門跡改替がなされた時点で、慈円遺誡の時代は終わった。それに代わるのが後嵯峨院の「勅裁」である。後嵯峨院と尊助との間で結ばれた尊助―慈助の相承契約は、のちに後嵯峨院の「勅裁」と呼ばれた(26)。そこで本稿では、治天との間で結ばれた相承契約を「勅裁」と呼ぶことにする。後嵯峨は尊助に門跡管領を命じ、ついで尊助―慈助の門跡相承を決定した。そしてこの勅裁が十三世紀後半の青蓮院の基本線となるはずであった。しかし慈円遺誡と同様、後嵯峨院の勅裁もまた幕府要因によってその歩みはきわめて複雑なものとなる。

尊助と道玄・慈助はのちに対立するが、当初、彼らの関係は悪くなかった。道玄は、入室直後に尊助の勧賞の譲りで権僧正に補されたし、門跡相承も約束され、吉水坊も本坊として宛行われている(27)。さらに文永四年（一二六七）に道玄は、尊助の吹挙によって皇后御産の七仏薬師法を勤修した(28)。後宇多天皇が誕生したこの祈禱は、道玄と後宇多との長い親密な関係の起点となったし、これはまた道玄にとって初めての大法勤仕でもあった。尊助は明らかに道玄の自立を手助けしている。また慈助についても、文永二年に出家受戒と立親王がなされ、文永五年三月には十五歳で尊助から伝法灌頂を受けている。

この円満な師弟関係に亀裂を生じさせたのが、文永五年・弘安元年の二度の門跡没収である。北条時頼・時宗の時代は、鎌倉幕府が禅律保護政策を展開して顕密仏教への依存を意図的に薄めようとしていたし、園城寺を露骨に支援して延暦寺政策が非常に厳しくなっていた。その代表が門跡没収である。(29) 文永五年八月、詳細は不明ながら、座主尊助に不満をいだいた梶井門徒が根本中堂に立て籠った。すると青蓮院門徒は、それに対抗して坂本の日吉社を拠点に対峙した。両者の間でしばらくにらみ合いが続いたが、十一月になると山上の梶井門徒が日吉社の青蓮院門徒を攻撃して神輿二基を奪い、その混乱で仏事の延期・中止が相次いだ。延暦寺では珍しくない紛争であるが、これに対する幕府の処断はたいへん厳しかった。同年十二月、幕府は東使を派遣して、次のように通告した。

①尊助の天台座主職を解任して浄土寺門跡慈禅を新座主に補任する。

②尊助の青蓮院門跡と最仁の梶井門跡を「没収」して、新座主が両門跡を管領する。

天台座主職は遷替の職であるため解任は当然としても、有力二門跡を他門跡の新座主が預かるというのは衝撃的な措置である。尊助―道玄―慈助という門跡相承も吹き飛んでしまう。妙法院門跡は文永二年以来没収されているので、これで三門跡すべてが顚倒されたことになる。延暦寺大衆は激しく抗議して神輿を入洛させた。朝廷は幕府と協議の末、文永六年二月に両門跡を返付することに決し、青蓮院の新門首に道玄が、梶井の新門首に澄覚が就いた。(30) ただし、これは完全譲歩ではない。改易された梶井最仁はこののち公請に復帰することはなかったし、青蓮院尊助も弘安元年に幕府の赦免をうけるまで公請活動を行っていない。つまりこれは旧門首の隠棲を条件とする門首改替であった。強訴に対して朝廷・幕府が譲歩したとはいえ、それでもなおきわめて厳しい処置である。尊助は隠居料として常寿院の管領だけが認められ、北嵯峨坊に籠居した。

このように、尊助から道玄への門跡相伝は予想外の形で実施された。天台座主を二度経験し、後深草・亀山天皇の正護持僧となり、後嵯峨院の信任のもとで華々しく活動してきた尊助が、五十三歳という年齢で突然隠棲を余儀なくされた。一方、思いがけない事件で新門首となった道玄は、祈禱に活躍してやがて天台座主となる。門跡没収を機に師弟の歩みは明暗を分けた。もしも尊助が、梶井門跡最仁のように、このまま歴史の表舞台から消えたのであれば、門跡紛争は起こらなかったろう。しかし尊助の名声は、彼がそのまま消え去ることを許さなかった。門跡没収からほぼ十年後、道玄と尊助の運命は反転する。

建治三年（一二七七）天台座主道玄に対する不満から、梶井門徒が堂舎を閉籠した。『建治三年記』によれば、同年七月に座主道玄の使者、青蓮院門徒の使者、梶井門徒の使者が鎌倉に赴いてその間の事情を陳弁している。これによって紛争が収拾されるかにみえたが、十一月の日吉祭の折、勅使を護衛する青蓮院門徒と、立て籠っている梶井衆徒との間で「不慮」の合戦が勃発した。合戦そのものは小規模で偶発的なものであったが、幕府の処断は異様なまでに厳しかった。十二月二十七日の評定で、幕府は次の方針を決している。

①「智行治術兼備之高僧」を新座主に登用するため、亀山院が尊助と公豪の二人から選任する。
②梶井・青蓮院の両門跡は「顚倒」して新座主が管領する。
③合戦の張本は鎌倉に召し出し、与党は在京人に預けて流罪とする。

この処断方法は文永五年の門跡没収と基本的に同じである。しかし前回の門跡没収が激しい強訴を招いたことを配慮したのであろう、朝廷・幕府の交渉の結果、その処分は修正され、翌弘安元年（一二七八）四月に次のように決まった[31]。

①道玄は座主を辞して、公豪を後任の座主とする。
②澄覚の梶井門跡を没収して、浄土寺門跡慈基がそれを管領する。
③道玄は青蓮院門首を尊助に引き渡して籠居する。

文永五年の場合、当初の方針は門跡没収であったが、強訴をうけて門首改替と旧門首の籠居に変更された。今回は梶井が門跡没収、青蓮院は門首改替と旧門首の籠居というように、処分内容に差を設けている。実力行使で閉籠した梶井門跡の責任をより厳しく問うことによって、両門跡の分断を図り、両門徒一致しての強訴を回避しようとしたのであろう。

その結果、道玄は天台座主・青蓮院門首から一転して失脚し、西山に籠居することを余儀なくされたし、尊助は門首に復帰して公請活動を再開した。だが道玄も当代屈指の台密僧である。失脚したまま終わることはなかった。籠居から四年後の弘安五年、亀山院は幕府僧最源を天台座主に就任させる人事と抱き合わせで、幕府の了解のもと門跡赦免に踏み切った。密教僧としては二流、しかも公請実績のほとんどない幕府僧を初めて天台座主に迎える代わりに、梶井・妙法院門跡を元の門首（澄覚・尊教）に返還し、道玄も謹慎を解かれて公請に復帰した[32]。道玄にせよ、尊助にせよ、幕府の延暦寺政策に翻弄されながら浮沈を繰り返した挙げ句、最終的には二人とも復活した。しかしそのなかで二人の感情はもつれた。

弘安元年に門首に復帰すると間もなく、尊助は道玄と慈助が「師弟之礼」を変じて「違背敵対」したとして門跡相伝を否定した[33]。では、二人は尊助にどのような「違背敵対」をしたのか。尊助の門首復帰に際し、道玄が抵抗し慈助が競望した可能性もあるが[34]、注目すべきは、文永六年（一二六九）四月に慈助が道玄に入室した事実である。たしかに尊助―道玄―慈助の相承からして、道玄と慈助の二人が遠からず師弟関係を結ぶことは予定されていた。しかし問題は時期である。尊助の死没後ならともかく、門跡の政治責任を一身に負わされて籠居していた尊助にとって、失脚して半年足らずの間に二人が師弟関係を結んだことは、彼らが尊助を見捨てその復活はあり得ないと決めつけたことに他ならない。しかも後嵯峨院は、幕府に対して尊助をかばうことはしなかったし、道玄への慈助の入室も黙認した。慈助に対する尊助の怒りは、後嵯峨院に対する怒りでもあった。こののち尊助は、慈助への相伝を定めた後嵯峨院の勅裁を徹底して拒否することになる。そしてそれに代わるものが亀山院との契状であった。

2　亀山院の勅裁

尊助は弘安元年（一二七八）四月に門首に返り咲いたが、実はその一年前から復活の兆しがみえていた。前年四月には九条道家息の慈実（四十歳）が尊助のもとに入室し、七月には一条実経息の慈玄（十七歳）が入室した。この二人はいずれも慈源の後継者である。慈源は自分の遺跡を、慈禅―慈実―一条実経息（慈玄）と相承するよう遺言したが、建治二年（一二七六）に慈禅が死没すると、展望のみえない二人は籠居中の尊助のもとに入室して、門跡相承に賭けた。そして道玄失脚という偶然にも支えられて、その賭けは成功した。青蓮院門首に復帰した尊助は、弘安元年十一月に門跡付属状をしたため、次のように述べている[35]。

①尊助の一期管領の後に青蓮院門跡を慈実に譲る。
②道玄と慈助に門跡相承を約したが、二人の「違背敵対」のためそれを破棄する。
③「若宮」入室が実現すれば、慈実が門跡を管領したのちに「若宮」に譲り進めよ。

やがて入室の「若宮」が決まった。亀山院皇子の良助である。つまり尊助は後嵯峨院と結んだ尊助―道玄―慈助の相承契約を破棄して、治天の君である亀山院との間で尊助―慈実―良助という新たな相承関係を約定した。そして翌年二月、慈実は亀山院から下された「御契状」を了解する旨の請文を、院に提出している[36]。かつて後鳥羽院が道覚入室と引きかえに門跡譲状を慈円に提出させたように、また後嵯峨院が慈助の入室と引きかえに尊助―道玄―慈助と相承する旨の譲状を二人に提出させたように、亀山院もまた良助の入室と引きかえに、門跡を尊助―慈実―良助と相承させる旨の譲状を提出させている。

さて、尊助の門跡付属状には二つの問題がある。第一は慈実に関してである。尊助と良助の年齢差が五十一歳存する以上、中継役が必要なのは当然だが、なぜ慈実がそれに選ばれたのか。付属状の次の文言はその理由を示唆している。

代々正流本尊聖教道具等、受二慈源僧正譲一、被二伝持一之池上十九箱以下秘訣、愚老（尊助）又相二伝之一、為二当流眼目一、同所二譲渡一也、今真俗一躰被二管領一之条、為二朝家一為二徳政一、為二山門一為二興隆一

慈実が慈源から譲られた池上十九箱などの秘訣は、尊助も相伝しているが、これらを慈実に譲り渡すので慈実は「真俗一躰」の管領が可能となる、と述べている。「愚老又相二伝之一」とあるように、尊助はたしかに一定の聖教を相伝していたであろう。しかし、それは十分なものではなかったはずだ。でなければ、慈実相承分と尊助相伝分を合わせて「当流眼目」にする必要はない。実際、尊助と公円・最守との師弟関係はいずれも三年足らずであったし、道玄は尊助を「雖レ為二公円最守両僧正之弟子一、両師共不和之間、不レ伝二一紙之聖教一、当流之深奥無二存知一之条、勿論也」と評している（後掲「青蓮院系図」）。『青蓮院門跡吉水蔵聖教目録』によれば、現在、尊助奥書のある聖教は二十点近く伝わっているが、そのほとんどが公円・最守への入室時期に集中しており、二人からまったく相伝しなかったという道玄の論評は大げさに過ぎる。しかし道覚・道玄の奥書のある聖教が現存分だけでもその八倍にのぼっている以上、尊助のそれが見劣りするのは否めない。一方、慈実らは、青蓮院門跡の公的な本尊聖教群ともいうべき桂林蔵・青蓮蔵を別相伝していた。尊助が慈実を選んだのは、この聖教群を必要としたためである。

尊助はこれまで後嵯峨院の勅裁という政治的正当性をバックにしていたため、聖教の不備など問題にならなかった。しかし道玄・慈助を義絶して後嵯峨院の勅裁と戦うことを決意した時、聖教面での弱点が課題として浮上してきた。なぜなら道玄は青蓮院の秘書秘決を道覚から稟承しており、宗教的な正統性では道玄に後れをとっていたか

らである。そこで尊助は、青蓮院のもう一つの正統たる慈源派と結んだ。慈実の入室とは、政治的展望のみえない慈源派と、宗教的正統性に瑕疵のある尊助が合体して、「真俗一躰」の管領を目指すことを意味した。

第二の問題は慈玄（一二六〇～一三〇一）である。尊助の付属状には、慈玄の位置づけが欠落している。ここで注目すべきは、尊助付属状の一月前、弘安元年十月三日に慈実が慈玄に宛てた譲状である。そこには、次のことが記されている。[37]

①「青蓮蔵・桂林蔵聖教已下随身書籍幷本尊道具」などは、慈実一期ののちに慈玄に譲り進める。これらを相伝する以上、慈玄が青蓮院門跡相承の仁となるのは当然だ。

②尊助が一条実経に提出した消息があり、門跡復帰の訴えも実現したので、「日来御契約」に相違はないはずだ。

③慈源からの「根本相承」と、「親王《（尊助）》契約」からして、慈玄の「真俗一揆之御管領」は明白だ。

この内容から推して、尊助はこの前年、慈実たちが入室した時に、一条実経との間で、青蓮院門跡を尊助―慈実―慈玄に相伝させるという、もう一つの契約（「親王契約」「日来御契約」）を結んでいたはずだ。かつて慈源は自らの遺跡聖教を、慈禅―慈実―慈玄へと相伝するよう申し置いた。それだけに、慈禅の没後に尊助と慈源派が合体した時、尊助―慈実―慈玄という相承関係になるのは自然である。ところが尊助はそののち、一条実経との契約を反故にして、亀山院と話を進めて尊助―慈実―亀山若宮（良助）という相承関係を取り決めた。状況の変化に不安を懐く慈玄に対し、慈実は「門跡相承の約束が破られることはない」と繰り返し説得している。しかし、実際には慈玄の不安が的中していた。尊助も慈実も慈玄を切り捨てて、亀山院の若宮良助を選んだ。のちに紆余曲折の末、慈玄と良助は門跡相論の主役となって争うことになるが、慈玄には良助のあおりを食った苦い過去があったのである。

道玄・慈助との対決を決意した時、尊助の前には乗り越えなければならない二つの壁があった。一つは慈円―道覚―道玄という青蓮院の宗教的正統の壁であり、もう一つは、尊助―慈助の相承を決定した後嵯峨院勅裁という政治的正当の壁である。そこで尊助は慈源派と合体して宗教的正統性の弱さをカバーし、さらに亀山院と結ぶことによって政治的な正当性を確保した。尊助は自らの弱点と、それを克服する方途を冷徹なまでに知り尽くしていた。鎌倉幕府は尊助を「智行治術兼備之高僧」と評したが、[38]幕府のいう通り、尊助は宗教的資質と政治的腕力の双方を兼ね備えた僧侶であった。

3　出世の正嫡道玄

次に道玄をみておこう。道玄准后（一二三七～一三〇四）は二条良実の子で、北山僧正最守から伝法灌頂を受けて十楽院を相伝した。道覚から聖教と青蓮院門跡を譲られたが、門跡の相伝は認められなかったため、最守の没後に尊助のもとに入室した。のちに亀山・後宇多・伏見・後二条天皇の四代護持僧となり、准后宣下を受けた。准后宣下は僧侶では仁和寺御室法助について二人目である。尊助とともに鎌倉後期の延暦寺を代表する知法の台密僧といえよう。さて、尊助の庇護のもとで独り立ちしていった道玄であるが、尊助との関係に亀裂が入った時、道玄の支えとなったのは、慈円―道覚―最守―道玄という宗教的正統意識であった。[39]そのことを窺わせる好個の史料が宮内庁書陵部蔵の「青蓮院系図」（五一二函二八号）である。残念ながら前闕であるが、主要部分は次の通りである。

出世相承

慈鎮和尚
├道覚親王（松殿入道関白基房息 又菩提関白云々）―最守僧正―道玄僧正（代々秘書秘決、悉稟承之）
└良快僧正

慈源僧正　随二慈賢僧正一受法、然而当流事、不レ知二深奥一之由、載二起請文詞一、進二道覚親王一乎

慈禅僧正　随二慈源・聖増両僧正一受法、彼両僧正■当流事、名字猶不レ知之由、載二起請文一、進二道覚親王一乎、
師匠不二伝受一、弟子勿論歟

慈実僧正　随二成源僧正一受法、嫡流之面受断絶之間、随二末流之仁一受法、不レ究二淵底一之条勿論也

慈玄僧正　随二尊助親王一受法、彼親王雖レ為二公円・最守両僧正之弟子一、両師共不知「和也」之間、不レ伝二一紙之聖教一、
当流之深奥無二存知一之条、勿論也、其趣書状数通在レ之、「（後筆）彼親王□□不足□」

慈深禅師　未受戒之上者、不レ及二受法之沙汰一

慈助親王　随二道玄僧正一受法灌頂、早世之間、所二書写一聖教大略被レ送二遣十楽院一乎

良助親王　随二尊助親王・慈助親王等一受法、然而有二其号一、無二其実一之間、自二禅林寺殿一被レ下二道玄僧正一御事
書云、稽古日浅、未練勿論也、不レ入二貴下之室一者、無レ人二于受法一云々、取詮

最初に、本史料の成立時期を確定しておこう。まず慈源・慈禅から慈助・良助まで七名の人物が列記されている。慈玄・慈深は天台座主に就任していないので、彼らの共通項は青蓮院門首という点にある。良助が門首となったのは正安三年（一三〇一）十二月十九日であるので、この史料はそれ以降の成立である。また慈深が「未受戒」とされている。彼は徳治二年（一三〇七）三月七日に登壇受戒しているため、それ以前の成立ということになる。

次に筆者に移ろう。ここに登場する人物のうち、道玄だけが肯定的評価を受けている。慈助・良助については道玄との関係のみを強調し、慈源・慈禅・慈実・慈玄・慈深・聖増・成源・尊助など非道玄派および反道玄派の人物はすべて「当流之深奥」を知らないと一蹴している。しかも出世相承の系譜は道玄で終わっており、弟子の慈道は登場していない。これが道玄の手になることは明らかであろう。乾元二年（一三〇三）前後は道玄・良助が慈深と

門跡や桂林院をめぐって激しく争っており、その過程で作成された文書と思われる。

道玄作者説をさらに傍証するのが、『華頂要略』五五上「古証文集」前半部の「墨付二十六枚」（『天台宗全書』一六巻一一五四～八二頁）である。ここには六十一点の文書が収められているが、これは①道覚が授受したもの、②道玄が授受したもの、③道玄の相論相手である尊助宛の案文から成っており、すべて道玄の手元にあった文書群である（以下、道玄文書と略称）。この道玄文書のうち聖教紛失問題に関わる史料の最後（一一七三頁）に、道玄の解説が付され、「已上、慈源・聖増両僧正受法、不レ究二淵源一之間事、件起請状等分明也」と述べている。慈源と聖増が聖教紛失問題に不正な関与をしていないと道覚に誓った起請文を根拠に、二人が慈賢から面受口決を受けていないことを強調しているが、この主張は本史料の「慈源僧正」「慈禅僧正」の項と同趣旨である。本史料の作者が道玄であることは疑いあるまい。なお道玄は最晩年まで尊助派と相論を展開し、嘉元二年（一三〇四）十一月九日に座主を辞任、十三日に死没しているため、本史料の成立は正安三年十二月から嘉元二年十一月の間にさらに絞り込むことができる。

さて、本史料では道玄が「代々秘書秘決、悉稟二承之一」と記している。道覚が慈賢を介して入手した聖教を、道玄が相承したのである。その具体的内容を示すのが、『華頂要略』道玄文書所収の「師資相承本尊聖教道具等目録」であり、道玄が相承した主な本尊聖教等を列挙している。本尊では青蓮院初祖行玄の普賢延命像、二祖覚快の五秘密曼荼羅、慈円の両界曼荼羅・大熾盛光本尊などが挙がっているし、聖教では良祐・行玄・覚快・全玄・観性・慈円・慈賢・道覚・最守の随身皮子がみえ、道具も代々使用されてきた良祐・行玄の仏具が挙がっていて、道玄が自慢するだけの質と量を兼ね備えている。「出世相承」の正嫡と自負したのも当然であろう。道玄からすれば、当時の青蓮院主流派である尊助派は後嵯峨院によって創出された政治的正統に過ぎない。本史料において、非道玄派・

反道玄派の面々に手厳しい論評を加えたのは、その表れである。道玄が後宇多院に伝法し、弟子の慈道が後醍醐天皇に台密修法を教授したのも、また道玄が関白二条師忠・兼基に、慈道が二条道平に即位法を伝授して二条家による即位灌頂教授の先鞭をつけたのも、[40] こうした道玄派の宗教的正統性と関わっている。さらに、正応二年（一二八九）には後深草院の要請で道玄が将軍久明の長日護持祈禱を行っているが、[41] 在洛の山門僧による将軍祈禱はほぼ四十年ぶりであるし、亀山院は良助への伝法を道玄に懇請している。これらはいずれも道玄に対する社会的評価の一端を示していよう。

道玄に特徴的なことは門首の地位に淡泊だった事実である。青蓮院門首となって二年後の文永八年（一二七一）十一月、道玄は門跡管領を拒絶した。[42] 当時は文永の役の直後であったため、後嵯峨院は梶井門跡の澄覚座主に異国降伏の熾盛光法を命じた。それに対し道玄は強硬に抗議した。熾盛光法はこれまで青蓮院門跡が勤仕してきた修法であり、梶井門跡に行わせれば「失㆓面目㆒」すると述べ、「座主（澄覚）猶可㆓勤行㆒者、可㆑解㆓門跡（青蓮院）管領㆒」と院に迫った。実際、熾盛光法は山門四箇大法の一つで東密・寺門では行わないし、鎌倉時代になってからは青蓮院以外に勤修例がない。しかも熾盛光法は慈円が盛んに修したものであり、建永二年（一二〇七）からは公家御願となって恒例化している。承久の乱後は恒例熾盛光法は中断したが、良快・慈源・慈賢・道覚・尊助が臨時祈禱を行ったし、文永二年（一二六五）からは再び門跡の年中行事となっている。[43] いわば青蓮院門跡の根幹に関わる修法であるだけに、道玄は梶井による勤修を容認することができなかった。しかし座主澄覚も退くわけにはゆかない。勤修が叶わなければ自分も籠居する、と抗弁した。結局、すでに勤修を命じていたこともあって、道玄の主張は容れられなかった。すると道玄は「院参、辞㆓門跡管領㆒」して、そのまま三条白川坊を引き払っている。止むなく慈助が移り住んだが、道玄の退去のため「三条坊諸堂勤行等」が断絶したという。

道玄はこの事件の直後に、九条忠家息である慈忠を弟子に迎えた。慈助と道玄との関係がのちに復活した時、慈忠が離房遁世しているので、慈忠の入室は付弟としてのそれであり、道玄—慈助関係が破綻したことを物語っている[44]。道玄から慈助への門跡相承が兼ねてから約されていたことからすれば、門跡管領の辞退とは慈助の後見役を拒否して門跡を慈助に投げ渡すことを意味した。わずか十八歳、密教受法も十分でない慈助が、道玄の補佐もないまま門首の地位がまともに勤まろうはずがない、そのことを熟知した上で道玄は門跡管領を拒絶したのである。慈助の優柔不断さのため、これまでも道玄と慈助との関係は危ういものになっていた。道玄が青蓮院門首となった直後に、慈助は道玄のもとに入室したが、尊助の怒りに驚いたのか、一年後には尊助のもとに移り住んで関係修復を図っている。ところがさらにその一年後、道玄が三条坊を退去すると、慈助は尊助のもとを去ってそこに入った。結局、慈助は右往左往するなかで、尊助を二度裏切り、道玄を二度裏切ったのである。

だが、後嵯峨院は道玄の門跡辞退を認めなかった。道玄が門跡を退去して後も、無動寺三昧院検校の後任を補任することはしなかった。しかも文永九年四月二十八日には、道玄が無動寺の拝堂を行っている。これは無動寺検校としての拝堂であり、道玄が結局、青蓮院門首に留まったことを意味する。道玄は三条坊に戻ることも、慈助との関係を復活させることもしなかったが、門跡管領には応じた。道玄が態度をやわらげた原因は、後嵯峨院の病であろう。三条坊を退出して間もなく、後嵯峨院が病に伏して文永九年二月に逝去した。道玄はその一月前に、病篤き後嵯峨院のために如法尊勝法を勤仕している。後嵯峨院の病と死が、道玄を後嵯峨院に歩み寄らせた。

道玄にとっては、青蓮院門首の地位よりも宗教的正統性のほうが重要であった。門首とはいっても、彼に約束されているのは遷替的門首に過ぎず、慈助が一人前になれば門跡を引き渡さなければならない。そのため道玄は門首の地位に執着しなかったが、宗教的正統性に関わる問題にはたいへん頑固であった。弘安五年に道玄が公請に復帰し、弘安七年に青蓮院門首尊助が天台座主となると、二人の間で二つの相論が勃発する。

『門葉記』巻五九収載の「非座主修長日如意輪法近例」は、座主でない僧侶が長日如意輪法を勤仕した鎌倉時代の事例を列挙しているが、その最後に次のように記している。

当座主無品尊（尊助）親王、与二前座主前大僧正道玄一、如意輪御修法御相論、就レ之前大僧正被レ注二進之仙洞新院（亀山院）一

尊助座主と道玄前座主が長日如意輪法の勤仕をめぐって争い、道玄が自らの主張の正当性を裏づけるため、非座主が如意輪法を修した近例を治天である亀山院に提出した、と述べている。相論の年紀が不明であるが、尊助が座主、道玄が前座主であったのは、弘安七年九月二十七日から弘安九年十一月十四日の間である。これを手掛かりに、『門葉記』巻四〇「護持僧補任」を参看しながらこの相論を復元してみよう。

これは正護持僧をめぐる相論である。天皇護持僧には長日三壇御修法を担当する三名の正護持僧と、臨時祈禱を引きうける数名の副護持僧とがいた。正護持僧三名はそれぞれ自坊で如意輪法・延命法・不動法を毎日三度ずつ勤仕しており、一般に延命法を東密僧が、不動法を寺門が、そして如意輪法を山門の台密僧がつとめていた。延暦寺の場合、長日如意輪法を天台座主が勤修することが多いが、座主以外の知法の僧に命じられることも珍しくはなく、門跡対立とも絡んでしばしば紛争の種となった。

話は弘安五年にさかのぼる。この年、幕府僧最源の座主就任と抱き合わせで道玄の謹慎がとけた。そこで朝廷は、座主最源を後宇多天皇の正護持僧に、道玄を副護持僧に補任している。ところが四天王寺別当職をめぐる紛争が再燃して延暦寺が強訴を行い、苦慮した最源は同年十二月に座主・護持僧を投げ出して辞任してしまった。この事件は最終的に叡尊を四天王寺別当に補任することで決着したが、幕府が方針決定に手間取ったため、天台座主は弘安七年九月に尊助が還補されるまで二年近く空位となった。さて、最源が弘安五年十二月に正護持僧の職務を突然放

表2　鎌倉時代における内裏での三壇御修法の勤修

年　月　日	阿闍梨、天皇、修法、出典
寛元4（1246）④.	良恵が後深草天皇のため内裏で長日延命法、新儀『大史』5-20-280
弘安6（1283）10.14	道玄が後宇多天皇のため長日如意輪法を内裏に移修『門』49、129
弘安6（1283）12.20	道玄が後宇多天皇のため長日如意輪法を内裏に移修『門』156、129
弘安7（1284）8.17	道玄が後宇多天皇のため長日如意輪法を内裏に移修『門』156、129
弘安8（1285）2.27	道玄が後宇多天皇のため禁中に長日如意輪法を移修『門』49、129
弘安8（1285）3.25	道玄が後宇多天皇のため禁中で長日如意輪法『門』49
弘安8（1285）5.25	道玄が後宇多天皇のため長日如意輪法を内裏に移修『門』129
弘安8（1285）8.26	道玄が後宇多天皇のため長日如意輪法を内裏に移修『門』49、129
弘安9（1286）5.18	道玄が後宇多天皇のため禁中に長日如意輪法を移修『門』49、129
文保2（1318）9.16	慈道が後醍醐天皇のため如意輪法を禁中で、7日以後は本坊『門』53、130

（注）『大史』は『大日本史料』、『門』129は『門葉記』巻129の意。ただし弘安8年3月25日と5月25日のものは、同一である可能性が高い。④は閏月。

棄したため、副護持僧の道玄が代わりに長日如意輪法を引き継いだ。尊助が弘安七年九月に座主に補任されると、正護持僧の地位を求めたが、桂林院をめぐる相論が勃発したこともあって、道玄がその引き渡しを拒んだのである。かつての師弟はここで初めて本格的にぶつかった。この相論は弘安九年六月に尊助が正護持僧に補任されて決着をみたが、道玄はほぼ二年近く尊助の要求に抵抗した(45)。

この相論に道玄が固執したのは、尊助との対抗意識もあっただろうが、何よりも大きいのは、これが後宇多天皇の護持僧であったためである。道玄と後宇多はきわめて親密な関係にあった。第一に道玄は、後宇多の護持祈禱に一貫して従事してきた。「降誕之始」より「護持之労契」ありと道玄自身が語ったように、後宇多の誕生祈禱から携わっており、その後も今宮護持僧、東宮護持僧、天皇護持僧となっている。これまで後宇多の護持僧でなかったのは、座主澄覚（梶井）との正護持僧争いで身をひいた二年間と、門跡没収で籠居を余儀なくされた四年間だけである。しかも道玄の護持祈禱は後宇多の退位後も続き、嘉元二年（一三〇四）後宇多院が意識不明の重体となった時には、「身命にかへて」護持祈禱にあたり、文字通りその祈禱のなかで道玄が病没している(46)。

第二に後宇多天皇も道玄に篤い信頼を寄せていた。たとえば三壇御修法は通常、祈禱僧の本坊で行うものだが、道玄の場合、しばしば内裏での修法を求められている。管見の限りで内裏での三壇御修法の例を挙げると、表2のように東寺長者良恵と道玄弟子の慈道が一度であるのに対し、道玄は八度を数えそのすべてがこの時期に集中している。しかも後宇多は道玄から頻繁に台密を受法していた。後宇多院が東密諸流を受法して伝法灌頂を受けたことは著名であるが、「禁裏御受法」（弘安五年）、「主上十八道御伝受」（弘安六年）、「主上有二御伝法事一」（弘安八年）、「禁裏御受法」（弘安九年）と道玄から頻繁に台密を教授されており、弘安九年には「主上御伝法賞」として道玄を前大僧正から大僧正に還任している。[47] つまり尊助との護持僧紛争は、後宇多と道玄がもっとも親密であった時期に起きている。おそらく後宇多天皇が道玄を手放そうとはせず、道玄もその信頼に応えようとして、尊助と争うことになったのであろう。

二人は桂林院をめぐっても相論した。桂林院は三昧流の祖である良祐の住坊を起源としており、桂林蔵は貴重な秘書聖教を蔵することで著名である。いわば青蓮院の宗教的原点ともいうべき院家であるため、二十年近くもの間、相論が続いた。弘安七年、尊助が天台座主に還補されたころから話がくすぶっていたようだが、弘安九年正月、亀山院は桂林院を道玄の別相伝とする裁許をくだした。[48] 危機感を懐いた尊助は、翌年皇統が交代すると提訴して、この問題は幕府との協議の上で改めて裁定すべきだと主張した。道玄は鎌倉山門派との関係を構築しつつあったが、幕府の信頼は尊助の方がはるかに篤かったため、尊助は幕府を巻き込むことによって裁判を有利に運ぼうとしたのである。その結果、後深草院は正応三年（一二九〇）に尊助一期分の管領を認めた。ところが同年末に尊助が死没すると、再び裁判がもちあがり、門跡相論と複雑に絡み合って展開した。門首が尊助派・道玄派と交代するたびに桂林院の帰属は揺れ動いたが、乾元二年（一三〇三）に桂林院を道玄の別相伝とすることで一応決着がついた。[49]

このように道玄は宗教的正統性に関わる問題で、尊助およびその後継者と激しく争った。遷替的門首でしかなかった道玄は、門首の地位を争うことは困難だったため、宗教的正統性に純化した。その結果、道玄の周辺には慈助・良助・慈道のように、尊助派に対抗して門首の地位を窺う人物が集まってきた。道玄は出世相承の正嫡に徹することによって、反尊助派・反主流派の核となったのである。

三　禅空失脚と門跡紛争

1　伏見天皇の二つの勅裁

道玄と尊助の争いは次の世代にも引き継がれた。まず後嵯峨院息の慈助の動きをみてみよう。弘長元年（一二六一）に慈助が尊助のもとに入室した時、尊助―道玄―慈助の門跡相伝が後嵯峨院に誓約されたが、文永五年の尊助の失脚と道玄の門首就任、弘安元年の道玄の失脚と尊助の復活は慈助を翻弄した。門跡管領辞退事件によって道玄との関係が断絶し、さらに父の後嵯峨院が死没すると、慈助は次第に行き詰まってゆく。文永八年に三条白川坊に移り住んでから九年の間（十八歳から二十七歳）に、慈助が行った公請活動は文永十二年と翌年に行った亀山院毎月北斗法だけであり、三条坊の「諸堂勤行」も退転している。しかも弘安元年の門跡没収で、慈助は門首に就任することに失敗した。これは大きな痛手であった。文永五年の門跡没収では、次の相承予定者である道玄が門首となったが、弘安元年の門跡没収では、次の相承者の慈助ではなく、元門首の尊助に門跡が引き渡された。「智行治術兼備之高僧」によって混乱収拾を図ろうとした幕府の意向によるのだろうが、これによって慈助は門首の地位を逃しただけでなく、尊助から義絶されて付弟の地位まで喪失し、三条坊からも退去を余儀なくされた。

追い詰められた慈助は、弘安三年、西山に籠居している道玄を訪ねて同宿した。座主・門首を解任されて隠棲していた道玄に対し、改めて弟子の礼をとったのである。それから間もなく道玄付弟の慈忠が離房しているので、慈助は付弟の地位を回復したことが分かる。こうして慈助は本格的に密教を受法し、弘安五年に道玄が公請に復帰すると、慈助は東宮熙仁の護持僧となった。さらに弘安十年に東宮が践祚して伏見天皇となると、代始めの正護持僧の地位を手中にしている。(50)

一方、ライバルの慈実（一二三八～一三〇〇）は弘安九年に尊助から青蓮院門首の地位を譲られ、二年後に天台座主に就任するが、正護持僧は慈助に奪われたままであった。五十一歳という年齢、青蓮院門首に天台座主という地位であるにもかかわらず、慈実はついに副護持僧になることすらできなかった。慈実は宗教的声望において慈助に大きく後れをとっていた。しかも彼ら二人はそれぞれ後嵯峨院・亀山院の勅裁を後ろ盾にしていたが、持明院統の政権下にあっては、亀山院よりも後嵯峨院の勅裁のほうが有利なはずである。こうして慈助は政治的にも宗教的にも優位に立ち、ついに正応二年（一二八九）三月、「座主先途」として青蓮院門首となり、さらに天台座主に補任された。

それに対し尊助派も巻き返しに出る。一年後の正応三年三月、後深草院の出家戒師の勧賞で天台座主が慈助から尊助に替わり、七月には桂林院も道玄から尊助に移り、九月には幕府の支持もあって青蓮院門首が慈助から慈実にすげ替えられた。後深草院の出家戒師を契機にして、尊助派が次々と勝利を収めた。しかしその一方で和解の動きもみえる。同年十月に尊助が病で座主を辞任すると、臨終を前にした尊助は慈助に仰木門跡の譲状を書き与えている。(51)仰木門跡は横川の寂場坊（宝蓮華院）を本坊とするもので、尊助の灌頂の師である公円が管領していた門跡である。いわゆる脇門跡クラスの院家であるが、尊助が長らく敵対してきた慈助に所職を譲ったことは、尊助と慈助が和解したことを意味していよう。同年十一月に尊助の後任として慈助が天台座主に還補されたのも、門跡宥和の一環かもしれない。やがて尊助が七十四歳で死没すると、翌正応四年三月に尊助の跡をうけて慈実が四天王寺別当に補任された。両者の所職を整理すると次のようになる。

慈実（尊助派、九条道家息）……青蓮院門首、四天王寺別当、桂林院別当

慈助（道玄派、後嵯峨院息）……天台座主、仰木門跡、正護持僧

慈実の優位は動かないにしても、それなりにバランスがとれている。尊助の死没を機に相論は終息するかにみえた。そうした時に予想外の事件が起きる。正応四年五月の禅空失脚である。これを契機に青蓮院門跡は再び紛争の嵐となった。

禅空（善空）は平頼綱側近の律僧であり、幕府の権威を背景にして朝廷の裁判や人事にしきりに介入していた。そのため敗訴した者はもとより、朝廷からも使者が派遣されてその非道ぶりを幕府に訴えた。こうして禅空は北条貞時の勘気を蒙り、幕府の申し入れによって彼が口入した人事や裁判はすべて無効とされた。その結果、わずか数日で二百カ所の所領が返付され、多くの人物が解官されて京都は大混乱となっている(52)。この事件と門跡紛争が絡み合った。

慈助は、前年の門首交代が禅空の口入によるものだ、と主張してその無効を訴えた。正応四年七月にそれが認められて慈助が門首に復帰し、八月には慈実の四天王寺別当職も剥奪された。慈実は真木野坊に退き、その後の四年間は公請も途絶えて、一転して窮地に追い込まれた。しかし禅空が関わったというだけで相手方の勝訴となるというのは、これまた相当乱暴な話である。翌正応五年に亀山院が慈実に宛てた書状では、「門跡事、不レ可二黙止一事候歟」と述べており、禅空失脚によって門跡を剥奪された慈実に同情的である。また後深草院も伏見天皇への書状のなかで「指二非禅空口入一、師資相伝之門跡、被二収公一之条、不便事候歟、可二何様候一哉」と述べている(53)。禅空の関

与が些末な案件までもが一律に敗訴となっていた事態に対し、亀山院も後深草院も批判的であったことが分かる。

慈実は「根本相承之証文等」を捧げて朝廷・幕府に訴えた。平禅門の乱の翌年、永仁二年（一二九四）に伏見天皇が青蓮院門跡について問い合わせると、幕府は「禅空口入事、雖下令二言上一之旨候上、所詮任二道理一、可レ被レ経二御沙汰一」と答えている。[54] 慈実の門首就任に際し禅空の口入があったとしても、重要なのは道理にしたがった裁許である、と述べている。禅空の失脚は彼が口入した裁判や人事は、理非に関わりなくすべて相手側の勝訴とするような過剰反応を引き起こした。しかし内管領平頼綱一族の滅亡もあって、幕府も事態の沈静化に向かったのであろう。永仁三年「関東度々吹挙」によってついに門跡が慈実に返付された。裁許の綸旨は残っていないが、「慈実已申二披師資相承之道理一、進退領掌、永不レ可レ有二相違一之由、被レ下二　綸旨一了」とのことである。[55] そしてこの裁許の直前に慈助が死没した。

尊助・慈助が相次いで死没したが、紛争はますますこじれていった。なぜなら禅空失脚を契機とする尊助―慈実派の閉塞状況のなかで、付弟の良助が動揺した挙げ句、敵対する慈助のもとへ走ったからである。次の青蓮院文書をみてみよう。

（前闕）間、門跡聖教等悉所レ奉レ委二附良助親王一也、其後可レ被レ譲二進　禁裏若宮一、次第之契約莫二異論一、仍為二向後一勒二子細一所レ譲也、如レ件

永仁三年七月廿四日

前天台座主慈助在判

前闕ながら、死没の直前に、慈助が良助に与えた門跡譲進状である。将来、「禁裏若宮」に譲進することを条件に、良助に青蓮院門跡が譲られている。この三日後に慈助が死去し、さらにその三日後の裁許で門跡が慈実に返還され

た。良助は最悪の選択をしたのである。かつて後嵯峨院の皇子慈助は、門跡没収に驚いて尊助のもとを去ったため、逆に窮地に追い込まれた。それと同様に、亀山院の皇子良助も慈実の逼塞に動揺してその対立側についたがために、とんでもない苦境に陥ったのである。

　では、慈実と良助との関係はいつ破断したのか。正応五年三月に亀山院は慈実に書状を書き、慈実―良助の相伝を望む気持ちに変わりがないと述べた上で、良助を「不レ可レ被レ処二疎遠一」と懇望している[56]。動揺する良助を前にして、亀山院が二人の間を取りなしたのである。注目すべきは、永仁二年十二月に、一条家経息の慈深が真木野坊で慈玄を戒和上として出家した事実である[57]。真木野坊が慈実の本坊であることを思えば、これは慈玄が慈実の付弟として真木野坊に居住していたことを推測させ、良助と慈実の関係が完全に途切れたことを物語っている。

　かつて慈源は、慈禅―慈実―慈玄という相続を遺言した。尊助は慈源派との合体で尊助―慈実―慈玄の門跡相承を約したが、亀山院の意向により尊助―慈実―良助の相承関係へと改変した。慈実は心ならずも一族の慈玄を見捨てることになったが、今回の良助の裏切りによって、慈実―慈玄というかつての相承関係が復活したのである。永仁三年七月に慈実が門首に復帰すると、永仁五年正月と三月に慈玄に対して門跡の譲状を書いた[58]。

①良助は敵方の慈助に入室した上、不実の訴訟を朝廷・幕府に行っており、門流の「虫害」である。門跡相承についての良助との「契約」は破棄する。

②慈実一期の後は門跡を慈玄に譲る。「禁裏若宮」の入室が実現すれば、慈玄は若宮に授法して門跡を譲進せよ。

ここに、慈実―慈玄―「禁裏若宮」という相承関係が成立した。しかも「申二入事由一」とあること、また慈実がこの遺誡一本を「仙洞(伏見)于時御在位」に進め置いたと言われていることからして[59]、この相承が伏見天皇の了解を得ていたことは明らかである。慈実―慈玄―「禁裏若宮」の門跡継承は、伏見天皇の勅裁であった。

そこで思い起こすべきは、先に掲げた永仁三年七月の慈助の門跡譲状である。このなかで慈助は「次第之契約」に従い、慈助―良助―「禁裏若宮」と相承するよう、申し置いている。つまり永仁三年には慈助―良助―「禁裏若宮」が約束され、永仁五年には慈実―慈玄―「禁裏若宮」が約束された。前者の時点では青蓮院門首は慈助、後者の時点では慈実に変化しているが、いずれの時期とも伏見天皇の親政時代である。「禁裏若宮」とは、いずれにあっても伏見天皇の皇子に他ならない。伏見天皇は慈助が門首であった時には、慈助―良助―伏見皇子の門跡継承を計画したが、慈実が門首になると、先の勅裁を反故にして、慈実―慈玄―伏見皇子の門跡相承を決定したのである。

永仁五年六月に慈実は慈玄に門跡を譲り、やがて良助との和解を徹底拒否する遺誡を残して亡くなった。ところが慈玄も正安三年（一三〇一）正月に真木野坊で死没しており、慈実―慈玄―伏見皇子の相承契約が破綻しかねない状況となった。そこで慈玄入室の弟子である慈深が浮上した。多賀宗隼氏が紹介された叡山南渓蔵本「青蓮院門流」によれば、「持明院殿御子《伏見上皇》」が幼いため慈深への一時的管領を「重被二申請一」と記している。また『門葉記』巻一二九の慈玄行状記でも、慈玄は死の直前に門跡を「禁裏若宮《尊円》」に付し、その上で慈深に「譲付」している(60)。慈玄は死に臨んで伏見上皇と改めて協議し、慈玄―慈深―尊円の相承を再締結したのである。

2　亀山院鍾愛の若宮良助

こうして正安三年（一三〇一）、一条家経の子の慈深（一二八四～一三四七）が門跡を継承した。しかし慈深にとって、状況は厳しいものがあった。この前後の時期は尊助派（慈実・慈玄・慈深）の宗教的威信が大きく傷ついている。慈実は副護持僧にもなれなかったし、慈玄は顕密兼学という瑕疵を抱え、慈深は伝法灌頂はおろか登壇受戒すら終えていない。しかも門首就任の直後に皇統が大覚寺統に変わって後宇多院政となっており、慈深は後宇多院の一歳違いの弟（良助）と門跡を争わなければならなかった。

一方、良助の側はどうか。姉小路宮良助（一二六八～一三一八）は亀山院の勅裁で、尊助—慈実—良助の門跡相承が決まったが、禅空失脚で迷走したため、門跡相承権を喪失しかねない窮状に追い込まれた。しかも良助は宗教面でも問題があった。十八歳で尊助から伝法灌頂を受けたが、尊助・慈実・慈助と師匠が目まぐるしく変わったため、密教の修練を十分に積んでいない。慈深も良助も、共に大きな難点を抱えていたのである。だが良助は亀山院鍾愛の子であった。亀山院は禅寺として伽藍の造営を進めていた禅林寺殿（南禅寺）を良助の本坊として与えており[61]、良助が亀山院の強い庇護下にあったことを窺わせる。そして亀山院は、良助への授法を道玄に依頼した。先に紹介した「青蓮院系図」によれば、「稽古日浅、未練勿論也、不レ入二貴下（道玄）之室一者、無レ人二于受法一」と懇請している。

そうした折、延暦寺で新たな門跡没収の事件が起きた。事件の発端はある住山僧が諸門跡の不当を朝廷・幕府に訴えたことにある。門跡領は山上の依怙であるにもかかわらず、門首たちはそれを「房人俗徒」に宛行うばかりで、修学の僧侶を保護しようとはしない、そう非難して日吉社に閉籠した。しかし閉籠を咎める綸旨が出たため、彼らは閉籠を解いて六波羅探題に引き渡された。ところが、事件の処理をめぐって座主尊教の妙法院門徒と梶井門徒とが衝突し、永仁六年九月の合戦で山上堂舎を焼亡させてしまった。東使が上洛して処分を検討した結果、

①座主尊教を解任して良助を新座主とする。

②尊教の妙法院門跡を没収して新座主良助が管領する。

③覚雲の梶井門跡を改易して尊忠が管領する。

ことに決した[62]。妙法院が門跡没収、梶井は門首交代と籠居である。

こうして良助は正安元年に天台座主に就任し、妙法院門首となった。さらに正安三年正月に皇統が交代して、良

助の兄の後宇多院が院政を行うことになったし、慈玄の死によって未受戒の慈深が青蓮院門首を相伝するなど、優劣はたちまち逆転して旧尊助派が窮地に追い込まれている。勢いにのった良助は青蓮院門跡を求めて訴訟を行い、「法皇(亀山)頻被二執申一」て良助への裁許を後宇多院に執拗に働きかけた[63]。

ここで相論の論点を整理しておこう。まず、事実経過のポイントは次の通りである。後嵯峨院の勅裁によって、尊助―道玄―慈助の門跡相承が決まったが、門跡没収後に尊助は師匠敵対の咎で道玄・慈助を義絶した。そして亀山院の勅裁によって、尊助―慈実―良助の門跡相伝が決められた。ところが、禅空失脚後に慈実は師匠敵対の咎で良助を義絶した。そこで伏見天皇は慈実―慈玄―慈深―伏見皇子(尊円)の相承を決したが、それに対して良助が異議を申し立てている。

問題の焦点は、尊助や慈実に義絶権・悔返権が存するかどうかにあった。『華頂要略』五五上に収載の慈玄申状によれば、尊助や慈実が「永代進止財主」「根本財主」であったことを一貫して主張している[64]。もしも彼らが慈円のような本主的門首であったのなら、その悔返は有効であり、師匠に敵対して義絶された慈助・良助らに門跡継承権は存しない。尊助―慈実―慈玄―慈深の相承が正当ということになる。では、良助は何を主張したのか。青蓮院文書の後宇多院評定事書は、次のように記している。

　　正安三年十二月十六日評定

一　前座主宮(良助)与二慈深禅師一相論青蓮院門跡幷房舎聖教等事
　人々申云、二品親王(尊助)譲二与一河宮(市河宮慈助)一条、先院(後嵯峨院)　勅裁已以分明、而称二向背一、輙難レ被二悔返一、慈実僧正又片時
　管領之後、可レ進二座主宮(良助)一之由、進二請文一之処、背二彼趣一、難レ改二譲慈玄僧正一乎、然者前座主宮所レ被レ申、
　旁不レ乖二理致一歟、

ここで良助は、①尊助から慈助への門跡相承は後嵯峨院の「勅裁」に拠るものであるため、尊助の悔返は認められない、②慈実は、自分が門跡を一時的に管領した後に良助に引き渡すと誓った請文を亀山院に提出しているため、慈実から慈玄への譲り直しは認められない、と主張している。良助は慈助から門跡継承権を譲渡されているので、彼の主張が認められるには、尊助による慈助の義絶、慈実による良助の義絶、この二つの義絶のうち少なくとも一つが否定されればよい。良助にとっては、尊助―慈助―良助でも、尊助―慈実―良助でも、どちらでもよかった。そこで良助は、尊助や慈助の悔返権よりも後嵯峨院・亀山院の勅裁の方が法的に優位にある、と主張した。そして亀山院の要請もあって、院評定は良助の主張を認め、良助に門跡管領を認める院宣を下した[65]。

ところが幕府の了解を取りつけるのに手間取ったか、門跡が正式に引き渡されたのは一年近くたった翌年十月であるし、その決定もわずか半年足らずで覆った。乾元二年（一三〇三）には「関東吹挙」によって、再び慈深禅師に青蓮院門跡が返付されている。なぜ判断がこのように揺れ動くのだろうか。それは良助の主張に論理の詐術があり、院評定での判断に論理的な整合性が欠けていたためである。

尊助や慈実の悔返権よりも、後嵯峨院や亀山院の勅裁の方が法的優位にあるというのは、一般論としてはたしかに理解できる。しかし見逃してならないのは、後嵯峨院の勅裁と亀山院の勅裁が否定の関係にあるという点だ。亀山院は尊助の悔返権を容認して後嵯峨院の勅裁を否定し、伏見天皇は慈実の悔返権を容認した上で、亀山院の勅裁を否定した。である以上、尊助・慈実の悔返権を認めないことは亀山院・伏見天皇の勅裁を認めないことでもある。いずれの相承も勅裁のお墨付きを得ており、一部の勅裁だけを取り出して、勅裁と悔返権の法的優劣を論じてもナンセンスである。

とすれば、議論は悔返権に立ち戻るしかない。勅裁論は除外すべきだ。慈助の師匠敵対、良助の師匠敵対が明白である以上、尊助や慈実は果たして悔返権を行使し得る本主的門首なのかどうか、話はここに帰ってくる。後嵯峨院や亀山院と相承契約を結んだ尊助が、慈円と同様の本主的門首であったのは明白である。また、慈実は亀山院の勅裁では遷替的門首であったが、伏見天皇と相承契約を結ぶことによって本主的門首に変化している。その点でいえば、師匠敵対の瑕疵をもつ道玄・慈助・良助らの主張に、脆弱さがあるのは否めない。それだけに、彼らは宗教的な声望や治天の個人的厚情・偏愛によって尊助派と対抗するしかなかった。

さて、相論に敗れた良助は常寿院を付され、道玄も天台座主に任じられるなど、相応の処遇がなされた。一方、門首に復帰した慈深のもとに徳治三年（一三〇八）四月、伏見上皇の息尊彦が入室し、八月には皇統が交代して伏見院が治天の君となる。やがて尊彦は親王宣下を受け、その一年後に出家した。入道親王尊円（一二九八～一三五六）である。入道親王は仁和寺以外では道覚・尊快に次ぐものである。尊円はまさに貴種中の貴種として門跡に迎えられた。応長元年（一三一一）慈深は二十八歳の若さで近江峰寺に隠棲し、十四歳の尊円に門跡を譲った。

四　皇統対立と門跡一統

1　門跡和談と尊円

門跡相論の第一期が慈源と道覚、第二期が尊助と道玄、そして第三期が慈実と慈助・良助の争いであるとすれば、第四期は尊円と慈道との争いであった。この第四期を規定するもっとも重要な決定は、正和三年（一三一四）の門跡和談である。これによって尊円から慈道へと門首が移行した。では、なぜ門跡和談が行われたのか、その理由を明らかにするために、まず、慈道の動向を追っておきたい。

青龍院宮慈道（一二八二～一三四一）は亀山院と兵部卿平時仲女との間の子である。十四歳で道玄のもとに入室して出家し、親王宣下を受けると、道玄は「師跡譲状」を献じてそれに応えた。このころは慈助・良助が青蓮院門跡をめぐって慈実と相論していたので、この譲状は道玄相承の十楽院についてのものである。正安三年（一三〇一）に道玄から伝法灌頂を受けると、乾元二年（一三〇三）には初度修法として昭訓門院御産の仏眼法を修したし、翌年には早くも五壇法の中壇をつとめ、嘉元三年（一三〇五）には大法である普賢延命法を勤仕するなど、弱冠二十四歳で早くも一流の密教僧としての評価を確立した(66)。特に亀山院の病悩平癒を祈った普賢延命法では、異母兄である天台座主覚雲（梶井）が、

某（慈道）親王、云二相伝一、云二器用一、雖レ足二精撰一、年戒共浅薦也、我為二上衆一之上、殊稟二承普賢延命己証一、如何可レ渡レ前哉

と述べて、普賢延命法の引き渡しを要求した。それに対し慈道は、「当流者山門之正嫡、他人不レ可二指点一」と反論して拒否しており(67)、道玄と同様、慈道が強い正統意識を保持していたことを示している。ここで重要なことは、対立する覚雲が慈道の「（密教）相伝」と「器用」とを評価している事実である。前年の嘉元二年に道玄が死没したが、慈道は完全に独り立ちしており、道玄の声望をみごとに継承していた。

嘉元四年には、治天の君である兄の後宇多院から、若宮入室の申し入れがなされた。山城曼珠院所蔵の慈道譲進状は、次のように記す(68)。

宮御方遊義門院御猶子可レ有二御入室一之由、被二仰下一之間、青蓮院門跡山洛寺院房舎庄園本尊聖教等所二譲進一也、慈道一期之後、御伝領敢不レ可レ有二異論一、且任二先師之例一、兼勒二子細一、言上如レ件

嘉元四季十一月廿四日　　阿闍梨慈道親王（花押）

この話は最終的には破談となったが、慈道はここで「青蓮院門跡」を譲進することを誓約している。もとより、この時の青蓮院門首は慈深であって、慈道ではない。にもかかわらず、こうした契約が治天の君との間で取り交わされたことは、少なくとも慈道が良助に代わって道玄派の代表となったことを示すとともに、門首の有力候補となっていたことを窺わせる。良助（三十九歳）はなお健在であったが、この前年に亀山院が死没している。公請実績の乏しい良助に、もはや将来はなかった。

応長元年に尊円が門首に就くと間もなく、慈道は門跡和談を提案した。尊円の父であり治天の君であった伏見上皇はそれに賛成し、伏見院の主導で話がまとめられて正和三年四月十三日に門跡が慈道に引き渡された。『門葉記』巻一四九には、門跡和談に関する五点の史料が収録されている。ⓐ四月二十一日伏見法皇書状案、ⓑ正和三年四月十三日慈道法親王誓状案、ⓒ正和三年四月八日慈道法親王書状案、ⓓ正和三年四月十三日慈道法親王誓状案、ⓔ年月日欠伏見法皇書状案である。内容から判断して、ⓐⓔは門跡和談に応じるよう伏見院が尊円を説得している消息であり、ⓑⓒⓓは慈道が法皇に提出したものである。ⓑⓒⓓのあとに「已上三通宸筆」と記されていることなどから、この三通は尊円を説得するため、伏見院が書写して尊円に与えたことが分かる。つまり、この五点はいずれも、『門葉記』の編者尊円の手元に存していた史料である。

さて、これらによれば、和解の条件は次の通りである。

①尊円（十七歳）が師弟の礼で慈道（三十三歳）の門下に入り、門跡を慈道に引き渡す。

②慈道は真俗二諦にわたって尊円を扶持し、慈道管領の後は尊円に青蓮院・桂林院・十楽院を譲り、さらに後伏見院皇子に相承させる。

では、伏見院はなぜ門跡和談を進めたのか。それはまず何よりも、青蓮院門跡の威信回復のためであった。同じように門跡相論を行ってはいても、尊助・道玄の時代には、尊助が三代護持僧、道玄が四代護持僧をつとめるなど、門跡内の対抗関係が青蓮院を活性化させ、門跡全体を発展させる一面をもっていた。ところが長引く権力闘争のなかで、双方とも「仏事報恩之営」を放置して「訴訟之秘計」に明け暮れるようになったため、「門跡衰微、仏法之陵夷」を招いている。[69] 事実、青蓮院門首が正護持僧となったのは、慈助（一二八八～九二年在任）を最後に二十年以上も途絶えて「傍家之嘲」を招いているし、副護持僧とて慈玄（一二八九～九八年在任）が最後であり、慈実・良助・慈深に至っては、副護持僧にすら就くことができなかった。[70] それだけに、今こそ門跡を「一統」して青蓮院を「独歩規模之門流」にすることが必要だ、と伏見院は考えた。しかも、道玄のもとで薫陶をうけた慈道は、「相伝」と「器用」の両面で高い評価を受けているだけに、年若い尊円が張り合うのはたいへん苦しい。まして東宮（のちの後醍醐）が践祚して皇統が大覚寺統に移れば、尊円を庇護することも叶わない。今ここで青蓮院を大覚寺統（慈道）に引き渡せば、そのあとの二代は持明院統（尊円・後伏見院皇子）が掌握できる。尊円と慈道の年齢差十七歳を考慮に入れれば、決して損な取引ではない、と判断したのだろう。

　ところが尊円は承諾しなかった。いったん門跡を慈道に引き渡せば、尊円への相伝話は反故にされるだろうし、祖師慈実はその遺誡で、本尊聖教が「縦雖ㇾ成㆓灰燼㆒、敢不ㇾ可ㇾ有㆓承諾之儀㆒」と、道玄派との和解を徹底して否定している。慈道との和与は「祖師制誡」に背くことになる、そう言い張って尊円は激しく抵抗した。[71] しかし結局、伏見院がそれを押し切った。青蓮院門跡は慈道に移り、慈道―尊円―後伏見皇子へと相承されることが、朝幕のもとで決せられた。文保の御和談の三年前である。

　だが、この門跡和談は円満な解決とはならなかった。尊円が最後まで抵抗したようで、門跡が引き渡されてからも、尊円が慈道のもとに入室した形跡がない。『門葉記』巻一三〇の尊円・慈道行状記によれば、いずれも門跡の移管を正和三年四月十三日とするが、尊円を説得している伏見院のⓐの消息は四月二十一日の日付であり、ⓔの消息は内容からしてそれよりさらに遅れる。そこでは、「随分尽レ詞、雖レ加二教訓一、一切不レ及二承引一」とあり、伏見院が尊円の抵抗の激しさに手を焼いている様子が窺える。また、「今度物忩出行之条、近日世上口遊、返々不二穏便一、痛嘆入候、物忩之企、太不レ可レ然歟」との表現は、尊円の三条白川坊からの退去が、世間の「口遊」になるほど異様なものであったことを示している。尊円から慈道への門跡引き渡しは円満に進んではいない。それでも伏見院は、自分が慈道を贔屓しているのではないこと、尊円の面目を潰すような話を勧めるわけがない、と述べるとともに、すでにこの話は幕府にまで届いていて後伏見院の勅裁の変更は不可能であること、門跡や朝議のため「公平」を存ずべきこと、父親だからこそ尊円を「諷諫」しているのだ、と懇々と説得している。

では、尊円はその説得に応じたのか。そうではあるまい。門跡を引き渡したものの、尊円と慈道との師弟関係は実現していない。第一に、三条白川坊を退去した尊円は、側近の澄尋のもとに身を寄せ、その没後は「占二幽居於法性寺一、聚二螢雪於閑窓一」めるという侘びしい生活を送っている。[72] 尊円の最初の受法の師は公什であった。公什は尊助の上足であり、後深草院に伝法灌頂を授けた碩徳であったが、正和三年山門衆徒と六波羅武士との不慮の合戦が新日吉社で勃発して、座主を解任されたばかりか、所領まで没収されて失脚した。[73] ついで尊円は澄尋についたが、しばらくして澄尋が死去すると、その弟子の法性寺座主桓守を頼り、桓守の配慮によって法性寺にわび住まいをした。もはや尊円は、自分の本坊すら持っていない。

第二に、元応元年（一三一九）二十二歳で尊円は桓守から伝法灌頂を受けた。「当流已衰弊」した現状にあって、「師跡棟梁」たるべき者の伝法が遅れているのでは退勢の挽回を期すことができない、との桓守の説得で実現したものである。しかしこの伝法灌頂は尊円にとっては、みじめなものであった。入道親王の伝法灌頂では色衆が二十

表3　弘安8年（1285）親助の伝法灌頂における主な支出

阿闍梨	錦被物1重、綾被物10重、裹物1（浅黄10巻）、銀剣1、沙金30両、三衣1領、銭100貫、大破子50荷（代中紙50帖）
色衆22口	綾被物22重（口別1重）、裹物22（奥布各3端）、銭220貫、三衣4領
十弟子6人	綾被物6重（口別各1重）
行事	綾被物2重、蒔大刀1
児5人	沙金25両（各5両）
布施取7人	3人に各沙金10両、3人に各銀剣1、1人に沙金5両

（注）出典は『守覚法親王と仁和寺御流の文献学的研究　資料編金沢文庫御流聖教』175頁。

口から三十六口というのが一般的だが、尊円の場合はわずか十口であったし、本来受者が負担すべき伝法灌頂の費用も、何一つ賄うことができなかった。ちなみに**表3**は、中将源雅方の子親助が弘安八年（一二八五）に鎌倉で頼助から伝法灌頂を受けた際の主な費用を抜き出したものだが、色衆二十二口で銭と砂金だけでも約三五〇貫と九〇両を要している。尊円はいう。

凡今度伝法事、門跡牢籠之後、無二一塵之資縁一、云二布施物一、云二堂荘厳一、一向無沙汰、併為二阿闍梨（桓守）沙汰一歟

「一塵之資縁」もないため、伝法灌頂の費用すべてを桓守に依存しなければならないほど、尊円は経済的に追いつめられていた。彼はその心境を「如二臨レ深踏レ薄」と述べている[74]。尊円が慈道の付弟であったのなら、「門跡牢籠」も「当流」の「衰弊」もあり得ないし、経済的にもここまで逼迫することはなかったはずだ。何よりも伝法灌頂は桓守ではなく、慈道によって行われるべきものである。以上の事実は、門跡和談後も慈道―尊円の師弟関係が実現しなかったことを物語っている。

では、門跡和談は破談となったのか。そうではない。尊円の身代わりが立てられた。門跡和談から十カ月後の正和四年正月、尊円より十歳年下の弟が慈道のもとに入室している。道熙（一三〇八～？）である[75]。わずか十歳違いの宮が同門に入室するのは異例である。尊円が慈道への入室をあくまで拒否したため、

尊円の代わりに道熙を入室させて門跡和談を維持しようとしたのであろう。道熙入室から一年半後の伏見院中陰仏事はそれを裏書きしている。文保元年（一三一七）に二人の父の伏見院が没したが、その中陰仏事の主宰者をみると、初七日は永福門院（伏見后）、二七日は広義門院（後伏見后）、三七日は仁和寺宮寛性（伏見息）、四七日は聖護院宮恵助（伏見息）、六七日は「青蓮院宮十歳」（道熙）が沙汰をしたほか、准后（伏見后）・延明門院（伏見娘）・円満院尊悟（伏見息）らが臨時仏事を行っているが、尊円主催の仏事は確認できない[76]。わずか十歳の弟「青蓮院宮」道熙法親王が六七日仏事の主宰者となっているにもかかわらず、元青蓮院門首であり入道親王である尊円は父親の中陰仏事を主催することもできないでいる。このように尊円があくまで門跡和談に抵抗したため、門跡相承は慈道―尊円―後伏見皇子から慈道―道熙―後伏見皇子へと変更され、尊円は次期門首の地位を弟に奪われたのである。

しかし実際には、青蓮院門跡は嘉暦四年（一三二九）に慈道から尊円に引き渡されており、道熙は門首に就いていない。では、尊円が付弟の地位を回復したのは、いつなのか。そこで注意すべきは、元亨四年（一三二四）二月に慈道が尊円に対し常寿院を譲った事実である。常寿院別当は、青蓮院門首経験者に与えられることの多いポストである。門首改替後の尊助・良助・道玄に常寿院が付されたし、のちに慈道と尊円の間で青蓮院門首のやりとりがあった折も、門首と引きかえに常寿院別当が渡されている。その点からすれば、常寿院の譲渡は前門首尊円への配慮といえる。

だが、この人事には、それ以上の意味が込められていたのではないか。これより二年前の元亨二年七月、慈道は後醍醐天皇に「門跡事、以レ次奏聞」しているし、翌年十月には花園院に「門跡事、任二相承一有二勅裁一、殊畏入」と報告し、花園も「承悦之由」を返答している[77]。詳細は不明ながら、これは門跡和談の最初の条件が復活したことを意味するのではないか。たしかに門跡和談での尊円の振る舞いに問題があったとしても、尊円は入道親王であり貴種中の貴種である。法親王の道熙とは格が違う上、年齢も尊円の方が十歳も年上であるし、門跡和談からもすでに十年が経過している。そこで道熙を尊円の後に据えることにして円満解決を図ったのではないか。後に幕府が門跡引き渡しを慈道に要求した時、尊円が門首に復帰したのはそのことを裏づけているし、尊円―道熙という門跡相承案も現実に存在していた。『満済准后日記』所載の年欠十一月三十日尊円書状は、内容から建武二年のものであることが分かるが、尊円一期の後に門跡聖教を道熙に譲進する旨、記されている。[78]尊円―後伏見皇子という門跡和談での相承に道熙が割り込んだのは、彼が一時慈道の付弟となったためである。以上から、元亨四年に尊円は再び付弟の地位を回復し、慈道―尊円―道熙―後伏見皇子という相承になった、と考えておく。

付弟となった尊円は閉塞状況からようやく脱したが、彼を取りまく環境はなお厳しいものがあった。公請はもちろんのこと、宗教活動といえるようなものはほとんど行っていないし、尊円のもとに入室する者もいなかった。弟子の入室は門首復帰後のことであるし、尊円の初度の公請は三十四歳、笠置に籠城した後醍醐方の調伏祈禱である。元弘の変の勃発まで、尊円はまさに飼い殺しの状態であった。

2　慈道と門跡一統

尊円が苦境にあえいでいたころ、慈道は華々しく活躍していた。天台座主に三度補任されたが、青蓮院門首の座主就任は良助以来十五年ぶりである。また二十数年ぶりに正護持僧となり、花園天皇の正護持僧を二度、後醍醐天皇の正護持僧を三度つとめた。文保三年（一三一九）には三十八歳で牛車宣旨を受けたが、四十未満の宣下は希代のことであったし、翌年には二品に叙された。**表1**にあるように、仁和寺御室を除けば、これまで二品に叙されたのは、尊性・円助・尊助・覚助・覚雲だけである。伏見上皇が期待した通り、慈道によって青蓮院は名門門跡として復活した。そのこともあって、慈道のもとには**表4**のように四人もの宮が入室していた。慈道に対する評価の高さが分かるだろう。

表4　慈道入室の法親王

僧名	父　親	慈道の弟子としての主な経歴
行円	亀山院	1308受戒、1321灌頂
祐助	後二条天皇	1319入室、1321灌頂、1341座主、1359死没
道熙	伏見院	1315入室、1320出家、1325灌頂
道澄	亀山院	1325灌頂
尊円	伏見院	1335入室・門跡譲進、1337灌頂

（注）行円・祐助はもとは良助の弟子。配列は伝法灌頂の順。数字は西暦。

ところがあろうことか、慈道はやがて幕府調伏祈禱に携わるようになる。慈道は亀山院の息であるが、彼の人間関係は決して大覚寺統に限定されるものではなかった。入室の宮には亀山院の息が二人、後二条天皇の皇子が一人、伏見院の息が一人と、多岐にわたっていたし、花園天皇の正護持僧をつとめたほか、伏見院の病悩祈禱、広義門院（後伏見院后）の御産祈禱や授戒、後伏見上皇への三衣伝受も行っている。また鎌倉山門派ともつながりをもっていた(79)。しかし他方では、慈道と後醍醐天皇との関係はきわめて親密であった。東宮時代から護持僧であったし、後醍醐が践祚すると代始めの正護持僧となるなど、慈道の祈禱活動が次第に後醍醐―大覚寺統のためのものに収斂してゆく傾向にあったのは否定できない。それに対し後醍醐も、牛車宣旨、二品叙任で慈道に応えたし、嘉暦二年（一三二七）には四天王寺検校職に補して三十五年ぶりに山門が四天王寺を回復した。

しかも慈道は後醍醐に秘法を教授している。「禁裏（後醍醐）聖天供とて□□御祈候」「禁裏御自護摩を御勤」のように、後醍醐天皇が自ら護摩を焚いて修法をしたのは著名なことであるが、従来は禅助・性円など東密僧からの受法が注目されてきた(80)。しかし台密との関係も看過できない。元応二年（一三二〇）六月に慈道は後醍醐の三十三歳の厄を祓うため禁中で熾盛光法を修したが、その際、後醍醐天皇の要請をうけて熾盛光法を伝授している。「主上（後醍醐）先年対レ宮（慈道）、令レ受二許可一給」とあるように、後醍醐はこれより先に慈道からすでに許可灌頂を受けており、それを踏まえて今回、山門四箇大法の一つである「熾盛光行法御伝授」がなされた[81]。ちなみに熾盛光法は大壇・護摩壇・十二天壇・聖天壇といった連壇構えで修されるが、当然のことながら聖天壇では聖天供（歓喜天供）が行われていた。後醍醐が自ら行った聖天供が、慈道の伝授にかかるものであった可能性も十分にある。

こうして慈道は、幕府調伏祈禱に走ることになる。後醍醐中宮の御産祈禱は、正中三年（一三二六）二月の慈道の着帯加持から始まり、中断をはさんで四年近く続けられた。ではこの御産祈禱はいつから幕府調伏の性格を有するようになったのか。百瀬今朝雄氏は、後醍醐による幕府調伏祈禱の実態を解明するなかで、すでに同年六月に慈道が行った七仏薬師法・冥道供が調伏祈禱であっただろうと推測している[82]。たしかに氏の言われる通り、七仏薬師法や冥道供を降伏の目的で修することはあり得る。しかしこの時の七仏薬師法では、後伏見院の弟の道熙法親王が伴僧として護摩壇を勤仕している[83]。もしもこれが調伏祈禱の性格を有していれば、道熙を介してその情報が持明院統に筒抜けになることは明白であり、慈道がそのような危険を冒すとは考えにくい。調伏祈禱への変質はもう少し遅れるとみるべきだろう。

諸僧による大規模な御産祈禱は同年八月には終わり、その後は規模を縮小してゆく。むしろこちらが怪しい。五壇法は五月から承鎮座主を中壇に実施していたが、翌嘉暦二年（一三二七）正月より慈道が中壇となって十月まで行ったし、同じく嘉暦二年正月には近江国弥高寺・長尾寺・大原観音寺に御産祈禱を命じる中宮令旨が発せられている。さらに慈道は十月に金輪法、十一月に薬師法と御産祈禱を行うなど、嘉暦二年には慈道が完全に御産祈禱の中心人物となっているし、それらの伴僧に道熙の名はみえない[84]。調伏祈禱への変質は嘉暦元年冬から二年正月のことであり、二年三月の四天王寺検校の補任、四月の天台座主への還補は、一線を踏み越えた慈道に対する後醍醐のねぎらいであった。

しかし幕府もその祈禱を疑っていた。すでに嘉暦元年十月には後醍醐が勅書を送って、呪咀ではないと幕府に弁明しているし、元徳元年（一三二九）には中宮御懐妊が「不実」であることを明確に把握している。[85]そのこともあってか、嘉暦二年正月の後七日御修法は東寺三長者の顕助が修した。彼は北条氏出身で、執権金沢貞顕の息である。顕助の禁裏への行列には「六波羅武士百余騎」が扈従しており、「路次之壮観」との評判であった。[86]後醍醐天皇が幕府調伏祈禱に踏み切ったころ、顕助は軍事的デモンストレーションを伴いつつ後醍醐の護持祈禱を内裏で行った。顕においても、冥の世界でも後醍醐を封じ込めようとする動きと、それへの反発が激しく渦巻いていた。

では、慈道が調伏祈禱の中心人物であったのなら、彼はなぜ幕府による訴追を免れることができたのか。第一の理由は亀山院の息で二品という慈道の貴種性にあったし、第二の理由は、彼が持明院統や鎌倉山門派と親密な人間関係を維持していたためであろう。とはいえ、慈道の側近は拘束されている。元弘元年（一三三一）五月、幕府は弘真文観・恵鎮円観とともに仲円僧正を逮捕したが、この仲円は慈道の側近中の側近である。慈道の母親が仲円の父ときょうだいであり、仲円と慈道は従兄弟にあたる。そのこともあってか、仲円は慈道の令旨奉者をつとめたり、中宮御産五壇法では金剛夜叉壇を担当し、拘束される直前も慈道の七仏薬師法の護摩壇をつとめている。[87]また翌元弘二年二月には慈厳が六波羅によって捕らえられているが、この人物も慈道から西塔院主に補任されたり、その伴僧を勤めるなどたいへん近しい。[88]仲円・慈厳の拘束召喚は、慈道に対する牽制でもあった。

嘉暦四年（一三二九）正月、関東の執奏によって青蓮院門跡が慈道から尊円に交代し、慈道には常寿院が付された。尊円と慈道の地位がそっくり入れ替わったが、これは大覚寺統による延暦寺独占への対抗措置である。梶井門跡では承鎮が死没すると、尊雲（のちの護良親王）が二歳年上の尊胤（後伏見院息）を差し措いて門首となった。そして嘉暦二年に後醍醐は親王宣下を行って三品・正護持僧に叙任し、翌年には弱冠二十歳で天台座主に補している。妙法院門跡も性守が正中二年（一三二五）に突然亡くなったため、入室・得度もすませていない後醍醐息の尊澄がそれを継承して、嘉暦三年に受戒した。つまり山門三門跡を大覚寺統が独占したため、その対抗勢力を扶植する目的で、幕府は尊円への交代を求めて青蓮院門首に就けた。

そしてこのことは、尊円も、後醍醐天皇も十分に認識していた。尊円は青蓮院を「元来武将護持之師跡也」と語って幕府と一体化しようとしたし、[89]後醍醐天皇は尊円を露骨に無視した。尊円が門首となってからも、慈道に祈禱を依頼するばかりで尊円に公請を要請することは一度もなかった。しかも元徳二年（一三三〇）三月に、後醍醐天皇が日吉社・叡山に行幸した折には、尊円に連絡もなかった。「行㆓幸無動寺㆒、但不㆑被㆑触㆓仰検校（尊円）㆒、承㆓別　勅㆒、慈厳僧正奉㆓行之㆒」と尊円が記しているように、[90]後醍醐は無動寺検校たる尊円を無視して、慈厳に無動寺の案内をさせた。

元弘元年（一三三一）八月、後醍醐天皇が南都に出奔して挙兵した。元弘の変である。尊円の活動が本格化するのは、この時からである。後伏見・花園院と東宮量仁が避難した六波羅探題に尊円は扈従し、そこで五壇法中壇を勤仕した。これが彼の「初度修法」である。さらに十月には、内裏で如法尊勝法を修して天台座主に補任されている。「山務事、御理運之上、武家所㆑有㆓申旨㆒也」とあり、これまた幕府の推奨によるものだった。[91]十二月には光厳天皇の代始め護持僧となり、正慶二年（一三三三）二月、楠木城合戦で騒然とするなか二間初参を果たした。「凡為㆓護持僧㆒者、暴風雷雨之時、猶以馳参之条、先規也」と語って内裏に駆けつけており、長い雌伏から解き放たれた尊円の高揚をよく表している。[92]だが金輪法・熾盛光法・仏眼法・文殊八字法と祈禱に尽くした甲斐なく、六波羅探題が陥落して光厳天皇、後伏見・花園両上皇とともに東国に逃れる途中捕虜となった。六月一日、伯耆の後醍醐天皇の命で、青蓮院門首は再び尊円から慈道に代わった。

しかし建武政権の成立後は、慈道にせよ、後醍醐にせよ、旧幕府方の僧侶にそれなりの配慮を示した。尊円は間もなく釈放されて自坊に帰り、九月には常寿院別当に補任された。長らく続いた慈道青蓮院門首―尊円常寿院別当を復活させたのである。慈道は後伏見院の出家戒師をつとめたし、鎌倉から帰洛した聖恵（勝長寿院別当）・澄助（明王院別当）らも慈道の保護下で活動を再開している。こうしてついに建武二年（一三三五）二月、尊円が後醍醐中宮の御産祈禱のため薬師法を勤修した。さらに閏十月には「当代初度公請」が実現し、内裏で如法仏眼法を修して後醍醐天皇に後加持を行っている。そしてその間の同年九月、後醍醐の勅裁によって慈道と尊円の和睦が実現した。尊円が慈道のもとに入室する儀を行うと、その直後に青蓮院門跡が尊円に譲られ、無動寺三昧院検校に補された。門跡和談から二十年余りのちに、尊円の入室と門跡譲渡がようやく実現したのである。

門跡統一の実現は、貴族社会を後醍醐のもとに統合しようとする意欲の表れであるが、慈道と尊円の関係が軟化していた結果でもある。軟化の契機は元弘の変である。慈道は元弘の変に直接加担しなかった。そのため側近の仲円が流罪となったものの、慈道自身は処罰されなかったし、彼の常寿院別当・四天王寺検校職も剝奪されることはなかった。幕府も尊円も、慈道を追いつめていない。そのため慈道もその後は幕府調伏祈禱を行わなかった。彼が後醍醐方として祈禱を再開するのは、六波羅探題の滅亡後である。建武政権が成立すると尊円と慈道の立場は逆転したが、二人の融和関係は維持された。尊円は門首の地位を追われたものの、常寿院別当を保障され、やがて門跡和睦が提案されて門跡の統一が実現した。これまで青蓮院は幕府要因によって内部対立を繰り返してきた。しかし、元弘の変以降のあまりに激しい情勢変化を前にして、両派はむしろ結束して嵐の去るのを待つようになった。

建武政権の崩壊、南北朝対立のなかで、門跡和睦は危機を迎えるが、破綻することはなかった。元弘の変と同様、慈道は後醍醐と行動を共にしなかった。建武三年に足利尊氏が光厳上皇を奉じて入洛すると、かつての門跡和談の約束通り、慈道は桂林院・常寿院・十楽院等を尊円に譲り付し、四天王寺検校を辞して謹慎の姿勢をみせた。これらの院家は別相伝か否かを争われてきたものであるが、すべてが青蓮院門跡に返付された。門跡一統が完全達成されたのである。尊円はその好意に報いるべく、慈道から改めて伝法灌頂を受けた。二人は入室の師弟であるだけでなく、灌頂の師資ともなった。暦応二年（一三三九）尊円は天台座主に還補され、慈道も四天王寺検校に復帰した。その二年後に慈道は六十歳で死没するが、それから間もなく、後伏見院息の尊省が尊円のもとで出家した。尊道（一三三二～一四〇三）である。正和の門跡和談では、慈道—尊円—後伏見院息への門跡相承が約束されたが、それがここに実現することになった。ほぼ百年にわたって繰り広げられてきた青蓮院の門跡紛争は、ようやく終止符を打つことになる。

おわりに

青蓮院の門跡相論を取りあげた澤博勝氏は、①一連の抗争が池上十九箱に代表される聖教類の帰属をめぐって行われていた、②後醍醐天皇の「戦時体制下」を除けば、相論は両統迭立の影響をほとんど受けていない、と指摘した。そしてその上で、「青蓮院の内部抗争の本質は、このように聖教類の相承をめぐる抗争であり、その意味でまさに寺院権門独自の論理によって生じ拡大した抗争であった」と結論している[93]。

ここには三つの問題がある。第一は聖教争奪説である。青蓮院の門跡紛争のなかで、聖教の帰属をめぐる争いが行われたのは事実であるし、それが重要な意味をもっていたことも否定はしない。しかし聖教をめぐる抗争が門跡紛争の本質であったと評するのは本末転倒であろう。青蓮院の門跡相論は、澤氏が想定したような特殊な紛争ではない。青蓮院の門跡紛争で聖教の問題がクローズアップされたのは、第一はモンゴル襲来後の徳政状況のなかで「真俗一躰」の管領が求められるようになったためであるし、第二は紛争の双方の当事者にそれなりの政治的法的な正当性が存したためである。

たとえば道覚が聖教の引き渡しを求めた時、慈源はあっさりとそれに応じているし、その後も聖教の返納を求めていない。また慈源が失脚した時、桂林蔵・青蓮蔵の聖教と吉水坊を門跡から切り離して別相伝化したのに対し、尊助は訴訟を起こして建長七年（一二五五）に吉水坊を取り戻しているが[94]、聖教については関心を払っていない。尊助は道玄・慈助を義絶するまで、自分の聖教の欠落など気にも留めなかった。九条道家の全盛期に門首として君臨していた慈源にとって、また後嵯峨院の勅裁によって門首に選ばれた尊助にとって、道家や後嵯峨院の政治的バックアップがすべてであって、聖教の問題など関心外であった。しかし尊助が後嵯峨院の勅裁を無視して慈助を義絶し、さらに三昧流の正統を誇る道玄と戦ってゆくには、尊助もまた宗教的正統の裏づけが必要となってくる。彼らは聖教の帰属を争ったのではない。尊助派・道玄派の双方いずれもが勅裁の裏づけを保持していたため、聖教の相承が門跡の行方を左右しかねない論点に浮上してきただけである。徳政状況がそれに拍車をかけた。青蓮院の門跡紛争は、本尊聖教、堂塔坊舎、末寺荘園をめぐる、ありふれた権力闘争の一つに過ぎない。

第二は両統迭立と門跡紛争との関係である。澤氏のいうように、この門跡紛争が両統対立と、直接関わりがなかったのは事実であるが、しかし最終的には慈道と尊円のように、両統対立に巻き込まれたことも否定できない。実際、皇統対立の時代とは、対立を激化させるベクトルと、緩和させるベクトルの双方が複雑に入り乱れる。その双方を皇統対立の所産と捉えるならば、伏見上皇や後醍醐天皇による門跡和談や門跡一統も両統対立の産物に他ならない。

では、もともと皇統対立と関わりのなかった紛争が、なぜ両統対立に組み込まれていったのか。それは第一に、紛争の当事者双方が政治的立場を強化するために、競って治天の子弟を後継者に据えようとしたためであり、第二に治天の側も有力権門の掌握のためにその要請に応えたからだ。さらに第三に、こうした葛藤の渦巻くなかで皇統の交代が頻繁に行われた。その結果、尊助と道玄とのありふれた師弟対立は、持明院統と大覚寺統との争いにならざるを得なかった。

澤氏の第三の問題は幕府である。氏は、両統迭立との関わりの稀薄さを根拠に、この門跡紛争は『世俗』権力の介入によるものではなく」、聖教類の帰属など「寺院権門独自の論理による抗争であった」と評している。しかし、世俗権力の介入がなかったと語る時、澤氏の視野に鎌倉幕府は入っていない。私は澤氏とは逆に、門跡紛争の根本原因は世俗権力の介入、幕府の介入にあったと考える。

幕府の介入によって門首Aが突然失脚し、門首Bが登用されるが、再度の介入によってBが失脚してAが復活し、やがてBも復活してAとBとが争う。そのなかで付弟Cが右往左往して混乱にいっそう拍車をかける。青蓮院の門跡紛争の基本パターンはこれである。承久の乱での道覚の失脚、寛元の政変以後の慈源の失脚と道覚の復活、門跡没収による尊助の失脚と道玄の登用、再度の門跡没収による道玄の失脚と尊助の復活、幕府僧を座主に登用することと引きかえになされた道玄の赦免、禅空失脚にともなう慈実の失脚と、幕府の政策変更による慈実の復活、そのなかでの慈助・良助の迷走と義絶、両統迭立をにらんでの門跡和談、幕府の要求による慈道から尊円への門跡引き渡し、幕府崩壊による尊円から慈道への門首交代……。これらの幕府要因が門跡紛争に決定的な影響を与えている。

青蓮院の門跡紛争とは、幕府による介入の歴史といっても過言ではない。

もちろん、これらの介入は鎌倉幕府が青蓮院の混乱を企図して行ったものではない。にもかかわらず、青蓮院という大門跡ですら幕府の政策に翻弄され続けた。門跡紛争の歴史は、鎌倉幕府が権門の内部にいかに巨大な影響を及ぼしていたかを指し示している。それから免れるには道は二つ。内部対立の克服か、もしくは倒幕である。

註

(1) 村田正志「慈円入滅後に於ける青蓮院門跡の相承」(『国史学』五九号、一九五三年)、澤博勝「両統迭立期の王権と仏教」(『歴史学研究』六四八号、一九九三年)。慈源・道覚については、高木葉子「天台座主慈源と青蓮院」(『政治経済史学』二二一号、一九八四年)、同「天台座主道覚法親王について」(『政治経済史学』二二二号、一九八五年)、中西随功「道覚法親王雑考」(『西山学報』三五号、一九八七年)があるが、高木氏の理解には賛同しがたい部分も多い。

(2) たとえば渋谷慈鎧編『校訂増補天台座主記』(以下、『天台座主記』と略称)は、一三六頁で「正元元年」「五月七日」の祈禱で「当座叙二品」すとし、二九一頁で「弘安五年」に道玄を大僧正に還任させたとし、二九四頁で慈助が「尊助親王」から重受したとし、三一一頁で「嘉元三年」に伝法灌頂を受けた慈深を「良助親王資」とし、三一六頁で尊円が「慈助親王」の付弟となったとし、三三四頁で元弘元年に「最勝講」を「青蓮院」に付したとする。また『華頂要略門主伝』一三(『大日本仏教全書』一二八—一五三頁)も、正安二年に青蓮院を「同親王(良助)」に付したと記す。詳しい考証は省くが、右記「 」内の記述はすべて誤りである。ただし『門葉記』門主行状記も細字での挿入部分(自筆原本)は、取り扱いに注意を要する。

(3) 『鎌倉遺文』一九七四号、四五四八号、『門葉記』巻一三二、巻一三四、巻一四〇～一四二、伊藤俊一「青蓮院門跡の形成と坊政所」(『古文書研究』三五号、一九九一年)、衣川仁「中世延暦寺の門跡と門徒」(『日本史研究』四五五号、二〇〇〇年)。

(4) 『華頂要略』五五上(『天台宗全書』一六巻一二一二頁、以下は『華頂要略』の巻数と、天台宗全書本・大日本仏教全書本の頁数のみ記載する)。
(5)『華頂要略』五五上―一二二六頁。
(6)『鎌倉遺文』一九七四号、正安三年十二月十六日後宇多院評定事書(東京大学史料編纂所蔵青蓮院文書、以下、青蓮院文書と略記)。
(7)牛山佳幸「入道親王と法親王の関係について」(同『古代中世寺院組織の研究』、吉川弘文館、一九九〇年)。後鳥羽院も慈円も延暦寺での入道親王誕生の政治的意味を明確に理解している(『鎌倉遺文』補五七三号、『愚管抄』日本古典文学大系本三五五頁)。
(8)『鎌倉遺文』補五七三号、一九七四号。
(9)『鎌倉遺文』一九七四号、二七五四号、『大日本史料』四―一三―五四七頁、四―一六―一五四頁、五―三―八四一頁。
(10)『鎌倉遺文』二七九二号、二九七〇号。
(11)『大日本史料』五―二―六四二頁。
(12)『鎌倉遺文』一九七四号。
(13)『大日本史料』五―一六―二二〇頁、五―一八―三七〇頁、『鎌倉遺文』六六一〇号。
(14)『大日本史料』五―二一―三五五頁、四一五頁。
(15)『鎌倉遺文』補五七三号。
(16)『華頂要略』五五上―一一六七～一一七三頁。
(17)慈源が正護持僧を辞任して道覚に代わったのは、九条家の立場がいっそう悪化した宝治合戦の一月後である(『門葉記』巻五三―四九七頁、巻一二八―二四九頁)。
(18)『鎌倉遺文』四四五〇号、『大日本史料』五―二一―二二頁、五―二六―三五一頁、五―二七―二三四頁。
(19)『大日本史料』五―二七―二三三頁、五―二七―四一〇頁、五―二九―一〇一頁、『鎌倉遺文』補一四二三号。
(20)『鎌倉遺文』補一四六一号。なお道玄はもともと梶井門跡尊覚の付弟であったが、最仁にその地位を奪われたため最守のもとに入室して最尋と名乗った。やがて最守の師の道覚に従うこととなり、その付弟となって道玄と改名

した（『門葉記』巻一二九—二五五頁、『大日本史料』五—一六—三九八頁、『華頂要略』五五上—一一七五頁）。
(21) 山本信吉「青蓮院門跡吉水蔵聖教について」（『青蓮院門跡吉水蔵聖教目録』、汲古書院、一九九九年）。
(22) 建長四年六月二十六日後嵯峨院宣案（『天台座主記』二一九頁）。
(23) 建長四年七月慈源譲状案（『華頂要略門主伝』補遺四一二頁）、『鎌倉遺文』七六九四号。
(24) 『亀山殿御幸記』（『群書類従』三—六九七頁）、『建治三年記』十二月二十七日条、『勘仲記』弘安七年九月二十八日条、『実躬卿記』弘安九年十月十九日条。
(25) 『門葉記』巻一四七—三九四頁。青蓮院文書も同じ案文を収録するが、虫損部分が一致し、これが『門葉記』の原本であったことを示している。
(26) 正安三年十二月六日後宇多院評定事書案（青蓮院文書）、年欠十一月三十日尊円書状案（『満済准后日記』応永三十年五月十二日条）。
(27) 文永元年六月に吉水坊で勤仕された文殊八字法について、道玄行状記は「本坊」と記している（『門葉記』巻一五五—四二六頁、巻一二九—二五六頁）。
(28) 『門葉記』巻一六—一六九頁、巻一二九—二五三頁・二五六頁。
(29) 拙稿「鎌倉幕府と延暦寺」（『中世の寺院体制と社会』、吉川弘文館、二〇〇二年）。
(30) 『天台座主記』二六五～二七〇頁、『門葉記』巻一二九—二五三頁・二五六頁、『鎌倉遺文』一〇三八二号～一〇三八四号。
(31) 『天台座主記』二八八頁、『門葉記』巻一二九—二五三頁・二五七頁。
(32) 『勘仲記』弘安五年三月二日条、『門葉記』巻一二九—二五七頁、拙稿「鎌倉山門派の成立と展開」（『大阪大学大学院文学研究科紀要』四〇、二〇〇〇年）。
(33) 『門葉記』巻一四七—三九四頁。
(34) 道玄失脚の前年に尊助が慈源派と合体したことからすれば、尊助による道玄・慈助の義絶はその時点で決断されていたとみるべきだろう。弘安元年の門首復帰のいきさつは副次的要因に過ぎない。
(35) 『門葉記』巻一四七—三九四頁、青蓮院文書。

(36)『門葉記』巻一四七―三九四頁、青蓮院文書。
(37)『鎌倉遺文』一三一九四号。
(38)『建治三年記』十二月二十七日条。
(39)多賀宗隼紹介「青蓮院門流」(『金沢文庫研究』一三―七、一九六七年)によれば、道玄は「暫仮門主之号之後、称西山宮次第付属之流、還又敵対二品親王」とある。
(40)『門葉記』巻一三〇―二六四頁。これが伏見・後二条・後醍醐天皇の即位灌頂となった。即位灌頂に関しては、上川通夫「中世の即位儀礼と仏教」(『日本史研究』三〇〇号、一九八七年)、橋本政宣「即位灌頂と二条家」(『東京大学史料編纂所研究紀要』八・九号、一九九九年)を参照。
(41)『鎌倉遺文』一七一五六号、一七一六五号。『門葉記』巻一二九―二五八頁は将軍祈禱を「同(正応二年二月)二十五日」とするが、編纂のミスで十月の誤りである。
(42)『吉続記』文永八年十一月二十二日条、二十九日条、『門葉記』巻一二九―二五六頁・二六〇頁。
(43)『門葉記』巻二一―一一頁、巻七―七六頁。なお藤井恵介「三条白川房の熾盛光堂」(同『密教建築空間論』、中央公論美術出版、一九九八年)を参照。
(44)『門葉記』巻一〇一―八四頁、巻一二九―二五六頁・二五七頁。
(45)『門葉記』巻四〇―三七一頁、巻四九―四三八頁、巻五〇―四九八頁、巻五九―五一三頁。
(46)『門葉記』巻一二九―二五九頁、『日吉社叡山行幸記』(『室町ごころ』三四八頁)。
(47)『門葉記』巻一二九―二五七頁、巻一五六―四四七頁。なお真木隆行「後宇多天皇の密教受法」(『古代中世の社会と国家』、清文堂、一九九八年)を参照。
(48)『鎌倉遺文』一五三五四号、一五七五六号、一五七五七号、一五七七七号。
(49)『鎌倉遺文』一七一六七号、一七三九五号、一七四〇四号、一七四三二号、『門葉記』巻一四七―三九四頁、巻一二九―二五九頁。
(50)この時、天台座主最助(梶井)も正護持僧の地位を求めたため、異例のことながら慈助と最助の二人が正護持僧に補任された。一般に正護持僧三名は東密・山門・寺門から一人ずつ補任されるが、この相論が「難儀」なため東密のポストを食う形で補任したのである（『伏見天皇日記』弘安十一年十一月二十三日条、『門葉記』巻四九―四四三頁、巻五三―四九九頁）。
(51) 妙法院古文書四八号（『妙法院史料』五巻）。
(52) 『実躬卿記』正応四年五月二十九日条、森幸夫「平頼綱と公家政権」（『三浦古文化』五四号、一九九四年）。
(53) 『鎌倉遺文』一七八三八号、年欠正月二十八日後深草院書状（『日本名跡叢刊　後深草天皇書状』写真版、二玄社、一九八一年）。
(54) 『鎌倉遺文』一八六七八号。
(55) 『鎌倉遺文』一九三一三号、一九二六四号、『門葉記』巻一二九―一二六〇頁。
(56) 『鎌倉遺文』一七八三八号。なお『華頂要略』五五上―一二一九頁から、本史料が慈実に宛てた亀山院書状であることが分かる。ここに登場する「実雅」は、慈実の「坊人」である（『吉続記』正応二年九月二十五日条）。
(57) 『門葉記』巻一〇一―八七頁。
(58) 『鎌倉遺文』一九二六三号、一九二六四号、一九三一三号。
(59) 『華頂要略』五五上―一二一七頁。
(60) 多賀宗隼前掲註(39)紹介史料、『門葉記』巻一二九―一二六二頁。
(61) 正安元年に良助が天台座主の宣命を受けたのは禅林寺殿であったし、寺家社家朝拝も禅林寺殿下御所で行っている（『門葉記』巻一七五―六二四頁）。また『実躬卿記』正安四年二月二十五日条によれば禅林寺殿は「青蓮院宮（良助）当時有御座」とあり、亀山院は良助の禅林寺殿をしばしば訪問した。なお禅林寺殿は亀山院の元御所で、院が大明国師無関普門に帰依して正応四年に禅寺（南禅寺）に改め、永仁元年に大仏殿が完成するなど伽藍の造営を進めていた（桜井景雄『南禅寺史』、法藏館、一九七七年）。
(62) ただし座主人事は正安元年四月、門跡没収は翌年九月の決定である。『日吉社叡山行幸記』（『室町ごころ』三四三頁）、『天台座主記』三〇三頁、『実躬卿記』正安二年九月二十四日条。
(63) 『吉続記』正安三年十二月九日条～十五日条。
(64) 慈玄申状案（『華頂要略』五五上―一二一六頁）。村田正志前掲註(1)論文が指摘するように、その内容からこれが正安二年慈玄申状案であることが分かる。

(65)『門葉記』巻一一九―一一六三頁。青蓮院文書には、次の院宣案が収載されている。

青蓮院門跡房舎聖教等事、任市河宮御譲、可有御管領者

院宣如此、以此旨、可令披露給□状、如件（後闕）

後欠であるが、良助の門跡管領を認めた正安三年十二月十九日後宇多院宣案である。翌年の乾元元年十月に慈深の「止門跡管領」めて無動寺三昧院の両検校に良助が補任されており（『門葉記』巻一一九―一一六三頁）、門首改替の正式決定が一年近くずれ込んでいる。しかし正安四年五月には良助が「青蓮院宮令旨」を発給し、九月の大成就院恒例結縁灌頂の記録にも「姉小路宮」と記されるなど、正式決定以前に良助が青蓮院門首として活動していたことを示している（『大日本仏教全書』一一八―一六〇頁、『門葉記』巻一三七―三四七頁）。

(66)『門葉記』巻四一―三九一頁、『公衡公記』四―一一頁。

(67)『門葉記』巻二五―二四七頁。

(68)『大日本史料』六―六―七四八頁の写真版。なお『門葉記』巻一四九―四〇三頁の慈道誓状を参照。

(69)『門葉記』巻一四九―四〇三頁。

(70)『門葉記』巻五〇―四四六頁、巻五三。

(71)『鎌倉遺文』二〇四二七号、『門葉記』巻一四九―四〇四頁。

(72)『門葉記』巻一三〇―一二六八頁。

(73)『花園天皇日記』正和三年六月三日条。

(74)『門葉記』巻一二三―一九九頁。

(75)『門葉記』巻一三〇―一二六四頁に「同四年正月二十九日持明院殿若宮御入室」とあるのが道熙で、元応二年三月二十九日に出家している（『花園天皇日記』）。

(76)『伏見上皇御中陰記』（『群書類従』二九―三三二頁）。五七日、七七日仏事は花園・後伏見が主催したのだろう。尊円が仏事を主催できなかった一因に彼の財政逼迫がある。また門跡和談をめぐる伏見院と尊円との確執も影響を及ぼしていよう。

(77)『門葉記』巻一五七―四五一頁、『花園天皇日記』元亨三年十月八日条。

(78)『満済准后日記』応永三十年五月十二日条。なお管見の限りでは、建武二年十一月の本史料が道煕に関する史料の下限である。おそらく道煕がこののち死没したため、尊円―道煕―尊道（後伏見息）の相承が実現せず、尊円―尊道の相伝となったのであろう。

(79) 道玄門下が多く鎌倉に下向するなど鎌倉山門派は道玄とのつながりのなかで発展したが、友好関係は慈道の時代にも続いた。たとえば、正和五年に日光山別当仁澄（将軍惟康息）が天台座主となった時に、慈道は二十日間ほど正護持僧を仁澄に譲った（『門葉記』巻五三―五〇一頁）。仁澄への配慮である。

(80)『神奈川県史資料編2』二六四六号、二七八四号。真木隆行前掲註(47)論文、百瀬今朝雄「元徳元年の中宮御懐妊」（同『弘安書札礼の研究』二六四頁、東京大学出版会、二〇〇〇年）、網野善彦『異形の王権』（平凡社、一九八六年）、森克己「鎌倉大仏と日元貿易」（同『増補日宋文化交流の諸問題』、国書刊行会、一九七五年）。

(81)『門葉記』巻六―五二頁。ここに掲出された「慈厳僧正記」によれば、この時、後醍醐天皇の御前で観昭（寺門）・光憲（山門）・仲円（山門）・慈厳（山門）の四名の僧侶によって「真言御談義」が行われており、後醍醐も熱心に聴聞している。後醍醐の日常生活の一面を垣間見せるとともに、後醍醐と台密との関わりの深さを指し示している。

(82) 百瀬今朝雄前掲註(80)論文。

(83)『門葉記』巻一七―一九四頁。

(84)『鎌倉遺文』二九七二六号、『門葉記』巻一五七―四五一頁、巻一三〇―一六六頁。

(85) 図書寮叢刊『砂巌』三〇〇頁、前掲註(80)史料。

(86)「観智院本東寺長者補任」（東寺観智院金剛蔵聖教一八八函三三八七号）。

(87)『門葉記』巻三九―三六一頁の五壇法記に「仲円初、隆禅法印弟子、中納言仲兼卿息」とある。このほか『門葉記』巻六―五四頁、巻一七―一九四頁、「五壇法記」（東寺文書丙外二二号）、『花園天皇日記』元弘二年四月十日条、『鎌倉遺文』二七〇〇六号、二七一一五号、二七四四四号、『太平記』一―三二七頁（角川文庫）を参照。

(88)『花園天皇日記』元弘二年二月六日条、『門葉記』巻六―五二頁、巻一八四―六七三頁、『天台座主記』三三二頁。

(89)『門葉記』巻三六—三四〇頁。貞応二年に幕府は三寅の祈禱料所を慈円に寄進しており（『大日本史料』五—一—八七三頁）、九条頼経の追放までは青蓮院は将軍祈禱の中心的存在であった。前掲註(29)拙稿を参照。

(90)『門葉記』巻一三〇—一二六八頁。

(91)『阿娑縛抄』（『大日本仏教全書』三七—九九八頁）。

(92)『門葉記』巻五〇—四四九頁。

(93) 澤博勝前掲註(1)論文。

(94) 吉水坊が門跡に返還された時期について、『天台座主記』（二一九頁）は十二月五日と十二月十二日付けの二通の後嵯峨院宣を掲げて建長七年とし、『華頂要略門主伝』も同じであるが（『大日本仏教全書』一二八—九七頁、一一七頁）、『門葉記』巻一二九尊助の項では「同十二月五日吉水坊、被付門跡」と記し正嘉二年に懸けている。懸年に三年の開きがあるが、建長七年説が妥当であろう。院宣によれば、①慈源は（勅勘後に）吉水坊を「居所」にしたいと申請したので、それを認めた、②（建長七年七月に）慈源が亡くなった「今」となっては、吉水坊を門跡に返付すべきだ、と述べている。この「今」は、慈源死没から三年五カ月後と考えるよりは、死没直後の建長七年とみた方がよいだろう。ちなみに、門葉記自筆原本写真によれば、「同十二月五日」の一節は、細字で挿入された後筆部分である。尊円が編纂の際に、挿入場所を誤ったのだろう。

付記

史料収集に際しては、東京大学史料編纂所、伴瀬明美氏、文化庁、田良島哲氏、青蓮院、宮内庁書陵部にお世話になった。お礼を申し述べたい。原稿提出後、稲葉伸道「鎌倉期における青蓮院門跡の展開」（『名古屋大学文学部研究論集（史学）』四九、二〇〇三年）に接した。本稿と密接に関わるだけに、是非とも参看されたい。

「山訴」の実相とその歴史的意義
——延暦寺惣寺と幕府権力との関係を中心に——

下坂　守

はじめに

中世、延暦寺の衆徒（以下「衆徒」とのみ表記）が自らの政治的な要求を貫徹するために、堂舎閉籠・神輿動座等をもってその一手段としたことはよく知られている。それは衆徒がとったもっとも一般的な抗議行動であり、その実態については、かつて『元徳二年日吉社并叡山行幸記』の記事を素材として、鎌倉時代後期の堂舎閉籠を中心に分析を行ったことがある[1]。限られた史料による分析結果ではあるが、それによれば堂舎閉籠は通常、一院の衆徒の総意に基づき一院を単位として実施されたこと、その一方で時として特定の主導者の指揮のもとに実施される場合もあったこと、などが不十分ながら確認できた。ここではそれらの分析結果を念頭において、室町時代の延暦寺における堂舎閉籠・神輿動座の実態を探るとともに、それが果たした政治的・社会的な役割について改めて考察していくこととしたい。なお、この時代、衆徒が行ったそれら一連の示威行動を一般に「山訴」と呼んでおり、本稿でも「山訴」という言葉を用いたことを最初にお断りしておく[2]。

一　堂舎閉籠から神輿動座へ

表1は、応永二十一年（一四一四）以降、文正元年（一四六六）に至る期間に実施された山訴を整理し年表としたものである[3]。始まりを応永二十一年としたのは、足利義満が政権を掌握した康暦元年（一三七九）以降ではその事実経過がよくわからない至徳三年（一三八六）の「大訴」を除けばこれが最初の山訴であったこと[4]、また、文正元年をもって最後としたのは翌年に応仁の乱が勃発、社会・政治状況が大きく変動したことによる。

さて、この**表1**から読み取れる事柄として、まず最初にあげたいのは、閉籠の実施場所が東塔は根本中堂、西塔は釈迦堂、横川は楞厳院（横川中堂）という、三塔（三院）のそれぞれ本堂に限定されていたという点である。延暦寺内のその他の堂舎で閉籠が実施された例は確認できない。これは山訴がこの時代も原則として一院を単位として実施されていたことをよく物語っている。

第二点として指摘できるのは、「動座した神輿」と「神輿動座場所」の相関関係である。三塔の衆徒がそれぞれ東塔は大宮・二宮・八王子・客人・十禅師、西塔は二宮、横川は聖真子といったように、日吉七社の神々を分割・信仰していたことに関しては別稿で論証したことがある[5]。その原理は神輿の動座にあたっても生きていたことを**表1**の両項目の関係はよく指し示している。すなわち、それによれば、通常、大宮・二宮・客人の神輿は根本中堂（東塔本堂）に、また二宮の神輿は釈迦堂（西塔本堂）に動座している。また、**表1**からはその事例を抽出することはできないものの、聖真子の神輿が動座したとすれば、それは当然、楞厳院（横川本堂）に安置されたものと推定される[6]。これまた山訴が原則として一院を単位として実行されていたことを裏付けるものといえよう。

表1をもって最後に確認しておきたいのは、山訴の頻度が時代とともに次第に高くなっているという事実である。前半の二十年間（応永二十一年〜永享六年）ではわずかに七回を数えるにすぎなかった山訴は、後半の二十五年間（嘉吉元年〜文正元年）になると、二十一回の多くを数えるようになっている。このうち、前半には永享五年から同六年（一四三三〜三四）にかけての山門騒乱時の三度にわたる山訴が含まれていることを考え合わせると[7]、後半になってからの頻度の高さはいっそう際立つ。

これを幕府権力との関係でいえば、足利義満政権下で姿を消していた山訴は、義持の時代も突発的な惹起を除いてほとんど行われず、次の義教の治世下も永享の山門騒乱時までその流れは続いていた、ということになる。このような義満以降、義教に至る間の山訴のあり方が何を意味するかについては後に考えることとし、まず堂舎閉籠から出発した山訴が具体的にどのような過程を経て神輿動座へと進展していったかを検証していくことから始めよう。

文安五年から同六年（一四四八〜四九）にかけて西塔で実施された山訴に関しては、その実行主体となった西塔閉籠衆の発給した文書を筆写した『山門事書』なる記録が残されている[8]。山訴時の衆徒の動きを具体的に伝える希有の史料であり、これをもとにその展開を追っていく。なお、閉籠衆と呼ばれた集団に関してはのちに立ち返って検討を加える。

事件の発端は文安五年四月二十三日、西塔衆徒が末寺金勝寺に対する「南都代官慶賀法印」らの襲撃を幕府に訴え出たことにあった[9]。この時、西塔衆徒は具書として「寺家注進目安」を提出、山門使節を介して幕府に訴状を上申しており、当初は通常の手続きをもって始まった訴訟であったことがわかる。しかし、その後の「西塔院列参申詞」[10]「西塔院宿老集会事書」[11]などをもってする訴えにもかかわらず、自分たちの要求が容易に受け入れられないことがあきらかになるや、十一月、ついに閉籠衆による釈迦堂閉籠が開始される[12]。

神輿動座場所	訴訟の原因・条目など	備　考
根本中堂	法華堂破却張本人沙汰事	
根本中堂	相論用水堺等事	
（不　明）	守護六角流罪事	客人神輿、山王畠まで下る
—	条目廿一ヶ条	
根本中堂	日吉二宮上分物事	
根本中堂	十二ヶ条	
根本中堂	（幕府の山門攻撃）	
（不　明）	（六角・京極の山門領押領）	客人神輿、藪里まで下る
根本中堂・釈迦堂	（六角満綱の山門領違乱）	
—	（旧南朝方の蜂起）	
根本中堂	（所領事）	北野社に神人が閉籠する
（不　明）	丹波光明寺・越中泰隆寺事	
（不　明）	（不　明）	
—	（不　明）	
—	（不　明）	
根本中堂・釈迦堂	清水寺（近江）事	
釈迦堂	金勝寺（近江）事	
（不　明）	金勝寺（近江）事	祇園社神輿装束、山上へ
根本中堂	末寺児殺害事	
根本中堂	（万寿寺風呂以下を焼く）	
（根本中堂）	（不　明）	
（不　明）	（佐々木宿所へ発向）	八王子社に閉籠する者あり
根本中堂	近江国中庄事	
（根本中堂）	（不　明）	八王子社に閉籠する者あり
（根本中堂）・釈迦堂	（不　明）	
根本中堂	禅家事、北野社閉門事	
（不　明）	（不　明）	
—	（不　明）	
—	無碍光衆退治事	
—	洛中洛外法華堂破却事	
—	（不　明）	
（不　明）	（京極の敏満寺自専）	

表 1　「山訴」略年表（応永21年～文正元年）

番号	山訴開始年月日	山訴終了年月日	閉籠場所	動座した神輿
1	応永21年閏７月13日	（不　明）	（不　明）	（第三神輿）藁四手
2－(1)	応永22年３月29日	応永22年４月28日	根本中堂	客　人
2－(2)	応永22年６月	応永22年６月13日	（不　明）	客　人
3	正長元年７月27日	正長元年９月10日	釈迦堂	（な　し）
4	永享元年10月29日	永享２年正月11日	根本中堂	大　宮・客　人
5	永享５年７月17日	永享５年８月９日	根本中堂	客　人
6	永享５年10月28日	永享６年２月13日	（不　明）	日吉七社［大　宮］
7	永享６年９月20日頃	永享６年12月13日	根本中堂	日吉七社［客　人］
8	嘉吉元年８月18日	嘉吉元年閏９月12日	（不　明）	十禅師・二　宮
9	嘉吉３年９月24日	嘉吉３年９月26日	根本中堂・釈迦堂	（な　し）
10－(1)	文安元年４月11日	文安元年４月17日以前	釈迦堂か	八王子
10－(2)	文安元年４月25日以前	文安元年５月27日以前	（不　明）	客　人
11	文安２年４月17日以前	文安２年４月28日	（不　明）	客　人
12	文安２年７月	文安２年７月15日	根本中堂	（な　し）
13	文安３年４月４日以前	文安３年５月４日	（不　明）	（な　し）
14	文安４年７月13日	文安４年12月18日	根本中堂・釈迦堂	三　宮・客　人
15	文安５年11月22日	文安６年４月21日	釈迦堂	二　宮
16	文安６年５月５日以前	宝徳元年12月１日	釈迦堂	（日吉神輿）
17	宝徳３年３月25日	宝徳３年６月７日以前	根本中堂	客　人
18－(1)	宝徳３年８月14日以前	享徳元年12月26日	根本中堂	日吉七社［客　人］
18－(2)	享徳２年４月	享徳２年５月27日	（不　明）	（神　輿）
19	享徳３年12月以前(冬)	享徳４年４月20日	（不　明）	二　宮
20－(1)	康正元年８月１日	康正元年12月20日	根本中堂	客　人
20－(2)	康正２年２月17日以前	康正２年７月４日以前	（根本中堂）	（客　人）
21	（前年より続く）	長禄２年12月27日	釈迦堂	客　人・二　宮
22	寛正２年12月晦日	寛正３年12月２日	根本中堂	日吉七社
23	寛正４年４月13日以前	寛正４年12月25日	根本中堂・釈迦堂	（不　明）
24	寛正５年３月29日	寛正５年６月７日以前	釈迦堂	（な　し）
25	寛正６年正月11日以前	寛正６年６月７日	根本中堂	（な　し）
26	寛正６年12月25日	（不　明）	楞厳院	（な　し）
27	寛正７年２月17日	（不　明）	釈迦堂・楞厳院	（な　し）
28	文正元年７月29日	文正元年12月17日	（不　明）	（日吉神輿［七社か］）

この時にあたり西塔閉籠衆がとった行動は、山訴の本質を知る上で重要な手懸かりを与えてくれる。すなわち、彼らはまず①院内（十一月二十二日付）[13]、②末寺末社（十一月二十五日付）[14]、③東塔・横川（十一月二十六日付）[15]の各所に宛て衆議事書を送り、閉籠への協力・支持を求めたのである。具体的には①の「院内」宛では「谷々老若」の神輿動座への「合力」と幕府（山門使節、管領）への「内通」禁止を、また②の「末寺末社」宛では「本寺」に呼応しての「閉門」をそれぞれ求めており、閉籠衆が一院の結束を第一義として、末寺末社への運動の拡大をめざしていたことがうかがえる。

また、「同心合力」を呼びかけた③の東塔・横川宛の事書の末尾は次のような言葉で結ばれている。

所詮、貴院忽企閉籠儀則、被同心合力者、可為衆悦、若被遠見者、吾山之滅亡在斯時者也、何不被傷哉、殊貴院与当院毎度入魂之上者、早速被廻其計略者、大訴入眼不可廻踵之哉旨、衆議大概而已、

そして、この後の展開はほぼ彼らが目論んだ通りとなる。まず十二月上旬に二宮神輿が釈迦堂に動座[16]、十二月二西塔閉籠衆が東塔・横川を巻き込んでこの抗議運動を一山規模のものにしていこうとしていたことが知られよう。十三日には三塔会合が開かれ、東塔・横川の参加が決定する[17]。山訴はついに一山あげてのものとなったのである。これをうけて幕府が「治罰」の文言の入った近江守護六角久頼宛の御教書を下したのは、十二月三十日のことであった[18]。しかし、二十三箇条にまで膨れあがった一山の要求をすべて呑めるはずもなく、年を越し訴訟題目に新たな十六箇条が追加されるや事態は完全な閉塞状態に陥る[19]。東塔・横川が山訴に加わったことで、幕府も落としどころをなくしてしまったというのが、いつわらざる状況であったに違いない。そして、このいかんともし難い状態は長く四月まで続く。事態が動き始めたのは、日吉祭の祭日が迫った同月下旬のことで、四月二十二日、同祭が無事執行されたことを伝え聞いた中原康富は、その日記『康富記』に次のように書き留めている。

今日酉剋祭礼有之云々、此間依山門訴訟、末寺等閉門、昨日有裁許、属無為者也、

祭礼の「延引」を恐れた幕府が全面的に折れて、山訴はようやく終わりを告げたのであった。日吉祭の「延引」をなぜ幕府がそれほどまでに恐れたのかは改めて考えることとし、ここでは同祭の開催日が山訴の終焉と深く関わっていたという点だけを指摘しておきたい。

さて、この文安五年から同六年（一四四八〜四九）にかけての山訴の経過をみることで、西塔一院の訴えが堂舎閉籠・神輿動座・三塔会合と進展、一山の訴えとなっていく過程がかなり具体的に浮かび上がってきたが、ここで改めて確認しておきたいのは、その基盤がやはり一院にあったという点である。このことは西塔閉籠衆が発給した文書からも容易に読み取ることができる。『山門事書』には二十六通の「西塔閉籠衆衆議事書」が収められているが、それらの宛所を複数回のものに限って、多い方から順に列記すると次のようになる。

①院内（院内満遍）　六通
②東塔・横川　六通
③祇園執行　三通
④山門使節　二通
⑤山門奉行・公方　二通

閉籠衆が「院内」すなわち西塔内の引き締めと東塔・横川への呼びかけを最優先課題としていたことをこれらの宛所はよく示している。ちなみに「院内」宛の衆議事書の内容をすでに触れたものを含め整理すれば、

①神輿動座への「合力」要請と幕府への「内通」禁止。
②二宮神輿動座にともなう「神訴入眼」の祈禱要請（十二月十日付）。

③「諸谷若輩」の閉籠への参加要請（十二月十一日付）。
④「院内老若」の評議への参加要請（十二月十二日付）。
⑤「谷々本堂」の閉門要請（十二月十三日付）。
⑥「当院（西塔）僉議」にあたっての「若輩」の「入堂」要請（十二月十九日付）。

となり、一言でいえば、すべては山訴への参加を呼びかけたものとなっている。

また、東塔・横川宛の衆議事書は、前掲の①「同心合力」要請（十一月十一日付）の他は、「三塔会合」の開催および参加への呼びかけと（十二月十日、十二日、十七日、二十三日）、同会合参加に対する礼状（二十四日付）であり、西塔閉籠衆が一貫して一山あげての山訴の確立を目指していたことがよくわかる。

この一院から一山への指向性は時にはかなり強引な形をとって現れることもあり、たとえば宝徳三年（一四五一）八月に始まった山訴について『経覚私要抄』は次のように伝える。[20]

一、播州語云、去十三日寅刻、山門神輿入洛、東塔訴訟云々、残横川・西塔□(不カ)同心之間、東塔者共中堂ニ懸火、及三度之間、無力三塔令同心云々、

それはまさに「凡吾山之風儀、依一谷一尾之衆欝、及一山之大儀、何剱偏為糺一天之理乱、併依存三千之瑕瑾也」[21]という精神に基づいた行為であり、山訴の大きな特色の一つがここにあった。では、これら一山をも動かす山訴の主体となっていた一院の閉籠衆とはどのような集団だったのであろうか。

二　閉籠衆と「堂中」「対決」

閉籠衆がいかなる人々によって構成されていたかを伝えてくれるものに、宝徳三年（一四五一）、頻発する閉籠に対して幕府がその張本人の厳罰を決したことを伝える『康富記』の次のような一節がある。[22]

> 依招引向 飯肥《(飯尾為種)》入道許、用朝湌《(食)》、語云、山門衆徒動猥令動座神輿、閉籠堂舎、致嗷訴、剰近日招賊徒於山上、於結界地、致合戦企殺害、毎度御裁許非無其煩、於向後者、以支証可経訴訟也、若不事問、動座神輿、閉籠堂舎者、尋究張本人、至衆徒者、追捕其身、没収所帯、可被付寺社修理也、至地下人者、可被処厳科也、使節令緩怠者、可有其咎之由、去十九日於管領仰諸奉行有評定、被載事書一紙、被成遣御教書於山門了、

幕府が閉籠の実行者を「衆徒」と「地下人」の二種類にわけて理解していたことが知られよう。このうち「衆徒」とはいうまでもなく寺の正員を指し、この時期の閉籠の実施主体がまちがいなく「衆徒」であったことがここに確認できる。より具体的には一院の「若輩」がその中核をなしていたと推定される。[23] 一方、「地下人」に関しては、文安元年（一四四八）五月の西塔閉籠においても「閉籠衆内有俗形済々」という状況が現出しており、[24] その行動は幕府が処罰対象とするほどに際立ったものになりつつあったようであるが、その実態はよくわからない。

そして、いずれにしてもこのような幕府の閉籠禁止令に対抗して、閉籠主体の「衆徒」「地下人」がとった対応策が「閉籠衆」という集団での行動だったのである。閉籠衆については従来、彼らを延暦寺内の不平分子の集団とする見方があった。[25] しかし、けっしてそうではなかったことは、彼らの発給した文書がこれをよく物語っている。

管見の限り閉籠衆が発給した文書は応永二十四年（一四一七）十二月十三日付「根本中堂閉籠衆衆議事書」を初めとして現在、七十数点が確認できるが、その内容は彼らが合法的な組織体であったことを明確に指し示すものとなっている。次にこの点についてやや詳しく検討を加えていきたい。

閉籠衆が発給した文書は、大きく「衆議事書」と「下知状」の二つに分類できる。すでに一部その内容を検討し

内　容	書き留め文言	備　考	出　典
通達	衆儀如件		八坂神社文書881
通達	依衆儀、執達如件	袖に黒印	八坂神社文書1082
裁許	依衆儀、執達如件	日下に黒印	今堀日吉神社文書86
通達	衆儀折帋如件		八坂神社文書707
通達	衆儀折帋如件		八坂神社文書1054
裁許	及厳密衆議之旨、折帋如件		八坂神社文書1084
通達	依衆儀、折帋如件	日下に黒印	八坂神社文書1250
通達	依衆議之旨、執達如件	日下に黒印	八坂神社文書1251
通達	衆儀折帋如件	袖に黒印	八坂神社文書236
裁許	衆儀折帋如件		八坂神社文書708
（通達か）	衆儀□□如件	（欠損）	八瀬童子会文書補遺25
通達	依衆儀□□		八瀬童子会文書274
通達	□□	日下に黒印	八瀬童子会文書322
通達	可及衆儀之由、仍折帋如件	日下に黒印	八瀬童子会文書277
通達	依衆儀、下知如件		八瀬童子会文書278
	衆儀折紙如件		八瀬童子会文書281
（通達か）	可為□悦□、衆儀候	袖に黒印	八坂神社文書883
通達	依衆儀、折帋之状如件		新修八坂神社文書208
通達	依衆儀、折帋之状如件		八坂神社文書315
通達	□□如件		新修八坂神社文書213
通達	依衆議、執達如件		新修八坂神社文書218
通達	仍折紙之状如件		八坂神社文書716
通達	仍折帋如斯		八坂神社文書1170
通達	依衆儀、執達如件		八坂神社文書2017
通達	仍折帋如件	日下に黒印	新修八坂神社文書237
通達	依衆儀、執達如件		新修八坂神社文書240
通達	□□折紙如件		八瀬童子会文書303

た衆議事書とはその名の通り、閉籠衆の衆議結果を伝達したものであり、衆徒が惣寺・院・谷等の集団単位で発給した、いわゆる衆議事書（集会事書）と基本的に同じ形態のものを指す。すなわち、料紙は竪紙で最初に衆議の日時と場所、ついで伝達すべき内容の要旨と宛所を「事書」として記し、本文は末尾を「衆議如件」などの文言で結ぶものである。閉籠衆が院・谷と同様に、あくまでも当該集団の総意をもってその意志を決定・伝達していたことを示すものといえる。

そして、その閉籠衆が時として一院の運営そのものすらを代

表2 「閉籠衆下知状」一覧

番号	年月日	文書名	宛　所
1	宝徳3年11月11日	(根本中堂)閉籠衆衆議下知状案	祇園執行方
2	寛正3年4月29日	根本中堂閉籠衆衆議下知状	祇園執行
3	寛正4年閏6月3日	根本中堂閉籠衆衆議下知状	保内商人等中
4	寛正5年3月29日	西塔閉籠衆衆議下知状案	祇園社執行房
5	寛正5年4月29日	西塔閉籠衆衆議下知状案	祇園社執行房
6	寛正5年4月晦日	西塔閉籠衆衆議下知状案	祇園社執行房
7	(寛正6年)3月24日	(根本中堂)閉籠衆衆議下知状	祇園執行
8	(寛正6年)3月20日	(根本中堂)閉籠衆衆議下知状	祇園執行
9	寛正7年2月17日	楞厳院閉籠衆衆議下知状	百度小路但馬方
10	寛正7年2月25日	釈迦堂閉籠衆衆議下知状案	祇園執行
11	応仁3年4月9日	釈迦堂閉籠衆衆議下知状	馬上一衆年行事
12	文明2年2月20日	根本中堂閉籠衆衆議下知状案	一衆年行事
13	(文明2年)4月22日	閉籠衆衆議下知状	一衆雑掌･年行事
14	文明2年6月	閉籠衆衆議下知状	馬上一衆
15	文明2年6月	閉籠衆集会下知状案	馬上一衆
16	文明3年4月1日	釈迦堂閉籠衆衆議状案	馬上一衆中年行事
17	年未詳2月10日	閉籠衆衆議下知状	執行
18	年未詳5月12日	根本中堂閉籠衆衆議下知状案	祇園社執行
19	年未詳5月26日	根本中堂閉籠衆衆議下知状案	祇園社執行方
20	年未詳6月6日	閉籠衆衆議下知状案	祇園執行
21	年未詳6月12日	根本中堂閉籠衆衆議下知状案	祇園執行方
22	年未詳8月8日	根本中堂閉籠衆衆議下知状案	四至内
23	年未詳閏9月20日	西塔閉籠衆衆議下知状案	祇園執行
24	年未詳10月14日	根本中堂閉籠衆衆議下知状案	祇園執行
25	年未詳10月25日	閉籠衆衆議下知状	祇園執行
26	年未詳11月6日	閉籠衆衆議下知状案	祇園執行
27	年月未詳9日	釈迦堂閉籠衆集会下知状案	□□宮仕

注1：料紙はすべて折紙。年号は付年号。
注2：7、8の文書の発給の年は内容より判定。また、13の文書の発給の年は端裏の文言によって判定した。

行する存在となっていたことをより明確に物語ってくれるのが今一つの文書形式、下知状である。管見に入ったそれらを時代順に整理一覧としたのが**表2**であるが、ここには料紙は折紙で「閉籠衆」を発給者とし、かつ書き留め文言に「衆議（衆儀）」の言葉をもつものを一括して収めた。厳密にいえば、年紀や追而書の有無など、文書形式上はより細分化して分類したほうが適当と思われるものもあるが、閉籠衆が発給した「折紙」を応仁の乱以後のものも含め、とりあえずすべて収録しておいた[26]。

さて、そこでその内容であるが、閉籠衆の運営組織としての本質に関わって特に注目されるのは「堂中」なる文言を含んだ次のような何通かの下知状である（傍線・太字は筆者。以下同じ）。

A、就横関与保内御服座相論事、於**堂中**及対決処、両方之座在之候由、聞披之上者、如先規之可致商買者也、万一背此旨儀在之者、堅可処罪科之旨、依衆儀、執達如件、

寛正四
壬六月三日　（黒印）根本中堂
閉籠衆

保内商人等中

（『今堀日吉神社文書』八六号）

B、榊坊還住之事、為**堂中**致成敗之上者、不存如在、可被下知、万一及兎角之儀、違乱煩在之者、懸当坊、可及厳密衆議之旨、折帋如件、

寛正五
卯月晦日　西塔院
閉籠衆

祇園社
執行房

（『八坂神社文書』一〇八四号）

C、小五月会［　　］事、去々年分神事無執行之儀者、於公程銭者、不可有其沙汰候旨、酒屋中加下知処、無承引及催促候条、一向令軽**堂中**成敗者［　　］也、子歳［　　］儀者、去年之分事、堅可相支者也、可得其意由、依衆儀、下知如件、

文明弐
六［　　］　　　　　　　　　　　［　　］衆

馬上

一衆中

（『八瀬童子会文書』二七八号）

D、猶々侍従坊舎事、為光堂計之間、不可有相違者也、

南谷善浄坊之末寺光堂公事、号**堂中**下知及狼藉之由注進、言語道断之曲事也、所詮重而申来仁躰在之者、人相副可被上之由、依衆議、執達如件、

六月十二日　　　　根本中堂 閉籠衆

祇園執行方

（『新修八坂神社文書』二一八号）

ここにみえる「堂中」が閉籠対象となっていた堂舎のなかの意で用いられていることは、一見してあきらかであろう。そして、Aではその「堂中」で「対決」が行われ、B、Cではそこでの「成敗」が、またDでは「下知」がそれぞれ問題となっているのである。閉籠衆が閉籠中の堂舎で裁判（対決）や遵行命令（成敗・下知）の決定を行って

いたことを伝えるものであり、それらの結果を通達するために作成されたのが、まさにこれら下知状だったのである。

では、この下知状をもってする閉籠衆の「堂中」からの通達行為とはいかなる権限を拠り所にしたものだったのであろうか。この点を知る上で重要な手懸かりとなるのが、『今堀日吉神社文書』に残る寛正四年から同五年（一四六三～六四）にかけて惹起した横関と保内の服座をめぐる相論に関わる次の三通の文書である。

E、就保内与横関御服商人本座相論事、及対決之処、保内理運為一定之間、為根本中堂閉籠衆成敗之処、重而又宝幢坊別而私之成敗在之由注進候、曲事候、何ケ度雖下知候、更以不可有承引候、此之由、為両沙汰人可加下知候也、仍執達如件、

寛正四年壬六月三日　　　学頭代（花押）

（宛所欠か）

（『今堀日吉神社文書』八七号）

F、就今度横関与保内御服座相論事、両郷共依為山門領、以一院之衆議、為落居之処、横関商人等掠　公方奉書申出、致理不尽沙汰之条、太以曲事也、所詮、無謂上者、何度雖申、不可有承引之由、依衆儀、執達如件、

寛正四
七月廿六日　　　東谷
学頭代（花押）

保内御服座商人

（『今堀日吉神社文書』八八号）

G、寛正五年九月二日、山門本院東谷集会儀江可早被相触伊庭事

右、江州野川御服商人者、自往古、為本座令商売之処、去年横関商人等構新儀、及違乱之間、於一院令対決之処、於野川者、御服本座之証文明鏡也、於横関者、依不対（帯）一紙之証文、任野川理運、被付沙汏（汰）訖、然上者、向後出沙汰、於商人者、可処罪科之由、一院衆儀一定之処、今度横関族根本中堂安居結願可延引之由、依歎中、為新儀者、野川商人可停止之由、被成本書之処、理不尽導（遵カ）行之条、希代之猛悪也、已前既於山上令落居之上者、不可有承引者也、宜被得其意之旨訖、

（『今堀日吉神社文書』九二号）

この相論が東塔（根本中堂）で裁かれることになったのは、Fが「両郷共依為山門領」と記すように保内・横関がともに東塔東谷および根本中堂の支配下にあったことによる。[27] ところがその時にあたり東塔では閉籠が実施されていたことから、「堂中」での「対決」となり発給されたのが先の下知状Aである。Aと同じ日付をもつEが同じ行為を「為根本中堂閉籠衆成敗」と表現しているところからしても、「堂中」の「対決」が「根本中堂閉籠衆」によって実施されていたことが確認できるが、より注目すべきは今一通のF「東塔東谷学頭代下知状」に記されている内容である。閉籠衆の成敗後もやまない横関の違乱をうけて、東谷が改めて保内にその利権を保証したこの「東塔東谷学頭代下知状」では、「堂中」「対決」（「根本中堂閉籠衆成敗」）を「一院之衆議」と表現しているのである。そして、これが誤解に基づく表現などではなかったことは、Gの「東塔東谷集会事書」がより明確にこれを物語っている。同事書は東谷が寛正五年になっても続く横関の違乱行為の停止を近江守護代伊庭に求めたものである。ここにはAの「堂中」の「対決」がやはり「於一院令対決」「一院衆儀一定」と明記されている。つまり、これら文書の文言から導き出される結論はただ一つ、「根本中堂閉籠衆成敗」ともいわれた「堂中」「対決」が一院の公的な行為として実施されていた、という事実である。これはもともと閉籠が一院の本堂占拠をもって始まることからす

れば、当然のことともいえるが、ここでは閉籠衆が閉籠時には一院よりその権限を全面的に移譲された公的・合法的な存在となっていたという点を取りあえず確認しておきたい。

先に山訴が常に一院から末寺末社さらには一山へと拡大する指向性を有することを指摘しておいた。その出発点となった一院とはまさに山訴の運動主体としての閉籠衆そのものだったわけであり、言葉を換えていえば、閉籠衆は一院が堂舎閉籠という非常事態に突入した際の臨時執行部として存在・機能していた、ともいえるのである。

三　日吉の祭礼と祇園祭・北野祭

では、そのような山訴という手段をもって要求を突きつける衆徒に対して、為政者としての幕府はどのような対応をみせていたのであろうか。次にこの点について考えていくこととしよう。

判明する限りでいえば、嘉吉元年（一四四一）以降、山訴は原則としてすべて幕府が最後には衆徒の要求を受け入れる、いわゆる「裁許」をもって終わっている。示威行動としての山訴がいかに有効であったかを裏付けるものであるが、それではなぜ幕府はそれほどまでに山訴を恐れたのであろうか。

理由は山訴の開始・終焉時期を丹念に追っていくことであきらかとなる。先に文安五年から同六年（一四四八〜四九）にかけての山訴が、日吉祭の直前に終焉したという事実をあげておいたが、同祭は山訴が終わらない限り執行できないことになっていた。文安六年四月の場合もすでにみたように日吉祭は「裁許」の翌日に執行されており、山訴が同祭の執行にいかに強力な抑止力を発揮していたかがわかる。また、この呪縛にも近い抑止力が日吉祭だけでなく日吉社の小五月会にまで及んでいたことは、奇しくも同じ年の同会が山訴によって「延引」となっているという事実がこれをよく物語っている。

すなわち日吉祭実現のためにいったんは下された「裁許」が同祭の終了とともにすぐに反古にされたためであろう、日をおかずに山訴が再開されると、五月五日の小五月会はただちに「延引」となっているのである[28]。日吉の神々を産土神としていた衆徒にとって、山訴中の祭礼など論外だったのであり、山訴は即、日吉社祭礼・神事の「延引」を意味していたのである。また、より重要な点はそれに連動して当時、日吉社の末社となっていた京都の祇園社・北野社の祭礼が「延引」となったことである。

日吉社に祇園社・北野社を加えそれぞれの祭礼が山訴によって「延引」となった事例を整理し一覧としたのが**表3**である[29]。山訴が三社の祭礼「延引」の直接的な原因となっていたことはあきらかであろう。また、山訴によって、四月の日吉祭が「延引」となれば、これに続く小五月会（五月）、祇園祭（六月）、北野祭（八月）がすべて「延引」となっただけでなく、後日の執行にあたっては日吉社の祭礼にまで遡ってこれらを順次行う必要があったことが、ここからは読み取れよう。幕府が山訴を恐れた大きな理由の一つは、この日吉祭以下の祭礼の「延引」にあったとみてよい。

そして、このことをより明確に裏付けてくれるのが、「延引」後の祭礼執行が原則として年を越すことがなかったという事実である。**表3**で文安四年から寛正四年に限ってみれば、実に十一回の「延引」のうち六回までが十二月に集中している。この年末の祭礼執行が何を意味するかを、史料が比較的よく残る文安六年（宝徳元年）の事例を追うなかで少し詳しくみていくこととしよう。

先述のように、この年の四月にいったんは終了した閉籠が再び開始されたのは五月五日の小五月会の直前のことであった。この間わずか十日足らず、再開された山訴は容易に解除されず、六月になると祇園祭が「自山門抑留」

祇園祭(神幸)	祇園祭(還幸)	北野祭(神幸)	北野祭(還幸)	備　考
7月4日	7月11日			祇園社「文鳥」、山上へ
		12月22日	(不明)	
12月7日	12月14日	12月12日	12月15日	祇園社御輿装束、山上へ
12月28日	12月29日	12月26日	12月29日	祇園社御輿・具足、山上へ
		(不　明)	(不　明)	
7月7日	7月12日			
12月晦日	12月晦日	(不　明)	(不　明)	祇園社御輿装束、山上へ
12月2日以後				祇園社御輿装束・「卯鳥」、山上へ
(12月晦日)	(12月晦日)	(不　明)	(不　明)	祇園社御輿、無動寺へ

で「延引」となり(30)、八月の北野祭も当然「延引」となる。(31)以後しばらく状況は停滞するがそれが急転直下、新たな展開をみせたのは十二月に入ってからのことであった。

「於山訴者近日落居」という事態をうけて、十二月一日、最初にまず延暦寺の六月会が執行され(32)、六日には「日吉小五月会」、翌七日にはついに「祇園御輿迎」が執行の運びとなる(33)。十四日には「祇園御輿」の還幸が行われ、半年遅れの祇園祭がようやく終了する。

この頃になって幕府の裁許の不備が露見し北野祭の執行が難航するという一幕はあったものの、十五日にはすべてが終わっている。次に引用したのは、この時の三社の祭礼について記した『北野社家日記』同年十二月条の一節である。

一、今日五日、日吉小五月会、一日、祇園千祓、七日・十四日、祇園会在之、十日、当社開門事書到来、又十一日ニ山門訴訟未落居、仍十二日神幸抑留之事書到来、此子細社家奉行方注進、仍十二日四打時、拝殿御出、又十五日、還幸抑留、則注進之、仍渡物

表3　日吉社・祇園社・北野社の祭礼「延引」

番号1	番号2	山訴開始年月日	山訴終了年月日	日吉祭	日吉小五月会
1	2－(2)	応永22年6月	応永22年6月13日		
2	10－(1)	文安元年4月11日	文安元年4月17日以前	4月17日	
3	11	文安2年4月17日以前	文安2年4月28日	4月29日	
4	14	文安4年7月13日	文安4年12月18日		
5	16	文安6年5月5日以前	宝徳元年12月1日		12月6日
6	17	宝徳3年3月25日	宝徳3年6月7日以前	(延引･不明)	(不　明)
7	18－(1)	宝徳3年8月14日以前	享徳元年12月26日	(延引･不明)	(延引･不明)
8	18－(2)	享徳2年4月	享徳2年5月27日	5月28日	(不　明)
9	19	享徳3年12月以前(冬)	享徳4年4月20日	閏4月27日	
10	20－(1)	康正元年8月1日	康正元年12月20日		
11	20－(2)	康正2年2月17日以前	康正2年7月4日以前	7月4日	(不　明)
12	21	(前年より続く)	長禄2年12月27日	12月晦日	(不　明)
13	22	寛正2年12月晦日	寛正3年12月2日		
14	23	寛正4年4月13日以前	寛正4年12月25日	(延引･不明)	(不　明)

注1：「番号2」は表1の「番号」を示す。
注2：祭礼の「延引」は確認できるものの、その執行時期が判明しないものは（延引･不明）と表示した。
注3：山訴の終了時期から見て、「延引」されたと予想されるものの、その事実が判明しないものは（不明）と表示した。
注4：出典は本文の註(29)に一括して掲げた。

以下押並、酉剋渡了、仍還（幸脱）戌時在之、

幕府と閉籠衆との駆け引きのなか、小五月会・祇園祭・北野祭が年末に慌ただしく執行されていた様子がうかがわれるが、このような状況は他の五例の場合も程度の差こそあれ同様であった。

そして、幕府がいかに祭礼の年越しを恐れていたかは、長禄二年（一四五八）、寛正四年（一四六三）の出来事が如実にこれを物語っている。まず長禄二年の場合であるが、次に引用したのは、十二月に日吉祭以下の祭礼が終了直後、幕府が山訴の対象となっていた東寺に下した御教書である。

東寺領八条唐橋田地三町余事、山門西塔院衆徒及神輿動座、歎申之間、為日吉祭礼無為、雖被成御教書、被召返之訖、早如元可被沙汰付寺家雑掌之由、所被仰付也、仍執達如件、

（押紙）「細川殿」

長禄弐年十二月廿三日　右京大夫（勝元）（花押）

畠山右衛門佐（義就）殿　（『東寺百合文書』り）

祭礼終了直後に「御教書」を「召返」すというきわめて

姑息な手段を労してまで幕府は年内の祭礼執行を完遂させようとしていたのである。

一方、寛正四年は大晦日に祇園祭が執行されるという、まさに年内ぎりぎりの事態が出現しているが、この時の祭礼について三年後の文正元年（一四六六）、祇園社の宮仕は同社に次のような申状を突きつけている(34)。

右子細者、寛正四年癸未《本紙ノマヽ》当社御祭礼之事、山訴により延引候て、依無時日、大晦日に被取行候、然間、座中社徳無足仕候、如此候へハ、先規云、為　公方様御訪を被下、御神役に随申候、其子細具為社家なけき申候之処、無余日上者、先御神役を無為に仕候へ、正月御沙汰はしまり候者、可有御披露之由、為社家被仰之間、其御左右相待申候処、終不預成敗候間、（後略）

「御訪」下行という経済的な裏付けのないまま、大晦日に祭礼が執行されていたわけで、年内の祭礼執行に賭ける幕府の異常なまでのこだわりをここにもみることができる。幕府は三社の祭礼の「延引」もさることながら、それらの執行が年を越すことを何よりも恐れていたのである。では、なぜ幕府はそれほどまでに年内の祭礼執行に固執したのであろうか。三社の祭礼延引が現実に何をもたらしたかを検証するなかで、最後にこの点について考えていくこととしよう。

四　土一揆の蜂起と疫病の流行

嘉吉元年以降の山訴によって、何が起こったかをできるだけ具体的にみていくこととする。まず、嘉吉元年の神輿動座であるが、八月に開始された東塔・西塔の閉籠が嘉吉の土一揆を誘発したことについては別に論じたことがあるので(35)、ここでは山訴が土一揆に先んじて行われていたという事実だけをとりあえず確認しておきたい。また、これに続く嘉吉三年九月の閉籠は旧南朝勢力によるいわば特殊な閉籠であり考察の対象から外し、文安以降の閉籠より検証を始めると、文安元年、二年、三年（一四四四～四六）と毎年続いて行われた山訴はすべてごく短期間のうちに終わっており、その間に特筆すべき事件は起こっていない。それが一転、長期化の様相を呈するようになるのは、文安四年（一四四七）の東塔・西塔の閉籠以降のことである。文安四年七月に始まった山訴は年末まで続くが、この時の出来事で注目されるのはその期間の長さとともに、山訴の前後に土一揆が蜂起しているという事実である。「土民蜂起、如嘉吉元年」とは『大乗院日記目録』が記すところである。[36]

山訴の前後に土一揆が蜂起するというパターンは古く正長元年（一四二八）にまで遡り、[37]嘉吉元年の事例と合わせれば、文安四年が三度目ということになる。また、この三度の閉籠はいずれも七、八月という秋季に惹起しており、秋季の山訴に土一揆を誘発する力があると人々が考えたとしてもなんら不思議ではない。山訴の威力として、まずこの土一揆の誘発をあげておきたい。

そして、これに加えるに山訴に新たな力を付与することとなったのが、文安六年（一四四九）五月の釈迦堂閉籠に始まる山訴である。疫病を初めとするかつてない天災が相次いで京都を襲ったこの年は、すでに何度も触れたように、山訴によって小五月会・祇園祭・北野祭が次々と「延引」となっていた。また、七月二十八日、文安を宝徳と改元したその日に祇園社・日吉社が鳴動するという怪異も起こっている。[38]このようななか天災とりわけ疫病の大流行を祇園祭・北野祭の「延引」に起因すると人々が信じたのは自然の成りゆきであろう。[39]ここに御霊会としての祇園祭・北野祭の「延引」をいわば自由に差配できるという点において、山訴はこれまで以上に強い力を手に入れることとなったものと考えられる。ちなみに当時の人々が日吉社と祇園・北野両社の関係をどう考えていたかをよく示すものに『応仁略記』上巻の次のような記述がある。

祇園・北野の両神は本社山王権現の御代官とて、王城守護の二神、やんことなき次第ともなり、年中の行役陰陽和合心識の神、もとは此両神に帰してこそ嘉運をまし、宝算を保つなれ、ことに祇園の内陣には日々の再拝、年中陰陽の神供退転なきの条、開闢より此かたの先規たり、

文正元年（一四六六）十二月に祇園社が焼失したことに関わっての記述であるが、両社が日吉社の「御代官」の「王城守護の二神」と考えられていたことが知られよう。

もはや人智をもっていかんともし難いまでに強力となった山訴の威力は、続く宝徳二年から享徳元年（一四五一～五二）にかけてあますところなく発揮されることとなる。まず、宝徳三年九月、根本中堂閉籠が開始された直後に「如正長・嘉吉」といわれた土一揆が蜂起[40]、享徳元年に入ると八月に八王子社、九月には祇園社に閉籠するものが現れる[41]。それだけではなかった。宝徳四年は七月に至り「赤斑瘡」の流行を理由に享徳と改元することを余儀なくされるほどに疫病が蔓延[42]、猛威を振るう。むろん、この年は六月の祇園祭、八月の北野祭は「延引」となっており、それがようやく執行されたのは、年末の二十六日以降のことであった[43]。土一揆の蜂起に神社への閉籠、さらには疫病の流行と社会不安がこれほどまでに拡大したことはなかった。以後、享徳二年、同三年の山訴がともに短期間で終焉しているのは、幕府がもはやこれに逆らう気力すら失っていた結果であろう。それほどに宝徳三年から享徳元年にかけて実施された山訴がもたらした災疫の被害は大きかったということになる。

ただ、康正二年（一四五六）以降になると、山訴が再び年末まで持ち越されるケースが多くなる。これは当時、幕府内部で進行していた管領から将軍への政権の実権移譲が大きく関わっていたものと推定される。すなわち、それまでの管領に代わって、将軍足利義政が直接政治を執るようになるにともない、衆徒に対する政策も大きく変換しており、その結果、山訴への対応もまた変化したと考えられるのである[44]。

それにしてもこの間も山訴がいかに驚異的な猛威を振るっていたかは、文安から宝徳への改元以降、享徳・康正・長禄とすべての改元が山訴中に天変地異を理由として行われていることを指摘しておくだけで十分であろう[45]。この時期、山訴の威力はまさにピークを迎えていたといってよい。

むすび

山訴が具体的にどのように組織・実行されていたか、また、それがいかなる政治的・社会的な広がりをもって機能していたかを多少なりともあきらかにすることができたものと思う。最後に論証してきたことをもとに室町時代前期の山訴の歴史的意義について整理し「むすび」としたい。

山訴とはイデオロギー的にいえば、「仏法」を体現する延暦寺惣寺（以下「惣寺」という）が政治権力としての「王法」との共存放棄を宣言する行為であったといえる。ただ、それが室町時代前期にかつてないほどに政治的な威力を発揮したのは、この時期に特有の歴史的環境あってのことであった。惣寺の側からすれば、それは主として内外二つの要因から説明することができる。

まず、内的な要因としては、惣寺の一時的な解体の危機とその克服・復活がある。南北朝時代末の「山門使節制度（康暦元年の創設）」や「馬上方一衆制度（至徳年間の創設）」の設立によって、幕府との間にそれなりに安定的な政治的・経済的な関係を築き上げることに成功していた惣寺が、解体の危機に瀕したのは永享の山門騒乱においてであった[46]。最終的には、山門使節の山徒を犠牲とすることでこの危機を脱した惣寺であったが、この騒乱がいかに惣寺に大きな傷跡を残したかは、嘉吉元年（一四四一）の足利義教横死後に起こった出来事がなによりもよくこれを物語っている。義教のもとで近江の延暦寺領を押領していた宿敵六角満綱を惣寺は武力をもって京都宿所から放逐しているのである。[47] 騒乱以降、それほどまでに惣寺は六角の押領に苦しんでいたのである。

この嘉吉元年の山訴を契機として惣寺はかつての自立性を再び取り戻すが、その時にあたって新たに基盤となったのが、これまで以上に独立性を強めた一院であったと考えられる。以後、応仁の乱まで繰り返し実行された山訴が常に一院を核としていたという事実がそのことを如実に指し示している。

一方、外的要因としてあげられるのが、嘉吉元年のこれまた義教横死に始まる幕府の著しい権力失墜と、それにともなう朝廷権威の復活という政治状況である。幼少の将軍を擁した幕府がその権威付けに「綸旨」を頼ったことはよく知られている。[48] 山訴においても、宝徳三年（一四五一）に「山門尚不申領掌之上者、可被成綸旨之由、自室町殿有御執奏」という事態が出現しており、幕府権力の失墜とそれにともなう相対的な朝廷権威の復活ほど、この時期の政治状況を特徴付けるものはない。そして、このような朝廷権威の復活が「王法」の守護者としての「仏法」の力をこれまで以上に増大させることになったのはいわば当然のなりゆきであった。

さらに惣寺にとって幸運だったのは、山訴の威力を明確に目に見える形で人々に示し得たことであった。折からの天変地異の連続である。近年の研究によれば、嘉吉以降、応仁の乱に至るまでの間、わが国はかつてない異常気象に遭遇していたという。[49] その苛烈さは天変地異を理由とした改元の多さを再度指摘しておくだけで十分であろう。祇園祭・北野祭の執行を実質的に差配できたこともあり、山訴は我々が想像する以上に当時の人々に畏怖の念をもって迎えられたのであった。

そして、その畏怖心が山訴にたんなる一寺院の示威行動という枠組みを遥かに超えた政治的・社会的な拡がりをもたらしていたことは、同時期に日吉社・祇園社・北野社で馬借・神人がしばしば閉籠を実施していることからもうかがうことができる。すなわち、「仏法」から見放された「王法」であったればこそ、彼らは果敢にそれに挑むことができたのであり、さらにいえばその同じ心理的状況こそが土一揆を呼び起こしたものと考えられるのである(50)。また、より現実的な観点からいえば、近江と京都を中心にあれほど広範囲にかつ組織的に土一揆がくり返し蜂起し得たのも、惣寺を頂点として全国に張り巡らされた末寺末社のネットワークの存在を想定することで初めて合理的に説明できるものとも思われる。それらを含めた山訴のもつ政治的・社会的機能の拡がりを今後の課題として本論を結びたい。

註

（1）拙稿「中世延暦寺の大衆と「閉籠」」（『武蔵野文学』四九、二〇〇一年）。なお、延暦寺衆徒の抗議行動としての「強訴」に関する研究としては衣川仁「強訴考」（『史林』八五―五、二〇〇二年）がある。ただ、衣川氏の研究は平安時代の強訴を対象としたものであり、鎌倉時代以降に関してはこれまで詳しい研究はない。

（2）「山訴」とはいうまでもなく「山門訴訟」の略語であるが、「山門訴訟」自体が通常の訴訟ではなく堂舎閉籠・神輿動座をともなったいわゆる嗷訴を意味していたことは、「此間夜々叡山焼篝、有山門訴訟云々、客人神輿動座云々」（『康富記』宝徳三年八月二十日条）などのように用いられていることからもあきらかである。また、「山訴」が同様の意味で用いられていた用例は、「延暦寺六月会、依山訴于今延引、自今日被行之」（『康富記』宝徳元年十二月一日条）や、「今日日吉祭延引、自去年山訴未休、神輿未及帰座」（『師郷記』康正二年四月二十一日条）など枚挙に遑がない。

本稿では「山訴」を堂舎閉籠から幕府の「裁許」が下り「山訴落居」（『満済准后日記』応永二十二年四月二十八日条）となるまでの一連の抗議行動と定義付けして用いた。したがって、幕府の裁許がいつ下されるかによって、「山訴」は堂舎閉籠だけで終わるものもあれば、神輿振りにまで及ぶものもあるということになる（現実には神輿の入洛は応安七年〈一三七四〉六月をもって最後としており、今回考察対象とした室町時代には起こっていない）。

（3）表1の作成に用いた史料をまとめて次に掲げる（番号は表中の番号に対応）。ただし、当該時期に閉籠衆が発給した文書のうち「下知状」（後述）については、表2にまとめて示したのでここには明示しなかった。

1、『満済准后日記』応永二十一年閏七月十三、二十二日、同年九月八日条。

2―(1)、『満済准后日記』応永二十二年三月二十九日、四月十一、十六、二十八日条。

2―(2)、『康富記』文安六年六月七日条に「祇園会礼延引」の先例として応永二十二年の「延暦寺訴訟」があげられており、六月の時点で、山訴が一部継続していたことがわかる。神輿の下山と山訴の落居については『満済准后日記』応永二十二年六月十三日条、『皇代略記』同日条に詳しい。

3、『満済准后日記』正長元年八月十二、二十三日条。幕府の裁許に関しては同記同年九月十、二十九日条。

4、『満済准后日記』永享元年十月晦日条。『北野社家条々雑記』同年十一月二、九日条。山訴の終了に関しては『満済准后日記』同二年正月十一、十四日条。

5、『満済准后日記』永享五年七月十七日条、『看聞御記』同年七月二十四日条。裁許に至る過程は『満済准后日記』永享五年七月二十五日条、『看聞御記』同年閏七月十、十二、十三、十六、十七、二十六日、八月九日条。日吉七社の「神輿帰座」については『看聞御記』は八月九日、『師郷記』は八月十七日とする（いずれも同日条）。

6、神輿動座は『師郷記』永享五年十月二十八日条、また帰座は『満済准后日記』永享六年二月十五日条が詳しい。帰座は日吉七社の内、大宮神輿だけが永享五年十二月二十九日（『師郷記』同日条）、残りは永享六年二月十三日（『満済准后日記』）。

7、『師郷記』永享六年十月一、四日条、『看聞御記』同年十月一日条。神輿の下山は『薩戒記』同月四日条、『師郷記』『看聞御記』同月五日条、神輿帰座は『看聞御記』永享六年十二月十三日条に詳しい。「赤人社」にまで下っていた「客人神輿」だけは遅れて同月二十八日に帰座している（『師郷記』同日条）。

8、『師郷記』嘉吉元年八月十八日条によれば、十禅師の神輿は「東堂（東塔）」へ、二宮の神輿は「西堂（西塔）」に動座している。「山訴」の終了については詳しいことはわからないが、ここでは『建内記』同年閏九月十二日条に「此一紙内、元亨例事、称不吉、自山門及訴訟云々、永領地改変事、同及山訴、可被改之由有其沙汰云々」とあるのをもってこれ以前に「山訴」はいったんは終了していたものと判定した。

9、『康富記』嘉吉三年九月二十四日条、『看聞御記』同日条。

10—(1)、『建内記』文安元年四月十一、十二、十三日条。八王子の神輿動座を『建内記』は四月十一日とし、『北野社家日記』同年四月十三日条は四月十二日とする。なお、四月十七日に執行された日吉祭の時には七社の神輿はすべて帰座している（『建内記』同日条）。

10—(2)、『建内記』文安元年四月二十五日、五月一、二十七日条。五月二十七日に六月会が始行されている。

11、『師郷記』文安二年四月十七、二十八日条。『北野社家日記』同年四月条。

12、『北野社家日記』文安二年七月十五日条。同記文安二年条。

13、『師郷記』文安三年四月二十三日条。『北野社家日記』同年五月六日条。

14、『康富記』文安四年七月十三日条。『北野社家日記』同日条および同年十二月十八日条。文安四年七月十六日付「西塔釈迦堂閉籠訴訟条目」（『北野社目安等諸記録書抜』）。なお、この時の神輿動座について『康富記』は「日吉神輿一基三宮、奉上山門中堂」、『北野社家日記』は「西塔釈迦堂客神御輿同座在之」と記す。神輿が二基動座したことに関しては「西塔釈迦堂閉籠訴訟条目」に「二山王之動座」とあるところから間違いないが、客人の神輿が西塔に、また三宮の神輿が東塔に動座した例は管見の限り他になく、両記録の記載内容は検討を要する。

15、『山門事書』。『師郷記』文安五年十一月二十四日条。『北野社家日記』文安六年条。『康富記』文安六年四月二十二日条。

16、『師郷記』文安六年（宝徳元年）五月五日条。『康富記』同年五月五日、六月八日、八月四日、十二月一、十二日条。『東寺執行日記』同年七月二十八日条。『北野社家日記』同年十二月六、八、十一、十二、十五日条。『北野社預記録』宝徳元年十二月十一日条。

17、『康富記』宝徳三年三月二十五日条に「比叡山有籌、客人神輿之御飾、無動寺取上、有訴訟事、畠山方被官人於和泉国山寺山門末寺令殺害児之故也云々」と記すほか、『師郷記』同年四月十六日条に「去比、奉上客人神輿之、訴訟未落居之間、延引云々、山訴者、於和泉国管領被管人殺害山門末寺児之故云々、其外猶為訴訟云々」とあり、最初に客人神輿の「御飾」が、ついで神輿本体が山上に動座したことがわかる。その他、『康富記』同年七月二十四日条参照。
18―(1)、『八坂神社文書』八八一号（内容から根本中堂閉籠衆の発給した文書と判定される）。『北野社預記録』宝徳三年八月十四日条。『康富記』宝徳三年八月二十二日、九月一、三十日、十月二十二日、十二月一日条。『経覚私要抄』同年十一月十四、十六日条。『師郷記』享徳元年四月二十一日条には「自去年神輿御坐中堂」とみえる。その他、同記の六月十四日、八月十七、二十日、十月十五、十六日、十二月二十八、二十九日条参照。『北野社家日記』享徳元年十二月二十六日条。
18―(2)、享徳元年末にいったん幕府の裁許により収まった「山訴」がすぐに再開されたことは『北野社家日記』享徳二年条に「山門之閉籠、依未開、旧冬祭礼以後、南之四足ヲハ閉了」とあるところからあきらかである。その他は『師郷記』享徳二年四月二十一日、五月二十八日条。『康富記』享徳二年五月二十七、二十八日条参照。
19、『師郷記』享徳三年十二月二十九日、同四年二月十一日条。『康富記』享徳四年四月二十一日条。
20―(1)、『康富記』康正元年八月一日条。『師郷記』康正元年八月十四日、十二月十八、十九、二十日条。この時の山訴について、北野社の「三年一請会停止記録」（『北野天満宮史料』古記録）は次のよう伝える。

一、康正元年八月七日山門根本中堂閉籠衆議曰

可早被相触末社事

右、今般大訴者、就当堂領江州中庄以下競望烈参、使節数日雖被経、公儀于今一途御裁許無之間、令神輿動座欲奉驚天聴也、然上者末寺末社得其意、可令閉門之旨衆議而已、

如此山門事書到来之間、則当社閉門、然間、山門訴訟令停滞、一年余閉門之間、其年祭礼并（開）三年一請会以下悉停止之、言語道断之珍事也、山門訴訟之題目者、根本中堂領江州中庄於円明坊兼澄掠　上門申給之間、企山門大訴云々、兼澄御扶持者、御今参之御局・奉行飯尾下総守為数与風聞在之、

20―(2)、『師郷記』康正二年二月十七日条に「宴穏座停止、去年山訴有、未落居事之間、神輿猶無帰座之故云々」とみえ、前年来の「山訴」が継続していたことがわかる。そのほか『師郷記』同年四月二十一日条参照。
21、長禄二年十二月二十三日付「室町幕府御教書」（『東寺百合文書』り）。長禄二年十二月二十六日付「室町幕府奉行人連署奉書案」（『八坂神社文書』七六八号）。長禄二年十二月二十七日付「西塔釈迦堂閉籠衆議事書」、

同月二十九日付「無動寺衆議事書」(『北野社家引付』)。
22、寛正三年五月二十九日付「祇園三社神輿装束注進状案」(『八坂神社文書』七七四号)。『碧山日録』寛正三年六月七日条。『大乗院寺社雑事記』寛正三年六月十五日条。『新修八坂神社文書』九五~一一〇号。なお、『碧山日録』寛正二年三月二十日条に「叡山之一衆相聚議事、謂之三塔会合、是日有之、着甲冑執干戈、会聚者二万余人云」とあり、これ以前にも「山訴」があった可能性があるが、他に史料がなく、**表1**には掲載しなかった。
23、『大乗院寺社雑事記』寛正四年四月十六日、六月七日条。『蔭凉軒日録』寛正四年六月七日条。寛正四年十二月二十五日付「室町幕府奉行人連署奉書案」(『祇園社記』「続録」一)。文正元年六月九日付「祇園社宮仕等申状案」(『祇園社記』)。
24、『八坂神社文書』七〇七、一〇五四、一〇八四号文書(**表2**参照)。
25、『大乗院寺社雑事記』寛正六年三月二十四日条。『親元日記』寛正六年五月一日条。
26、寛正六年十二月二十五日付「室町幕府奉行人連署奉書案」、同月二十八日付「山門使節連署状案」(『諫暁始末記』)。
27、『八坂神社文書』二三六、七〇八号文書(**表2**参照)。
28、『大乗院寺社雑事記』文正元年七月二十九日、十二月十八、二十日条。『後法興院記』文正元年十一月二十二日、十二月十一、十四、十五、十九日条。『親長卿記補遺』文正元年十二月四、十二日条。『斎藤親基日記』文正元年十二月十一、十六、十七日条。『応仁略記』上。『如是院年代記』文正元年十二月十六日条。神輿帰座を『如是院年代記』は十二月十六日とする。

(4)至徳三年の「大訴」については、寺家を通じて「京都末寺末社之閉門」解除を命じた同年七月十三日付「延暦寺政所集会事書」(『日安等諸記録抜書』〈『北野天満宮史料』〉)以外に関係史料が残らず、詳細はわからない。ただ、至徳年間の日吉社馬上方一衆の創設とこの「大訴」の終了は関係していたと推定され、その評価については改めて考えてみたい。
(5)拙稿「中世寺院における大衆と「惣寺」」(拙著『中世寺院社会の研究』、二〇〇一年、思文閣出版)。
(6)横川が山訴の時、通常は聖真子の神輿を動座させていたことについては、前掲註(5)拙稿参照。

(7) 永享の山門騒乱が円明坊以下の山門使節を勤める山徒の主導で実施されことについては、拙稿「山門使節制度の成立と展開」(前掲註(5)拙著所収)参照。
(8) 『山門事書』は東京大学史料編纂所の写本によった。
(9) 文安五年四月二十三日付「西塔政所集会事書」(『山門事書』)。
(10) 文安五年六月三日付「西塔列参申詞」(『山門事書』)。
(11) 文安五年七月十日付「西塔宿老集会事書」(『山門事書』)。
(12) 文安五年十一月二十二日付「西塔閉籠衆議事書」(『山門事書』)。
(13) 文安五年十一月二十二日付「西塔閉籠衆議事書」(『山門事書』)。
(14) 文安五年十一月二十五日付「西塔閉籠衆議事書」(『山門事書』)。
(15) 文安五年十一月二十六日付「西塔閉籠衆議事書」(『山門事書』)。
(16) 「院内満遍」宛に出された文安五年十二月十日付「西塔閉籠衆議事書」(『山門事書』)に「弥為募愁訴、院内之若輩既奉動座二宮神輿之処也」とみえる。
(17) 文安五年十二月二十四日付の「楞厳院」宛の「西塔閉籠衆議事書」(『山門事書』)に、「右、三塔会合之厳儀者、一山同心之佳例也、然昨日式素雪綺甲冑青嵐吹袖衿、云寒天之辛労、云日限之急速、旁以難調之処、貴院殊率多勢被立越之間」とみえる。
(18) 文安五年十二月三十日付「室町幕府御教書」(『山門事書』)。これより三日前の十二月二十七日にも近江守護「佐々木近江守(六角久頼)」宛の御教書が発せられているが(『山門事書』)、これは衆徒の意に添わなかったようでその文言の端には「被返御教書」という注記が施されている。
(19) 「条目次第」と名付けられたリストには「一、内裏造進事」以下、二十三箇条に及ぶ訴訟題目が書き上げられ、その末尾は「以上廿三ケ条本訴也、文安五年十二月廿四日」という一文で結ばれている。また、これに続けて「同追加条目」とあり「一、東山常楽院事」以下、十六箇条にわたる訴訟題目が列記され、最後に「以上十六ケ条、文安六年正月」と記されている(『山門事書』)。
(20) 『経覚私要抄』宝徳三年十一月十六日条。

(21) 文安五年十二月十二日付「楞厳院」宛「西塔閉籠衆衆議事書」（『山門事書』）。

(22) 『康富記』宝徳三年七月二十四日条。

(23) 山訴において「若輩」が中核をなしていたであろうことは、たとえば「三院若輩為奉動座神輿、折下坂本処也」（文安五年十一月二十二日付「西塔閉籠衆衆議事書」、『山門事書』）、「諸谷若輩不移時日、急速加堂内、宜被募神威也」（文安五年十二月十一日付「西塔閉籠衆衆議事書」、『山門事書』）など、閉籠衆が「若輩」の参加を繰り返し求めていることからもあきらかである。さらに神輿動座にあたっても「若輩」がこれを行ったことは「若衆等盗出神輿奉振云々」（『経覚私要抄』宝徳三年十一月十四日条）といった記事から確かめることができる。ただ、閉籠衆が必ずしもすべて一院の「若輩」によって占められていたわけではなかった。寛正六年の山訴時に「中堂閉籠衆」と「若輩」が衝突しかけるという事態も惹起している（『親元日記』同年五月一日条）。延暦寺における「若輩」については前掲註(5)拙著第二篇第一章「中世寺院における大衆と「惣寺」」註(40)参照。

(24) 『建内記』文安元年五月一日条。この時、山訴のことを伝え聞いた万里小路時房は「伝聞、山訴事以外也、閉籠衆内有俗形済々、或長八尺許男在之云々、去年悪党残類為集窂籠人等、引□悪僧及此張行歟、西塔事也云々」と記している。

(25) たとえば黒田俊雄氏は閉籠について「若干の者が重要な堂舎・社殿を占拠し、木戸・逆茂木などをめぐらしてここにたて籠ることで、大衆僉議や嗷訴など全山大衆の同意なしに一部の衆徒が要求を通すためにとる戦術」と定義されている（『寺社勢力――もう一つの中世社会――』、岩波書店、一九八〇年）。しかし、本稿が考察対象としている時期の閉籠は、以下に詳述するようにこの定義にはまったくといっていいほど当てはまらない。

(26) 「閉籠衆衆議下知状」という文書名は、その書き留めに「依衆儀、下知如件」(15)、「万一不応下知者可処厳科之由、依衆儀、折帋之状如件」(18、19)と記すものがあることによる。また、「閉籠衆衆議下知状」の特色としては、「衆議（衆儀）」の文言や付年号（年号をもつものに限る）のほかに、発給者名を「閉籠衆」と明記すること、時にはその印を捺すことをあげられる(2、3、7、8、9、13、14、17、25)。

なお、同種の文書として残るものとしては、管見の限り、**表2**に掲げた宝徳三年（一四五一）十一月十一日付の「（根本中堂）閉籠衆衆議下知状案」(1)がもっとも古い。ただ、『北野社家日記』文安二年条には「山門《中堂》、閉籠之間、数ヶ度閉籠衆折帋を以、支了」とみえ、さらに古くからこの種の文書が用いられていたことは間違いない。ちなみに「閉籠衆議事書」は今のところ正長元年（一四二八）八月二十八日付「釈迦堂閉籠衆衆議事書」（『北野社家条々抜書』）をもって初出としており、それと合わせ考えると、室町時代に至り、新たに出現してきた文書形式である可能性が高い。

(27) 寛正四年（一四六三）の延暦寺内における裁許のあり方については、前掲註(5)拙稿参照。

(28) 『師郷記』文安六年五月五日条に「坂本小五月会延引、依山訴也」とあり、また『康富記』同日条にも「坂本小五月会等如例歟、但小五月会先延引云々」と記される。

(29) **表3**の作成に用いた史料をまとめて次に掲げる。「番号」は表中の番号に対応する。また、(日)(小)(祇)(北)はそれぞれ日吉祭、小五月会、祇園祭、北野祭を意味する。

1、(祇)『満済准后日記』応永二十二年七月四日条。年月日未詳「某案文」（『建内文書』一―三）。
2、(日)『建内記』文安元年四月十七日条。
3、(日)『師郷記』文安二年四月二十九日条。
4、(北)『康富記』文安四年十二月二十二日条。
5、(小)『康富記』宝徳元年十二月六日条。(祇)(北)『北野社家日記』宝徳元年十二月条。
6、(日)『師郷記』宝徳三年四月十六日条。
7、(日)『師郷記』宝徳四年四月二十一日条、『公卿補任』宝徳四年条。『公卿補任』は柳原資綱の項に「五月四日、日吉祭上卿」と注記するが、五月五日の小五月会が「延引」となっていることからすると、上卿の任命はあったものの、日吉祭そのものは執行されなかった可能性が高い。(小)『斎藤基恒日記』宝徳四年五月条。(祇)『師郷記』享徳元年十二月二十八、二十九日条。(北)『北野社家日記』享徳元年十二月条。
8、(日)『師郷記』享徳二年四月二十一日、同年五月二十八日条。
9、(日)『康富記』康正元年四月二十一日、閏四月二十七日条。
10、(北)「三年一請会停止記録」（『北野天満宮史料』古記録）。前掲註(3)20―(1)参照。
11、(日)『師郷記』康正二年四月二十一日条、同年七月四日条。(祇)『師郷記』康正二年六月七日条、同年七月七、十二日条。

12、(日)(祇)『在盛卿記』長禄二年十二月三十日条。

13、(祇)『八坂神社文書』七七四号。『新修八坂神社文書』九五~一二〇号。

14、(日)『大乗院寺社雑事記』寛正四年四月十六日条。(祇)文正元年六月九日付「祇園社宮仕等申状案」(『祇園社記』)。

日吉祭の延引によって祇園祭が必ずしも自動的に延引となったわけでなかったことは、祇園社の神輿装束などがしばしば山上に奪い取られているという事実がこれを物語っている。たとえば、早くは応永二十二年(一四一五)の山訴で祇園社神輿の「文鳥」が「悪僧」によって奪い取られ(『満済准后日記』同年六月十四日条)、文安六年(一四四九)の山訴では「祇園神輿装束」が奪い取られている(『康富記』同年六月八、十四日条)。享徳元年(一四五二)には「御輿・具足」が延暦寺に持ち去られており(『師郷記』同年六月十四日条)。長禄二年(一四五八)十二月に終焉した山訴では年末の祭礼の直前になって山上に持ち去られていた「祇園神輿御装束」が「山門閉籠衆」より返付されている(同月二十六日付「室町幕府奉行人連署奉書案」〔『八坂神社文書』七六八号〕)。さらに寛正三年(一四六二)には「神輿卯鳥」が(同年五月二十九日付「祇園三社神輿装束注進状案」〔『八坂神社文書』七七四号〕)、翌寛正四年には祇園社の神輿そのものが無動寺に担ぎ上げられている(同年十二月二十五日付「室町幕府奉行人連署奉書案」〔『祇園社記』続録一〕)。閉籠衆からすれば、幕府による祇園祭の強行という事態を想定しての行動だったのであろう。

なお、応仁の乱以降も祇園祭は日吉祭の延引にともなってしばしば祭日を遅らせて執行されている(河内将芳「戦国期祇園会に関する基礎的考察」、『史林』八五―五、二〇〇二年、参照)。

(30)『康富記』文安六年六月八日条に「祇園祭礼延引也、延暦寺訴訟未落居、仍自山門抑留此祭、先日比遣神人等、奪取祇園神輿之装束、帰上山門云々」とみえるほか、同記の六月十四日条にも「祇園御霊会依延暦寺訴訟未落居、自山門押之、神輿之装束取寄、山門不出之云々、応永廿二年延引之後、無是例歟」と記される。

(31)『康富記』宝徳元年八月四日条に「北野祭延引、依日吉神輿動座也」と記録される。

(32)『康富記』宝徳元年十二月一日条。

(33)『康富記』宝徳元年十二月六日条に「伝聞、日吉小五月会去五月延引依山門訴事也、今日有始行云々、尚委可尋注之」とあ

り、ついで翌七日条に「祇園御輿迎也、去六月依山門訴訟令延引者也、如例三基令出御旅所給、桙・山以下風流如先々渡四条大路云々」と、祭礼の執行が記録されている。また、『北野社家日記』宝徳元年十二月六日条にも「日吉社小五月会今日遵行云々」とあり、同七日条には祇園祭の執行について「祇園会如例遵行云々」と記される。

(34) 文正元年六月九日付「祇園社宮仕等申状案」（『祇園社記』）。

(35) 拙稿「嘉吉の土一揆と六角氏」（『歴史手帖』三―一一、一九七五年）参照。

(36) 『東寺執行日記』文安四年七月十九日条には、「為得（徳）政西岡土一揆七条土蔵発向、七条辺在家へ懸火、仍公方勢土岐・斎藤大宮ヲ下向」とあり、京都周辺では西岡の土一揆がこの時に蜂起したことが知られる。なお、文安四年の土一揆については、今谷明「文安土一揆の背景――第二次徳政一揆論争によせて――」（『室町幕府解体過程の研究』、岩波書店、一九八五年）が詳しいが、それによれば、土一揆は早くこの年の六月末日に嵯峨辺で蠢動し初めていたという。**表1**では同年の山訴開始の日を七月十三日としておいたが、これは神輿動座の日であり堂舎閉籠は当然これより早く実施されていたものと推定される。翌文安五年の例でいえば、堂舎閉籠から神輿動座まで半月余りを要しており（『山門事書』）、文安四年の場合も六月の末には堂舎閉籠が実施されていた可能性が高く、山訴と土一揆が密接な関係をもって推移していた可能性は否定できない。

(37) 正長の土一揆については、清水克行「正長の徳政一揆と山門・北野社相論」（『歴史学研究』七七一、二〇〇三年）が「正長元年の山門相論」に着目し、その蜂起の契機としてこれを評価すべきことを指摘されている。なお、正長の土一揆に関する先行研究については同論文参照。

(38) 『東寺執行日記』宝徳元年七月二十八日条に「夜祇園社壇動事、一夜言語道断事也、山王社モ如此云々」とみえる。

(39) とりわけ祇園祭はその運営費用が日吉社小五月会のためのいわゆる小五月会馬上役とともに京都の日吉神人より徴収されており（拙稿「延暦寺大衆と日吉小五月会（その二）」、前掲註(5)拙著）、経済的にも日吉社と不可分の関係にあった。

(40) 『大乗院日記目録』宝徳三年九月条に「今月洛中土民蜂起、如正長・嘉吉也、随而当国蜂起了」とあり、奈良にまで土一揆が波及していたことがわかる。

(41) 山訴中には、八王子社・祇園社だけでなく北野社にも閉籠する者がしばしば出現している。そのもっとも古い例は正長元年（一四二八）に遡り、清水氏が詳しくその経過を検証しておられるように（前掲註(37)論文）、かの時は北野社に「西京神人」が閉籠し（『満済准后日記』同年九月二十八日条）、日吉社にも何者かが閉籠している（『薩戒記目録』）。この他、文安元年（一四四四）四月には北野社で、また享徳四年（一四五五）四月と康正二年（一四五六）九月には八王子社で閉籠が実施されている。その閉籠主体は正長元年・文安元年の時は「西京神人」（『北野社家日記』同年四月十三日条）、康正二年の場合は「馬借」（『師郷記』康正二年九月十九日条。なお享徳四年の閉籠主体は不明）と、いずれも当該神社のいわゆる信奉者たちであり、この点は山訴における日吉七社と衆徒の関係と一致する。山訴が彼らの閉籠を誘導していることについては改めて考える必要があろう。なお、坂本の馬借が日吉社を信仰していたことについては、拙稿「堅田大責と坂本の馬借」（北西弘先生還暦記念会編『中世社会と一向一揆』、吉川弘文館、一九八五年）参照。

(42)『建内記』宝徳四年七月二十五日条に改元の理由が「依三合并赤斑瘡」と記される。

(43) 宝徳三年から続く山訴のために四月の日吉祭がまず「延引」となり（『師郷記』宝徳四年四月二十一日条）、五月には小五月会（『斎藤基恒日記』同年五月条）、以降、六月の祇園祭（『師郷記』同年六月十四日条）、八月の北野祭（『北野社家日記』同年十二月二十六日条）と各祭礼はすべて「延引」となっている。

(44) 康正二年（一四五六）を境として幕府の実権が管領から将軍へ移ることに関しては早島大祐「足利義政親政期の財政再建」（『史林』八二―五、一九九九年）参照。また、それにともなって幕府の延暦寺衆徒に対する政策が変化することについては、前掲註(5)拙著第二篇第三章「延暦寺大衆と日吉小五月会（その二）」参照。

(45) この間の改元理由を『続史愚抄』によって整理すると次のようになる（「山訴」の番号は**表1**「山訴」略年表の「番号」を表す）。

新元号	改元の日	改元の理由	山訴
宝徳	7月28日	洪水・地震・疾疫等事	16
享徳	7月25日	今年三合及赤斑瘡流行	18—(1)
康正	7月25日	兵革連綿	20—(1)
長禄	9月28日	病患・炎旱	21

なお、長禄から寛正への改元も「天下飢饉・大旱・兵革等事」を理由にしているが、この時、山訴が実施されていたという徴証はない。この時期の「災異」およびそれによる年号改元については、峰岸純夫「中世後期の二つの歴史像」（同『中世災害・戦乱の社会史』、

吉川弘文館、二〇〇一年）、藤木久志「応仁の乱の底流を生きる」（同『飢餓と戦争の戦国を行く』、朝日新聞社［選書］、二〇〇一年）参照。

(46) 騒乱直後の永享七年二月十日に管領細川持之が三院の衆徒に宛てた書状（『足利将軍御内書并奉書留』、昭和六十三年度科学研究費補助金研究成果報告書『室町幕府関係引付史料の研究』〈桑山浩然研究代表〉）には、「就中離山之輩少々在之云々、早々令帰住同心、可致御祈禱之精誠之旨、為惣山可被下知、仍被成御判候也」とみえる。

(47) 『師郷記』嘉吉元年九月十三日条には「六角今暁没落江州（中略）普広院殿御事後、江州山門領、守護押妨之間、山門鬱憤之条、如此沙汰云々」とみえ、『建内記』同日条も「近江守護六角入道昨夜没落江州云々、是山門領等違乱之間、可振神輿於彼宿所之由評定、夜前已群集之故也」と記す。

(48) 今谷明『戦国大名と天皇』（講談社［学術文庫］、二〇〇一年）。

(49) 峰岸純夫および藤木久志前掲註(45)論文参照。

(50) 山訴（嗷訴）に土一揆の力の根元を求めるという理解は、すでに勝俣鎮夫『一揆』（岩波書店、一九八二年）、新井孝重「悪僧武力と大衆蜂起」（『中世悪党の研究』、吉川弘文館、一九九〇年）によって提出されている。しかし、土一揆との関係でいえば、より重要な点は山訴がくり返し「王法」の孤立という政治・思想的状況を作り出したことであったと思われる。そのような政治・思想的状況こそが人々に世俗の権力としての「王法」への反抗を決意させたと考えられるからである。

第Ⅱ部　延暦寺と社会諸勢力

中世天台宗成立の歴史的前提

上川　通夫

はじめに

最澄とその弟子らによって、九世紀に成立した日本の天台宗の動向は、十世紀に急転回する。古代の、中国仏教を模倣的に再現する政策範囲内での自己主張から、中世の、独自の呪術宗教としての拡大・発展への、第一画期があると思う。教理面では本覚思想として表れる顕密主義の発展であり、社会的には南都興福寺と双ぶ山門・寺門の大権門領主化につながる。この第一画期は、九世紀以来の天台宗史の漸進が生んだ必然ではなく、外交事情と国内政局を契機とした可能性がある。

別稿では、分裂期中国の呉越国王による、天台宗復興支援の要請に応じた摂関家藤原氏を推進主体として、日本の天台宗が興隆することを略述した。[1]また他の稿で述べたが、呉越の仏教政策を発展的に継承する宋から、東大寺僧奝然が帰国（九八六年）したのを契機に、奮起した源信や慶滋保胤ら天台仏教徒の知的活動と外交実践が活発化する。天台浄土教書の著述と、その遣宋による日本天台宗の国際認知獲得の努力だが、藤原道長がこれを支援するにいたり、日本の天台重視方針は決定的となった。[2]

この稿では、顕密主義を標榜する天台宗権門の成立を院政期に想定し、その前史として独自の位置を占める摂関期にいたる、十世紀の第一画期を考察する。その際、特定の契機によって天台宗史が急転回する前段階には、いかなる宗教社会史的状況が存在したのかについても、考察したい。具体的な考察対象は、菅原道真の神格化過程、つまり天神信仰の形成史である。そのことの有効性については、本論で順次述べたい。

一　志多羅神事件の歴史的位置

天慶八年（九四五）に、志多羅神等を担ぐ群衆が摂津国方面から入京を目指した事件は、摂関期の民衆的宗教運動として注目されている。「志多羅（良）神」は「自在天神」でもあり（『本朝世紀』天慶八年七月二十八日条）、またこの「自在天神」は「故右大臣菅公霊也」ともされた（『吏部王記』同年八月二日条）。御霊信仰の特殊に展開した天神信仰の、早い事例として知られていたが、戸田芳実氏や河音能平氏は、中世社会を開拓する富豪層が主体であることを重視された。戸田氏は、私的労働編成の先頭に立つ大名田堵が打つ、ゆっくりした手拍子を意味する「しだら」に、神名の由来があることを解明された[3]。河音氏は、この行動の担い手は小名田堵をも含むとみて、旧律令制的個別人身支配の復活を拒否する民衆の宗教運動である、と論じられた[4]。天神信仰の問題を掘り下げられた河音氏の議論は、本稿全体と関係するので、いま少し触れておきたい。

河音能平氏は、古代から中世への移行を天神信仰の成立に探る論考で、次のように述べられた。保明親王の死（九二三年）や、清涼殿への落雷（九三〇年）は、菅原道真の御霊が真因だとして貴族社会で恐れられたが、天神信仰の社会的な深化拡大は、九四五年の志多羅神上洛（東上）事件ならびに、同じ頃著された『道賢上人冥途記』なる神学的書物の成立を契機とする。これらを背景に、近江国比良社禰宜神良種や北野朝日寺僧最鎮らによって、九四七年に北野天神社が建立された。注目すべきは、富豪讃歌ともいうべき労作唄が、村落をこえた共通の歌謡として大小名田堵らに歌われ、全国的な民衆的宗教運動たる志多羅神事件を支えたことである。この行為には、律令制古代村落を克服し、荘園公領制支配に編成される以前の、自由で闊達な摂関期村落農民による、復古的政治動向への拒否姿勢が読みとられる。中世をも貫く天神信仰は、俗聖諸権力を相対化する、民衆的イデオロギー回路であった。(5)

本稿との関係で、河音説の特徴二点を挙げておきたい。

第一は、摂関期に独自な歴史的位置を見出す点である。働く民衆の立場を主軸に、前後の時代と異なる村落の自由闊達さと、不安定で無防備な弱点が指摘されているが、天神信仰が正統宗教を相対化する性質をもち、かつ摂関家の守護神としても祀られた、という指摘と結びついている。歴史的展開の多様な可能性の中に、古代から中世への移行期としての摂関期が位置づけられていると思う。

第二は、志多羅神を、「新しい神」だと理解する点である。(6) 旧共同体神、神祇、仏教、いずれとも区別される。それは、八世紀中葉から九世紀に、富豪層の階級的利害にそって登場した「新しい勧農神」、すなわち、神身離脱して菩薩号を与えられた神格などとも、違う。大名田堵・小名田堵らの新しい労働編成と農業経営を基盤とする、開明的精神の宗教的紐帯として生み出された神だという。同じ時期、私的経営の精神的根拠として一門屋敷神が、また村落のそれとして「郷ノ御霊会」が、それぞれ新しく成立しており、志多羅神のみが例外ではないと示唆されている。(7) 民衆世界の宗教史上の新動向に、顕密主義のような傾向が窺えない点で、注目したいと思う。

以上の二点について、河音説を継承し、さらに別の検討を加えたい。北野社の成立に、最鎮ら天台僧が関与したことをはじめ、天神信仰の発展は中世天台宗成立の前史の一部である。仏教との結びつきをもたない民衆宗教上の新動向の上に、急転回して発展する天台宗史はどのように結びつくのか。
さて、この節では、仏教とは異質の志多羅神等について、その宗教的性質を確認しておきたい。また、志多羅神事件が発生した契機について、検討してみたい。

『本朝世紀』によると、天慶八年（九四五）、神輿に載せられた志多羅神等は、歌舞する群衆に担がれて、摂津国の河辺郡（七月二十五日）、豊島郡（二十五日）、島下郡（二十六日）、河辺郡児屋寺（二十八日）、島上郡（二十九日）、山城国との国界山崎郷（二十九日）、石清水八幡宮（八月一日）、と移動した（日付は来着日または所在が確認できる日）。このうち、七月二十九日に、山崎郷で神が「或女」に憑いて託宣し、石清水宮へ移座してしまう以前は、仏教や神祇との関係での表現がない。七月二十八日条は次のように記されている。

近日、京洛之間、其訛言従二東西国一、諸神入京云々。或号二志多羅神一、或曰二小藺笠神一、或又称二八面神一。

七月二十八日付摂津国司解が引く、二十六日付豊島郡司解には、「号二志多羅神一輿三前」とある。同じくそこには、「一輿者以二檜皮一葺、造二鳥居一。文江自在天神。今二輿者、以二檜葉一葺」と、観察報告している[8]。

一方、八月一日に石清水八幡に移されてからは、神名が変化する。すなわち、八月三日付石清水八幡宮寺三綱等解には、「号二宇佐大菩薩一」（下部欠失あり）、「一所号二宇佐宮八幡大菩薩御社一、五所社輿不レ注二其名一」、とある。これは、事件に介入して入京を阻止した側が、神名を変更したと見るべきであろう。これに関して、『本朝世紀』に載せる一連の記事の末尾に記された「童謡六首」には、「志多良打止天神は宣不末」（第二首）、「志多良打は牛は和支支奴」（第四首）とあり、ゆっくりした手拍子としての「志多良」が、神格の要素であることがわかる。「月笠着留八幡種蒔久」（第一首）という部分は、河音氏が指摘された通り、権力側による天神から八幡への神名変更であろう[9]。

以上のようにみた上で、本稿で重視しておきたいのは、百姓らが自ら発想した、七月段階までの神である[10]。

志多羅神は、田起こし労働などを励ますゆっくりした手拍子「しだら」の神格化、とみられる。「新しい神」であるという先学の指摘を重視したい。小蘭笠神と八面神についても、神祇や仏教といった、権力編成下にある宗教との関係は薄いと思う。小蘭笠神については、神の依代たる蘭笠に由来するという推測がある。[11] より具体的には、「蘭笠」を男性性器にたとえる例が『新猿楽記』[12]や『本朝文粋』巻十二「鉄槌伝」にある。この男性性器は、しばしば女性性器と一対のものとして、道祖神（さへの神）の姿とされた。八面神についても、八面荒神や八ツ道祖神の現存遺例、[13]また『延喜式』巻八に載せる八衢比古・八衢比売などという道饗祭の神など、道祖神としての性格をもつのであろう。[14]一対の道祖神とも考えられる両神は、悪疫侵入を防ぐ境界の神だが、注目すべきは、『本朝世紀』天慶元年（九三八）九月二日条である。

近日、東西両京大小路衢、刻レ木作レ神、相対安置。（中略）臍下腰底刻二絵陰陽一。（中略）号曰二岐神一、又称二御霊一。未レ知二何祥一、時人奇レ之。

京内の御霊としての道祖神だが、[15]民衆世界での祀りは拡がっているものの、権力中枢部ではこれを警戒した、ということだろう。新しい神は、京中でも登場してきていたのだと考えられる。そして、志多羅神と一緒に入京を目指した小蘭笠神と八面神は、やはり新しいタイプの神として権力世界外から登場し、しかも御霊として天神と連動する自覚をもっていた。

ここまでのところで確認できるのは、十世紀半ばの新興百姓層が、労働生活の中から、新しい神々を生みつつあったことである。それは、古代国家と制度上に密着した神祇や仏教ではないし、陰陽道とも異なる。一方、志多羅神等の担ぎ手は、河音氏が説く通り、権力中枢への政治批判というイデオロギー回路を作っていた。では、志多羅神事件は、何故この時点でおこったのか。

志多羅神事件の只中、実際に大宰府から山陽道経由で入京した者がいた。摂津国豊島郡で神輿が確認された天慶八年七月二十五日の翌日、呉越商船の来着を報告する大宰府解（六月二十五日付）が、太政官にもたらされたのである（『本朝世紀』）。少なくとも摂津国では、神輿と府使が至近の位置にあったことになる。『吏部王記』が伝える「筑紫神輿」は、二つの情報が混同されたものとみられなくはない。しかし、可能性の範囲内でのことだが、三艘の船頭名（蔣袞・兪仁秀・張文遇）や百人の乗員交名を含む情報伝達と、志多羅神東上とは、関連をもっていたかもしれない。もう少し探ってみる。

この時の呉越船は、肥前国高来郡肥最崎から大宰府まで曳航され、大宰府解を受けた太政官符によって、「唐人安置」が許された（『本朝世紀』天慶八年七月二十六日条、同八月五日条、『貞信公記抄』同年七月二十九日条）。中国江南の呉越国とは、この後交流を深めるが、かつて承平五年（九三五）九月に商人蔣承勲らが来た際には、平将門・藤原純友の乱の前兆として不吉視されたらしい（元亨四年具注暦裏書所引『江記』寛治七年十月二十一日条）。『将門記』には、契丹王が渤海国を討って東丹国を建てた、という文言のある「新皇勅」を載せており、著者が内外の動向を結びつけて考えたのは確かである。中国における五代諸国の抗争、北方からそれに介入する契丹の強大化、新羅・高麗・後百済による朝鮮半島での覇権争い、といった東アジアの政治状況下で、[16] 外国との接触を災異と結びつけて理解したのであろう。

このような発想は、以前からあった。とくに貞観年間には、外交政治上の緊張と国内の災害・疾疫・御霊とが連動すると捉えられ、対抗儀礼として悔過仏事を修す政策が顕著にみられた。[17] 抜粋して挙げる次のような事例は一連のものである。貞観五年（八六三）四月三日には、「疫病頻発、死亡者衆」という状況を打開するため、伯耆国分寺で仏名悔過等の体制整備が命ぜられた。同年五月二十日、京の神泉苑では、「疫病繁発、死亡甚衆」、「咳逆成レ疫百姓多艶」ことの原因たる「寃魂」を鎮めるため、御霊会として金光明悔過等が修された。貞観八年（八六六）四月十七日、京師での「恠異」は「隣国兵」の来襲予兆だとして、大宰府警固が下知された。貞観九年（八六七）五月二十六日には、新羅との境域に近い伯耆・出雲・石見・隠岐・長門各国で、「調二伏賊心一消二却災変一」するため、金光明悔過を恒例化させた。貞観十四年（八七二）正月、「京邑咳逆病発、死亡者衆」という原因について、「渤海客来、異土毒気之令レ然焉」と言われた（以上、いずれも『日本三代実録』）。

志多羅神事件の段階では、外国との接触を国内問題と結びつけて否定的にみる傾向があり、四分五裂の東アジアの政治情勢下で、三艘百人の来着情勢が敏感に捉えられる可能性はあったであろう。宗教的民衆運動の主体たる大小名田堵らが、どのようにして情勢を得たのかなど、不明な点が多く、不確かな推論である。北摂を貫く山陽道沿いを舞台とした点から、京上間近の府使とは、ニア・ミス以上の接触を想定する余地は残ると思う。政治意志をもつ大小名田堵らの成長が前提だが、一時は京上に対して逆走していたことに窺えるように、もとは北摂の地域的祭事として出現したのかもしれない(18)。それが、一息に東行・上洛する方向に転じるためには、独自の契機がなければならないであろう。呉越船入国の報が目前を走ったことが、事件としての成立に結びついた。このように考えてみたい。

以上、この節では、十世紀半ばの宗教動向を探るために、志多羅神事件を検討した。新興百姓層は、労働生活と密着した新しい神を生み、それを天神の御霊ともみなす政治的自覚をもった。同時にそれは、御霊のもたらす災異の原因を外国に想定するという、九世紀来の偏見を増幅させる国家によってこそ、恐れられた。ここから知られるのは、中世の顕密仏教のような性質、つまり鎮魂呪術的密教要素を共有する仏教が(19)、民衆の信仰においても、国家の宗教政策においても、いまだはっきりと姿をみせていないことである。しかし、この次の段階には、天台宗史の急転回に代表されるように、顕密仏教形成への歩みが始まる。志多羅神事件の時代の宗教事情はその前史だが、そこには顕密主義へ向かう必然的要素がない。天神信仰の次段階を辿り、急転回について探りたい。

二　比良宮での天神託宣

「従二東西国一諸神入京云々」という都での噂は、西からの志多羅神事件として現実化した。その翌年春、天慶九年（九四六）三月二日、東からの天神入京の動きがあった。都とその近辺では、同様の出来事を起こす、いくつもの可能性があったのではなかろうか。

『天慶九年三月二日酉時天満天神御託宣記』[20]（以下、『託宣記』と略称する）によると、近江国比良宮において、禰宜神良種の息子、七歳の太郎に憑依した天神が、内裏北方の北野の右近馬場あたりに移りたい旨述べたという。『北野寺僧最鎮記文』[21]（以下、『最鎮記文』と略称する）によると、神良種の働きかけを受けた北野朝日寺僧最鎮らが乗りだし、北野天神宮の創建の運びとなる。

学説史上、『託宣記』や『最鎮記文』が伝える一件は、天徳四年（九六〇）『北野天満自在天神宮創建山城国葛野郡上林郷縁起』[22]（以下、『北野天神宮創建縁起』と略称する）が伝える右京の多治比奇子による天神社創建と対にされ、祭祀主導権争いが読みとられてきた。[23]本稿では、比良宮での託宣一件を、志多羅神事件との対比で捉えてみたい。『託宣記』の細部には検討を必要とする難解な箇所があるが、概要は次の通りである。

①「我伽像」を作る際には、筑紫よりの従者が持って来て、現在「吾宮」前の地下に仏舎利等とともに埋納してある、生前所持の笏を持たせよ。

②怒りの焔は天に満ちて、不信の者に対しては雷公電公らを遣わして疫病を与え、踏み殺し、子孫を断つ。ただし、自分と同じく慮外の災に遇って悲しむ衆生が帰依してくれれば、助け救おう。
③「我宮」が今年造られたことの喜びは大きい。賀茂・八幡・比叡等の神々もここに来座する。この風情ある地は詩作吟詠にふさわしく、鹿鳥の殺生や弓箭の所持を禁止する。
④世人は賀茂や八幡を祈るが、我も人を守ろうとする心は深く、またいずれの神も我を押し伏せられない力をもつ。都の友人はかつて筑紫にいた私に祈願しても思いがかなわなかったし、去月にこの「若宮」に来ようとして果たせず帰った。しかし今は人々の申すことを聞くために出向きたい。興宴の地たる右近馬庭に移り居ようと思う。
⑤自分はかつて、「公事」を優先して、「仏物」を多く申し止めた。とくに「天台ノ堂寺乃灯分」を止めた罪が深く、今も苦しい。「此辺」りに法華三昧堂を建てることができれば嬉しい。
⑥以上の託宣は、「見聞人々」たる「禰宜神良種、神主善浦満行、見聞六人」が相共に記し、署名した。

以下、託宣に秘められた史実を推論してみたい。まず、託宣を聞いた六人は、事件の担い手だと考えられる。比良宮の禰宜神良種と神主善浦満行[24]は、神官を兼ねた富豪百姓であろう。良種・満行といった嘉名は、よく知られているように、大名田堵ら富豪百姓に多い。田中豊益、財田得富、久富、徳丸、稲吉など、農業経営で利殖をはかる者の創作名であり[25]、富を自覚して国衙との関係で用いた美称である[26]。また地域で禰宜などの神職に就く者に、刀禰の役を担う例があることは、康保三年（九六六）四月二日伊賀国夏見郷刀禰等解案の署名者中に、宇奈抵社祝磯部がいる例で知られている（『平安遺文』第一巻二八九号）[27]。そしてこの時期の刀禰が、祭祀権をもつ在地有力者として、国衙支配機構下で土地の保証行為等を果たしたと指摘され、港湾等の水上交通要衝を管理する津刀禰への注目も促されている。[28] 比良宮とは、琵琶湖西岸、安曇川河口の南西約七キロメートル、三尾崎に近接し、滋賀郡北端に所在する白鬚神社（現高島町鵜川）のことであろうと思う。[29] おそらく同社の比良明神は貞観七年（八六五）に無位から従四位下が授けられており（『日本三代実録』同年正月十八日条）、釣りをする老翁の姿をとる湖水支配の神として祀られた（『七大寺巡礼私記』東大寺条、『石山寺縁起』第一巻、その他）[30]。以上、要するに、神良種らは、神官にして刀禰たる在地有力者、つまり地域の祭祀権と水陸交通管理権を国衙から認められた富豪百姓、大名田堵だと考えられる。

では、良種らが託宣を受けたのは何故なのか。良種らは、すでにこの年、託宣があった三月二日までに地元で天神の宮を造っている。「我宮ヲ今年造タルコソ喜甚面目ナル所也」（③）という。「若宮」（④）とあるから、比良宮内の一画であろう。託宣は、新造の天神宮に祀る道真像の笏について語っている（①）。またここが「面目風情之地」であることを力説していることも[31]（③）、軽視できない。つまりこの託宣は、天神宮新造を正当化するべく、道真自身の声で語らせたものであろう。

ところが託宣は、④の途中から一転して京への「移居」を述べており不自然の感を強く受ける。まずはそれ以前を独自に捉えるべきで、後半については、後述するように、天台僧最珍らの意図が加わっている、と判断される。良種ら六人の富豪刀禰は、地元で新たに天神を祀り、その正当性の根拠を、託宣で道真の意志として演出した。多治比奇子への託宣（九四二年）や、志多羅神事件（九四五年）など、都で天神が強い関心を寄せられていたことは、当然知っていたであろう。天神と良種の連携は、「月は笠着る天神は種蒔く」と唄われた、志多羅神事件を念頭にして考案されたようにさえ疑われる。そして、不信心者への怒りと、帰依者への救済意志を、並外れた力として表明する天神は、都鄙の耳目を集める存在となっていた。このような、少数の新興有力富豪による共同行為は、宗教事業を自己目的とするのではなく、新しい地域づくりへの意志を示しているのではなかろうか。

『最鎮記文』には、「当宮者、是近江国高嶋郡比良郷居住神主良種来着申云」として、良種が最珍に託宣のことを伝えたと記す。ただし比良宮だと思われる白鬚神社は高島郡の南に接する、滋賀郡内にある。また比良郷は、郡郷制再編前後に存在しない。比良牧であれば、長保三年（一〇〇一）六月二十六日平惟仲施入状案（『平安遺文』第二巻四一〇号）に「滋賀高島両郡比良牧壱処」、長久三年（一〇四二）十二月二十日寂楽寺宝蔵物紛失状案（『平安遺文』第十巻補一六六号）に両郡内の山二千町と荒閑地八七六町、とある。『最鎮記文』の「高嶋郡比良郷」は、滋賀郡の誤りかとも疑われるが、むしろ郡界をまたぐ地域を、高嶋郡比良郷として設定しようとする、良種らの意志が表現されているように思われる[32]。

比良宮での天神の託宣は、有力富豪を主体とする地域づくりに際して、中央をも揺るがせる宗教暴力的威嚇と、「世界ニ佗悲不衆生共」の救済宣言とをもって（②）、事業推進に不可抗力の正当性を得る演出だった。志多羅神事件と同根の在地社会事情が垣間見られる。ただし、小名田堵を含む宗教的民衆運動[33]という拡がりがない。また、神階を有する神社の社司が中心であり、賀茂・八幡・比叡という神祇との関わりが始めから含まれている。さらに、「仏舎利」「瞋恚」「衆生」「帰依」「鹿島於殺須古土奈世志女曾」といった、仏教要素が多い。これらの点は、民衆が生んだ新しい神を自ら担いだ志多羅神事件と、相違している。

それでは、天神の入京についてはどうか。先に述べたように、比良宮での託宣は、まずは地元での天神祭祀を正当化するものだった。都方面への移座は、新造の比良宮若宮にとってすぐさまのことであり、あまりに急で不自然である。また、託宣文は、④の途中、文章が接ぎ足された形跡を残している。

何天可レ申事有ヲ、八端乃角辺《スミノ》ニマレ、若《モシ》ハ坊城ノ辺ニマレ立寄波野度申セト宣《ノ玉》不、右近馬庭古曾興宴乃地ナレ、我彼ノ馬庭ノ

辺ニ移居ム、但シ至ラム所ニハ可レ生レ松、

「申セト宣ノ玉不」までで託宣は一旦終わっている。右近馬庭への移居については、後の挿入である可能性があると思う。そして次に、良種によってさらなる託宣が願われ、それに応じた天神が、⑤のごとく天台宗への思いを追加する。これも、本来の託宣にはなかったのではなかろうか。このことは、『最鎮記文』によっても推測されるのである。

『最鎮記文』は、来着した良種から聞いた火雷天神託宣として、「右近馬庭興宴地也、欲レ移ニ座我彼馬庭之辺ニ」と記す。そして、託宣通り、一夜のうちに数十本の松が生じた奇跡があり、良種が随身した託宣文一通と照合され、北野天神宮の草創にいたったという。ここでは、比良宮若宮については一切問題にされていない。良種から天神の託宣を伝え聞いたのは、「最鎮・法儀・鎮世等、馬庭乾角朝日寺住也」とある。冒頭には「北野寺僧最鎮記文云」とあるが、天神社の創設後、朝日寺はその神宮寺として、北野寺と改称したらしい。この朝日寺最鎮らについては、出身や法系等が不明である。しかし、天台の堂寺建立を願う天神の託宣を受けるのであるから、天台僧とみて誤りなかろう。むしろ、神良種がもたらした託宣の末尾に、天台興隆の件を付け加え、さらには託宣全体を仏教要素で潤色した可能性も考えられる。

『最鎮記文』によると、北野に移居した天神は、「菅家人々両都上下」によって祀られ、年序を経て焼失したが、「氏人住僧等」が「玉殿」を構え造った。天徳三年（九五九）には右大臣藤原師輔が増築し、藤原氏が摂籙や国母の地位を継承する願いを、祭文で述べた。ここに天神は、権力中枢を震撼させる御霊から大きく性格転換を遂げた。「一天下之尊卑乎護持」するため、「国家ノ棟梁」たる摂関家の守護神となり、菅家氏人と天台住僧に経営される北野天神となったのである。このような経緯から推考して、もともと神良種らにとっては、北野で天神を祀るべきさ

したる理由がない。比良地域はすでに天台宗の勢力下にあり、良種と最鎮は以前から結びつきがあった、という推論があるが[34]、根拠に乏しいと思う。湖西といえども歴史的に南都仏教の活動が目立つ[35]。天台宗の影響力は、むしろ天神信仰の成立期以後に強くなるようである。

では最鎮らの天神誘致は何を目的とするものなのか。『最鎮記文』の末尾には、貞元元年（九七六）十一月七日の山城国宛太政官符が引用されている。氏長者菅原文時奏状を受けて、氏人が北野寺を領知し、最鎮が寺務を執るよう認可したものである。その前提には、寺務をめぐる僧増日との相論があったとも述べる。そしてこの増日は、多治比奇子への託宣を記す『北野天神宮創建縁起』に、「根本建立禰宜多治比」らと連署する「三男寺主大法師満増」と、同じ立場で北野宮寺管理権を争ったものであろう。天慶五年（九四二）の託宣を、天徳四年（九六〇）に記した『北野天神宮創建縁起』は、藤原師輔の後援も得て経営確立する天神宮をめぐって、多治比奇子側の権利主張を目的に作成されている。その後、貞元元年（九七六）官符までの間に、菅原氏と結んだ最鎮・法儀・鎮世らが、多治比氏らと結ぶ増日・満増らに対して権利吸収を図り、優位に立った、という事情であるらしい[36]。以上の経緯が示すのは、外部勢力との結びつき方が、寺院の存立や発展の条件を左右する、ということであろう。

最鎮らは、北野の小規模な朝日寺に拠る天台僧であった。出自は不明だが、右京七条二坊十三町における奇子への天神託宣の縁起に、「禰宜多治比、三男寺主大法師満増、一男権禰宜囉川秋末、二男祝橘康明、女佐伯安町子、姪出雲親弟子丸」と連署する者と同等の、都市住人であろう。寺僧と、彼らの出身一族または特定一族たる「氏人」とが、共同で寺院経営にあたる方式は一般的に存在する。最鎮らが特殊なのは、猛威が認識された道真の御霊を祀る天神社草創を媒介として、朝日寺を北野天神宮寺に位置づけることで、「菅家人々」を氏人に位置づけえたことである。菅原氏から出た御霊は、「両都上下」（『最鎮記文』）にも仰がれる善神として祀られ、ついで摂関家藤原氏の守護神として拡大発展した天神宮は、官符によって最鎮の寺務が認定された。結果的には、ものの見事に、むしろ最鎮らの意図以上の事態となって、寺院規模は拡大された。

最鎮らによる天神誘致の目的は、小寺たる朝日寺の拡大と確かな寺務掌握にあったのだと思う。多治比奇子のとは別の託宣を神良種から得て、北野の地への移座と、仏教的潤色とを加え、京近くに天神を呼びもどすことになったのだと考える。

三　天神信仰の急転回

前節まで、志多羅神事件、比良宮での天神託宣、天台僧最鎮らの天神社誘致について、関連あるものとみて検討してみた。相互の共通性と相違点には、宗教史における十世紀中葉の時代的特質の一部が、垣間見られると思う。

志多羅神事件は、農耕神ならびに天神という新しい神を自覚的に担う、宗教的民衆運動であった。自由闊達でありかつ不安定な村落を基盤にしており[37]、その自立的な行動は、なおも権力によって八幡神に吸収される弱さをもっていた。比良宮での天神託宣事件は、国衙支配下の一部新興有力富豪による地域再編計画を、地元・中央双方に向けて主張する宗教的演出であった。自ら天神を祀る主体性をもった反面、在来の神祇や仏教の権威性と結びつけて構想され、外部勢力との提携を自ら望む姿勢をも有していた。ただし、寺院や宗など、特定派閥との関係をはじめからもっていたのではない。最鎮らの天神社誘致は、都市住僧による拠点寺院の経営維持を、在俗の氏人を獲得して安定・拡大させる好機を捉えるものであった。菅原氏を結びつけ、さらに摂関家の保護を得るにいたるなど、ものの見事な成功は、むしろ特異事例であろう。最珍らの初志の目前には、小寺掌握さえ安定的でない、地域的基盤の弱小な天台の現実があった。

以上三件から知られるのは、都とその近辺地域において、新しい宗教的権威の標榜を伴う新生活地盤の構築願望が、有力富豪を中心とする民衆的基盤をもった、ということであろう。農耕神でありかつ現政治体制への祟り神である天神は、これら新興層の意志を表現する共通媒体として、あらためて祀られはじめた。

北野天神社の造立は、石清水八幡宮摂社や比良宮若宮とは違い、天神祭祀の独立としての画期を示す。同時にそれは、朝日寺を改めた北野宮寺と結びつくことで、天台宗への系列入りを伴った。しかしそのことは、直ちに天台宗勢力拡大の民衆的基盤には結びつかないようである。志多羅神を担いだ群衆や比良宮に拠る神良種らには、他を措いて天台宗と結びつくべき理由はない。最鎮らは始めから天台僧であるらしいが、天台宗勢力を背景にして行動した訳ではなく、逆に弱小天台寺院を維持するための窮余の策として、天神信仰の誘致に重点を置いたのであろう。しかも、天慶九年（九四六）三月二日に神良種らが託宣を得てすぐ、翌天暦元年（九四七）六月九日に造られたという北野天神社は、その後十四年間に五度改造されたという（『北野天神宮創建縁起』）。「漸経二年序一之間、寺家焼失、氏人住僧等、謹構二造玉殿一」（『最鎮記文』）ともあり、創建後の北野社は、不安定な小社だった可能性が高い。

ところが、天徳三年（九五九）には、右大臣藤原師輔が北野社を増築する（『最鎮記文』、『菅家御伝記』、『年中行事抄』）。翌年六月十日付の『北野天神宮創建縁起』によれば、三間三面の御殿、御影像、法華経十部、金光明経一部、仁王般若経二部、率都婆四本、三間四面の堂、観世音菩薩像、五間僧坊二宇、鐘、礼盤、金鼓、といった内容である。天神宮と宮寺は、ここに本格的な構えをもった。座主・検校らのもとに、別当・三綱らが管理する、天台宗の北野宮寺が確立した[38]。師輔がこの時に祭文を捧げ、天下尊卑の護持とともに、子孫が摂籙・天皇外祖・国母の地位を継承するよう、願いを表している（『最鎮記文』）。副王家たる摂関家の守護神化[39]は、関連史料の中ではあまりに唐突なのではなかろうか。天神信仰の拡大を積極的に受け容れて自ら推進した、という漠然たる理由ではなく、摂関家固有の現実的な政治判断による可能性があると思う。それは、この時期の、摂関家を推進主体とする天台宗政策の一環であり、さらにその背景には、流動する東アジアの政治情勢がある。

比良宮での託宣の中に、かつて道真が「天台ノ堂寺乃灯分」を止めたことを悔いて、北野に「法花三昧堂」を建てる願がある。先述したように、最鎮らが追加したと考えられる部分である。天台宗では、とくに横川を開創した円仁が行法を導入して以来、法華三昧が重視されている。しかし、最鎮が、あえて法華三昧堂を指定し、その建立願望を天神に託したのは、同時代の藤原師輔による法華三昧堂建立を、意識してのものではなかろうか。

師輔は、天暦八年(九五四)十月に登山し、「我一家之栄」を願って、横川法華堂草創の火入れを行った(『慈慧大僧正伝』、『門葉記』七十三)。のち近江国岡屋荘百六十余町を施入するなど(天禄三年五月三日天台座主良源遺告、『平安遺文』第二巻三〇五)、のちに座主となる良源(位九六六~九八五)との、強い連携を画する一件である。[40] そして師輔によるもう一件の事業が、天徳三年(九五九)の北野社増築である。先にその内容を記したが、法華経十部を備える三間四面の堂は、法華三昧堂だと考えられる。比良での天神の願いは、法華経十部になる。しかし実際は、横川法華三昧堂建立以後、最鎮が北野法華三昧堂建立の願を追加したのであろう。

師輔は、所領を寄進して比叡山の拡大・発展を援護したほか、子息尋禅を良源の弟子となし、天台宗と摂関家を構造的に結びつけた。のち座主良源は、三塔の堂舎を拡大して大衆数を増加させ、竪義の設定による法会教学を振興させるなど、叡山中興者といわれる。九五四年の横川法華三昧堂建立と、九五九年の北野法華三昧堂建設は、摂関家による天台優遇策の、比較的早い段階での事業である。では何故、この時期に師輔は、天台宗と結びついて援護したのか。

摂関家による天台宗重視は、呉越国王からの働きかけに応じた面がある。五代十国時代の中国で、江南地域の呉越国は、領土内に天台山を擁し、その復興を国王が援助した。その方法の一つは、散佚した天台宗経典類の入手を外国に求めるもので、海商による貿易活動と一体になって進められた。九四八年に呉越王となった銭弘俶は、この政策を強く推進した。天台山義寂が徳韶を介して王に請うたのを受け、書状と信物を商人に託し、高麗と日本に天台教籍の送付を依頼したのである。九五三年、右大臣師輔は、呉越王への返書（菅原文時作）を作り、天台座主延昌のもとの日延に天台教籍をもたせ、呉越商人蔣承勲の帰国に同行させた。九五七年、日延が帰国し、内外典百余巻などをもたらした。天台山復興は、実質的には高麗の貢献度が高いが、呉越・高麗・日本の権力中枢は、海商の活動を条件に僧侶を介して交流しあい、各国の天台宗を興隆させた[41]。父藤原忠平は、天皇の外交大権を代行する立場で外国事情によく通じていたが[42]、子息師輔は、天台宗の国際的な新動向を見据える立場にあったといえる。

横川法華三昧堂は、日延渡航（七月以降）の翌年（九五四）十月、未完成の仮屋で師輔自ら点灯した。北野法華三昧堂は、日延帰国の翌々年（九五九）である。日延の往復行そのこと自体が、両法華三昧堂建立の契機だとまではいえない。しかし、天台宗という特定仏教派閥の国家間交流は、この段階の外交の目立った特徴であろう。摂関家による天台宗優遇は、東アジアの政治状況を背景とする、天台宗興隆への共同歩調選択を、意味していると思う。法華三昧堂を核とする北野社増築も、その一部なのではなかろうか。

北野社に固有の事情は、菅原氏の動向にもある。天暦七年（九五三）七月付の、右大臣師輔から呉越王銭弘俶に宛てた書状は、菅原文時の作である（『本朝文粋』巻第七）。北野社氏人たる菅原氏の長者文時（道真孫[43]）は、この時、文章道で仕えただけではない。天徳元年（九五七）十二月二十七日に、封事三箇条を上っているが、第三条で平安京の鴻臚館の廃失を止めるよう意見している（『本朝文粋』巻第二[44]）。理由として述べているのは、「蕃客」「敵国」

に「王者」の「仁沢」等を「文章」で示す場が、鴻臚館なのだという。現実には、「励二文人一」、「文士無レ倦業」という文章道擁護だが、そのためには「海外」からの「外賓」と交流する施設が不可欠だと述べる。文時の伯父菅原淳茂（道真四男）は、藤原忠平のもとで、外交を家職とする官僚というべき活躍をしていたが[45]、その背景には、道真左遷後に辛苦した菅原氏の再興課題があったであろう。文時の意見には、これと同じ事情で、外交推進の立場が表明されているようである。師輔と立場を共有する部分があり、外交文書の実作者となり、また国際交流過程で増築された北野社の氏人にもなった。天台系列下での北野社増築は、呉越国王からの働きかけを受けた、師輔による国内の天台宗政策の一部であろう。

むすび

十世紀半ば近くの都とその近辺では、生活世界の刷新願望を、既成宗教とは別の新しい神を掲げて意思表明する、民衆的宗教運動の出現がみられた。天神の祭祀は、それらの政治意志を権力中枢にまで発信する、特異な媒体であった。このような新しい宗教事情の形成には、主に九世紀以前の神祇や仏教が国家的祭祀として統制されたのとは違い、民衆的基盤をもつ救済宗教の形成が、萌芽として孕まれていたと思う。しかし、東アジア史の動向は、その展開に曲折をもたらした。

活発な海商の活動拠点であった呉越国から、天台宗の交流を表に立てた国家間交渉の働きかけを受け、摂関家藤原氏主導の天台宗興隆策が浮上する。その一環として、北野天神社が天台系列下で規模拡大した。生活世界の刷新願望から出た民衆の新しい宗教意識は、外部の上位権力による、仏教を核とする宗教政策の中に、融和的に吸収された。

確認したいのは、天台宗の拡大発展は、民衆的宗教意識の萌芽的形成を歴史的前提とはしたが、その必然的展開の結果ではないことである。志多羅神や天神の祭祀それ自体には、のちの中世仏教形成を導く契機は何もない。宗教的運動を担いうる民衆の自立性は、この後、拡大発展する天台宗勢力の基盤として設定されていく。

天神祭祀は、御霊としての天神から、社殿に鎮座する守護神へと、著しい性格変化を遂げた。この転換は、仏教史上の節目を示す事例だと思う。御霊会を代表する貞観五年（八六三）五月二十日の神泉苑御霊会は、律師慧達を担当僧とする金光明悔過が、儀礼の中心部分を占める、とみるべきだろう。（『日本三代実録』）。政治史と関係する特殊性を除いた宗教面において、御霊会は、霊威ある本尊に懺悔して滅罪を願う、悔過の一種である。悔過は、八世紀後半以後の仏事に数多い。さらにそれは、在俗人の懺悔・滅罪を目的にした、国家主導下における大乗戒思想の実践儀礼の一種である。その点で、古代仏教全体に通じる基本属性をもつ。すなわち、御霊として祀られる天神は、古代仏教と共通する性質をもったのである。ところが、大小名田堵らの新しい農耕神と結びついた時点で、既成宗教とは別の、民衆を担い手とする政治意識を象徴した。

これに対して、天神宮の天神には、神祇の「礼奠」や天台の「祈禱」によって、「両都上下」（『最鎮記文』）や「一天下之尊卑」（『同』引用藤原師輔祭文）の護持が期待される。この点は、民衆的救済願望を神格の基盤に据える神学操作である。一方、文筆官僚たる菅原氏を氏人とし、「国家ノ棟梁」（師輔祭文）たる藤原氏を外護者とし、両氏に対する守護神の役割を負う。国家枢要の職務を担う特定氏との結びつきは、天神に正統権威を付与することをも意味したであろう。このような二面の特徴をもつ宗教は、顕密主義というべき中世仏教に、より近い。北野天神社を包摂した天台宗には、この点で、新しい歴史を迎えていたことの一端を垣間見ることができる。教理と儀礼の独創や、権門領主としての確立を伴う、中世天台宗の成立はなお後のことだが、その前史の形成を見ることができたと思う。

註

（1）上川通夫「中世仏教と『日本国』」（『日本史研究』四六三、二〇〇一年）。
（2）上川通夫「奝然入宋の歴史的意義」（『愛知県立大学文学部論集』第五〇号〈日本文化学科編第四号〉、二〇〇二年）、同「生死の新規範――往生伝の成立――」（未刊）。
（3）戸田芳実「中世文化形成の前提」（初出一九六二年。のち同『日本領主制成立史の研究』、岩波書店、一九六七年）、同「十―十三世紀の農業労働と村落」（初出一九七六年。のち同『初期中世社会史の研究』、東京大学出版会、一九九一年）。
（4）河音能平「王土思想と神仏習合」（初出一九七六年。のち同『天神信仰の成立』、塙書房、二〇〇三年）。
（5）河音能平註（4）前掲書による。同書は、新稿を含む論文集である。古代について、次第に首長制論の重視が目立ってくる点など、少し論調の変化はあると思うが、小文では立ち入らない。
（6）この指摘は、先に戸田芳実氏も行っている。戸田芳実前掲註（3）論文「中世文化形成の前提」。
（7）これらの点は、とくに河音能平前掲註（4）論文参照。
（8）「文江自在天神」の「江」について、戸田芳実氏は「波」（は）の誤字だとされた。安原功「天慶八年しだら神上洛事件の検討」（『総合テクスト科学研究』一―二、二〇〇三年）は、「注」とする写本をとる。
（9）安原功氏も、この部分で河音説を支持されている。
（10）『吏部王記』天慶八年八月二日条には、摂津国司解が太政大臣藤原忠平に進められたことを述べ、諸神のことを記している。

筑紫神輿至二河辺郡一云々。其輿葺檜皮三。其一、有二鳥居一、額題云、自在天神。即故右大臣菅公霊也。其二輿、一云二宇佐春王三子一、一云二住吉神一云々。

石清水八幡宮護国寺三綱等解文の前日にかけられた記事だが、すでに移座後の情報が混じっていると思う。

（11）池上博之「笠神と神送り」（『日本歴史』二四三、一九六八年）。
（12）日本思想大系『古代政治社会思想』（岩波書店、一九七九年）所収。「十四の御許の夫」の項ならびに補註参照。
（13）池上博之前掲註（11）論文。
（14）安原功前掲註（8）論文。なお、註（12）前掲書所収『遊女記』の補註「道祖神」参照（四四六頁）。
（15）岐神は「ふなどのかみ」と訓じ、道祖神のことである。『和名抄』巻第二。
（16）旗田巍「十―十二世紀の東アジアと日本」（『岩波講座日本歴史4　古代4』、岩波書店、一九六二年）。
（17）上川通夫「一切経と古代の仏教」（『愛知県立大学文学部論集』第四七号〈日本文化学科編第一号〉、一九九九年）、で述べた。
（18）安原功前掲註（8）論文は、北摂地域が摂関家と深いつながりがあることなどから、藤原忠平が介入した政治的演出だとする。
（19）黒田俊雄「中世における顕密体制の展開」（同『日本中世の国家と宗教』、岩波書店、一九七五年）。黒田氏はその形成過程を、九世紀から辿られた。
（20）真壁俊信校注『神道大系　神社編　北野』（神道大系編纂会、一九七八年）所収の『北野天神御託宣記文』中のものを用いる。真壁氏の解題によると、鎌倉時代成立、室町時代初期書写である。『扶桑略記』は天暦九年（九五五）三月十二日の託宣として引用している。
（21）『北野天神御託宣記文』に載せるものと、『北野天神御伝并御託宣等』（紙背承久二年具注暦。『神道大系』所収）に載せるものがある。
（22）『北野天神御託宣記文』ならびに『北野天神御伝并御託宣等』に載す。
（23）大野功「平安時代の怨霊思想」（一九五七年）、林屋辰三郎「天神信仰の遍歴」（一九七七年）。ともに村山修一編『天神信仰』（民衆宗教史叢書、雄山閣、一九八三年）所収。
（24）『扶桑略記』は、この託宣を天暦九年（九五五）に掲げるが、「神主葦浦行」とする。
（25）黒田俊雄「荘園制の基本的性格と領主制――封建化の過程についての一考察――」（初出一九五八年。のち黒田俊雄著作集第五巻『中世荘園制論』、法藏館、一九九五年）。

(26) 戸田芳実前掲註(3)論文「中世文化形成の前提」。
(27) 戸田芳実前掲註(3)論文「中世文化形成の前提」。
(28) 錦昭江「中世刀禰研究の前提」(同『刀禰と中世村落』、校倉書房、二〇〇二年)。
(29) 詳論しないが、研究史上では、白鬚神社に比定する説と、現志賀町北比良の天満神社の地にあったとする説がある。いずれもあまり確かな根拠は示されていないようである。
(30) 阿部泰郎「比良山系をめぐる宗教史的考察」(『比良山系における山岳宗教の調査報告書』、元興寺文化財研究所、一九八〇年)。阿部氏は、『三宝絵』下巻・東大寺千花会にみえる滋賀郡の釣りする翁に遡るとされる。
(31) 「我宮乃体波青キ松於垣仁志、白沙ヲ地仁敷利、背ニハ高キ山有リ、前ニハ大ナル浜有リ、背ノ山ハ雷青山ノ霊地土可レ云也、花乃散ル春ノ朝、葉ノ落ル秋ノ夕、月ノ明ク風ノ涼シキ時、憐レ面目風情之地ヤ」
(32) なお、『北野天神御託宣記文』所収の『最鎮記文』は、この地名表記部分が抹消されている。『北野天神御伝』所収本によって補うことができる。ただし、『神道大系』の校訂註記によると、原本には「高嶋郡比良」とあり、「郷」は補ったものだという。『群書類従』第一輯所収本は、「高嶋郡比良郷」とある。小稿でも「比良郷」と記されていたと考える。
(33) 河音能平註(4)前掲書。
(34) 西田長男「北野天満宮の創建」(初出一九六六年。のち村山修一編註(23)前掲書)、村山修一『天神御霊信仰』(塙書房、一九九六年)一二一頁、など。
(35) 上川通夫前掲註(17)論文。
(36) 大野功前掲註(23)論文。
(37) 河音能平註(4)前掲書。
(38) 『北野天神宮創建縁起』は、検討を必要とする写しだが、縁起資材の公認を得る体裁をとり、国判、郡判、保刀禰・村刀禰・郡刀禰の加署、北野宮寺所司加署、を有する。所司は、座主権律師法橋上人位壱和以下(十三人)、天台僧である。実質上の統轄者と思われる別当は、「伝灯大法師位法義」とある。『最鎮記文』に、最鎮とともに朝日寺住僧としてみえる「法儀」と同一人であろう。

(39)河音能平註(4)前掲書、序章。
(40)平林盛得『良源』、吉川弘文館、一九七六年。
(41)諸研究を参照して少し述べたことがある。上川通夫「一切経と中世の仏教」(『年報中世史研究』二四、一九九九年)。
(42)保立道久『黄金国家——東アジアと平安日本——』、青木書店、二〇〇四年、第三章。
(43)真壁俊信『天神信仰史の研究』(続群書類従完成会、一九九四年)に収める、「菅家文時伝」参照。
(44)新日本古典文学大系『本朝文粋』(岩波書店、一九九二年)の訓読文と注解を参照した。
(45)保立道久註(42)前掲書、二五二頁。

嘉応・安元の延暦寺強訴について

――後白河院権力・平氏および延暦寺大衆――

髙橋　昌明

はじめに

後白河院政期、大衆の強訴にたいし、中心になって備えたのは、平氏の軍事力であった。

当該期の主な強訴には、①嘉応元年（一一六九）十二月、延暦寺が尾張知行国主藤原成親の配流を訴えた事件、②承安三年（一一七三）六月、興福寺僧徒の多武峰焼打により、興福寺・延暦寺僧徒が互いに蜂起した事件、③安元三年（一一七七）四月、白山宮・延暦寺が加賀守藤原師高の配流を訴えた事件、④治承二年（一一七八）二月、後白河が園城寺で秘密灌頂を受けようとして延暦寺の蜂起を招いた事件、などがある。

本稿では後白河院権力・平氏および延暦寺相互の関係を考察するため、①③を取り上げたい。先行研究に屋上屋を架する感もあるが[1]、『愚昧記』『顕広王記』など未翻刻史料[2]を活用しながらの、より詳細な事実経過の復元も、意味ありと考えたからである。なお本稿で扱う時期、平清盛は出家入道して静（浄）海と名乗り、一般には入道相国・禅門などと呼ばれているが、便宜上清盛で統一する。

一　嘉応の強訴

嘉応元年（一一六九）十二月十七日、延暦寺・日吉社の所司らは、蔵人頭平信範の宅を訪れ、尾張国守藤原家教の目代右衛門尉政友が、延暦寺領美濃国安八郡平野荘の住人らを陵轢した、と訴えた。住人は根本中堂の「御油寄人」と記されているけれど（『兵範記』嘉応元年十二月十七日条）、『平家物語』には、尾張に赴任途上の政友が、美濃の杭瀬川に葛粉を売りに来ていた平野荘住人（神人）と、値段のことで口論になり、刃傷に発展したとある（延慶本『平家物語』第一末成親卿流罪事付鳥羽殿ニテ御遊事成親備前国へ着事）。大衆が目代の解官・禁獄にとどまらず、後白河法皇の近臣として知られる権中納言藤原成親の流罪（遠流）を要求したのは、成親が国守家教の同母兄であり、尾張の知行国主だったからである。

蔵人頭として、当時朝廷への提訴を受け取る立場にあった信範は、病で出仕しないので奏聞できないと辞退したが、所司らは納得せず訴状を宅内に投げ入れた。その後、裁許がないのに怒った延暦寺衆徒・日吉神人は、同月二十二日夜神輿を奉じて下山。翌朝には京極寺（京極三条）・祇陀林寺（中御門南、京極西）に参集、ついで内裏の陣に向かって示威行動が開始された。美濃国は、これまで山僧・神人が国守との間にいく度も紛争を起こし、嘉保二年（一〇九五）には、延暦寺大衆の強訴も行われ、関白師通病死の原因になったといわれる、いわくつきの地域である[3]。

山の大衆が京極寺に参集したという報に、洛中は騒然となり、召しによって検非違使・武士らも院の陣に集結、「その数雲霞の如し」といわれた（『玉葉』『兵範記』『愚昧記』十二月二十三日条）。たいするに、山僧の数は案外に少なく『歴代皇紀』に三百人と見える（巻四高倉天皇条、異本では二百人）。

強訴は予期に反し大内（大内裏内の本内裏）へと向かう。後白河法皇は院の陣で要求を聞こうとするが大衆は無視、待賢門と陽明門に押し寄せる。大内裏の東の諸門は閉ざされていたため、待賢門の一団は南面の美福門より侵入、神輿を建礼門の壇上南面にかき据えた。神輿は日吉十禅師・八王子・客宮（客人）各一基、祇園三基の合計六基である。一方、陽明門の大衆は左衛門陣屋に押し入り、建春門に北野の二基の神輿を安置した。

防備の側では、建礼門すぐ西の修明門の外に、清盛の甥平経正、美濃源氏の源重定（貞）らが郎従を率いて立ち（『玉葉』十二月二十三日条）、大内裏の待賢門では、経正の父内蔵頭経盛が随兵を率いて大衆に対陣した（『兵範記』十二月二十三日条）。また後年「先年成親卿の事によりて大衆参陣の時、左衛門の陣（建春門）の方、頼政これを禦ぐ、大衆軍陣を敗るあたはず」と回想されているから、建春門付近には源頼政の兵が布陣していたらしい（『玉葉』安元三年四月十九日条）。

この間、法皇は強訴の現場にいく度も使者を派遣、「衆徒早く参院し訴へ申すべし、専ら内裏に参るべからず」との意志を伝え、座主明雲にも「衆徒内裏に参るの条尤も不当、早く院に参るべし、もし尚大衆参らざれば、皆悉く彼らを追ひ帰し、座主、僧綱已講を引率し院に参るべし、その時尋沙汰あるべし」との命を伝えさせた。それにたいして、大衆は「載（裁）報の条全く可ならず、よりて内裏に参る、かくの如き時、幼主といへども参内するは、これ恒例なり、さらにもって院に参るべからず、ただ載（裁）許の仰せを奉らずんば、本山に帰るべからず、神輿また迎へ奉るべからず、ただ手足に任せ逐電すべし、天台宗の仏法滅亡この時にあり」と、統治権は最終的には天皇に帰属する、という院といえども否定しがたい理由を盾にうけつけない（『玉葉』十二月二十三日条）。

後白河は、伝奏の平時忠をもって、公卿たちに「裁許あるべくんば、左右無く仰せ下すべし、もし然らざれば、武士を内裏に差献（遣）せらるべきか」、両者いずれが適当なりや、と問わせた。ここで言及されている武士は、院の陣に召集されていた「前大納言重盛卿以下三人件の卿二百騎、宰相中将宗盛百三十騎、前大弐頼盛卿百五十騎」率いるところの「五百騎」である（『兵範記』十二月二十三日条）。三人を代表する重盛は、当時病によって権大納言を辞していた。その異母弟宗盛は、前々年参議従三位に昇り、清盛正室時子の長男として一門中に重きをなしつつあり、また頼盛は清盛の異母弟、重盛からいえば叔父で、平氏権力全体を楕円にたとえれば、もう一つの焦点であった[4]。

院の問いにたいし、院の陣に参集した太政大臣藤原忠雅・左大臣藤原経宗・左近衛大将藤原師長・修理大夫藤原成頼ら諸卿は、武士派遣に「決定大事に及ぶべし、尤も用意あるべし」と慎重論を唱え、内大臣源雅通は、武士の実力行使で神輿が破壊される恐れがあり、加えて夜陰にも及んでいる、と出動に反対した。武士を率いる重盛も、すでに夜であり、また外から攻めると衆徒が内裏中に乱入し大事出来の恐れあることを口実に、法皇の三度にわたる出動命令にたいしても、「明暁向ふべし」と応じなかった。このため、当夜の武士の派遣は停止され（『兵範記』十二月二十三日条、『玉葉』十二月二十四日条）、結果として大衆の要求裁許という形に落ち着く。

翌二十四日の公卿議定で、成親は解官の上備中国に配流、目代政友は西獄に禁獄と定まった。衆徒は喜び、宮城に放置した八基の神輿を撤去する（『愚昧記』『百練抄』十二月二十四日条、『玉葉』十二月二十四・二十五日条）。

ところがこの後、法皇の姿勢が急変する。二十七日には、天台座主明雲が高倉天皇護持僧の役を停止された。大衆を制止せずむしろ与力した責任を問われたものである（『兵範記』十二月二十七日条）。二十八日になると、西七条（七条朱雀）に留め置かれたままになっていた成親は召し返され、代わりに権中納言検非違使別当平時忠が出雲に、蔵人頭右中弁平信範が備後に配流されることになった。成親配流の一件で、両人が「奏事不実あるの由、御咎めあ」ったことによる（『百練抄』十二月二十八日条）。さらに三十日には前権中納言成親が本官に復し、翌年正月五日の叙位・除目では、右兵衛督に任じ検非違使別当を兼ねさせた（『玉葉』『愚昧記』嘉応二年正月五日条）。

これで延暦寺がおさまるはずもなく、正月七日・十三日にはそれぞれ衆徒入洛の聞こえがあった。院は、前者は多数の武士を賀茂河原に遣わして防がせ（『玉葉』正月七日条）、後者は検非違使に命じて西坂本を警固させ、「制止に拘はらざれば、法に任せ射禦ぐべ」しと命じている（『百練抄』嘉応二年正月十三日条）。検非違使別当が成親であるから、紛争の一方当事者に対立相手の行動を抑止させるという、まことに偏頗拙劣な措置である。

清盛は後白河の暴走に危惧の念を抱いたようで、十三日夜には頼盛を福原に呼び寄せ、翌日には重盛も福原に向かった（『玉葉』嘉応二年正月十三日条）。さらに十七日には清盛本人が福原より上洛入京する。成親は事態の急展開に恐れをなしたのか、検非違使別当の辞任を申し出た（『玉葉』正月十七日条）。二十一日頃には、武士が六波羅辺りに群集し、「幾多なるを知らず」といわれるありさま（『玉葉』正月二十一日条）。

二十二日になって、法皇は公卿を召集、衆徒が要求した成親の配流、時忠・信範召還の二箇条を議定させた（『玉葉』正月二十三日条、『百練抄』正月二十二日条）。しかし、結論は出なかったようで、二十七日延暦寺の僧綱以下が、成親の解官、時忠・信範の召還の実現を訴えた。法皇が「この事においては裁許すべし、自今以後台山の訴訟、一切沙汰あるべからず」と凄んでみせたので、僧綱らは言葉を失って退出したという（『玉葉』正月二十六・三十日条、『百練抄』正月二十七日条）。

月を越した二月の一日、山徒の要求に応える後白河の内意が山上に告げ知らされたが、宣下は一寸延ばしになり、六日に至って、ようやく僧徒の訴えどおりの成親解官、時忠・信範召還が決定された（『玉葉』『百練抄』二月六日条）。

事態が二転三転したのは、いかなる理由によるのであろうか。はっきりしているのは、延暦寺を統制下に置こうとする後白河法皇の意志と、その制約から自由であろうとする延暦寺衆徒の意欲が、陰に陽に火花を散らしていたことである。加えて、事件六箇月前の嘉応元年六月十七日、後白河は法住寺御所の懺法堂で出家している。この時の儀式では、戒師以下役人に至る八人の僧が皆、延暦寺の不倶戴天の敵である園城寺の門徒であった（『兵範記』『玉葉』嘉応元年六月十七日条など）。法皇の前々からの同寺重視の姿勢への反発の気分が、大衆の行動をいやが上にも過激にしていたに違いない。

後白河・延暦寺大衆の綱引きは、具体的には成親を処分するか否かを焦点にしていた。後白河の過剰な延暦寺統制の意欲は、大部分の廷臣にとって困惑のほかないものであり、それゆえ院陣での議論は慎重論に傾き、大内への武士派遣の躊躇ないし反対論として現れた。十二月二十四日に事態が山徒の訴えどおり決着したのは、後白河の思いが公卿たちの支持を獲得できなかったことを意味している。その後、法皇は一時的なまきかえしに成功したが、彼らは山徒の圧力を背景に、再びその決定をくつがえしたのである。「もし叡心果て遂げんと欲するの事あらば、敢へて人の制法に拘はらず、必ずこれを遂ぐ」と評された後白河にとって（『玉葉』寿永三年三月十六日条）、一件の結末は大きな屈辱というべきであろう。

事件に関して平氏がどう動いたかといえば、十二月二十三日当日、院の陣に待機していた重盛が三度にわたる法皇の出動命令を無視した点に示されているように、他の公卿たちと同一歩調をとった。重盛は成親の妹を妻に迎え嫡子維盛も成親の婿である。平氏と成親の父家成・曾祖父顕季は白河院政期以来、深い関係を結んでおり、平氏は成親の父祖の手助けを借りながら、立身の階段を昇っていったといってもいいすぎではない(5)。清盛が、平治の乱時藤原信頼に与同した成親を助命したのは、そのような両家の歴史を背景にしている。彼らの提携の深さを代表していたのが、まさに重盛―維盛の小松家であった。したがって出動拒否は重盛の個人的判断というよりは、平氏全体、なかんずく清盛の姿勢と意志を踏まえての選択と考えるべきである。重盛は表向きには一門の代表であったが、重要案件については福原の清盛の判断が優先しており、彼の軍事行動における裁量権も、大幅に制約されたものであっただろう。

ために衆徒を前に、大内・大内裏を守護した武力は、平経盛・経正父子と、源重定、および源頼政といった限られた兵力にとどまった。美濃源氏重定は平治の乱の時信頼方に立ち没落・自害した重成の弟で、近江北部に本拠を持ちつつ、長寛二年（一一六四）から嘉応二年まで検非違使の任にあった。経盛は内蔵頭で太皇太后宮大夫を兼ねている。清盛を中心に平氏権力を構成する三人の弟、経盛・教盛・頼盛の中では、位階官職の昇叙もっとも劣り、清盛の評価も低かったとみなされている人物である。[6] 後述のように、安元強訴の時も院から内侍所守護を命ぜられているから、平氏一門中宮廷守護の役割を担当する存在だったらしい。源頼政は大内守護、つまり「内裏宿直人」なるがゆえの出動であろう[7]（『山槐記』永暦二年四月二十日条）。『平家物語』巻第一「御輿振」での安元三年強訴の際の頼政の活躍にかかわる話は、実際にはこの嘉応元年時のことと考えられている。[8]

そして、強訴の聞こえがあった嘉応二年正月十三日に頼盛、翌日には重盛が福原に召還されたのは、清盛の状況把握のためであろうが、国家の側からいえば重大事態を前の職務放棄である。事実、右大臣藤原兼実は「山僧発向の由風聞の比、専ら然るべからざるか」と非をならした（『玉葉』正月十三日条）。十七日に清盛自身が上洛したのは一門の引き締め、後白河にたいする示威、延暦寺にたいする支持の政治的シグナルを意味していたのであろう。

四月十九日、法皇が奈良に御幸、清盛は重盛・教盛を従え宇治でこれに合流。翌二十日東大寺において法皇と清盛の受戒があった。康治元年（一一四二）の東大寺における鳥羽法皇と摂関家大殿藤原忠実の同時受戒の例に倣ったものという（『玉葉』『兵範記』四月十九・二十日条）。法皇のふるまいは延暦寺にたいする当てつけともいえそうである。当該期の平氏は、まだ院との協調も追求せざるをえないから、御幸に従うのをためらわなかったのだろう。

二　安元の強訴（その一）

それから七年と少し後の安元三年（一一七七）四月十三日、延暦寺衆徒が内裏に押しかけ、加賀守藤原師高の配流を訴えた。

ことは、前年白山末寺の宇河（鵜川）という山寺の出湯で馬の湯洗いをして咎められた加賀目代が、報復に堂舎を焼き払った小競り合いに端を発する（延慶本『平家物語』第一本師高与宇河法師事引出事）。事件について『顕広王記』に、国守師高が「白山神領の在家を焼き払ひ、兼ねて（日吉）大津神人の貯物二千余石を押し取」ったので、神人らが「本山（延暦寺）」に訴えた、と見えるのが注目される（安元三年四月十三日条）。白山宮は延暦寺・日吉社の系列下にあり、その関係で日吉大津神人の活動がみられたのである。

当時の例に照らすと、日吉大津神人の実態は加賀の「国内名士」と呼ばれるような在地有力者、都鄙間を往来する私領主などである。彼らは神人身分を獲得、日吉神領に拠点を構え、日吉社が収納した神物の日吉上分米（年貢米）の運用を請け負って、武士や荘園の住人、田堵層ら在地庶人に高利で貸し付けていたのであろう(9)。たんに馬の湯洗いを咎められたからというのではなく、大津神人の経済活動にともなう混乱に手を焼いていた国衙側の反撃、という要素があったはずである。

白山のさらに末寺の事件なので、始め叡山の反応も鈍かったが、翌年二月白山宮の衆徒が神輿を奉じて日吉社に着いたころから、山門大衆の動きも活発になった（延慶本『平家物語』第一本留守所ヨリ白山へ遣牒状事同返牒以下）。加賀守師高の父師光は、鳥羽院政期に権勢をふるった藤原家成の養子だから、後白河院の執事別当を勤めていた成親には弟にあたる。故信西の乳父子でもあり、出家して西光と名乗った。成親と並ぶ後白河院の寵臣の一人である。したがって、強訴の真のねらいは、院近習西光・成親、ひいては後白河法皇にダメージを与えるところにあった、とみなければならない。

師高を訴えるのは、すでに三月の二十一日に一度行われており、二十九日には院の武者所で目代であった藤原師経が備後国に配流され、押し取った雑物も返却されることになった（『百練抄』三月二十一・二十八日条、『玉葉』四月二・十八日条）。だが、身代わりでなく師高本人の流罪にこだわる衆徒は、四月十三日再び強訴を敢行する。彼らは祇陀林寺に集結し、その数は始め四、五百、やがて二千余人の大部隊になった。一同は日吉三社・祇園三社・京極寺の神輿計七基を押し立てて二条を西行、当時内裏が置かれていた閑院（西洞院西、二条南）に向かう（『愚昧記』四月十三日条、『歴代皇紀』巻四安徳天皇条）。

これに立ちはだかるのが「官兵」で、主力は「内府（重盛）の郎従」からなる軍勢であった。延慶本『平家物語』には、重盛は三千余騎で内裏正門の左衛門陣（大内の建春門にあたる、東面南）を固め、二条大路に面する北陣（同じく朔平門にあたる）は源頼政の三百余人の勢が守ったとある。重盛の左衛門陣はうなずけるが、頼政がこの時点で警固に参加していたという明証はない。事実ではなく、先に触れたように嘉応の強訴時との意識的な混同があるようである。なお、安元時の重盛の軍勢に比較して、嘉応時の頼政のそれは「万分の一」だったという（『愚昧記』四月二十日条、『玉葉』四月十九日条、延慶本『平家物語』第一本山門衆徒内裏へ神輿振奉事）。

強訴では大衆の暴発は抑制されていたという指摘もあるが[10]、この時は、礫を打ち、逆茂木を引き抜きその材をもって差し突くという行為があり、武士らは二条大路上の町辻から陣中の西洞院大路まで後退する[11]。かくするうちに、後白河の命によって、武士らが矢を放った。ために死者二人、疵を被る者二、三人が出た上、矢が日吉十禅師の神輿の葱花の下に当たった。威嚇のつもりだったにせよ、神輿の破損は重大失態で、これを奇貨とした衆徒らは、神輿を陣口の一つ陽明門代（二条町）辺りに捨てて分散帰山する（『愚昧記』『顕広王記』四月十三日条、『続左丞抄』所収「安元三年四月十三日日吉神輿入洛事」）。

放置された神輿の処置は、いつも難渋する。祇園社に移すべしとの勅定が下ったが、祇園別当澄憲僧都は、祇園の神輿は自社の管轄だから仰せの通りにする、日吉の神輿は移すことはできないと抵抗した。それでも、法皇の厳命が出、しぶしぶ祇園社に運んだ（『愚昧記』四月十四日条、『玉葉』十四・十八日条）。

翌十四日、大衆が兵具を帯し再度参洛するというので、高倉天皇は夕刻閑院を脱出、法住寺殿に逃れ南殿を皇居にした。この挙にあたり防衛責任者の重盛は、親しい政界の重鎮左大臣藤原経宗に「事の体すでに京洛を棄てらるるか、行幸あるべからず、ただ例にまかせ切堤の辺り（高野川の東岸）で禦ぐべきの由、申さしめんと欲するは如何」と意見を求め、兼実も「官兵等すべからく手を分かち、衆徒参洛の道を防がるべきなり、しかるに敢へてその沙汰無し、ただ御在所（法住寺殿）の近辺に雲集星烈すと云々、大都京洛を以て戦場となすべきか」と非難した（『愚昧記』『玉葉』四月十四日条）。

一方、院は閑院の関白基房に、内侍所（賢所）も法住寺殿に移すべきか否かを問う。やりとりの結果「渡し奉るべし」ということで両者が合意するけれど、その後諸卿に諮問したところ、「（神鏡が）洛外に出でしめ給ふ事、いまだ例あらず」という一致した反対で、結局立ち消えになった。そこで後白河は、内侍所守護のため平経盛と左少弁藤原兼光らに、閑院に祗候せよと命じている。しかし、経盛は後白河の再三の出動命令にも「左右は入道の許しにあり」と取り合わない。右大将宗盛も、院に「経盛は（天皇と）一所に候ずべきの由、入道申す所なり」と述べて援護、業を煮やした院は、しからば頼政を遣わせと命じ、頼政はただちに参向したという（『玉葉』四月十五・十八・十九日条）。

この日、後白河法皇は「しかれども不慮の外、神輿の事出来、恐れ思し食すによりて、罪科行はるべし」と、暗に神輿を射させた責任を認め、関係者を罪科に処す旨の院宣を、天台座主宛に発した（『玉葉』四月十六日条所載十四日付後白河法皇院宣）。そして明雲には別に、翌々日の賀茂祭が終わったのち、師高を配流、神輿を射た武士を禁獄するという意向を「内々」伝え、衆徒の怒りを解かせている。それで大衆はひとまず納得し、下向を中止した（『玉葉』四月十五日条）。

十五日夜明け前、僧綱らが次なる院宣を携えて登山したが、大衆の「大怒」をかってほうほうの体で引き上げた。大衆の意に添わない内容だったに違いない。それでも緊張が多少やわらいだと判断されたのであろう、夕刻には高倉天皇が法住寺殿より閑院に還幸する（『玉葉』『愚昧記』四月十五日条）。

十六日、十四日約束の裁許の決定が遅れ、大衆の不穏な動きもある中で、後白河は三度目の院宣を発給。それには「国司を流罪に処し、下手の官兵また罪あるべし」と処分が明記されていた。ただし、法皇は神輿を射た件については、「先々のごとくんば、（大衆は）官兵の前に留まり、僧綱所司をもって愁緒を言上すべきの処、左右無く官兵を打ち退け、内裏に闌れ入らんと欲す、また官兵を刃傷せしめをはんぬ、乱行すでに古跡に過ぎ、さらに訴詔（訟）に非ず、すでに謀叛の儀に同じ」と反論を試みており、無念去りやらぬ心中をのぞかせている（『玉葉』四月十七日条所引十六日後白河院宣）。翌十七日、なお衆徒発向が噂され、京中貴賤は家財などを携え東西に奔走、多くは仁和寺・嵯峨辺りに向かうなど、洛中は騒然としていた（『愚昧記』四月十七日条）。

三　安元の強訴（その二）

二十日、加賀守藤原師高が尾張に配流される。また、神輿を射たとして、平利家・平家兼・田使俊行・藤原通久・藤原成直・藤原光景の六人が、獄所に送られるはこびになった（『玉葉』四月二十日条所載口宣）。入獄は大衆の要求ではなく、「神慮を恐るるによりて、解謝のため」であり、重盛の発意にもとづく措置である（『愚昧記』四月二十日条）。

六人は、『愚昧記』四月二十日条に「内府（重盛）の郎従」とあり、同記四月十五日条では「忠景が郎等」と見える。記主藤原実房が、始め重盛の郎等を左衛門尉藤原（伊藤）忠景（後の上総介忠清の本名）のそれと誤記したのは、『顕広王記』に「伊藤左（衛）門（尉）忠景将軍たりと云々、この事日来の沙汰なり」とあるように（四月十三日条）、忠清が以前から重盛の軍事指揮の実際を担当していたからであろう。

別に論じたように、小松内府家と忠清の関係はきわめて深い[12]。忠清は清盛、のち小松家の柱石であり、重盛嫡子維盛の乳父として、その後見人だった。延慶本『平家物語』は、獄所に送られた藤原光景を忠清の子とする（第一本時忠卿山門へ立上卿ニ事付師高等被罪科事）。その他同本は、平利家を家資の子、平家兼を家継の子としている。家資は筑後守平家貞の甥であり、家継は家貞の長子だった。平氏の有力家人中、伊藤忠清・景家兄弟が譜代相伝の家人の代表であるのにたいし、平家貞は伊勢平氏一門傍流が家人化した存在の代表格である[13]。藤原通久は字を加藤太というから、白河院政期に忠盛の郎等であった加藤成家の子孫であろうか（『古事談』巻一ノ八一）。田使俊行は字を難波五郎と称す。備前を本拠にする平氏家人難波経遠の縁者だろう。

二十八日にかの安元の大火が発生。三十日には仮の中宮庁に使われていた二条北油小路西の経師法師の家に夜盗が入り、放火して資財を掠め、宿衛士を傷つけるという事件が起こった。この時閑院内裏を守っていた者に、「大番の兵士」「大番する所の者」がいた（『吉記』『顕広王記』四月三十日条）。平氏の内裏警備に、大番役で上洛した諸国の平氏家人が含まれていたことを推測させる史料である。(14)

大火と夜盗による小休止の期間が明けると、院の反撃が始まった。五月四日になると、院は明雲を近習の検非違使惟宗信房らに引き渡し、激しく責め立てさせた（『顕広王記』五月四日条、『歴代皇紀』巻四高倉天皇条）、その結果、「先年成親と時忠の時の事、并びにこの度の衆徒の事、ともにこれ明雲下知の由、証文出来」ということになり、五日には法皇の命により、明雲の天台座主・法務僧正の見任が解かれ、所持する所職を没官すべく、官宣旨（弁官下文）発給の手続きも開始された。上卿としてことにあたった権大納言藤原実房も、「事の体信受せられずと雖も、証文あるにおいてはいかしてかや」と、とまどいを隠せない（『愚昧記』五月五日条）。

七日には明雲の後任に鳥羽天皇第七皇子覚快法親王の名があがった。だが、覚快自身は祝意を述べに来た実房に、叡山の明雲門徒の勢の大きさと大衆の反発を恐れる心境を語っている。やがて没官の件も具体化し、九日に至り「前僧正明雲門跡相承の寺々及び寺領没官の事」という宣旨が下った（『愚昧記』五月七・八・九日条）。

没官の対象になったのは、文殊楼三箇所、観心院七箇所、五仏院三箇所、実相院四箇所、持明院一箇所、法性寺東北院一箇所、大縁房領二箇所、円融房、円徳院領三箇所、同院丈六堂領五箇所、仏眼院領西南院、恵心院七箇所、法親王家領五箇所の各所領である（『玉葉』五月十一日条）。

文殊楼・五仏院・実相院・持明院・仏眼院領西南院・円融房は、平安末期延暦寺東塔に存在した堂舎であり、円融房は梨本流の本坊。円徳院は東坂本にあった梶井門流の本坊である。また観心院・恵心院は横川の堂舎（『山門堂舎記』『叡岳要記』下）、法性寺東北院は東山山麓の小野宮流一門ゆかりの寺だったが、この時点では「梨本一乗房門跡」領になっていた（『鎌倉遺文』九一一号）。正中二年（一三二五）の「承鎮法親王附属状」と対照することによって、これら堂舎と付属の所領・末寺は、すべて鎌倉末期の梶井門跡（三千院門跡）相承領に含まれていることがわかる（『三千院文書』）。明雲は、梨本門跡と梶井門跡を合併した天台座主最雲法親王の弟子で[15]、円融房を相承したので、これら所領を所持していたのである。法親王領も最雲から伝領したものであろう。

十一日になると、前天台座主僧正明雲の罪名勘申があった。罪状は三箇条、一つは仁安二年（一一六七）二月、彼が悪僧を指嗾して座主の快修を山門から追い払わせたとみなされた件、二つ目は嘉応元年（一一六九）の強訴で悪徒を宮城に乱入させた件、三つ目が安元の大衆蜂起の件である。同じ日、世評どおり覚快法親王が天台座主に就任した（『玉葉』『愚昧記』『百練抄』五月十一日条）。

十三日、延暦寺僧徒が前座主明雲流罪のことで蜂起し、院の御所に参上する。また大衆が山科の西光の堂を焼き払った、明雲を奪還したなどの情報が乱れ飛んだ。左大臣藤原経宗が閑院内裏辺の様子を見にやらせたところ、帰参した使は、小松家の維盛が郎従十余人とともに二条堀川の直廬で西から、また伊藤忠清は仁安元年（一一六六）の火事で焼亡した東三条殿跡地にあって、郎等五十人ばかりを率い東側から、それぞれ閑院を守っている、また維盛と交代するため院御所から弟資盛が下がってきていることなどを報告している（『愚昧記』五月十三日条）。翌日になっても大衆の蜂起はいよいよ盛んで（『玉葉』五月十四日条）、備える軍兵の警戒も厳重、「凡そ陣を張り、楯を突くの体、俘囚の地に同じ、当時合戦の庭のごとし」との印象があった（『顕広王記』五月十四日条）。

明雲への尋問はいぜん続いていたが、十三日大衆の明雲奪取にそなえて、新たに検非違使平兼隆が起用された（『百練抄』五月十三日条）。彼は伊勢平氏の一族和泉守信兼の子であり、のち頼朝の伊豆挙兵の際、まず血祭りに上げられた周知の人物である。明雲は、ひどく拷問せられたらしく、「両三日飲食通はず」「去夜絶へ入る」などの報が漏れ伝わってくる（『玉葉』五月十五・十六日条）。

十六日、山門の僧綱十余人が京極寺に集合、法住寺御所に参上した。彼らは衆徒の使として後白河院に、明雲配流および没官を停止するよう訴えた。院は、十四日に大衆の行動を制止するよう命じた時には、使に立つことを固辞したくせに、いま大衆の使として参上するのはどう考えても奇怪だと嫌味をいい、「王法を傾け奉り、門徒の仏法を滅せんと欲するの者、罪科に行はるるになんぞ慎み申すべきや」と訴えを一蹴する。また、大衆による明雲奪還の噂にたいし、法皇が拘束中の兼隆に、「責めもし去《しりぞ》け難くんば、ただ明雲の首を切るべし」と命じた、との説が流れた（『愚昧記』五月十六日条、『百練抄』五月十五日条）。

二十日、前天台座主明雲の罪名を議す陣定があった。所労を理由に出席を辞退した太政大臣師長・右大臣兼実も、法皇の強い命令により参加。この席で右大弁藤原長方が、衆徒の騒動は明雲の扇動によるものと露顕した、死刑は逃れがたいところだが、彼は高倉天皇に一乗妙法（法華経）、後白河法皇に菩薩戒を教え授けた功がある、法家は罪一等を減じて還俗の上流刑と勘申しているが、猶予の勅定があるべきであると意見を述べ、諸卿おおむねそれに同意した（『玉葉』五月二十・二十一日条、『愚昧記』『顕広王記』『清獬眼抄』所収「後清禄記」五月二十日条）。

ところが翌日になって、明雲はいきなり伊豆配流と決まる。公卿たちの意見は「時議に叶は」ずと無視された（『百練抄』『愚昧記』五月二十一日条）。むろん後白河の判断である。天台座主配流の先例はない。僧正配流は大臣に準ずる扱いで、別当尋範を襲い、喜多院などを焼き、学衆堂衆・寺僧を殺害、伊豆に流された十年前の興福寺前別当前法務僧正恵信の例（『兵範記』仁安二年五月十三日条）が参照された。報を聞いた兼実は、「この議たるべくんば、もとより仗議に及ばるべからざるか」とむくれた（『玉葉』五月二十二日条）。

二十三日、領送使と配流先の伊豆の「国兵士」五、六騎が明雲を護送して下向中、延暦寺僧徒二千人が、勢多橋の西辺で行く手を遮り、前座主を奪い登山した。源兼綱（頼政の子）と多田蔵人行綱が、後を追ったが及ばない。本件の警固役にあたっていたのは、伊豆の知行国主であった頼政であるが、彼に責任を問うても、あらかじめ奪取の恐れありと承っていたなら、警固役は引き受けなかった、「一切用意すべきの仰せ無」しと開き直っている（『玉葉』『顕広王記』『清獬眼抄』所収「後清禄記」五月二十三日条）。

すでにその日から東西坂本を固め叡山を攻める、との報が流れていた（『玉葉』五月二十三日条）。事実、院は重盛・宗盛両大将を召し、坂本を固めるよう命じている。これにたいし、両名は「先ず入道に仰せ、その左右に随ふべし」と遁辞を述べた。そこで二十四日の早朝、伊賀平内左衛門家長が御使として馬で福原に向かった（『顕広王記』五月二十四日条）。家長は、知盛の「一二の者」といわれた人物で、おそらく筑後守家貞の子であろう[16]。二十五日深夜には、清盛が入洛し西八条亭に入る。院との頂上会談以外に局面打開の途なしと考えたのであろう（『顕広王記』五月二十五日条）。

二十八日になって、清盛が参院し後白河と対面した。後白河の強硬姿勢はあいかわらずで、結局東西の坂を固め叡山を攻めるという院の希望どおりの結論になった。しかし、叡山を敵に回すのを嫌う清盛は、この案に不満で、翌日には「内心悦ばず」の観測が兼実にも届いている。並行して後白河の命を伝えるため僧綱らが登山し、衆徒に明雲を差し出すよう求め、また謀叛の真意を問わせた。大衆は「さらに謀反にあらず、顕密の棟梁、惜みて余りあり、今一度謁見のため也」といい放った（『玉葉』五月二十九日条、『百練抄』五月二十三日条）。

二十九日、後白河は、兵器を帯して京中を往還する輩を搦め取ることと、諸国司への「台岳末寺庄園」の注進を命じた。後者は「これ停廃のためか」といわれている。大衆の明雲奪還にたいする報復のためであろうか。加えて

「近江・美乃・越前三ヶ国、をのをの国内武士を注し申すべきの由、国司に仰せらる」と独自の武士動員を準備し始めた（『玉葉』『愚昧記』五月二十九日条）。

四　鹿ヶ谷事件

叡山攻撃が避けられなくなった六月一日、政治状況は一変する。明け方にまだ間のある時刻、突如西光が逮捕され、権大納言成親・右近衛少将成経父子も西八条亭に禁固された。成親は「面縛」のうえ牢に籠められ、西光は「足を交へる」拷問を受けた。路頭には軍兵が満ち、「凡そ院の近習十二人刑罰に及ぶべしと云々、凡そ咎に処すべき者七人と云々」などの噂が飛びかう（『顕広王記』六月一日条）。

西光の容疑は、始め「年来の間積む所の凶悪の事」と「今度明雲を配流し、及び万人を法皇に讒邪」した件にあったが（『玉葉』六月一日条）、拷問の結果「入道相国を危むべきの由、法皇及び近臣等謀議せしむるの由」を自白する。「その議定に預る人々の交名」が作成され、逮捕予定者は「はなはだ多し」と、恐怖の噂も流れている（『玉葉』六月二日条）。一日夜半西光は五条坊門朱雀で斬首、成親は二日備前に配流された（『玉葉』『愚昧記』六月二日条）。後者は重盛の「平かに申請」、すなわち「御命バカリノ事ハ」という働きかけがひとまず実を結んだのであろう（『愚管抄』巻第五高倉）。

三日、事件後微妙な動きをしていた内大臣重盛から、兼官の左近衛大将を辞する意志が表明される（『愚昧記』六月三日条）。同日深夜、法勝寺執行僧都俊寛・山城守中原基兼・検非違使左衛門尉惟宗信房・同平康頼・同平資（扶・祐）行・基仲法師の六人が西八条に召し取られ、面縛の上前庭を引き回された。いずれも「法皇近習の輩」である。その他にも、逮捕されたが後白河の再三の懇願で放免された木工頭平業房、逮捕放免を繰り返し身体を損なってしまった式部大夫平章綱がいた（『愚昧記』六月三日条、『顕広王記』六月三・四日条、『玉葉』六月四・六日条）。四日の暁更になってまず基兼・信房・康頼・資行の四人、ついで五日には俊寛の見任が解却される（『愚昧記』『玉葉』六月四日条、『顕広王記』六月五日条）。やがて基兼・基仲・資行らは許されたが、康頼・俊寛はついに許されなかった（『顕広王記』六月六日条）。

五日、重盛嫡男維盛が父の辞状を提出する使者として立った。藤原敦綱が草案を書き、権右中弁平親宗が清書したという（『愚昧記』六月五日条）。同じく五日には、大原籠居中の流人明雲を召し返す宣旨が出（『百練抄』六月五日条）、六日には、流人加賀守師高とその関係者が誅された。師高は配流先の尾張国にあったが、清盛が同国の家人らに命じて追討させたのである。合戦によって互いに多くの戦死者が出た（『百練抄』六月九日条）。

事件からやや日をおいた六月十八日、権大納言成親とその子右少将丹波守成経、および左少将尾張守盛頼、越後守親実が解官された。後二者も「成親卿の党類」で鹿ヶ谷事件の関係者である（『玉葉』『百練抄』六月十八日条）。成親の場合、実は配流の前提としての停任が、正式にはなされていなかった。それについて、太政官事務方は「禅門私の意趣によりてその志を遂ぐ、よりて公家より停任せられず、自余の輩においては上より御沙汰あり」と説明している（『玉葉』六月十一日条）。だが、清盛の圧力に押されて、私刑を追認したのか、結局彼も正式に解官された。同じ日法勝寺執行の後任に法印静賢が補任される（『玉葉』六月十八日条）。

備前の成親には重盛が密かに衣類を送っていたようだが（『玉葉』六月十一日条）、七月九日には「艱難の責め」で殺されてしまう（『顕広王記』七月九日条）。成親忘恩への清盛の怒りは、底深いものがあった。

以上が、史上著名な鹿ヶ谷事件発生後の経過と顛末である。『平家物語』では、成親らの平氏打倒の陰謀を、多田行綱が清盛に密告したことになっているけれど、どこまで真実を伝えているか、議論の余地がある。事件によって、叡山攻めはまさに吹き飛んだ。後白河の強硬な要求で、いよいよ大衆討伐を実施せざるをえないところまで追いつめられていた清盛にとって、内容・タイミングともにあまりに好都合な事件だった。だから、平家討伐謀議の発覚を山門との衝突を回避するための口実にしたのではないか、とする見解も出されている[17]。西光の最初の逮捕理由は、讒言で明雲を配流に追いこんだなどというものだったから、謀議の存在自体疑えば疑える。

しかし、拷問の結果だが、西光は清盛を討たんとする謀議の存在を認めている。また『百練抄』に「成親卿已下密謀あるの由、源行綱入道相国に告言すと云々」（六月一日条）と見え、『愚管抄』にも成親・西光らの謀議と、行綱の密告があったと記され（巻第五高倉）、まったくのでっちあげとは考えにくい。『玉葉』は「或る人云はく、西光が白状の事、実事と云々」とも記す（六月十日条）。

注目されるのは『顕広王記』に、「法勝寺執行俊寛解官、事の発りを尋ぬれば、事を大衆に寄せ、謀りて禅定相国を誅さんと欲すと云々」とある（六月五日条）。文意明瞭ならざるところがあるが、叡山攻めにこと寄せて軍兵を集め、福原から上洛中の清盛を不意をついて討たんとした、というほどの意味であろう。関連して『保暦間記』に、

> コレニ依テ、山門ヲ責ラルヘキ由、武家ヘ仰ラレケレ共、太政入道進ミ申サヽリケレハ、院近習ノ人々ヲ催テ山門ヲ責ラルヘシトテ軍兵ヲ調ヘラル、成親卿ヨキ次ト思テ日来ノ本望ヲ達セントスル処ニ、語ラフ所ノ中ニ多田蔵人行綱ト申者アリ、忽ニ心カハリシテ、此事太政入道ニ告ント思テ……

とある。おそらくこの辺りが真実に近かろう。『顕広王記』の伝える情報は確度の高いものとみてよい。よしそれが、酒席にありがちな大言壮語の域をあまり出ず、準備粗漏なものであったにしても。そして、『平家物語』に見える五月二十九日という行綱密告の日付については、清盛は早くから不穏な動静をキャッチしており、それを窮地

に追いこまれた時点でもっとも有効に用いた、とする今成元昭氏の解釈が[18]魅力的である。

ともあれこの事件で、院の近習勢力を一掃し、後白河の権力に大きな打撃を与えたことは、山門大衆を大いに喜ばせた。大衆は、六月一日の夕刻には下り松辺りまで出張り、清盛に使者を送って、「敵を伐たしめ給ふの条、喜悦少なからず、もし罷り入るべきの事あらば、仰せを承りて一方を支ふべし」と述べたという（『玉葉』六月二日条）。たいして清盛も、「庭ニタ、ミシキテ、大衆大ダケ（岳）ヘカヘリノボラセ給フ火ノミエ候シマデハ、ヲガミ中候キ」と、ありがたがったようである（『愚管抄』巻第五後鳥羽）。

五　結　語

白河・鳥羽院政期において、武士は頻発する寺院大衆の強訴への対処手段であった。院はその必要から、下北面の強化という形で武士を育成する。顕密寺院の競合と寺院大衆の強訴は、治天の君を頂点とする、王法仏法相依の国家権力秩序を揺るがし、政界流動化・不安定の要因となっていた。院権力は寺社勢力の統合者としての役割を果たしていたため[19]、本来一権門の私的武力にすぎない北面の武士が、暴走を制止する力として機能したのである。

保元・平治の乱を経て、右の構図は若干の変化をみせた。まず、保元元年新制が寺社勢力、なかんずくその人的要素である衆徒・神人・寄人らの規制に力点を置いているように、後白河院は寺の所司の統制を無視した大衆らの強訴にたいし、強硬な姿勢で臨んでいる。承安三年（一一七三）六月、興福寺僧徒の多武峰焼打により、興福寺・延暦寺僧徒が互いに蜂起した事件では、南都の行動を「謀反」と認定、十五大寺の荘園を没官する異例の措置に走った（『玉葉』承安三年十一月十二日条、『平安遺文』三六四三号など）。

一方、両乱の結果、強訴をコントロールすべき都の武力の方は、前代の「検非違使幷びに源氏・平氏」「諸衛官人・武士」のような各種武装勢力の寄せ集めではなくなり、清盛（重盛）に統率された平氏の軍事力が、圧倒的な比重を占めるようになる。安元三年正月二十四日重盛は右大将から左大将に転じ、宗盛も右大将に就任した。これによって、平氏は王朝常置の武官の最高位を独占した。彼らの軍事的位置は公的にも揺るぎないものになったのである。

だが、王権に固有な武力統帥の権能は、高倉天皇をいただく平氏（清盛）の意向に大きく制約されながら、なお後白河の手元に確保されていた。たとえば承安三年（一一七三）冬の南都大衆の発向に際しては、院宣を奉じた重盛が、筑前守平貞能を宇治に派遣し、阻止させている（『興福寺別当次第』覚珍の項）。彼らには、その国家的性格から「官兵」「官軍」という呼称が与えられた（『平安遺文』三六四〇号、三六四六号など）。それは大衆への「謀反」の語の使用に対応しているのである。安元三年の強訴時も、阻止の武士、実質的に平氏の郎等たちからなる部隊は、「官兵」と呼称されている（『玉葉』四月十七日条所引十六日後白河法皇院宣）。そして、強訴阻止のため延暦寺の大衆に矢を射かけさせたのは、ほかならぬ後白河院であった。

ところで、嘉応・安元の強訴において、山徒の行動阻止に平氏が消極的であったことを、重盛・経盛・宗盛らの言動をとおしてみてきた。この構図は続く治承二年（一一七八）二月、後白河が園城寺で秘密灌頂を受けようとして、寺門に戒壇が建立される事態を恐れた延暦寺の蜂起・兵士動員を招いた事件でも、同様である。法皇は山徒を強く譴責するとともに、宗盛を福原に遣わして平氏の出兵を促したが、清盛は「敢へてもって動揺せず」と動きをみせなかった（『玉葉』治承二年正月二十・二十二日条、『山槐記』治承二年正月二十日条）。

法皇の強硬姿勢は、延暦寺にたいしては平氏の不服従によって奏功せず、ためにいく度も大衆の要求に屈する苦杯をなめた。これは見せかけの譲歩であったから、大衆の圧力が低下すると、後白河は本来の強硬姿勢を復活させたのである。よく彼の政策が場当たり的であったといわれるが、寺院大衆への対処についてはあたらない。

延暦寺処分にたいする双方の温度差は、清盛・後白河間の溝を深めた。とくに安元の強訴では、明雲奪還後の延暦寺攻撃をめぐって、清盛と後白河院の対立は頂点に達し、法皇（院近習）は、独自の軍事動員さえ試みるようになった。後白河院が「近江・美乃・越前三ヶ国、をのをの国内武士を注し申すべき由、国司に仰せらる」と、平氏の頭越しの地方武士動員を計画した事実がそれである（『玉葉』安元三年五月二十九日条）。王権の手足という武士の本質からいえば、不思議のない発想であるが、軍事権門たる平氏にとっては、自己の存在意義・存立基盤を否定される非常事態である。この動員はさしあたり、延暦寺末寺荘園の停廃を強行するための武力と思われるが、場合によっては山門攻撃に転用されるべきものだったのだろう。

平氏が消極的であったのは、延暦寺とことを構えたくないという判断があったからである。安元強訴翌日の四月十四日、大衆が清盛に「訟訴をいたさんがため、なほ公門に参るべし、早く用心を致さるべきなり」との書状を送った、との情報が流れており（『玉葉』四月十四日条）、延暦寺大衆が清盛に事前に行動予定を通報、しかるべき対応をとるよう促したことがわかる。高倉の法住寺殿行幸はこの報に「恐懼」した結果だというが、仮に誤報だったとしても、当時世間で両者の関係はそのようなものだと認識されていたわけである。

清盛の延暦寺への融和的対応の原因を探れば、まず清盛と天台座主明雲との個人的交渉の深さがあげられよう。仁安二年（一一六七）二月、清盛は太政大臣になった。これを僅か三箇月で辞任し、「前大相国」として政界に威をふるうつもりが、大病を患い、翌年二月覚悟の出家をする。同時に妻時子も出家するのだが、二人の戒師を務めたのは前年天台座主に就任した明雲だった（『兵範記』仁安三年二月十一日条）。その後、明雲は仁安四年三月清盛が福原で開いた、最初の千僧による千部法華経供養（千僧供養）の導師を務めるなど（『兵範記』仁安四年三月二十一日条）、二人の関係は濃密で、「ヒトヘノ平家ノ護持僧」といわれるほどの間柄であった（『愚管抄』巻第五安徳）。だから、治承三年（一一七九）清盛が軍事クーデタを起こし院近習らを追放するとともに、明雲は座主に還補された。六条・高倉・安徳三代の天皇の護持僧も勤めている。

むろん、指導者間の個人的関係だけで、権力の構造や同盟関係の全体が語り尽くせるものではない。この間の政治史の構図として、後白河院が顕密寺院、ことに延暦寺の寺院大衆にたいして強硬で統制的な姿勢をとり続けたのに比べ、平氏（清盛）は慎重な態度を保持し続けた。清盛が保守派だったからというより、自らが主導権を握れる王権（高倉院―安徳天皇）を待望する立場から、後白河派の権力強化につながる叡山統制にブレーキをかけようとした、と考えるべきであろう。

安元の強訴は、前年七月の建春門院の没後、露わになり始めた後白河院・院近習勢力と平氏の対立を公然たるものにし、鹿ヶ谷事件を誘発する最大の契機になった。両者の対立はこれを機に一気に深刻化し、二年半後のクーデタで、院政停止を強行するに至る。鹿ヶ谷事件以後、春秋二季恒例のように行われていた後白河の福原御幸は、行われなくなる。表向き維持されていた両者の政治同盟は終止符を打った。

これに並行して平氏内において、重盛の立場が微妙になったように思われる。重盛は強訴直前の三月内大臣になったが、成親配流の数日後兼官の左近衛大将を辞任し、また翌年二月には内大臣を辞退せんとした（『玉葉』治承二年二月八日条）。その兆候は、安元三年四月十四日の高倉天皇の法住寺院御所への退避の際、すでに現れている。彼は行幸反対の意志を左大臣経宗に伝達していたのであり（『愚昧記』四月十四日条）、それは父清盛の政治判断とは異なる、後白河路線への同調であった。

左近衛大将の辞任は、重盛は舅の逮捕・流罪を断行した清盛への抗議と、平氏の氏長者にして王朝最高の武官の地位にありながら、それらしい軍事的役割を果たせなかったことへの無念を表現したものであろう。父の命に従順だった重盛にとっては、精一杯の行動といえる。『平家物語』が、重盛を聖徳太子十七条憲法をひきながら君臣の和、法皇への奉公に励む事を提唱し、敢然と父に対立した人物として描いたのも理由がないわけではない。

『平家物語』には、治承年間重盛が、後世を訪うため宋の育王山の僧に二百両、宋の皇帝に二千両の黄金を贈ったという話がある（延慶本『平家物語』第二本小松殿大国ニテ善ヲ修シ給事）。同じころのこととして東山の麓に四十八間の精舎を建て、一間ごとに灯籠一つをかけ、また毎月十四・十五日には、一間に六人ずつ、合計二八八人の若く美しい女房たちを集めて念仏を唱えさせた、との話もある（覚一本『平家物語』巻第三灯炉之沙汰）。

これらは後世の伝承が濃厚に付着しているものだけれど、鎌倉初期成立の十二巻本『表白集』に、大納言時代の重盛が聖徳太子信仰の中心である四天王寺で万灯会の施主となっていたことを示す表白が収められており、忠臣だったとの評判や、聖徳太子信仰とのかかわりについては、ほぼ正確な事実であろう、とする牧野和夫氏の指摘がある[20]。

重盛の信仰を、健康を損ね心弱くなっていたがゆえとみるのは間違いではないだろう。同時にそれは強烈な個性の父との間に行き違いが生じ、一門内で孤立を深めつつあった彼の寒々とした内面世界に起因するのではないか。

以上、嘉応・安元の延暦寺強訴の事実関係を追いながら、そこに現れた後白河院政と平氏および延暦寺三者の関係について、若干の整理を試みた。これらを本格的権力構造論、政治史叙述の域まで高めるのは、なお今後の宿題である。

註

（1）辻善之助『日本仏教史　上世編』（岩波書店、一九四四年）八九五〜八九七・九〇四〜九一〇頁。田中文英「後白河院政期の政治権力と権門寺院」（『平氏政権の研究』、思文閣出版、一九九四年）。佐々木紀一「語られなかった歴史──『平家物語』「山門強訴」から「西光被斬」──」（『文学』隔月刊第三巻第四号、二〇〇二年）など。

（2）『愚昧記』は内閣文庫蔵教部省本の紙焼写真、および陽明叢書『平記・大府記・永昌記・愚昧記』所収の鎌倉時代写本の影印本、『顕広王記』は国立歴史民族博物館蔵自筆本の紙焼写真によった。なお、『愚昧記』安元三（治承元）年一年分については、髙橋の神戸大学大学院文化学研究科（博士課程）における演習の成果として、その翻刻と注釈を『文化学年報』一九・二二・二三号に分載している。これには前記テキスト以外に、東京大学史料編纂所所蔵・重文『愚昧記』紙焼写真も使用した。安元の強訴・鹿ヶ谷事件にかかわる安元三年夏記分は、最新刊の二三号（二〇〇四年三月刊）を参照されたい。

（3）網野善彦「美濃国」（『日本中世土地制度史の研究』、塙書房、一九九一年）。

（4）髙橋昌明『清盛以前』、平凡社、一九八四年、二八一〜二八三頁。

（5）同右、一九二〜一九五頁。

（6）多賀宗隼「平家一門──清盛の位置と役割──」（『日本歴史』三五四号、一九七七年）。

（7）髙橋昌明『酒呑童子の誕生』、中央公論社、一九九二年、三三一〜三三三頁。

（8）冨倉徳次郎『平家物語全注釈』上巻、角川書店、一九六六年、二〇〇〜二一〇頁。

（9）戸田芳實「王朝都市と荘園体制」（『初期中世社会史の研究』、東京大学出版会、一九九一年）。

（10）衣川仁「強訴考」（『史林』八五巻五号、二〇〇二年）。

（11）閑院内裏を中心とする、町小路・冷泉小路・油小路・三条坊門小路で囲まれた三町四方が本来の大内裏を擬した陣中という空間で、四方の境とそこを貫通する西洞院大路・油小路・二条大路が形成する六つの交点が、大内裏門に見立てられて陣口といわれた。野口孝子氏のご教示による。

（12）髙橋昌明「平氏家人と源平内乱」（『軍記と語り物』三八号、二〇〇二年）。

（13）同右。

(14) 平氏時代の大番制については、髙橋昌明「中世成立期における国家・社会と武力」(『武士の成立　武士像の創出』、東京大学出版会、一九九九年)参照。
(15) 尾上寛仲「天台三門跡の成立」(『印度学仏教学研究』二一巻一一号、一九七二年)。井上光貞『新訂日本浄土教成立史の研究』、山川出版社、一九七五年も参照。
(16) 髙橋昌明「平氏家人と源平内乱」(『軍記と語り物』三八号、二〇〇二年)。
(17) 早川厚一「平家物語の歴史叙述の方法と構想」(『平家物語を読む――成立の謎をさぐる――』、和泉書院、二〇〇〇年、五一～六一頁)など。
(18) 今成元昭「南都北嶺」(久保田淳編『解釈と鑑賞別冊　講座日本文学　平家物語』下、至文堂、一九七八年)。
(19) 平雅行「中世移行期の国家と仏教」(『日本中世の社会と仏教』、塙書房、一九九二年)。
(20) 牧野和夫・小川国夫『新潮古典文学アルバム13　平家物語』、新潮社、一九九〇年、四二～四三頁。なお該表白の具体的な内容の分析については、髙橋昌明「平重盛の四天王寺万灯会について」(『国文論叢』三四号、神戸大学文学部国語国文学会、二〇〇四年)を参照。

天台聖護院末粉河寺と聖の別院誓度院

大石　雅章

はじめに

中世顕密仏教勢力の宗教的活動の一つの特徴として、遁世僧（聖）の活動を挙げることができよう。とくに鎌倉時期には、遁世僧の寺坊が顕密寺院の寺中（境内）に設けられ、顕密寺院を支えるために、修造・造仏・勧進などの多様な機能を果たし、遁世僧は顕密寺院においても必要不可欠の存在となっている。その研究は、主として南都寺院勢力の律衆を対象にすすめられ、多大な成果を生み出している。とりわけ、非人への施行、葬送と墓地の管理、交通施設の整備、荒野の開発など、社会的事業に積極的に関わった西大寺流律衆の研究は際だっている[1]。そして律衆といえば西大寺律衆というイメージさえ形成されつつあるようにみられる。しかし、当時の顕密仏教勢力を支えた遁世僧について、西大寺律衆のみにて説明できるわけではなく、高野山金剛三昧院の研究に示されているように、その組織は禅宗様が採用されながらも、人事面では幕府の命で栄西・行勇などの禅僧以外に、泉涌寺律僧・唐招提寺律僧等が補任され、栄西や行勇などの禅僧も含めて彼らは戒律を重視した兼修を本質としている。また彼らが顕密寺院の大勧進を務めたことも有名である[2]。鎌倉期の禅僧と律僧とどれほどの差異があったのか検討を要するであろう。さまざまな遁世僧が顕密寺院と関わっていたとみるべきである。

そこで、本稿では、天台宗の地域有力寺院である粉河寺とその境内に建立された別院誓度院との関わりについて検討する。この誓度院は別所ともいわれ、遁世僧（聖）によって構成される別院である。[3] 現在由良興国寺の所蔵文書の中に「粉河寺誓度院旧蔵文書」が含まれ、その文書群のなかには、心地覚心が作成した著名な正応五年（一二九二）四月五日の「誓度院規式」がある。したがって、誓度院は、室町期には粉河寺寺内から他所に移り、誓度院から誓度寺と名称を変え、十刹の格を有する禅宗寺院へと発展し、臨済宗法灯派の心地覚心門流の禅院とされた。しかし、粉河寺誓度院が創建当時から禅院であったわけではない。もとは、粉河寺関係者の後世を祈る別院として出発し、さらに密教興隆のための律院ともなっており、西大寺叡尊とも関係をもつようである。このように粉河寺の別院誓度院は、構成する聖やその機能は常に同じではなく、時期とともに変遷し紆余曲折する。従来の律衆研究では、西大寺流律衆の寺坊にみられるように、遁世僧の安定した経営という見方が主流であり、寺僧の意向によって遁世僧が入れ替わりその機能まで変わるというような寺内遁世僧の身分的不安定さはほとんど指摘されていない。鎌倉期の顕密寺院内での寺僧と遁世僧との関係を考える上でこの事実は重要と考え、粉河寺寺僧と誓度院との関係について検討する。

さらに、その誕生・変遷に主体的に関わった粉河寺学頭を、強力に支援した本寺（粉河寺別当）についても検討したい。いままで粉河寺の本寺について詳細に分析した研究はないようである。寺僧上層部による粉河寺の運営に本寺は無視し得ない存在であり、時とともに変遷した別院誓度院の在り方にも影響を与えた。

なお、粉河寺誓度院については、『粉河町史』を担当した熱田公氏の詳細な研究[4]がすでにあり、その緻密な研究からもはやそれに付け加えられることがないようにみられるが、その研究成果を踏まえながら、前述の視点からもう一度検討を加えたい。

一　粉河寺誓度院の創建とその目的

誓度院が粉川寺寺内に創建される経緯を語る史料として、弘安元年（一二七八）の「前大僧正坊政所下文[5]」を掲げたい。

前大僧正坊政所下　粉河寺誓度院

　可早任顕栄遺言、以持律僧、為当院長老職、興行真言教等事

右、学頭仙実申状云、件別院者、当寺学頭故顕栄阿闍梨、殊以仏法弘通之志、所令興造也、所謂惣寺者、住優如之思、不可成違乱、別院者、尊重惣寺、不可背礼節、専為結界清浄之地、永可停止非律之行儀、而件願主顕栄、未処分而帰寂之間、便宜甲乙人等令管領之、於事以不法為先、非啻背願主之遺誡、将向荒廃之地、早以持律僧為長老、任顕栄之遺訓、可令弘通秘密上乗教法之由、欲被仰下云々者、早任仙実申請之旨、可致沙汰之状、所仰如件、寺家宜承知、勿違失、故下

　弘安元年六月　日　　　公文大法師（花押）

別当法橋（花押）

この史料によれば、誓度院は粉河寺学頭顕栄の「仏法弘通之志」によって創設されたものであり、持律の僧を長老に迎える律院であった。しかし、願主顕栄の死後、別院の経営は順調ではなかったようである。願主顕栄が誓度院の処分をしないままに死去したこともあって、誓度院は持律の僧ではなく、甲乙人が管領するに至り、願主の願いとは異なるものとなっていたようである。この政所下文において、惣寺に対しては「住優如之思、不可成違乱」

と命じ、誓度院に対しても「尊重惣寺、不可背礼節」と命じていることから、当時、粉河寺寺僧の惣寺と別院誓度院との間に軋轢が起こっていたとみられる。先ほどの誓度院を管領した甲乙人とは、誰であるのかは明らかではないが、誓度院に対する惣寺の違乱から推測すれば、甲乙人とは粉河寺寺僧を指すものかとも考えられる。このような粉河寺惣寺との厳しい関わりのなかで、別院誓度院は存続が難しい事態に陥っていたようである。

さて、誓度院は、いつ粉河寺学頭顕栄によって創建されたのであろうか、それを示す史料はないが、「誓度院旧蔵文書」で最古の文書は、建長二年（一二五〇）十一月日の「法眼某下文」[6]である。

下　粉河寺内誓度院

可早守旧跡建立一堂事

右、院領東限山峯、南限実宝寺領、西限山峯、北限高橋、如此云々、依証文之旨、任置文之状、永為当院之進退、可止他人之口入、以祈後世之輩、可定止住之仁、各成和合、勿致諍論、自不慮子細出来者、可為院主之成敗、若又難有院主不調事、為一身之咎、於別所者、不可有其煩矣、所宜承知、依状行之、以下

建長二年庚戌十一月　日　（朱印）誓度院

法眼和尚位（花押）

誓度院の創建は、建長二年以前であり、誓度院の独自の経済基盤として院領が設定されていた。この院領は誓度院の「進退」とされ、誓度院以外からの口入を禁止している。不慮の際には院主の成敗と決めていることから、誓度院院主が院領の進退権を有していたのであろう。

時期は少し下がるが、『紀伊続風土記』所収誓度院文書の弘長三年（一二六三）十一月の「某下文案」[7]によれば、

下　粉河寺内誓度院

可早令領掌当院同敷地四至領事

右当院者、以南陽房房主、定置院主職云々、而宗円存外為其仁之処、忽巧奸謀、背本家・領家、現種種不当之間、被触仰武家、差遣使者、被領狼藉（鎮カ）、以政所御下文、永被追放畢、爰沙弥敬忍有事縁、逼住此処之間、任申請、所被宛行也（中略）依為無縁所、於事焉令不退転念仏転経者也矣（以下略）

とあり、誓度院院主宗円は、「巧奸謀、背本家・領家、現種種不当」したために政所下文によって追放された。この宗円は同年正月二十五日の誓度院内の坊舎宛行状に誓度院院主として署名し、宛行側として登場している。すでに熱田氏が指摘するように、このような宗円の宛行行為もその狼藉の一つとされた可能性は高い。ここで重要なことは誓度院院主が誓度院に対していかなる権限を有していたかということである。前述の建長二年十一月日の「法眼某下文」では、院領は院主の成敗とされたが、しかし誓度院を創建した粉河寺学頭の権限はやはり無視し得ない。この弘長三年の史料によれば、狼藉と認定されれば院主であろうとも追放されたのである。実質的には学頭の権限が強くはたらいていたとみられる。したがって、学頭の意向を無視した誓度院院主の行動は狼藉とされるのである。さらに、学頭の意向を受けてであろうが「本家・領家」として現れる本寺が重要な役割を担っている。院主宗円の場合も、結局はその行為が、本家・領家への種々の不当として位置づけられ、本寺の政所下文をもって誓度院から追放された。このように、院主追放にあたって本寺が全面的に登場し、誓度院の運営に本寺も一定の影響力を有していたことを示している。粉河寺にとって本末関係は、決して形骸化したものではなく、実態あるものとして機能していたのである。

そこで、誓度院の管領権が粉河寺学頭から誓度院僧衆へ移行するのはいつであろうか。学頭仙実は永仁五年（一二九七）九月五日に心地覚心及びその門流の誓度院僧の働きに「感喜」して誓度院の「本証文」（誓度院の所領などを含む重要文書を指すものとみられる）を誓度院に移したが、ほぼその時期とみてよいであろう。それまでは学頭が誓度院に対して強力な管領権を有していたとみられる。なお誓度院の管領権の移動については後述する。

従来の寺僧と新たに設立された院家の僧衆との対立は、運営権や所領支配権をめぐってしばしば他の寺院においてもみられる現象であった(8)。とくに別院創建当時の強力な願主やその僧衆のなかの卓越したリーダーが死去した後に、その別院の運営権をめぐって対立が顕在化したようである。おそらく願主顕栄が死去した後に、誓度院の運営においてもさまざまな問題が表面化したのであろう。そこには学頭・院主、さらに粉河寺寺僧や誓度院僧衆のさまざまな思惑も渦巻いていたとみられる。

さらに、建長二年の「法眼某下文」で注目しておきたいことは、誓度院の機能についてである。誓度院は「以祈後世之輩、可定止住之仁」の記述から、願主もしくは粉河寺関係者の後世を祈るための別院として創建されたものである。熱田氏が指摘するように、誓度院は「別所」ともいわれ、聖が止住する別院であった。しかし、この建長二年の「法眼某下文」には、弘安元年の「前大僧正坊政所下文」に記載された「仏法弘通之志」のために「持律僧」を長老とするということについてはまったく見あたらない。したがって「前大僧正坊政所下文」中の誓度院が願主顕栄によって仏法興隆のための律院として創建されたという学頭仙実の説明は、そのまま信用することはできない。建長二年の史料の内容を尊重するならば、創建当時は後世を祈るための別院として誕生したと考えるのが妥当ではあるまいか。

建長二年十一月日の「法眼某下文」は、前述文書以外にもう一通案文があり、それは、誓度院に寄進された田一町と畠一町二反の免田を保証するものであった(9)。この寄進の目的が「不断念仏用途料」であったことは、誓度院が粉河寺関係者の後世を祈る別院であったことを示している。また、弘長二年十一月「某下文案」の「依為無縁所、於事焉令不退転念仏転経者也矣」という文言も、誓度院が後世を祈る別院であったことと符合する。

したがって、弘安元年六月日の「前大僧正坊政所下文」に記載された、学頭故顕栄が「仏法弘通之志」をもって「興造」し、「持律僧」を「当院長老」とする律院としての誓度院は、創建当時のものではなく、創建後に変化したものといえよう。

それでは、建長・弘長から弘安に至る約二十年ほどの間に、いつ、後世を祈る院家から積極的に仏法興隆をはかる律院へとその機能を変化させたのであろうか。その上で前述の弘安元年六月日の「前大僧正坊政所下文」をもう一度検討してみたい。故顕栄が未処分のまま死去したために、それ以後甲乙人が管領し誓度院が荒廃の傾向にあった。学頭仙実は、前大僧正に「持律僧」を長老に迎えて仏法の興隆をはかりたいことを願い、その願いにしたがって「前大僧正坊政所下文」が発給されている。「前大僧正坊政所下文」が出されたこの時期に「持律僧」が長老に招かれ律院化したと考えられる。したがって律院化を意図し実現させたのは当時の学頭仙実であったとみられる。弘安元年六月日の「前大僧正坊政所下文」にあわせて出された同年同月十日の「坊政所別当法橋経弘下文」[10]の宛名が、弘長三年（一二六三）正月二十五日の「院主宗円坊舎宛行状」の「院主」ではなく、「誓度院長繭《老カ》御房」と律衆の住持をさす「長老」となっている。すでにこの時期に誓度院長老が存在し、学頭仙実の主導のもとで誓度院の律院化がなされていたのである。

さらに、律院化するにあたって学頭仙実は、前述した粉河寺惣寺（寺僧）と誓度院との軋轢を克服するために、本寺とみられる前大僧正にその支援を求めたとみられる。誓度院の律院化は、粉河寺の学頭と本寺とみられる前大僧正の連携、つまり粉河寺上層部によってすすめられたといえよう[11]。

二　粉河寺の本寺聖護院

学頭仙実の申状を受けて、誓度院の律院化をすすめ、粉河寺の惣寺と誓度院とのあるべき関係を示した前大僧正御坊とは誰であろうか。熱田氏もそれを特定するまでに至っていない。

粉河寺の本寺については、『粉河寺縁起』[12]に園城寺との関係を示す記述がしばしば見うけられる。「錦織僧正験問池中霊地第十一」には「僧正は、小一条院の御子、当寺最初貫首なり」と寺門尊勝院の僧正行観（錦織僧正、一〇七三年死去）が粉河寺の初代貫首であったとする。[13]「覚宗僧正申寄御祈願所第十六」には「保延四年（一一三八）に、鳥羽院、熊野山に御幸あり、彼僧正、御先達として被参けるに、当寺の僧徒とも、土前御所に参集して、御先達に付て、奏状を奉る、即院宣を下侮、永為一院御祈願所」とあり、園城寺長吏覚宗を介して鳥羽上皇から粉河寺を祈願所とする院宣を得た。「長谷前大僧正百日参籠往生第卅二」には「大僧正は、法性寺関白御息なり、三井の貫首たり、粉河の長吏なり（中略）御補処聖護院宮、元暦元年（一一八四）十二月十八日に、千手観音丈六像并廿八部衆を図絵して、当寺に安置し給ふ」とある。

『寺門高僧記』[14]四の行尊大僧正法務の項に記載の「観音霊所三十三所巡礼記」には、「四番　粉河寺生身千手、紀伊伊都郡、願主大伴孔子古、三井寺末寺」とある。『寺門高僧記』はその成立や作者は未詳であるが、鎌倉末の成立ともいわれ、また行尊大僧正は、長承四年（一一三五）に亡くなっている。このように『寺門高僧記』の掲載内容は、平安末から鎌倉期の実態をあらわすものとみなしてよいであろう。粉河寺は平安末から鎌倉時代にかけて三井寺末寺であった。

また、仁治元年（一二四〇）から顕然化する粉河寺領丹生屋村と隣荘高野山領名手庄の水無川の用水及び堺相論にも寺門の聖護院の名前がしばしば登場する。[15]寛元元年（一二四三）とみられる閏七月十七日の「六波羅探題北条重時書状[16]」には、

粉河寺申紀伊国丹生屋村与高野山領名手庄相論条々事、聖護院僧正御房御書副寺解謹進上候、子細被載状候、以此旨、可有御披露候、恐惶謹言、

閏七月十七日　　　　　相模守平重時（裏花押）

進上　大夫僧都御房

と粉河寺の解が聖護院僧正御房書状を付して、聖護院から六波羅探題に届けられた。また寛元二年（一二四四）七月の「名手庄丹生屋村堺相論六波羅問注交名日記[17]」には、六波羅探題での問注に、高野使者や粉河使以外に、東寺側の上乗院長者前大僧正御房御使大輔阿闍梨隆尋と聖護院僧正御房御使伊豆都維那尚寛が召還されている。東寺と聖護院の御使は本寺の使者として召還されたものと考えてよいであろう。正嘉元年（一二五七）八月の「丹生屋村地頭品河清尚訴状[18]」には、具書として三通の院宣（建長三年九月二十二日付、同五年八月二日付、同六年四月二日付）が挙げられ、その院宣について本文中に以下のような説明がなされている。

宣旨状明鏡也、雖然、名手庄沙汰人・百姓等、更不叙用之、猶以致自由之押領之間、自粉河寺領家聖護院僧正御房度々被経　奏聞之処、被下数通　院宣畢、且子細所進之具書等顕然也、

粉河寺は領家聖護院僧正御房を介してしばしば奏聞し、院宣を獲得していた。その院宣は具書として記載されているものであろう。建長年間に粉河寺の領家として寺門の聖護院が存在した。このように聖護院は粉河寺所領の相論に深く関わり、粉河寺のために院・六波羅探題等の中央政界にも働きかけるなど積極的に支援している。寛元二年の場合、園城寺長吏は円満院仁助法親王であり聖護院門主ではない。なお、このときの聖護院院主は静忠である。

前述の『寺門高僧記』に記された「本寺三井寺」とは、領家聖護院を指すものか、それともそれぞれが別で、本寺三井寺の下に領家聖護院が存在したのか明らかにし得ないが、寛元元年・二年の際にもまた建長の際にも常に聖護院が上級権力として活動していることから、聖護院が粉河寺の実質的な本寺であったといえるであろう。

さて、前述の弘安元年の前大僧正御坊も聖護院の門主かその関係者と推測される。まず当該時期の聖護院門跡の系譜を掲げる。(19)

円忠　普賢寺関白息、園城寺長吏（四十四世）、文暦元年（一二三四）五十五歳没
静忠　普賢寺関白息、園城寺長吏（四十八世）、弘長三年（一二六三）七十七歳没
尊円　無品法親王、後鳥羽院皇子
深忠　権僧正、光明峯寺摂政息、弘長三年（一二六三）三十六歳没
覚恵　順徳院皇子、園城寺長吏（五十一世）
覚助　後嵯峨院皇子二品親王、園城寺長吏（五十九世）、建武三年（一三三六）八十七歳没
忠助　後嵯峨院皇子無品法親王、園城寺長吏（六十三世）
順助　亀山院皇子無品法親王、園城寺長吏（六十八世）、元亨二年（一三二二）四十四歳没

聖護院門跡の場合、門主の大半が法親王であり、前大僧正にあたる門主は、近衛基通子息である円忠・静忠と九条道家子息深忠であるが、弘安元年にはすべて死去している。そこで前大僧正坊下文の前大僧正は聖護院門主当人ではなく、門主法親王の後見的な立場に立つ者であったと考えられる。弘安元年当時の聖護院門主については、順徳院皇子覚恵と後嵯峨院皇子覚助が候補となるが、覚恵についてはその死去の年など明らかではなく、語る史料も少ない。『寺門伝記補録』の「長吏高僧略伝」巻下の覚恵親王の項には、「前大僧正静忠之弟子也、嘉禎二年四月十八

日、投拝父師大僧正、受阿闍梨位灌頂、時年二十、賜一身阿闍梨　宣、充両寺灌頂大阿闍梨、仁治元年補長吏治一」[20]とあって、聖護院門主静忠の弟子となり、二十歳の嘉禎二年（一二三六）に静忠から灌頂を授かる。そのことは『三井寺灌頂脈譜』[21]においても確かめられる。二十四歳の仁治元年（一二四〇）に園城寺長吏となる。しかし、これ以後覚恵を語る史料は管見の限り見あたらない。そして重要なことは『三井寺灌頂脈譜』には覚恵が灌頂を授けた弟子の記録はない点である。静忠の死後、文永三年（一二六六）に覚助に灌頂を授けたのは随心院仙朝である。[22]おそらく覚恵はこのときまでに亡くなっていたとみてよいのではないか。したがって弘安元年の聖護院門主は覚恵ではなく覚助と断定できるであろう。『三井続灯記』の「僧伝」一之二の「釈覚助」[23]の項によれば、覚助は建長六年五歳にして聖護院門主静忠の室に入り、弘長二年十三歳で剃髪し、早くも文永五年十九歳で園城寺長吏となる。

そこで門主覚助の後見的立場の僧について検討したい。入室の師である静忠は剃髪の翌年弘長三年に他界しており、後見にはなり得ない。また聖護院門主深忠も同年に亡くなっている。『三井続灯記』の「僧伝」一之二の「釈覚助」の項には「文永三年十七歳、拝仙朝入灌頂壇」とあり、『寺門伝記補録』の「長吏高僧略伝」巻下の「二品覚助親王」の項においても「文永三年二月九日、従別当大僧正仙朝、入壇灌頂于解脱寺、時年十七」[24]とあって、覚助の灌頂の師として仙朝が浮かび上がる。そのことは『三井寺灌頂脈譜』の覚助の名が、入室の師である「静忠前大僧正授廿人」の項ではなく、「仙朝前大僧正授十七人」の項にその名を載せていることと一致する。さて覚助に灌頂を授けた仙朝とはどのような僧であろうか。仙朝について『三井寺灌頂脈譜』では「覚朝、随心院、美濃権守宗光子、小一条院末、別当」などの注記が付され、随心院院主で、灌頂の師は青龍院覚朝、園城寺別当を務め、父は美濃権守宗光である。『尊卑分脈』では宗光は三条源氏で美濃権守ではなく美濃守となっており、仙朝は宗光の子息随心院大僧正仙朝として記されている。[25]仙朝について詳細に語る史料は『寺門伝記補録』の「非職高僧略伝」

巻下と『三井続灯記』の「別当次第」とである。

「非職高僧略伝」

美濃権守宗光之子、小一条院之裔也、補本寺別当、至前大僧正、嘉禄元年十一月十四日、従僧正覚朝入壇灌頂于解脱寺、時年二十四、受後以大法授於実円・覚助・静誉・道源等十七人、即補両寺灌頂大阿闍梨、弘安元年十二月十四日入寂、年七十七、[26]

「別当次第」

文永四年丁卯十二月二十一日任六十二于時僧正、同二十五日吉書、五年十一月二十八日拝堂、六年三月二十三日辞退、七年十一月二十四日、補御(護カ)持僧、建治元年十月会講師、同二年十一月二十八日、任大僧正、弘安元戊寅十二月十四日寂七十七、[27]

仙朝は、美濃権守源宗光の子で、その出自は貴種ではなく良家クラスである。そのことは彼の僧階の昇進にも如実に現れている。僧正になるのは六十二歳、護持僧は六十五歳である。明らかに十九歳の若さで園城寺長吏に昇った貴種覚助とは異なる。しかし仙朝はその出自は高くないにもかかわらず、覚助はじめ十七人の僧に灌頂を授けるなど高僧としての信頼を得ていた。随心院仙朝は覚助の入室の師聖護院静忠と、灌頂の師が青龍院覚朝と同じである。[28]おそらく剃髪をした十三歳の覚助を残して翌年亡くなった静忠は、信頼できる老僧仙朝に覚助を託したのではないだろうか。『三井続灯記』の「僧伝」一之二の「釈覚助」の項には、「(文永)十一年十一月、五壇法在禁中、侍于中壇、修不動法」[29]とあり、覚助がはじめて禁中五壇法の中壇をつとめた。なお『五壇法記』によれば、「同十一年十一月二日為異国降伏、各於本房被修之」とあり、この五壇法は異国降伏のためになされたものであった。この五壇法をつとめたメンバーに注意しておきたい。そのメンバーは、中壇をつとめた無品親王覚助(寺・聖護院)以外に、僧正仙朝（寺・随心院）・僧正房助（東仁・真乗院）・法印権大僧都盛尊（山）・法印権大僧都了遍（東仁）の五人であった[30]。覚助が五壇法の中壇をつとめるにあたって、師仙朝も一壇を担当した。おそらくはじめて修する聖護院門主覚助を補佐するための人選と考えてよいであろう。また仙朝の弟子随心院良円について、『三井続灯記』「僧伝」一之一の「釈良円」の項に

不知何許人也、嘉元々年、聖護院覚助親王侍于禁闕、修尊星王法、于時円領護摩壇、或夜帝夢星王持香水来于禁中、帝問曰、奏者誰哉、答曰、良円、即帝謂、侍護摩壇之良円乎、則措香水於帝枕側、醒々後勅侍臣、任僧正[31]

とあり、やはり聖護院覚助が禁中で尊星王法を修するにあたって、随心院良円が護摩壇を担当している。聖護院と随心院との間に緊密な関係がうかがわれる。おそらく随心院は聖護院門流の院家であると考えてよいであろう。

建治二年（一二七六）十月五日、近衛殿において、新陽明門院の御産のための五壇法がなされた。その際の中壇は寺門の僧正仙朝であった。『五壇法記』によれば、「同十一月十七日御産平安皇子誕生、即結願、諸僧被仰勧賞了、中壇任大僧正」とあり、随心院仙朝はこの御産の祈禱の賞にて大僧正に昇進したのであった[32]。したがって弘安元年（一二七八）の粉河寺誓度院宛の「前大僧正坊政所下文」の前大僧正は、本寺聖護院門主覚助の後見的立場の随心院仙朝と考えてまず誤りないであろう。

それでは、聖護院と粉河寺の本寺末寺の関係についてもう少しみておきたい。焼損のためにかろうじて年月日が「□治二年十月三日」と読め、建治か徳治かであろうと『粉河町史』に記されている「粉河寺供料・寺領免田等注進状断簡写[33]」に聖護院関係者とみられる僧名がしばしば挙がっている。それらは大蔵卿法印印宗（十三回）、南滝坊法印長俊（五回）、念滝院前大僧正房（三回）、少輔僧正房学宗（一回）、中将律師公禅（一回）等である。念滝院前

大僧正・少輔僧正房学宗を除き、印宗・長俊・公禅の名は『三井寺灌頂脈譜』にもみえる。大蔵卿法印印宗は美濃権守宗光の子息で、前述の随心院前大僧正仙朝の弟である。(34) 南滝坊法印長俊は左京大夫清永の子息で弘安元年四月九日に七十五歳で亡くなっている。(35) 中将律師公禅は左中将実持の子息である。(36) 注目すべきことはこれら三人の灌頂の師は聖護院門主静忠である。これら三人は聖護院門流の僧であったとみられる。なお少輔僧正房学宗であるが、聖護院門主静忠が灌頂を授けた二十人の中に、少輔と名乗る僧が一人だけいるが、僧名は学宗ではなく増意であり、同一人物かどうかは確定できない。そこで、最も多く登場する大蔵卿法印印宗についてその箇所を挙げる。

①［ ］卿法印房印□　御寄進也、

②　懺法、

［ ］口供米人別一石二斗　大蔵卿法印房印定(宗カ)御寄進也、

③［ ］元六段有之、文永元年大蔵卿法印坊印定(宗カ)［ ］

④［ ］僧一口、供米六斗、以相伝補之、無任料之云々

［　　　］□米一石五斗　大蔵卿法印［ ］

⑤［ ］屋免粁田一段大蔵卿法印坊御寄進也

⑥［ ］□各一段有之、又大蔵卿法印御坊印宗文永元年十一月四［ ］

⑦［ ］二段大蔵卿法印坊御寄進也、

⑧［ ］大蔵卿法印坊被寄附之、修正念仏等勤有之、

⑨［ ］堂　浮免三段大蔵卿法印坊御寄附之也、

⑩［ ］堂免九斗　大蔵卿法印坊御寄進也、

⑪□堂　定田一段大蔵卿法印坊御寄附歟、
　免田一段大蔵卿法印坊御寄進也、
　　定田半同御寄附也、
⑫□河堂　免田二段　大蔵卿法印坊御寄附也、
⑬□大蔵卿法印坊御寺務之時、亦如元取[37]□、

寄進の内容などは、この史料が断簡であるために具体的にわからない場合が多いが、基本的には法会や諸堂の費用のための免田等の寄進についての記述であり、印宗が粉河寺の経済的基盤の形成にも関わっていた。また⑬にみられるように、大蔵卿法印印宗は、時期は定かではないが、粉河寺の寺務つまり別当を務めている。聖護院門跡の門流の僧として粉河寺別当に補任され、粉河寺の運営に関わっていた。大蔵卿法印印宗は先述したように三条源氏の美濃権守源宗光の子息という良家クラスの僧であり、灌頂の師である聖護院門主静忠のもとで、またその死後門主覚助の後見的立場にあるとみられる随心院前大僧正仙朝の弟として聖護院を支え、時には末寺粉河寺の別当として活動していたとみられる。南都においても、興福寺末寺となった諸寺の別当には、興福寺一乗院院主や大乗院院主ではなくその傘下の院家の院主クラスの僧が補任される場合が多い[38]。おそらく聖護院の場合も同様であったとみてよいであろう。そこで弘安元年（一二七八）の粉河寺誓度院宛の「前大僧正坊政所下文」の発給主体である随心院前大僧正仙朝は、弟印宗が粉河寺別当に補任されていることから、聖護院の単なる後見的立場というよりも、当時粉河寺別当（寺務）であったとするのが妥当かもしれない[39]。

本寺聖護院は、末寺粉河寺の別当職を掌握し、別当には聖護院僧を補任していた。また聖護院僧の末寺粉河寺への田畠の寄進を通じて、寺領の形成にも関わり、また粉河寺領と他寺領との相論においては、院や六波羅探題に働

きかけるなど積極的に末寺粉河寺を支持し応援した。本寺聖護院と末寺粉河寺との関係は決して形骸化したものではなく、本寺として実質的な機能を果たしていたといえよう。

三 誓度院の律院化

学頭仙実が、後世の菩提を弔う往生院であった別院誓度院を、仏法興隆を担う律院となし、その際長老として招いた持律僧とは、どのような僧であったのか。正応五年（一二九二）四月五日付の心地覚心が定めた「誓度院規式」から、十三世紀末には誓度院は心地覚心の門流の僧が入寺し、由良興国寺の末寺になっていたことが確認できる。熱田氏は、心地覚心が正応五年の粉河寺大門供養の際にその布施として一人の稚児をもらい請け、その稚児至一上人が誓度院を粉河寺に建立するという「由良鷲峯山法灯円明国師之縁起」の伝承を引きながら――この伝承は誓度院の開創としては信憑性に問題あるが――誓度院が心地覚心の門下にはいる時期については、この規式からも正応五年を最下限としている。このように、熱田氏も、弘安元年に持律僧が長老を務める誓度院が、ただちに心地覚心門流の禅院となったとは考えてはいない。むしろその時期は正応五年頃とみられる。その理由として熱田氏も指摘するように、永仁以後の誓度院僧の活躍が際だっているからである。

誓度院不断千手陀羅尼と毎日行法への奉加状が、永仁の時期に集中して存在する。

永仁二年（一二九四）三三貫三三三文（比丘僧浄快[40]）

同三年　三貫三三三文（前出羽守[41]）　生衣（沙門心慧[42]）　三貫三三三文（尼随如[43]）　三貫三三三文（勝部氏女[44]）　三貫三三三文（源氏女[45]）　三三三文（仏子聖戒[46]）

同四年　三貫三三三文（比丘尼覚心(47)）
同五年　五〇貫文（左右衛門尉三人(48)）
年欠　　三貫三三三文（尼恵宗(49)）

熱田氏は、これらの勧進について、誓度院僧が、心地覚心の縁による鎌倉・関東での勧進活動の成果とされる。また年欠の尼恵宗の奉加帳の端裏書に「チヤウラクシ」とあって、熱田氏は「法灯国師縁起」から宝治元年に心地覚心が上野国世良田の長楽寺で一夏を過ごしていることから世良田長楽寺を指すものであろうとする。これらの奉加にはその金額に特徴があり、三という数字にほぼ統一されている。これは、三十三観音信仰に基づくものとみられ、このような勧進活動を通じて、西国巡礼の一カ寺である粉河寺の信仰が東国にも広がりつつあったのであろうか。世俗における西国巡礼信仰の展開を示すものとして貴重な史料であろう。また、仏事への奉加だけではなく、永仁五年には造営料奉加として三〇〇貫文の奉加を得ている(50)。このように永仁に入り、仏事の興隆や堂舎の造営がすすめられ、従来の誓度院とは一変した状況が生まれていたであろう。

さらに、ちょうどこの時期に、粉河寺は寺領栗栖荘をめぐる相論を抱えていた。「庄官昌円与願蓮致合戦狼籍（藉カ）、為没収之地、以俣野八郎入道寂一、被補地頭之間」と、幕府による栗栖荘への新たな地頭の設置に対して、粉河寺側は「昌円非御家人、当庄非武家領」と地頭設置の不当性を主張した。この相論は結局、誓度院住侶尊地房行秀のはたらきによって粉河寺の主張が認められた。

　誓度院住侶行秀尊地房、為奉助観音之仏法、参向関東、令弘演霊験勝利之処、将軍家御帰依不浅、両国司以下御奉加厳重也、依之社壇拝殿等修営興造、土木之構殆越諸千古、加之、属勧進之次、当庄事、以行秀之秘計、令達宿訴畢、云勧進、云訴訟、忠功異他之間

と、誓度院僧尊地房行秀は、関東での布教活動により、幕府の帰依を得て、勧進による奉加、訴訟での勝利を粉河寺にもたらした。粉河寺寺僧は尊地房行秀のはたらきに対して一同の衆議をもって、「当庄々官跡三分之一」を誓度院に割分して別領とした[51]。粉河寺寺僧は、このような関東での活動を期待して、心地覚心の勢力を別院に迎えたのであろう。おそらくその迎えた時期については、永仁以後の誓度院僧の際だった活動から推測して、「誓度院規式」が作成された正応五年をそれほど遡ることはあるまい。心地覚心門流の別院となるにあたって「誓度院規式」が作成されたとも考えられる。

さて、それでは、心地覚心門流の禅院となるまで、誓度院はどのような律院であったのであろうか。残念ながらそれを直接語る史料はない。そこで注目されるのが、文永から弘安にかけての西大寺叡尊による紀ノ川流域での布教活動と粉河寺の来訪である。この史料については『粉河町史』には未収載で、熱田氏の研究にもふれられていない。

当時大和を中心に畿内各地に西大寺流の律院を形成しつつあった西大寺叡尊の布教活動は、紀ノ川流域にも及んでいた。粉河寺の律院形成も、その活動と無縁ではないように思われる。叡尊の自叙伝というべき『金剛仏子叡尊感身学正記』文永六年（一二六九）の項には、「十月上旬、依備後入道妙蓮之請、紀伊国金剛宝寺字紀三井寺、講梵網十重、七日、名草郡神宮寺御領十九郷之内、禁断殺生、御読経所、神宮寺及散在諸堂三十余所堂内、飲酒乱舞、寺中酤酒酒宴停止状、捧之、十九日、八百九十四人授菩薩戒、十日、於日前神宮寺、国造授菩薩戒[52]」とあり、西大寺叡尊の布教活動が、文永六年頃には紀ノ川下流の紀北の平野部に及んでいたことが確認できる。そして神宮寺領での殺生禁断、神宮寺や散在諸堂の寺中での酒宴停止など、戒律を重視した宗教的実践がなされ、日前神宮寺において地域の有力者日前宮神主（国造）をはじめ、八九四人に及ぶ人々に授戒がなされた。建治三年（一二七七）の項には「十月四日、於紀伊国伊都郡隅田庄慈光寺、二百四十人授菩薩戒[53]」とあって、紀ノ川上流の隅田荘においても叡尊の布教活動が確認できる。このように弘安以前に西大寺叡尊が紀ノ川流域において布教活動を行っており、粉河地域にも西大寺律衆の影響が浸透していたとみてもよいであろう。

とくに粉河寺との関係で注目すべき記事は、弘安五年（一二八二）の「十月六日、紀州下向進発、著最福寺、七日著隅田、八日著相賀、九日著粉河寺、十日開講梵網経十重古迹発願、十五日布薩、十七日古迹畢、十八日二千七百十五人授菩薩戒、十九日中門供養、曼陀羅供略定、廿日著和泉国久米田寺[54]」である。江戸時代の編纂物であるが叡尊の活動を知る上で貴重な史料である『西大勅諡興正菩薩行実年譜』にも「十月、受請講布菩薩戒経於紀之粉川寺、満座之日、受菩薩戒者道俗二千七百余人、廿一日届泉之久米田寺[55]」とある。叡尊は、十月九日に粉河寺に着き、十日梵網経の講義を行い、その満座の十八日には二七一五人に対して菩薩戒を授けた。さらに十九日には中門供養が執り行われた。この紀州への布教活動の目的は、その滞在日数から考えても粉河寺での活動が主目的であったとみられる。ここに粉河寺に西大寺叡尊を招く人々がいたことが確認できる。叡尊の粉河寺訪問より約五年前の弘安元年に、誓度院は持律の人を長老に招き律院化しており、おそらく誓度院の律院化をすすめた学頭仙実と律院誓度院の僧衆が、この叡尊招請の主体であったと考えてよいであろう。弘安以前からの叡尊ら西大寺律僧の紀ノ川流域での活動を考え合わせるならば、誓度院は西大寺流律僧に近い持律の僧が招かれたのではないだろうか。誓度院は、聖の往生院から西大寺流律衆に近い律僧が止住する律院へと変化したと考えてみたい。

さらに、学頭仙実の律院化を考える上でそれを支援した本寺聖護院と西大寺叡尊との関係も注意しておく必要があろう。叡尊と聖護院との関係については、『感身学正記』等の史料に叡尊と聖護院門主とが直接関わった記事はみられない。しかし両者とも、王家や摂関家とくに近衛家との関わりが深い。そこでその面から検討する。

弘安三年（一二八〇）に作成され、西大寺蔵の叡尊寿像の胎内に納められた同年九月十日の「西大寺有恩過去帳[56]」には、

西大寺有恩過去帳
当寺本願称徳天皇
（中略）
後嵯峨法皇　　六条摂政殿下（近衛基実）
普賢寺禅定殿下（近衛基通）　　猪熊禅定殿下（近衛家実）
□　　岡屋禅定殿下（近衛兼経）
烏丸関白殿下　　原殿
尼真如観　　僧都定守
（以下略）

と、すでに亡くなった後嵯峨院と近衛家代々の当主の名が記され、弘安三年頃までは藤原氏のなかでも近衛家の人々が叡尊と深い関係にあったことがわかる。叡尊と王家・摂関家の人々との関わりを示す最も早い事例は『感身学正記』の文永六年（一二六九）の「八月上旬、著北京西山葉室浄住寺、六日、於北小路堀河殿、御所主禅尼普賢寺殿御息女、以下十九人授菩薩戒、感得招提御舎利一粒、廿二日、於松尾近辺、勘解由小路禅尼、与近衛北政所、共被招請、仍与四十人授菩薩戒[57]」である。叡尊は八月六日に近衛基通の息女の招請を受けて、十九人に菩薩戒を授け、その際招提寺舎利一粒を感得している。二十二日には近衛家に仕える権中納言藤原頼資（勘解由小路）の室と鷹司基忠（近衛北殿）の室との招請を受けて、四十人に菩薩戒を授けている。細川涼一氏によれば、叡尊と摂関家

との関係は、最初に近衛基通の娘（兼平の叔母）や基忠の北政所の帰依を得たことによって築かれたとされる。[58]このように叡尊は弘安以前から近衛家の人々から帰依をうけ、人的交わりをもっていた。また、建治二年（一二七六）に叡尊は後深草院・亀山院の両上皇に授戒を行い、王家の人々とも交わるようになる。[59]弘安二年（一二七九）に、叡尊は国家の安穏を願い大神宮への宋本一切経の奉納を発願した。当時一切経を入手するのは困難を極めたが、それを支援して仙洞所蔵の宋本一切経を届けたのが亀山上皇であった。[60]とくに弘安四年（一二八一）閏七月一日からの石清水八幡宮宝前での祈禱が蒙古軍の壊滅と時期的に重なり、叡尊の名声を不動のものとする。蒙古襲来の社会的不安を背景に、王家の人々の叡尊への帰依はますますあついものとなっている。

聖護院もまた、王家や摂関家とくに近衛家と密接な関係をもつ門跡であった。近衛基通（普賢寺関白）の子息で近衛家実（猪熊殿）の弟である円忠・静忠が相次いで聖護院に入室し、聖護院門主を務めた。さらに、門主覚助の後見で、粉河寺の寺務であったとみられる随心院仙朝は、建治二年（一二七六）十月五日から亀山天皇妃で近衛基平息女である新陽明門院位子のお産のために近衛邸で五壇法中壇をつとめるなど、亀山院や近衛家の人々から信頼を得た、彼らと関係の深い高僧であった。弘安当時の聖護院門主覚助は、後嵯峨院の子息で後深草院・亀山院と兄弟の関係にある。

おそらく、聖護院も王家・近衛家の人々との縁を通じて叡尊との関わりをもち得ていたのではあるまいか。もしくは直接関わることがなくとも、叡尊の活動に理解をもつものであったとみてよいのではないだろうか。

弘安元年頃の誓度院の律院化において、のちの叡尊の粉河寺訪問の際、戒を授けられた人数は二七一五人に及ぶように、粉河寺地域での叡尊への熱狂的な帰依、さらに本寺聖護院と関係の深い王家・近衛家の人々の叡尊への帰依などを考慮すれば、西大寺叡尊の門流かもしくは関係のある律僧が長老として招かれた可能性は十分にあるのではないかと思われる。

四　粉河寺寺僧からの誓度院の自立

誓度院は、本来粉河寺学頭顕栄によって後世の菩提を弔う別院として建立されたが、弘安元年頃に、当時の学頭仙実によって持律僧が長老を務める密教興隆の律院となった。さらに、正応五年頃には、関東での活躍を期待して心地覚心系の禅院と変化する。このように誓度院は、ことあるごとに学頭を中核とする粉河寺寺僧、さらにそれを支援する本寺聖護院によって、つまり粉河寺の上層部によって大きく変化してきたといえよう。

しかし、心地覚心門流の禅院となって以後は、そのような粉河寺寺僧による誓度院の変化は一度も起こっていない。むしろ正長元年（一四二八）に誓度院は、粉河寺寺僧衆議によって粉河寺寺内から寺外へ移転するための替え地を得ており、自立化をすすめる。

紀州粉河誓度院之事、不慮大変出来間、可被移彼院於他所之一段、衆議同心無相違者也、仍為彼院建立敷地、粉河寺領猪垣村植和内田地五段、為根本誓度院替地、永代所寄附之明鏡也、（以下略）[61]

この誓度院当住白巌和尚禅室宛の正長元年九月十八日の「粉河寺衆議連署寄進状」によれば、「不慮大変」の事件が起こり、そのために誓度院が寺外へ移ることになったとみられる。「不慮大変」の事件の内容については詳細には明らかにし得ないが、『粉河寺旧記』（天英本）[62]に、

一、誓度院ト寺家カク（確）論ノ事、一寺内タル寺ニテ候間、誓度院可然由寺家ヨリ云了、縦雖為一寺内、各別也、又ハ有宗旨相違上ハ、可謂誓度寺云々、此論及両年、不相済故ニ、畠山（満家）殿依御■捫、於寺家、末代有如在間

敷、取書物、移猪垣、号大慈山誓度寺也、

正長二年八月日[63]

とあり、粉河寺寺僧と誓度院の間に何か抜き差しならぬ問題が起こったものとみられる。熱田氏は、応永三十四年(一四二七)三月二十四日に誓度院が炎上したこと、誓度院側が宗旨の相違をもって誓度寺と寺号を主張したことなど、粉河寺からの離脱の動きが背景にあったことを指摘する。この熱田氏の指摘は当を得たものといえよう。しかし私が注目したいことは、粉河寺寺僧が、その解決として従来ならば誓度院の院主の据え替えによってすましてきたが、今回は誓度院そのものを寺外へおき、誓度院との間にさらに距離を置くことを認めて問題をおさめようとしている点である。このような誓度院に対する粉河寺寺僧の権限の弱さは何故に起こったのであろうか。誓度院が禅院として発展し、その組織も応永十五年の「東西両班官銭員数定書」に示されるように西班・東班という禅宗独自のものとなっており[64]、粉河寺のなかで際だって異質な存在となりつつあったことにもよるであろうが、そのことと合わせて重要なことは、この誓度院の管領権を法的に掌握していたのは誰かという点である。

そこで永仁五年(一二九七)九月五日の「粉河寺学頭権律師仙実置文[65]」を挙げておきたい。

当寺内誓度院者、十学生相伝領掌之地也、而今由良方丈有光儀、被興行当院之間、寺家感喜不湧、而令安置本証文於当院已畢、宜為法度処不可退転之状、如件、

とあって、誓度院は永仁五年までは粉河寺寺僧である十学生が相伝する別院であって、誓度院の管領権などの基本的権限は誓度院の僧衆にはなく粉河寺寺僧にあった。心地覚心が粉河寺大門の供養をつとめた永仁五年に、その心地覚心のはたらきに感銘して、粉河寺寺僧は誓度院の管領権を誓度院に寄進し、それに従って本証文を誓度院に渡すことになったのであろう。永仁五年は誓度院僧衆が誓度院の管領権を自らの手中におさめるための法的根拠を得

た年であった。西大寺律衆においても、弘安元年に西大寺別当乗範から西大寺の検断以下の管領権を寄付されるまでは、朝廷・幕府の要人を始め、一般の人々からひろく帰依を受け、巨大な勢力へと成長した叡尊ら律衆ではあったが、建治二年に叡尊が「若不宜別当不信寺僧等出来、於持戒之止住致障碍之時者、止住衆僧同心和合移宥縁之勝地、勿退転此勤行[66]」と『西大寺三宝料田畠目録』に記しているように、西大寺においてはその立場は不安定な居候的なものであった。誓度院僧衆もこの永仁五年まではこのような不安定な存在であったといえよう。そのために粉河寺寺僧とくにその創建者の系譜を引く学頭の意向が、強く反映したものとみられる。前述の弘長三年の誓度院院主宗円の不当とされた処分行為なども、このような誓度院の管領権が本質的に院主になく粉河寺寺僧にあったことがその背景にあると考えられる。このような誓度院であるがゆえに、その時代に対応した別院を求める学頭やそれを支持する本寺聖護院よって、しばしばその僧衆や機能を大きく変えたのである。

心地覚心が「誓度院規式」を定めた正応五年（一二九二）には、まだ誓度院の管領権はその僧衆にはなかった。誓度院僧衆の在り方については当然粉河寺寺僧とくに学頭仙実の意向が反映していたのではあるまいか。それは持律の僧による密教の興隆であった。この「誓度院規式」にはそれが濃厚に反映しているといえよう。

心地覚心の「誓度院規式」は以下の八カ条の条目からなる。

一　住侶堅可守禁戒事
一　僧衆可和合事
一　衣鉢受持僧侶事
一　無伴不可出行事
一　尼衆・児童・女房等参入事

一　三時勤行事
一　四時坐禅事
一　可修真言行法事[67]

このように、持律が先行し、禅の四時坐禅については、真言関係の勤行を記した三時勤行のあとの第七条目に記載されるのみである。誓度院が禅院化したといえども、その修行内容は従来の律院のそれとほとんど変わらなかったといえよう。そのために律院から禅院への変化も、粉河寺寺僧が求めた持律僧による密教の興隆という視点からみれば、ほとんど変化なきものであったといえる。このように心地覚心門流の誓度院禅僧は、律僧とその宗教的活動においてほとんど差異がみられない存在であった[68]。このような特徴は、心地覚心が粉河寺学頭仙実の意向に配慮したというよりは、すでに指摘されているが、禅僧といえども「禅律」一括りで呼ばれたように、律僧と同様に従来の八宗を兼修し、その興隆につとめる存在でもあったという初期の禅僧がもつ属性によるものであろう。したがって、ただちに禅僧を顕密仏教勢力と異質なものとみる見方は間違いである。

なお、正長元年（一四二八）粉河寺寺外に替え地を得て、永享二年（一四三〇）頃には粉河寺寺中から出た誓度院であるが、粉河寺との関係がただちに切れたわけではなかった。応仁元年（一四六七）四月三日に「寺務前大僧正某御教書[69]」が誓度院方丈宛に出された。

今度惣寺炎上、希異悪逆非所及翰（輸）墨、雖然、当院無為、先以珎重候、早仰上人之本誓、専同心合力懇志、可致寺院再興之計略、若自然於寺院及異乱煩輩在之者、速可有注進堅可被加柄（炳）誡之由、（以下略）

粉河寺寺務（別当）が炎上した粉河寺の再興のために、誓度院に対して同心合力しその計略を致すように命じたものであり、もしそれに対して妨げる輩があれば注進せよと上級権力として強硬な姿勢を示した。このようにこの時期においても本寺聖護院関係者が務める粉河寺別当の権限は誓度院に及んでいる。誓度院僧衆が院の管領権を粉河寺学頭を中心とする粉河寺寺僧から譲り受けたとしても、それは粉河寺寺僧と誓度院僧衆とのことであり、本寺からみれば誓度院はあくまで粉河寺の一部であった。したがって誓度院が本寺（粉河寺別当）の支配からはずれたわけではなかった。粉河寺からの自立化を進めつつあった禅院誓度院ではあるが、少なくとも応仁期までは粉河寺の一部として別当の支配を受け、従来の粉河寺組織から離脱したわけではなかった。

おわりに

天台宗の地域有力寺院である粉河寺内に設けられた、遁世僧の別院誓度院について検討してきた。誓度院は、粉河寺学頭顕栄によって、粉河寺関係者の後世の菩提を弔うために創建された別院であった。しかし、弘安元年頃には当時の粉河寺学頭仙実の意向とそれを支援する粉河寺別当（本寺聖護院僧）のもとで、持律の僧が長老を務める律院となる。その背景には院主の狼藉による追放、粉河寺寺僧との間に軋轢などがあったとみられる。この持律の僧については、弘安五年の西大寺叡尊の粉河寺での宗教活動などから、西大寺叡尊関係の律僧が招かれた可能性を指摘した。律院化した誓度院は、また正応五年までには心地覚心流の律院へと変化する。その背景は、その後の誓度院僧尊地房行秀の関東での勧進や訴訟における目覚ましい活躍から推測して、粉河寺寺僧が、心地覚心の縁を介しての鎌倉幕府との関係の強化を期待したのであろう。このように誓度院は、その時々の状況に応じて、粉河寺学頭を中心とする寺僧上層部とそれを支援する粉河寺別当（本寺聖護院僧）の意向によって、構成する遁世僧やその機能を変えたのである。遁世僧である別院誓度院僧衆は寺僧の管轄下にあり、自らは誓度院の管領権を持ち合わせず、不安定な存在であった。それを克服するには、永仁五年をまたなければならなかった。それは同年に行われた心地覚心の大門供養に対する寺家「感喜」にともなう誓度院管領権の譲りであったとみられる。この後、誓度院は禅院として発展する。そして、正長元年には、粉河寺との間に「不慮大変」の事件が発生したが、結局粉河寺寺内から誓度院が出ることで落着するようである。誓度院の管領権を有する誓度院僧衆に対して、もはや粉河寺寺僧は、誓度院の変革などを求めることはできない。しかし、このことがただちに誓度院が粉河寺から離脱することを意味するものでもなかった。粉河寺別当（本寺聖護院僧）の立場からみれば誓度院の管領権は粉河寺寺僧から誓度院僧衆に移ろうとも、あくまで粉河寺内部のことであり、誓度院は粉河寺別当（本寺聖護院僧）の支配下にあった。そして粉河寺別当は、応仁元年（一四六七）の粉河寺炎上の際にその再建に合力するよう誓度院に命じている。のち五山の十刹にもなる誓度院であるが、粉河寺を支える上で大きな役割を担っていたのであり、顕密寺社勢力を支えたといえるであろう。

このような、粉河寺と別院誓度院の関係は決して特殊なものではなかったのではないだろうか、鎌倉時代には顕密寺院内に別所のような遁世僧の寺坊が相次いで設置された。従来までの研究ではその対象が律僧に集中したが、決して遁世僧は律僧に限られるものではなかったと考えるべきであろう。また遁世僧は、その寺坊の管領権をただちに掌握できたのではなく、創建者である寺僧の意向によって遁世僧の寺坊の性格もしばしば変化させられたといえよう。したがって、寺坊の管領権を獲得し得ていない（それが大半と考えられるが）遁世僧の寺内身分は非常に不安定なものであったとみられる。

さて、粉河寺の本寺について一般に三井寺とか聖護院とかの指摘はなされている。しかし弘安元年六月日の「前大僧正坊政所下文」では、「前大僧正」とあるのみで、とくに聖護院門跡が覚助法親王であることから、従来までは前大僧正を確定してこなかった。本稿ではそれが覚助の後見である随心院仙朝であること、また粉河寺別当であることを明らかにした。このように聖護院を本寺とする場合、その別当は聖護院院主ではなく、それに仕える院家クラスが院主からの恩顧としてその役職に補任され務めたとみられる。このような傾向は南都寺院においても確認できる。別当は本寺聖護院を代表して末寺粉河寺の支配に関わったのであろう。

最後に、粉河寺寺僧の大半は、在地勢力を出自とする者から構成されていたと考えられ[70]、本稿で扱った粉河寺寺僧と誓度院とのさまざまな問題も、在地勢力を視野に入れて検討しなければならない。しかしその点についてはまったくできなかった。また、粉河寺学頭によって設立された誓度院であるが、室町期になると顕密寺社勢力に組み込まれながらも、次第にその独自の宗旨を主張して自立化をすすめる。戦国期には顕密寺社勢力の解体とともに、法灯派禅宗寺院として自立を達成していくのであろう。顕密寺社勢力への従属とそれからの自立という二面性を整合的に描くということはできなかった。これらの点については今後の課題としておきたい。

註

（1） 西大寺律衆に関する先行研究については、佐伯俊源氏が詳細な目録を作成しておられるのでそれを参照していただきたい（「南都西大寺史関係文献目録稿」、『戒律文化』創刊号、戒律文化研究会、二〇〇二年）。なお律僧の活動の評価については、顕密仏教勢力の社会的対応の一つと理解し、その勢力の「民衆」化として位置づける見方と、顕密仏教勢力とは異なる勢力の活動として位置づける見方とに分かれている。これは中世社会像とも重なり、中世仏教とは何か、また中世封建社会における宗教勢力とはどのようなものかという本質的な問題に関わるものである。なお、筆者は前者の立場に立つものである。本稿での天台宗粉河寺とその聖の別院との関係を扱うのも、顕密寺院内の聖の機能を考察するためである。

(2) 原田正俊「高野山金剛三昧院と鎌倉幕府」(大隅和雄編『仏法の文化史』、吉川弘文館、二〇〇三年)。

(3) 『粉河町史』第三巻(粉河町、一九八八年)家わけ文書　誓度院旧蔵文書1。『和歌山県史』中世史料二(和歌山県、一九八三年)「興国寺文書」22。熱田公氏は「別所」が聖の居住地であり、誓度院が聖の別院であることを指摘する(熱田公「誓度院について」、安藤精一先生退官記念会編集『和歌山地方史の研究』、宇治書店、一九八七年に所収)。筆者も重源の東大寺別所の例のように、本来寺院社会と決別して設けられた別所が、重源の東大寺別所の例のように、平安末には顕密寺院境内に設けられるに至ることを指摘した(拙稿「中世顕密寺社と律衆」、『戒律文化』第二号、二〇〇三年)。

(4) 熱田公前掲註(3)論文。

(5) 『粉河町史』第三巻　家わけ文書　誓度院旧蔵文書4。『和歌山県史』中世史料二「興国寺文書」26。

(6) 『粉河町史』第三巻　家わけ文書　誓度院旧蔵文書1。『和歌山県史』中世史料二「興国寺文書」22。

(7) 『紀伊続風土記』付録巻之七。『粉河市史』第三巻　家わけ文書　誓度院旧蔵文書53。

(8) 西大寺の場合においても、叡尊の死後鎌倉末から南北朝期に、しばしば律衆に対して従来の寺僧が抗争した。しかし、常に、興福寺の支援を得た律衆が勝利をおさめ、その都度寺僧は請文を提出した。この背景には検断以下の寺院運営権を掌握した律衆に対する寺僧の反発があった(田中稔「西大寺における「律家」と「寺僧」——文和三年『西大寺白衣寺僧沙汰引付』をめぐって——」、『仏教芸術』六二、一九六六年。のち、同『中世史料論考』、吉川弘文館、一九九三年に所収。拙稿「中世大和の寺院と在地勢力——西大寺を中心として——」、『ヒストリア』八五号、一九七九年)。

(9) 『粉河町史』第三巻　家わけ文書　誓度院旧蔵文書2。

(10) 『粉河町史』第三巻　家わけ文書　誓度院旧蔵文書5。『和歌山県史』中世史料二「興国寺文書」25。

(11) 『粉河町史』第二巻(粉河町、一九八六年)の解説によれば、粉河寺の寺僧は衆徒と行人に分かれ、衆徒は学侶であると考えられる。衆徒と行人という寺僧身分は、一般に当時の寺院にみられる身分である。寺院によっては、衆徒を学衆、行人を禅衆とも呼ぶ。粉河寺の勢力は、この寺僧以外に、南北朝期から文書に寺領の土豪や地侍層によって構成される方衆が登場する。粉河寺の勢力はこの三つからなっていた。寺院運営の実権を掌握していたのは学頭ら衆徒の上層部であったとみられる。なお、高木徳郎氏によれば、粉河寺の寺僧は寺家衆と行人からなり、さらに寺家衆は衆徒と方衆に分かれる。衆徒と方衆は同じ寺家衆であるが身分は衆徒が上位であった。方衆は粉河寺膝下の特定の土豪勢力からなり、軍事警察を担当した（高木徳郎「中世粉河寺の寺内組織とその再編――天英本『粉河寺旧記』の検討を通じて――」、『早稲田大学大学院文学研究科紀要』第四三号、一九九七年）。このように方衆の認識に相違がある。

(12)『続群書類従』二八輯上所収。『粉河町史』第三巻　粉河寺縁起集7。

(13)『尊卑分脈』第三編では、小一条院息の行観について「寺、号錦織僧正、定基僧都弟子」とある。また、『寺門伝記補録』（『大日本仏教全書』第一二七冊）の「非職高僧略伝」には源頼義と師壇の契り交わしたこと、義家が僧正を三拝し、三井寺を氏寺とした話などが載せられている。

(14)『続群書類従』二八輯上所収。

(15)舟越康寿「高野山領名手庄と粉河寺領丹生屋村との紛争に就いて――崩壊期における庄園拡張の一類型――」（『史蹟名勝天然記念物』一五集一二号、一九四〇年）。宝月圭吾『中世灌漑史の研究』（畝傍書房、一九四三年。のちに復刊吉川弘文館、一九八三年）第六章、復刊本二六五～二七二頁。阿部猛「高野山領紀伊国名手荘――中世の堺論・推論の一資料――」（『東京学芸大学紀要』第三部門　社会科学　第二五集、一九七三年）。太田順三「鎌倉期の境相論と絵図」（荘園研究会編『荘園絵図の基礎的研究』、三一書房、一九七三年）。小山靖憲「中世村落の展開と用水・堺相論」（同『中世村落と荘園絵図』、東京大学出版会、一九八七年）など。

(16)『粉河町史』第二巻　編年史料　一〇四号。『大日本古文書』家わけ第一　高野山文書一　三九九号。

(17)『粉河町史』第二巻　編年史料　一一三号。『大日本古文書』家わけ第一　高野山文書一　三九四号。

(18)『粉河町史』第二巻　編年史料　一三四号。『大日本古文書』家わけ第一　高野山文書四　一二一号。

(19)宮内庁書陵部蔵「聖護院門跡次第」、内閣文庫蔵「諸門跡譜」をもとに、『寺門伝記補録』（『大日本仏教全書』第一二七冊）から没年を補った。

(20)『寺門伝記補録』第十四（『大日本仏教全書』第一二七冊に所収）二三三頁。

(21)内閣文庫所蔵『三井寺灌頂脈譜』の「静忠前大僧正授廿人」の項。

(22) 内閣文庫所蔵『三井寺灌頂脈譜』の「仙朝前大僧正授十七人」の項。
(23) 『三井続灯記』第二(『大日本仏教全書』第一一一冊に所収)二一一~二一二頁。
(24) 『寺門伝記補録』第十四(『大日本仏教全書』第一二七冊に所収)二三四頁。
(25) 『尊卑分脈』第三巻五六四頁。
(26) 『寺門伝記補録』第十六(『大日本仏教全書』第一二七冊に所収)二六五~二六六頁。
(27) 『三井続灯記』第四(『大日本仏教全書』第一一一冊に所収)五九頁。
(28) 内閣文庫所蔵『三井寺灌頂脈譜』の「覚朝前僧正授卅八人」の項。
(29) 『三井続灯記』第二(『大日本仏教全書』第一一一冊に所収)二一~二二頁。
(30) 東京大学史料編纂所蔵謄写本『五壇法記』。奥書に「京都府東寺蔵本明治三十五年採訪三十七年謄写」とある。
(31) 『三井続灯記』第一(『大日本仏教全書』第一一一冊に所収)一六頁。
(32) 東京大学史料編纂所蔵謄写本『五壇法記』。
(33) 『粉河町史』第三巻　家わけ文書　粉河寺文書31。
(34) 内閣文庫所蔵『三井寺灌頂脈譜』の「静忠前大僧正授廿人」の項。
(35) 内閣文庫所蔵『三井寺灌頂脈譜』の「静忠前大僧正授廿人」の項。
(36) 内閣文庫所蔵『三井寺灌頂脈譜』の「静忠前大僧正授廿人」の項。
(37) 『粉河町史』第三巻　家わけ文書　粉河寺文書31。
(38) 興福寺末西大寺の場合も、叡尊に西大寺の運営権を委譲した際の西大寺別当は興福寺権別当を務めた乗範であり、良家クラスであった。
(39) 粉河寺別当である大蔵卿法印印宗、その兄随心院仙朝は、小一条院の末裔である。『粉河寺縁起』では小一条院の子息錦織僧正行観が粉河寺最初の貫首となったとされ、小一条院という家系が粉河寺別当と関係があるかもしれない。
(40) 永仁二年正月十八日「僧浄快奉加帳」『粉河町史』第三巻　家わけ文書　誓度院旧蔵文書7。『和歌山県史』中世史料二「興国寺文書」6。

(41) 永仁三年閏二月一日「前出羽守某奉加帳」『粉河町史』第三巻　家わけ文書　誓度院旧蔵文書8。『和歌山県史』中世史料二「興国寺文書」9。
(42) 永仁三年十一月一日「沙門心慧奉加状」『粉河町史』第三巻　家わけ文書　誓度院旧蔵文書9。『和歌山県史』中世史料二「興国寺文書」5。
(43) 永仁三年十二月八日「尼随如奉加状」『粉河町史』第三巻　家わけ文書　誓度院旧蔵文書10。『和歌山県史』中世史料二「興国寺文書」2。
(44) 永仁三年十二月八日「勝部氏女奉加状」『粉河町史』第三巻　家わけ文書　誓度院旧蔵文書11。『和歌山県史』中世史料二「興国寺文書」7。
(45) 永仁三年十二月二十三日「源氏女奉加状」『粉河町史』第三巻　家わけ文書　誓度院旧蔵文書12。『和歌山県史』中世史料二「興国寺文書」3。
(46) 永仁三年四月二十四日「仏子聖戒奉加状」『紀伊続風土記』付録巻之七。『粉河町史』第三巻　家わけ文書　誓度院旧蔵文書53。
(47) 永仁四年三月十一日「尼覚心奉加状」『粉河町史』第三巻　家わけ文書　誓度院旧蔵文書13。『和歌山県史』中世史料二「興国寺文書」4。
(48) 永仁五年五月十六日「左右衛門尉三人連署奉加状案」『粉河町史』第三巻　家わけ文書　誓度院旧蔵文書14。
(49) 年月日欠「尼恵宗奉加状」『粉河町史』第三巻　家わけ文書　誓度院旧蔵文書15。『和歌山県史』中世史料二「興国寺文書」8。
(50) 永仁五年七月「某奉加状案」『粉河町史』第三巻　家わけ文書　誓度院旧蔵文書16。
(51) 永仁五年十一月十五日「粉河寺衆徒連署定状」、同七年三月日「粉河寺衆徒連署定状」『粉河町史』第三巻　家わけ文書　誓度院旧蔵文書18・19。『和歌山県史』中世史料二「興国寺文書」23・27。
(52) 奈良国立文化財研究所監修『西大寺叡尊伝記集成』、法藏館、一九七七年、三三五頁。
(53) 奈良国立文化財研究所監修『西大寺叡尊伝記集成』、四五頁。
(54) 奈良国立文化財研究所監修『西大寺叡尊伝記集成』、五二頁。

(55) 奈良国立文化財研究所監修『西大寺叡尊伝記集成』、一七九頁。
(56) 奈良国立文化財研究所監修『西大寺叡尊伝記集成』、三四八～三五九頁。
(57) 奈良国立文化財研究所監修『西大寺叡尊伝記集成』、三四頁。
(58) 細川涼一訳注『感身学正記』1(東洋文庫六六四)、平凡社、一九九九年、三〇八～三一〇頁。
(59) 『感身学正記』建治二年の項。奈良国立文化財研究所監修『西大寺叡尊伝記集成』、四三～四四頁。
(60) 『感身学正記』弘安二年の項。奈良国立文化財研究所監修『西大寺叡尊伝記集成』、四六～四七頁。
(61) 『粉河町史』第三巻 家わけ文書 誓度院旧蔵文書41。『和歌山県史』中世史料二「興国寺文書」21。
(62) 『粉河町史』の史料解説によれば、天英は南光坊天海の弟子で、寛永(一六二四～四四)頃に粉河寺御池坊住職であった。天英本はいくつか残る『粉河寺旧記』のなかで最古のものである。
(63) 『粉河町史』第三巻 家わけ文書 御池坊文書38。
(64) 『粉河町史』第三巻 家わけ文書 誓度院旧蔵文書40。『和歌山県史』中世史料二「興国寺文書」35。
(65) 『粉河町史』第三巻 家わけ文書 誓度院旧蔵文書17。『和歌山県史』中世史料二「興国寺文書」30。
(66) 奈良国立文化財研究所監修『西大寺叡尊伝記集成』、四一八頁。
(67) 『粉河町史』第三巻 家わけ文書 誓度院旧蔵文書6。『和歌山県史』中世史料二「興国寺文書」1。
(68) 心地覚心の法灯派については、辻善之助氏は誓度院規式が密教色の濃いものであることから、禅密兼修であったこと、さらに台密の間に漸次浸透し地盤を固めたことを指摘する(『日本仏教史』中世編之二)。熱田氏も同様な考えである。すでに大屋徳城氏も「密教色」を指摘する(大屋徳城『日本仏教史の研究』第三巻三、法藏館、一九二八年)。原田正俊氏はこのような法灯派の特徴を踏まえながら、禅宗を新たな民衆をも含んだ宗教運動として捉え直そうとしている(「中世社会における禅宗の神祇――紀伊半島・臨済宗法灯派を中心に――」、横田健一・上井久義編『紀伊半島の文化史的研究』、関西大学出版部、一九八八年。のちに「禅宗の地域的展開と神祇――紀伊半島・臨済宗法灯派を中心に――」と改題して、同『日本中世の禅宗と社会』、吉川弘文館、一九九八年に所収)。
(69) 『粉河町史』第三巻 家わけ文書 誓度院旧蔵文書44。『和歌山県史』中世史料二「興国寺文書」24。
(70) 山陰加春夫「金剛峯寺衆徒とその生家」(同『中世高野山史の研究』、清文堂、一九九七年、第四章)。

付記

脱稿後、『粉河町史』第一巻（本文編）が刊行された。粉河寺膝下荘園などについて詳細な分析がなされている。参照していただきたい。

叡山門前としての京
――門前河東とフォブール洛中――

伊藤　正敏

はじめに

筆者は『中世の寺社勢力と境内都市』（以下「拙著」と呼ぶ）『日本の中世寺院』「戦国大名と無縁・公界・楽[1]」で、旧仏教権門寺社（寺社勢力）を、門内・門前が一体化し同質化した無宗教経済都市・絶対無縁所、と規定し、これを「寺社境内都市」と命名した。

筆者の寺社研究は、その属性のうち最も難解な宗教的要素を真っ先に切り捨て、比較的合意の得やすい自然地理学・考古学、また政治・経済・法制史等から分析を始める。即物的でわかりやすいものから順に、玉葱の皮を剝ぐように理念型を深化させる方法をとる。当面の目標は物質的理念型の定立である。この手順の最後になるのが思想であろう。

理念型は不可避的に誤りを含む。対象が玉葱のように明確に剝げる構造であるかどうかが問題である。思想・宗教と政治・経済が不可分な事象が当然想定される。だからそれを強引に剝いでしまう割り切りを必要とする。この時重要なのは、祖師らの行為者側の動機から事象を説明する倫理説を徹底して斥け、結果説の立場に全面的に立脚することである。これこそが社会科学のうち、唯一結果のわかっている前近代史の特権だからである。

この立場になじみやすいのは、当然先に挙げた諸分野であるが、関東武士団・戦国大名・地域寺社研究者からも賛同や批判を得た。義江彰夫・藤本史子・田中大喜・鋤柄俊夫・長谷川弘道の諸氏[2]から、拙著につき論評を頂いた。また管見の範囲では『日本仏教の研究法』『都市社会史』『法社会史』『中世都市研究』六[3]で参考文献とされている。さらに現代法学の分野からは井上薫氏の『裁判の基準』[4]に言及がある。この方法は社会経済史的研究には十分適用可能であり、理念型たりうるとの感触を得た。一方この手法に対する感覚的反発が最初から予想されたところの、思想史研究者からはまったく論究されていない。

さて、小論では、最初に「寺社境内都市」の語を変更する。室町幕府の五山等に対する安堵対象地[5]は「境内弁門前」「寺辺境内」「敷地弁境内」等である。この範囲を筆者は「境内」と言ったが、史料用語と齟齬があり不適当である。この境内と門前部分を、「権門寺社都市」とよぶことにする。拙著では「結界」の語を否定し、経済圏の外周を「限界」と言った。今後はこの限界の内部を「フォブール」とよぶ。境内と門前は検断不入・地子免除の絶対無縁所であり、その外のフォブール部分には権門寺社都市の保護は必ずしも及ばない。

さて京では寺社と公家・武家との相互行為が、他とは比較にならぬほど多い。一章で再確認する理念型に破れが生ずる可能性が高い。と同時に理念型と実体の間隙を埋められる可能性もまた大きい。中世前期の京については、林屋辰三郎・村井康彦・脇田晴子・五味文彦の諸氏[6]による研究史が無数といってよいほど存在する。また叡山については黒田俊雄・豊田武・村山修一・下坂守の諸氏[7]の研究がある。両者は相互に微妙な関連を持ちつつも、有機的結合をみていない。小論は権門寺社都市研究に基礎を置きつつ、両者の統合をめざす。室町幕府による京都市政権確立までの時期を扱う。

一　叡山研究の問題点

まず権門寺社都市の理念型を再確認する。

①経済都市　文明・文化の最先進地で、ありとあらゆる資源が集積されている。人的には質・量ともに他の追随を許さないエリート集合である。最先端文明・文化はすべて、第二次の都市化の過程として、ここから全体社会に発信される。「エリート」は社会学の用語である。

②自由都市　公的寺社組織が弱く未組織の人間集合である。組織の決定は都市成員の大半に及ばない。「自由狼藉」を含む自由世界である。だから「寺社権力」ではなく寺社勢力にとどまる。なお脇田氏は寺社を座・非人集団などの小組織の集合と見なし、それらの組織が独立して自検断を行使する場と認識する(8)。

③絶対無縁所　軍事力・弁論・呪術等、経済権益を守るための強制力を持ち、他の権力・勢力に対して検断不入・地子免除を堅持する。史料上「無縁所」とよばれる武力なき寺社は、大半が権力の承認のもとにあり、非常時にはそれが破られる「相対無縁所」である。

④現代型大衆社会　成員の匿名性が、法的にというより、事実上、絶対的に確保されている。脇田氏のいう小組織に所属しない成員、遊行僧や遍歴する法体の商人・職人等の人口が多く流動が激しいためである。共同体とは正反対の大衆社会である。

⑤学侶・行人・遊行僧の三身分で構成され、中核は経済活動を営む無宗教の行人である。

拙著の第二のポイントは、「国家」とそれを含み込む「全体社会」を峻別したことである。国家は全体社会の求心性の確保を目的とする一権力機構である。そしてこの権門寺社都市群を朝廷・幕府と対等の、多元的全体社会の三大元の一つ（元＝部分社会）と位置づけた。これは黒田俊雄氏の権門体制論に学びつつ、王権の求心力を相対化し、氏のいう「国家」を「全体社会」に置き換え、三大元以外に海民社会等の部分社会を追加した修正版である。日本全体社会の範囲としては、同類型の経済行為を行う遊行僧の活動地域を措定した。

この理念型は他の二大元の勢力が弱い、したがって権門寺社都市それ自体を追究すればよい南都・高野山・根来寺を中心に構築された。だが京は特別な意味を持つ場所である。三大元の本拠地が至近に併存する戦場であり、部分社会が争闘し融合しあう全体社会の縮図である。小論は権門寺社都市論の各論であるが、従来の京都都市史で欠落している叡山の視点からの都市像再構築の試みでもある。叡山は「皇帝本命道場」と称する権門寺社都市群の盟主であり、畿内近国・山陰・北陸・九州に及ぶ勢力圏を誇る巨大な存在である。全体社会論においても、これを避けて通ることはできない。

1　東坂本中心史観

先入主　本稿の題目に違和感を持つ論者が多いと予想される。叡山とは山上と近江坂本、という「東坂本中心史観」が根強く存在するからである。「京に拠点を持たない叡山」「近江の権門たる叡山」。こうした見方は現行行政区分に縛られた単なる錯覚にすぎない。

たしかに現在の京都に叡山の痕跡が多いとはいえない。だが度重なる嗷訴、及び対応する武士の登用、保元・平治の乱、源平合戦、南北朝内乱、三条町・六角町等の所領、無数の末寺末社、山門気風の土倉、山門使節、麹騒動、承元・嘉禄の法難、仏光寺・法華堂（妙顕寺）弾圧、天文法華の乱等は、いずれも京を舞台とする全体社会レベルの周知の事件・事象である。

京都都市史も、視座を洛中のみに固定すると説明しにくいことが多い。公家・武家・町衆の目からだけでなく、叡山の視点からの首都論は必要不可欠である。

山上　叡山山上の生活条件は、よく比較される高野山よりずっと厳しい。高度は高野山より低いが緯度は高く、気温と積雪はほぼ同じである。高野山山上は一つの広大な平坦地にすべての子院があるが、叡山は起伏に富んだ険峻な山塊で広い平地はない。子院は階段状にあって冬季の交通は困難を極める。高野山では平安末期に独特の掘炬燵、土室が発明される以前は、山上越冬が不可能だったとされる。叡山にはすでに永保三年（一〇八三）に土室があったが[9]、それでも条件が悪い点は同じである。座主は公家新制等に反して、補任直後の拝堂時以外には登山しない例が大半である。山上は一般僧侶の止住地とはなりえない環境にある。

叡山はそもそも王城鎮護の道場として成立した。貴族の日記に東坂本の記事は少なく、京住する叡山の高僧の記事が専らである。これは当然であるが、一方叡山側の関心も専ら京にある。本稿で扱う時期の『天台座主記』は京の記事が大半で、東坂本の記事はほとんどない。また「山・洛」「山上・洛中」「京都・住山」「洛中者・山上者」といった対句が多数ある。たとえば正元二年（一二六〇）の園城寺戒壇設置という重大問題[10]の際にも「依山上催、門徒僧綱等登山、京都・住山共、会合大講堂庇畢」とあって東坂本は現れない。文永二年（一二六五）五月二十一日条所載の院宣でも住京する「座主以下僧綱可住山」とある。

西坂本　痩尾根の中央を縦断する無理な工事を行い、花崗岩地形を利用して美々しく荘厳された雲母坂の景観は圧巻である。下ると西坂本であり、京の鬼門という赤山禅院がある。現在の東坂本側の「本坂」は通常の山道であり、このような特殊な普請の痕跡はない。

さて西坂本から白河は指呼の距離、紀河原まで十五分、里内裏へは川を徒渉するのでその倍、嗷訴の進発基地の祇園社へ三十分、六波羅へ三十五分、法住寺殿まで四十五分、これは速歩の所要時間である。京はいつ山上から軍事攻撃を受けてもおかしくない位置にあった。

叡山自らが京を攻撃した例は少ないが、義経、後醍醐、新田義貞、浅井・朝倉等、走入人は多く、彼らによる攻撃は頻繁にあった。尊氏は直接叡山を攻撃せず、義貞を京におびき出してその死命を制した。絶対無縁所叡山の存在は、京にとって大きな脅威であった。

河東と叡山　祇園社は単なる叡山末寺ではなく、後述する諸史料に見る通り、叡山の財政を司る内部機関である。別当は高位の延暦寺僧、目代は室町時代には山門使節家である。

社領の河東三条から五条の間には、鎌倉初期までに三条白川坊・三条綾小路坊・円融坊の三門跡ほか諸門跡が相次いで建てられた。門跡寺院で東坂本に一時的にでも存在した可能性があるのは梶井円融坊のみであり、後はすべて京と山上だけに堂舎があり、住京が普通である。寺院の中核は行人・堂衆であるから、このことは傍証にしかすぎない。これだけで河東を叡山の中核地とするのは、筆者の排斥する学侶中心史観である。

だが六波羅蜜寺・霊山・正法寺・雙林寺・白毫寺速成就院太子堂以下の末寺が、この地域の多くを占める。時衆寺院・時衆前身寺院が多く下僧が充満し、さながら寺町の景観を呈していた。河東には無数の末寺末社がある。さらに日吉住京神人も多い。また文永二年（一二六五）の院宣に「山僧不可召仕俗輩事」[11]が規定されており、僧俗は入り交っていた。後述する通りここは「山徒止住地」であり、山僧の大多数は在京していた。だからこそここは、象徴的意味でなく実体的意味において「叡山」なのである。

東坂本の比重が増すのは、室町幕府による京都市政権奪取の後である。境内の高野山山上と門前の山下天野・慈尊院は隣接しない。叡山も同じであるが、最大の「山下」は西坂下でも東坂下でもなく、河東祇園社領である。

東坂本と京の土倉　建武式目六条には「無尽銭・土倉（中略）已断絶乎、貴賤之急用忽令欠如、貧乏之活計弥失治術、急有興行之儀者、可為諸人安堵之基歟」とある。鎌倉末期、すでに土倉は貴賤にとって必要欠くべからざる経済の潤滑油であり、その興行は緊急の政治課題であった。京の土倉は三三五軒、うち八割は山門気風である。一世紀後の応永元年（一三九四）に至っても、東坂本の土倉は三十九軒[12]にすぎない。これは決定的数字であり、長々しい説明は要すまい。叡山経済圏の中核は京であって東坂本などではない。そして京にとっても最大の経済核は「叡山」であった。

京・叡山の隔離　信長入京の際に定められた殿中御掟[13]には、山門衆徒の御所祗候を制限する条項がある。ここに国家権力樹立に最もなじまない大衆社会的存在に対する嫌悪観がみられる。焼討後も信長存命中は座主を補任しなかった。祇園社は「天台宗　無本寺[14]」と称するようになり、叡山との本末関係を意識して切断して今日に至る。なお保守派の明智光秀が、頼朝・尊氏の例を挙げて絶対無縁所たる叡山焼討に反対したことが注目される[15]。

東坂本中心史観の形成には信長の分断政策が強く影響した。近世の門前町が東坂本だったことも先入主の因である。なお元三大師道から横川に至る大原には、地籍内の畠地に、東坂本の一部に残る中世石垣と同形態の石垣に囲まれた区画が多く残り、都市の様相を呈する。大原は叡山の別所というより門前であり、中世に遡る可能性がある。「大原問答」の意味も問い直す必要があろう。

2　学侶中心史観

筆者の行人中心史観は通説と異なる。たとえば下坂守氏は建仁二年（一二〇二）の行学合戦で叡山堂衆が一掃されたと述べる。[16]だが平安以来、人的絶対多数を誇り、行学合戦に連戦連勝していた堂衆が簡単に消滅した理由の説明はない。事件を詳しくみると、[17]学生は堂衆に対し「不如永追却其身、削名字於叡山」と強硬姿勢を貫いているが、「叡慮之趣」は「堂衆誠雖非顕密之行人、久以為住持之法侶、争忽削名字、永被止其衆乎」である。幕府はこの合戦に「官軍」として、葛西重元・豊島朝経、佐々木重綱一族、大内惟義・足立親長等三百人を投入した。[18]堂衆は「矢石」を使う悪党の先駆というべき戦法で戦ったがいったん敗れ下山した。その後建仁四年二月に学侶が、本来なら堂衆が携わる「社頭彼岸[19]」を行ったが負担に堪えず、承元五年（一二一一）には、理由の記載がないまま、堂衆は勅免され復帰した。[20]最終的に行人は公武・学侶の総攻撃に堪え抜いたのである。行人の基礎的労働や経済活動等が、朝廷、京・全体社会にとって必要不可欠だったことを示す。

根来寺・高野山・南都では戦国期にかけて、行人が全盛を迎え一部が「大名化」し学侶は滅亡の危機に瀕する。叡山だけが他と異なるとは考えにくい。大名山徒・山門使節の出自が学侶だという証拠は皆無である。杉生・行泉坊等の初見は、建長年間（一二四九～一二五六）以後で非常に遅い。[21]杉生坊は祇園目代という低位にとどまる。明確な反証がない以上、他寺同様行人の台頭が続いたとみるのが自然である。

なおこの行学合戦の際に、行人が叡山学侶の宿敵で、そこの学侶が最も関東有縁である三井寺を進発基地とした点が注目される。行人レベルでは山門・寺門の宗派対立などは微塵もない。拙著で触れたような、室町以後に確認される近隣権門寺社都市の行人の相互交流と連帯は、早くもこの時代から認められる。

3　信仰圏中心史観

洛中氏子圏は、上辺＝今宮、下辺五条以北＝祇園、下辺五条以南＝稲荷であり、祇園会と並び今宮・稲荷の御霊会も盛んである。祭礼に一定の狂乱は憑き物であるが、これらは一応京の日常として粛々と行われた。必ず喧嘩、ときに合戦が起こる祇園会の異常性は際だっている。高橋慎一朗は御霊会におけるトラブルを、関東武士に対する京都都市民の日常的な反感の反映とみる[22]。だが祇園会についてはその一般論とは別の説明も必要である。

篝屋が必ず設置されたのは祇園旅所や六角堂前など叡山の拠点のある場所で、この武家と叡山との接点が洛中警固の最大の急所であった。しばしば事件が起こるのは列見辻でもある三条大宮である。寛元元年（一二四三）・文永六年（一二六九）・建治二年（一二七六）の激突が典型的である[23]。ただこの種の衝突は、久安三年（一一四七）に平忠盛の郎徒が矢を放ったため山門の嗷訴をよんだ事件[24]、また『康富記』の記す嘉吉二年（一四四二）六月十四日の、山名持豊被官が少将井駕輿丁らと喧嘩に及び双方に死傷者が出た事件についても同根である。関東武士・鎌倉時代に限ったことではない。前者は院、後者は赤松追討直後の室町幕府を支えた山名氏、どの時代においても国家権力が相手なのである。

鎌倉幕府はこの日本最大の祭礼を徹底的に無視した。『吾妻鏡』には京祇園会の記事が一件もない。一方賀茂祭は頻繁に現れ、頼朝や大江広元は賀茂祭に供奉した。幕府は叡山を無視し、京を古代の平安京の枠内に封じ込めたいと観念していたのである。貴族の日記には当然ながら祇園会が毎年記される[25]。

「京童」「町人」等の語は、民衆の反政府性を言い当ててはいるが、広がりを持つ分だけ漠然としている。祇園社・日吉神人、叡山シンパを核と考えれば具体性が増すだろう。

京の中小寺社を研究する方法の中で最も明快なのは、宗派・信仰圏を捨象し、武力の有無及び所領分割に着目する手法である。最も重要なのは個々の寺社がどの部分社会に属するか、諸寺社の神威・霊験が誰を益するかである。黒田氏の寺社勢力論では、末寺末社は「宗派を問わぬ財産」と明言され、権門寺社以外への言及はほとんどない。

稲荷を擁しながらも大きな武力を持たない東寺への論究を欠くのは奇異にみえるが、筆者はここに意味を発見する。今後は中世の京の寺社について、比叡山・園城寺・興福寺、また院・幕府等どの権門の傘下にあるかを常に念頭に置く必要がある。

権門寺社都市は権力組織ではなく「勢力」であるが、権力と同じく、①全体社会の利、②自己の利の二つを追求する。②を追求した結果として、かえって単独の権門の利害の枠にはまらない、①の信仰がになった公共の福祉、全体社会の利[26]もみえてくるであろう。

三　叡山門前の発展

1　京への進出

祇園社の河東占地　良源の時、天徳三年（九五九）に、単なる疫神鎮座地であった感神院が、興福寺との戦争を経て叡山の末寺末社となった。この後も長保四年（一〇〇二）[27]に、後に西塔院主となる明豪が河原院（源融の子仁康が院主）に面を借りて、「限南九条大路末、限北三条大路末、限東鴨河東岸、限西京極大路」の鴨河原について、領有権を主張するなど、叡山系勢力の京進出の動きがあった。だがこれは叡山の宗教・呪術的拠点の成立を意味するにすぎない。それよりずっと重要な意義を持つのは、延久二年（一〇七〇）に「東限白河山、南限五条以北、西限堤、北限三条末以南」の四至内が、荘園整理令の適用例第一号として、感神院領と確定されたことである[28]。権門寺社都市は最も先進的な経済主体であるが、荘園公領制においてもまた、王権の眼前において最初の囲い込みを行った。

荘園公領制的占地にあっては、一般に川に面している場合対岸に牓示を打つ。伊賀国黒田荘はじめ加納田をめぐる相論は、この対岸部分の肥大化から起こる。東京極大路以東の鴨川西岸の地も同じ性格を持つ。鴨川堤に京極寺・釈迦堂が立ち、四条西岸に祇園社参道の鳥居がある。ここは川の西ではあるが土地制度上は「河東」である。康永三年(一三四四)祇園社は「四至内敷地田畠(中略)四条以南五条以北河原田畠者、延久以来為社恩宛賜非人」と主張する。[29]無縁の場や境界領域と認識されやすい鴨河原は、第一義的には祇園・叡山の所領である。鴨河原論については後日を期すが、「河原の白骨」を指摘する正元落書が叡山シンパの手になること、「二条河原落書」に見る京童の反政府性を強調しておく。

山徒止住在所　河東三条から五条の占地確認要求は、建仁二年(一二〇二)の清水寺との堺相論の過程で明示される。座主実全を宛所とする後鳥羽院院宣[30]は、「祇園社社司申開発境内下地事(中略)止甲乙人等伝領之儀、全社家一円管領」として、山門の蜂起停止を促した。係争地は祇園社領であるが、当事者は叡山であって祇園ではない。

筆者が指摘した弘安九年(一二八六)の史料[31]も、蒙古襲来の危機や弘安徳政との関連で理解されるが、古くからの河東領有権の再確認要求である。この時はこの地における禅律僧尼・念仏者と武士甲乙人らの居住禁止要求と、「社辺者、三門跡被管領之類并山徒社僧神人宮仕以下止住之在所」との主張が出された。座主尊助の令旨が同年六月一日付で北条貞時宛に出されたのを受け、早くも二十三日に受諾の関東御教書が六波羅に出された。[32]やはり祇園社というより叡山の問題である。この時は日常的な文書のやりとりをする関係にない座主と得宗が、第三者を介さず直接の交渉を持った。院・朝廷は特段の役割を果たしていない。幕府と権門寺社都市群、得宗と叡山が、対等な「元」であることを示している。

河東三条〜五条、鴨河原、西岸は山徒止住地であり、そのことは六波羅・建仁寺との緊張を孕みつつも実効していた。西坂本や浄土寺・白河辺に大規模な都市は認められない。とすると河東こそ、延暦寺境内・門前の門前部分、叡山本体部分である。門前の天野・慈尊院が高野山の本体部分なのとまったく同じである。山上も都市には違いないが、軍事的意義としては絶対無縁所の詰の城である。

2 洛中と西京

嗷訴と篝屋 祇園は嗷訴の際、日吉神輿が慣例として着座する進発基地である。先兵は「御行之時」に供奉する西塔釈迦堂寄人たる犬神人である。追随する末寺末社は、保延年間では祇園・北野・京極寺、時代が下ると新日吉社・五条天神・赤山禅院等が加わる。嗷訴に先行する日吉社閉門の際、祇園・北野・鞍馬寺・長楽寺・霊山・六角堂・祇陀林寺等も閉門する。寺院数の増加は、威嚇力の低下とそれに対処する重複呪術強化の試みである。

一条北辺堂・六角堂、また因幡堂は、上下辺の庶民信仰の場としてのみ理解されるが、行円・空也は良源との関わりが伝承として残る。網野善彦氏[33]は両寺を根拠とし祇園社と関係を持つ印地打の集団を指摘する。また祇園社の旅所に接して必ず篝屋が設置されたことは、前述の通り重要な政治的意味を持つ。

北野 北野社も末寺末社である。嗷訴の際の西北の包囲網となるこの拠点の存在は、洛中にとって大いなる脅威である。鎌倉時代の西京は網野氏が触れている通りの商工業都市であり、北野犬神人・西京神人も存在した。当然幕府の手は及ばない。

河音能平氏[34]が指摘する京・畿内近国の民衆闘争たる北野信仰も注目される。「故菅公霊」入京後も、鎌倉時代には醍醐聖帝の堕地獄・懺悔を生々しく描く『北野天神縁起』が作られる。撰者は山門系の人物といわれ、山門の自派宣揚の説話が付加されている。[35]王権を上回る天神の霊威、本寺叡山の権威を強張している。同縁起は最も数多い二百五十以上の伝本が残る。初めて絵解に使われた可能性のある絵巻群であり、全体社会に流布した。

こうして確立された権威は、叡山の独善的主張にとどまらなかった。敵手鎌倉幕府をして、仁治元年（一二四〇）に「諸社神人幷神官等、令書起請文時（中略）於京都者、不嫌自社他社、於北野社可被書[36]」と北野を京における起請文の勧請神と法定せしめた。

後世、永正年間の室町幕府追加法[37]でも、日吉講銭は伊勢・熊野講銭と並んで徳政免除の対象となっている。戦国期にあっても京周辺において、叡山は隆盛を極めた後二者に匹敵する民衆信仰を集めていた。こうした喧伝により叡山は権門寺社都市群、さらには多元的全体社会の筆頭的地位を獲得したのである。

御霊の中には今宮のように国家により慰撫されたものもある。だが権門寺社都市の傘下に入った場合、それは慰撫されたことにならない。公家・武家・関東に対する威嚇力・強制力として使われる。屈折してはいるが、権門寺社都市群は民衆闘争の大きな拠点なのである。

3　祇園社の強制力

「叡山門前としての京」というテーゼは、五味氏の「河東・下京＝祇園門前」説に導かれた[38]ものである。ここで注目しておきたいのは、祇園諸座による職人の把握が官衙町に先行していた事実である。氏は「早くから諸寺・諸山や権門勢家、武家が京都の商工業者に目をつけ組織してゆき、官衙の動きはむしろそれを追う形で始まった」と述べる。周知の通り職人の編成は、古代以来権門寺社都市のほうが大きく先行している。この前後関係を筆者は、所属エリートの先進性、という文脈において捉える。中世社会の事象の大半は、権門寺社都市の文明・文化の全体社会への輸出、いわゆる第二次の都市化の形態をとる。

京の商工業を論ずる場合、なぜ権門といえない祇園社が、河東・下京において独占的地位を保ちえたのかという根本問題がある。祇園社の社殿・門等の規模は、決して壮大ではなく境内は狭い。延暦寺学侶が任命される最高位の別当は法印であるが、現場を預かる紀氏が相伝する執行の地位は、保元三年（一一五八）時点で大法師[39]である。南北朝時代においても、書札礼は弘安礼節により四品殿上人に准ずるとされる[40]。経済的優位を感神院の「宗教的権威」単独で説明できないことは明白である。背景にある叡山の軍事力を抜きに考えることはできない。武装した犬神人が供奉する祇園会を、京のみやびとしてのみ理解するわけにはゆかない。

京の経済支配において、闘争関係にあった可能性があるのは、離宮八幡宮油神人・清水寺（興福寺）ぐらいで、叡山・祇園のシェアは圧倒的であり、ガリバー型寡占状態にあった。

康永二年（一三四三）の祇園社綿新座問題は座の性格をよく示す事件であるが、参入を求める新座振売商人を本所として組織する受皿が他になかったこと、つまり祇園の綿販売権の独占が前提としてあったことを示す。その祇園諸座は観応二年（一三五一）においても「里綿神人事、町商人事、事書山門沙汰、可有其煩歟、此一之、仍社解御挙、今夜自貫首給之[41]」と、依然叡山の管理下にあった。

鎌倉時代、山門公人の負物譴責・神宝振という洛中における「自検断」や債権取り立てを行った武装集団は、守護軍を撃破した室町時代の土倉軍の原型とみられる。『図集　日本都市史[42]』の室町時代の土倉分布図によれば、土倉は上辺・下辺に偏りなく分布している。これだけ多数の密集する土倉の所在地は、鎌倉時代と大きく変化していないだろう。叡山の軍事拠点が洛中に充満し、叡山の武装部隊が京の内部に居住していたのである。

なお叡山の衰退期、室町時代の『八瀬童子会文書[43]』を見ると、日吉神人が自らを春日神人・石清水神人などと称して、叡山からの離脱を図るようになる。

4　叡山遊行僧

『一遍聖絵』は、弘安七年（一二八四）頃、一遍が入京直前に近江関寺に一泊した際、山門・寺門の妨害を危惧していた時、案に相違して横川の真縁が訪れたと記す。この真縁は文永から建治にかけて盛んに勧進活動を行っていた。この後入京した一遍は「我先達」と尊崇する空也の市屋道場に参詣している。雙林寺・正法寺・六波羅蜜寺等は東岸の時衆寺院である。西岸の四条道場・六条道場（釈迦堂・祇陀林寺・河原院）等も祇園・叡山領たる三条以南の鴨河原にある。後者は国阿による教化を直接の契機に成立したが、遠く空也、一遍さらに真縁によって種は蒔かれていた。京の時衆は叡山の保護下にある。黒田俊雄氏が時衆を旧仏教に含めたのは当然である。

さて高野聖（南北朝以後は大半時衆）は弘法大師信仰を勧進の手段としたが、叡山遊行僧については十分な研究がない。霊山たる叡山における祖師信仰の対象は誰か。最澄・円仁・良源・慈円らがその資格を持つが、なかんずく慈慧大師良源であった。『天台座主記』承元五年（一二一一）八月二十三日条には「遂一万体慈慧大師供粮今日奉下神輿於本社」、正元元年（一二五九）三月二十六日条には「三塔衆徒為天下御祈禱於根本中堂、奉摺写供養一万体慈慧大師像」とある。衝撃的な視覚シンボルである豆大師・角大師図（鬼形の疫神）の図案はすでに鎌倉時代に存在した。(44)元三大師信仰は印刷メディアに乗って流布した。叡山遊行僧には太子堂速成就院等の禅律僧らもいるが、末寺の成員として保護された一遍以前・以後の時衆が圧倒的に多かった。

5　都市形態

『本朝世紀』久安四年(一一四八)三月二十九日条に、祇園別当が鍛冶に釘を作らせたとある。南北朝期の『八坂神社記録』を見ると、沓職人・紙屋・木屋座・直垂屋・材木商・檜物師・刀作・念珠引・絵師・小袖座・煙草屋・博労、鳥居穴掘・河原細工丸・泉石立・山水河原者・掃除人夫、大炊犬法師・医師・材木引・塗師・轆轤師・深草・鋳物師・銅細工・新銭作、山伏・神子・神託神子・博徒・油屋・米屋・為替屋・問丸・質屋・酒屋・土倉等がこの地域にみられる。比類なき多種多様な商人・職人の集住地である。

『百練抄』仁治四年(一二四三)正月四日条に「去夜、祇園西大門前大路在家、南北両面払地焼亡、西及橋爪、東至今小路、南限綾小路末、及数百家」とある。河東には数本のなだらかに直交する道路と「面」があった。鎌倉時代に検断が行われた地の行政区画の名称は、①長楽寺・雙林寺②八坂保・高畠保・光堂保③百度大路・車大路・今少路④八坂蛇辻子⑤粟田口・大谷口⑥六角白川・綾少路大和大路・四条白川・四条坊門白川等である。[45] 河東は洛中と同様の都市形態をとっている。清水坂には「坂面南頬小大門以東辻子東頬」の表現が見られる。[46]

五条大路末を越えて南、六波羅蜜寺は六波羅北方と堺相論を起こしている。[47] 祇園社領すなわち叡山門前、叡山本体は、院政政権の白河、武家の建仁寺・六波羅、興福寺末寺清水寺等の巨大勢力と境を接する。そのプレゼンス自体、あまりにも重大な意味を持つ。

6 フォブールとその外

フォブール ドイツ語の「フォブール」は外市・城外町等と訳される。城壁内での経済活動が活発になるにつれ、新しい公共市場たるフォブールが壁の外側に出現する。この市場はただちに大きな経済核となり、急速な経済発展により都市壁を打破する。[48] 西欧中世都市には第二次・三次市壁が普遍的に見られる。フォブールの外周、筆者の言う「経済的限界」の拡張痕跡である。日本でも城壁こそないが、認定された都市域外の、拡大を続ける隣接地こそが、常に「経済核」なのである。

権門寺社都市・絶対無縁所の分析においては、対象地を境内・門前に限定することはできない。法的認定を受けた場所だけでなく、威嚇力が及ぶ範囲の経済圏を考察の対象から排除することはできない。河東は巨大な叡山門前であり、洛中こそが叡山にとって最大のフォブールである。ただしここには他の強力な部分社会が控えている。対決は不可避である。

全体社会の外へ　叡山は経済都市であるが、次の渋谷本『天台座主記』『華頂要略』等の記事からは新しい側面がみえてくる。座主尊道は文和四年（一三五五）十月二十日の補任と同時に、①日吉社諸座神人弁寄人等奉行②感神院別当職③社家申沙汰人④白山申沙汰人⑤西塔院主職⑥寺家執当⑦宋人奉行を補任した。①②は寺院経済を支える重要な機関であり、最初に補任されてしかるべきである。ただ内部機関として⑦宋人奉行が現れるのは意外である。対象の宋人の居住地は、祇園末社気比社と唐人町のある敦賀、後世に陳外郎やキリシタン宣教師が居住した京四条、天神墓安楽寺に近い博多等の可能性があるが、もしもこれが全国宋人の統括者の意味であれば、叡山の役割はこの上なく重要である。

敦賀経由で『往生要集』が輸出されるなど、古来叡山は外国との縁があった。『日吉社室町殿御社参記』応永元年（一三九四）に、古山殊阿弥陀仏という人物が現れる。彼は約百年後の永正十八年（一五二一）になっても、高麗貿易で高野山西塔を復興した人物としてその名を残している。[49]重源・往阿弥陀仏型の人物で、高野山・日吉等の修造勧進を手がけた時衆であろう。叡山と貿易の関わりは興味深い。

7　多元的全体社会

延久の河東占地は権門寺社都市叡山の首都における経済拠点の確立、すなわち最初の元・部分社会の成立を意味する歴史的事件であった。これは古代国家世界の終焉、中世多元的全体社会の開幕、という重大な時代区分上の画期である。それに続く院政政権の白河獲得も、院、という新しい元の成立を意味する。

さて一方承久～康永（一二一九～一三四五）の間につき、河東・下京の検断の実際をみると、追捕は検非違使、検封は社家という例が多い(50)。最有力の絶対無縁所といいながら、門前は完全な検断不入と断言し難いところがある。洛中を圧しながら足下も揺らいでいる。ここに叡山と他の権門寺社都市との決定的な相違がある。叡山の対手は公家・武家である。検断得分が維持されたことは実に大きな実績である。ここに部分社会相互の対立と妥協の屈折したありようが端的に現れている。よくぞこの地域で五百年にわたり、自律性を保持しえたものである。

四　室町幕府の政策

1　鎌倉時代

清水寺・六波羅との融和　清水寺と祇園社の対立は鎌倉中期には消える(51)。執行は正平七年（一三五二）七月に、「清水執行倉」に小袖を質入れして一貫文を借りている(52)。両者の経済的相互行為は、例示できないほど多くある。宗派対立と経済生活はまったく別次元の問題である。近隣に住みながら日常的に争っていては、住民生活どころではない。犬猿の仲の一乗院・大乗院が接する南都、日吉生得神人がいる園城寺門前大津も同じである。

中世前期の権門寺社都市は宗教的対立を内包する学侶が主導権を持っていた。だが中世後期には、建仁の行学合戦時から萌芽があった、個別寺社横断的な行人以下の層の連帯という権門寺社都市群の本質が表面に現れてくる。

また六波羅との関係をみると、建治四年（一二七八）正月十六日には、[53]執行が六波羅殿に見参に入り条々を申し入れ、同三月二十日には六波羅から栗毛馬を給った。執行家と六波羅はあの弘安事件以前に、緊密という以上の深い関係にあった。

相互浸透　武士と山僧の対立は例を挙げる必要もなかろう。ここでは共通面に着目しよう。中島圭一氏[54]によれば、山門気風の土倉につながる京の借上は地方の荘園代官請負を行った。荘園公領制と貨幣経済を結節する指摘として重要である。幕府は山僧を地頭代に任ずることを禁じたが、このことは在地領主の郎党と山僧が、荘園経営において同じ権能を期待され同じ権限を行使していたことを示す。

また地頭御家人は私出挙を行い関を立て河手を取った。これも幕府法で禁ぜられているが[55]、流通への関与と金融部門への進出がみられる。これは権門寺社都市が先行した分野であるが、これを関東武士が模倣し、逆に権門寺社都市との共通面や競合関係が発生する。高橋慎一朗氏は六波羅武士への寄沙汰を指摘し、筧雅博氏[56]は六波羅による土倉の組織化を強調した。だが六波羅は京において山門気風の土倉・酒屋を十分に把握することはできなかった。

悪党の起源は悪僧である。初期の悪党、兵庫関襲撃事件の山僧、黒田荘・荒川荘の悪党は皆、権門寺社都市出身の武装した悪僧である。建仁合戦で堂衆は矢石を使う悪党的戦法をとっている。悪党問題は幕府の滅亡に結果したが、権門寺社都市群にあっても、対策のため東大寺が自ら幕府の介入を求める等、「元」としての自律性を失いかねない危機を招いた。

2　室町幕府の政策

室町幕府の京都市政権掌握については、佐藤進一氏の「室町幕府論」[57]や脇田氏の研究がある。佐藤氏はこの過程が、①警察権②治安③民事裁判権④酒屋・土倉課税権の掌握、という順に進行したと述べた。脇田氏は④について課役免除権と自検断権の否定と捉えた。脇田氏は最初から叡山の統一意思による検断・裁判の存在を想定していない。筆者は一面これに従いつつ、権門寺社都市の「自由狼藉」を含む自由、小集団に属さない匿名の人々の多さを考え、そこに大衆社会の要素をみる。

室町幕府は叡山に対し分断政策をとった。幕府には「府庫」がなく、有力土倉を起用して公方御倉に任命して財政運営の中核に位置づけた。土倉の中には台頭してきた禅院もあるが、やはり山門使節等の山門関係者が圧倒的に多い。これは幕府による分断だろうか、叡山の国家権力への参入だろうか。

さてこの政策は成功したといえるか。山門使節は幕府側に立ち、叡山と対立することもあった。だが徳政令の際、幕府は必ずしも土倉・酒屋の利益を図らず、彼らもことあるごとに叡山との関係を復活させた。天文十四年（一五四五）の、河村氏でさえ「酒屋上分銭山門ニ所出之納所職、河村譜代[58]」と、依然として山門との関係を主張する。

3　従属型寺社都市

祇園・北野　尊氏は周到な準備をしていた。早くも元弘三年（一三三三）五月二十日、六波羅陥落直後、祇園社に願文を捧げ、十二月三日には御師と仰いだ[59]。鎌倉幕府の対決姿勢とは異なり接近を試みている。室町幕府の市政権掌握過程に、今一つ北野・祇園社の御用僧団化と吸収を追加できる。

祇園社は至徳二年（一三八五）十一月二十七日に、社領につき「三門跡被号朝恩被称相伝違乱（中略）可被止御綺（中略）被付下此四至境内如検断事、一向被付之可為社家成敗[60]」を求めた。ここに御用僧団（祇園執行家）を通じた幕府による叡山からの検断権奪取が行われた。犬神人はこの後も叡山の検断に携っているが[61]、これは大きな画期である。

祇園執行家は南北両朝に割れるが、顕詮は正平七年（一三五二）、将軍に東山の「鎌倉殿御陣」で対面し「御方忠勤」を約した[62]。応仁二年（一四六八）には、執行が「不日駈催境内地下人、不謂社人可被出陣、若猶有難渋者、可為御敵同意」という奉行人奉書を受けている[63]。祇園執行は幕府被官と化し、祇園は完全な御用僧団となった。

また室町幕府はいち早く北野の地を押さえた。だが正長の麹騒動では、室町幕府が北野の、つまりは自己の麹製造権独占を承認したため、山門気風の洛中酒屋の権益が侵犯された。その結果山門が反発し政策の撤回に至っている。七夕の北野短冊役は完全な幕府役である[64]。

従属型寺社都市　筆者は拙著で六勝寺・五山等の寺社や禅律僧を、揶揄的に「御用僧団」と呼んだ。各寺社の独立性・自律性の存否は必ず明確にされ、峻別されねばならない。所領荘園が室町幕府の財源であり、なおかつ不入の実効も十分でない建仁寺・相国寺・天龍寺等の五山禅院は、高橋康夫氏が『図集　日本都市史』でいうような「巨大宗教権門」などではなく、当然ながら「幕府組織の一部局」である。五山のほか仁和寺・大覚寺等も巨大な境内・門前を誇り、東大寺境内・門前[65]や河東祇園社領のような都市的地割を持つ。酒屋等の職人が集住する形態は、権門寺社都市と同じく経済都市である。境内に藍染職人が住む東寺もそうである。ただ自律性を欠き、上に世俗権力が控えている点が決定的な違いである。

この従属型寺社都市（御用僧団）は求心力・強制力となる呪術シンボルを持たない。檀越の権力者におもねるだけで、庶民信仰を一片も反映していないからである。惟喬親王墓・大仏・天神・良源御廟・大師入定地等、全体社会において広く信仰対象になる資源の不存在のためである。その大半は権門寺社都市の勢力下にある。だから祇園・北野の吸収は大きなイデオロギー的意味を持つ。

寺社都市の分類　義江彰夫氏が拙著の書評で述べた「寺社都市」は次の三類型に分類される。

一、自律型寺社都市　①権門寺社都市②自由（自由狼藉）・非自治③自律的元④絶対無縁所
二、戦国期寺社都市　①寺内町・法華寺内②限定的自由と自治③自律的元④絶対無縁所
三、従属型寺社都市　①公家・武家寺内（御用僧団）②自由なし③元ではない④相対無縁所

むすび

以上自明ともいうべき「叡山門前としての京」について検討してきた。その結果、行人中心史観が怪しくなってきた。京で活躍したのは日吉祇園社神人・三塔寄人・山門気風土倉である。これらは寺僧とは一線を画する。一方僧形のものも何らかの意味で「職人」である。仏道の師範たる一部の学侶、地頭代を勤める山僧、治病呪術の使い手、これは対価を伴うサービス業である。寺院史においては、僧形主義という強固な先入主をかなぐり捨てる勇気が必要である。権門寺社都市は法体・俗体を問わない広義の職人集合なのである。

叡山の実力の根元は、京に充満する諸職人、特に酒屋・土倉である。建武式目・室町幕府法で公認される金融業は、公家・武家を巻き込んで混乱と新秩序を生んだ。室町幕府はそれらの取り込みを図った。だがこれが難航したのは、彼らがことあるたびに山門との関係を復活したためである。衰えたとはいえ叡山はいまだ大きな強制力を持

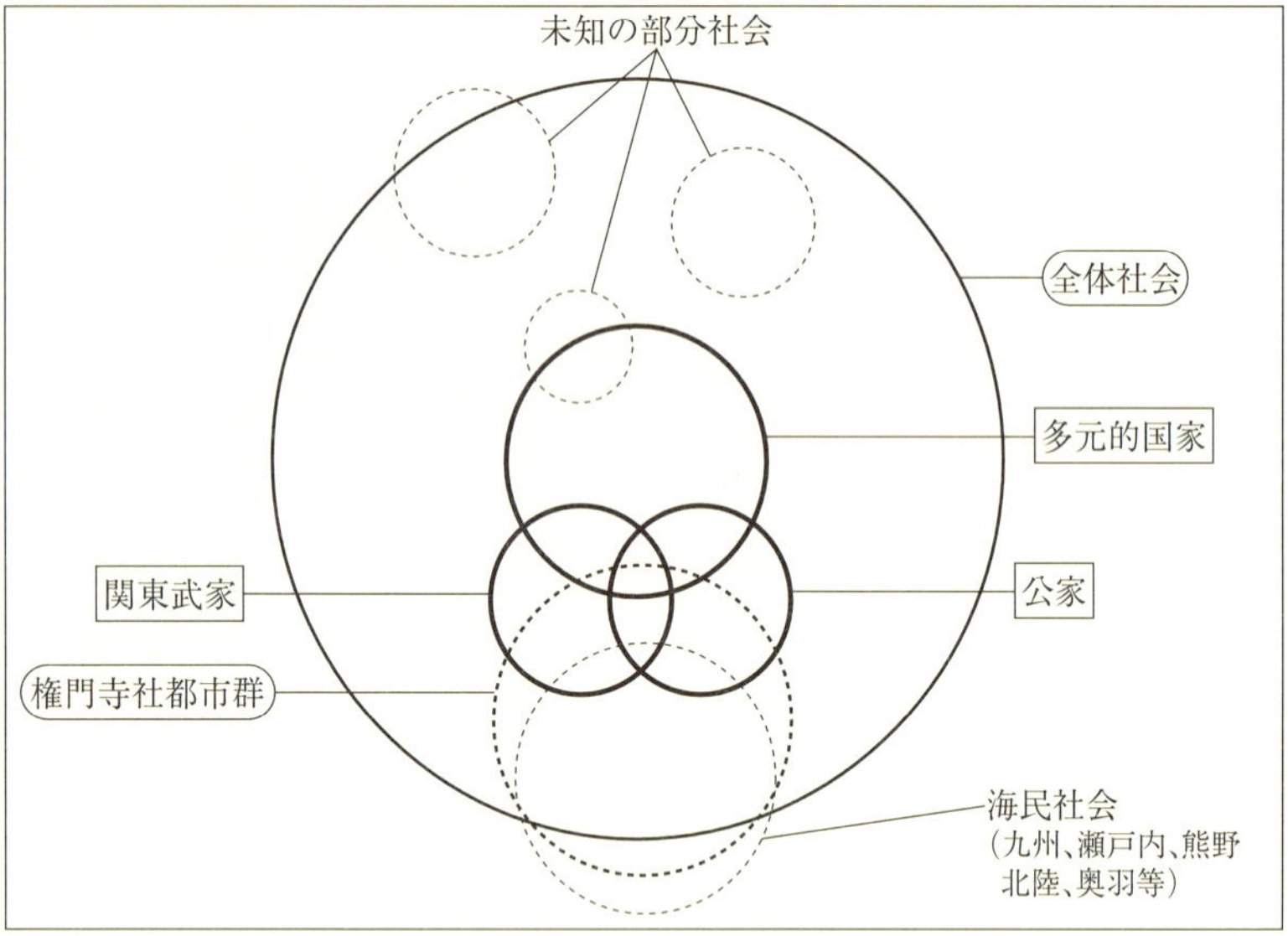

多元的全体社会（鎌倉～南北朝）〔修正版〕

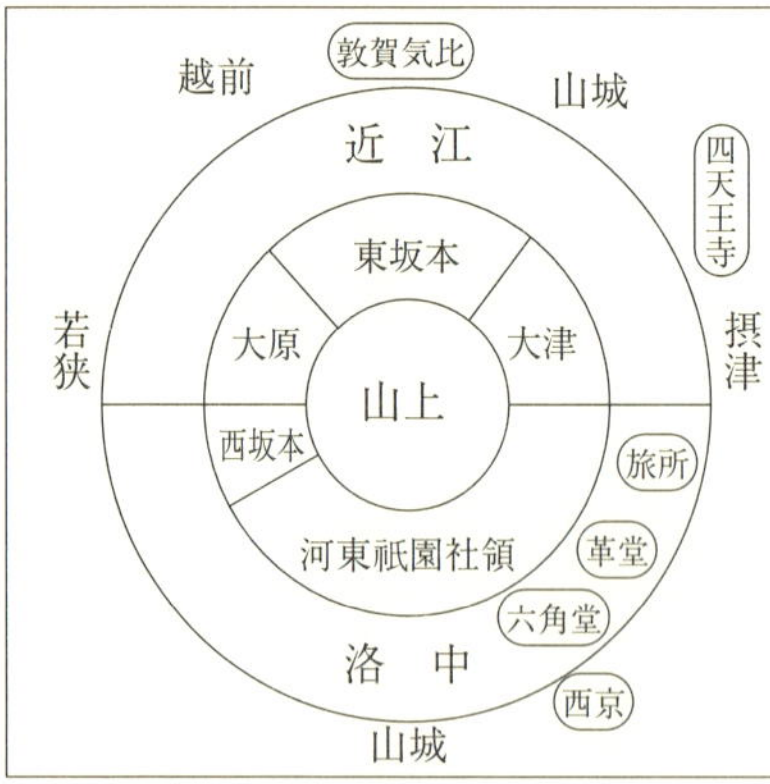

叡山の境内・門前・フォブール

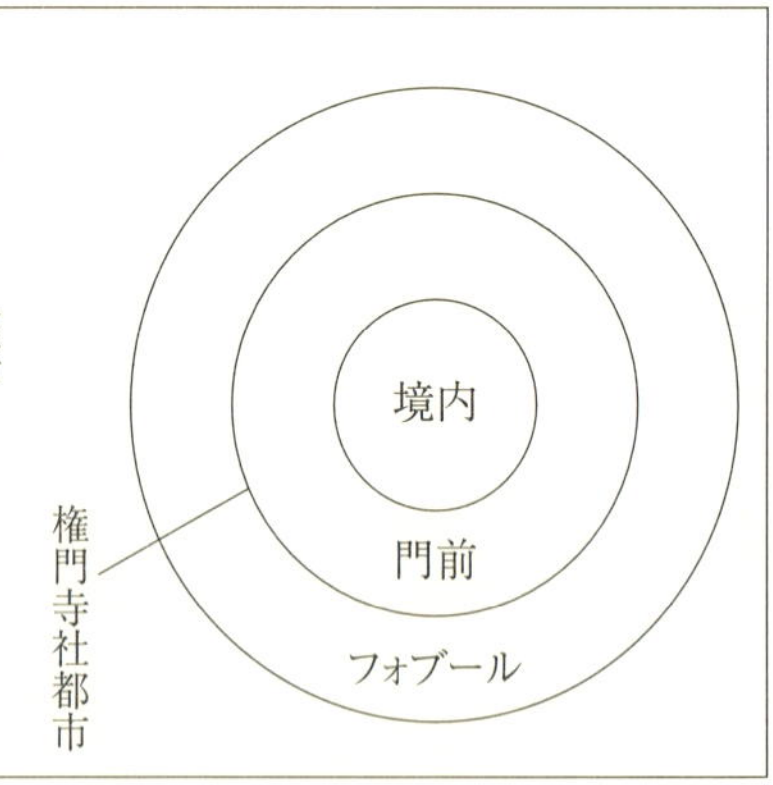

権門寺社都市の構造

っていた。

なぜ大衆社会的分散の中で結集が可能だったのか。彼らが関係的資源を豊富に持つエリートであること、職人としての利害が一致していた点に理由が求められる。ただ広義の職人相互は、原則的に資源交換に限定される「時間的に不連続な縁[66]」で結ばれていた。一期一会の大衆社会的性格が顕著である。権門寺社都市の求心力と遠心力はここにある。山僧地頭代の補任禁制も、離山の後、年序を経た者は許されていた[67]。権門寺社都市と成員との関係が、有縁ではなく不連続な縁だからである。不連続な縁というものは、原始の沈黙交易以来通時的に存在する。

桜井英治氏は室町時代を「職人が巨大な力をもち、雇用主たる寺社を圧倒した時代[68]」と評した。その原因の一つに幕府による権門寺社都市解体政策がある。ただ従来の商人・職人論や都市論は、経済行為を保証する強制力の根拠地である権門寺社都市に、十分踏み込んでおらず具体性を欠いており、意味づけの甘い一般論にとどまっている。

筆者の旧「境内都市論」の行人中心史観も視野が狭すぎた。権門寺社都市の成員の中核は行人・遊行僧であるが、それを含む広義の職人が、全体社会で巨大な役割を果したのである。

中世多元的全体社会は、一〇七〇年、叡山の河東占地、元＝部分社会の成立に始まり、一五七一年、統一国家建設をめざす信長の叡山焼討で終わった。

註

（1）伊藤正敏『中世の寺社勢力と境内都市』（吉川弘文館、一九九九年）、同『日本の中世寺院』（吉川弘文館、二〇〇〇年）、同『戦国大名と一乗谷』（高志書院、二〇〇二年）。

（2）義江彰夫『日本歴史』六三一号（二〇〇〇年）の書評、藤本史子『日本史研究』四四九号（二〇〇〇年）の書評、田中大喜「『得宗専制』と東国御家人」（『地方史研究』二九四号、二〇〇一年）、鋤柄俊夫「都鄙のあいなか――中

世の京都をめぐって――」(『国立歴史民俗博物館研究報告』九二集、二〇〇二年)、長谷川弘道「戦国大名と地域寺社」(『戦国史研究別冊　戦国大名再考』、二〇〇一年)。

(3) 順に『日本仏教の研究法』(法藏館、二〇〇二年)、『都市社会史』(山川出版社、二〇〇一年)、『法社会史』(山川出版社、二〇〇一年)、『中世都市研究』六(新人物往来社、一九九九年)。

(4) 井上薫『裁判の基準』、法学書院、二〇〇一年。

(5)『室町幕府文書集成』奉行人奉書篇二二六七・三三二四号等無数。

(6) 林屋辰三郎・村井康彦の先駆的研究をはじめ、汗牛充棟である。到底すべてを挙げられない。本稿に関係するものを記す。脇田晴子『日本中世都市論』(東京大学出版会、一九八一年)、五味文彦『大系日本の歴史五――鎌倉と京』(小学館、一九八八年)。

(7) すべては挙げられないが、『黒田俊雄著作集』一～八(法藏館、一九九五年～九六年)、豊田武『中世の商人と交通』(吉川弘文館、一九九一年)、同『宗教制度史』(吉川弘文館、一九九三年)、村山修一『比叡山史』(吉川弘文館、一九九四年)、下坂守『中世寺院社会の研究』(思文閣出版、二〇〇一年)などがある。

(8) 脇田晴子註(6)前掲書。

(9)『天台座主記』永保三年七月日条、以後この書の引用は「天」〇年月日と表記。

(10)「天」正元二年正月十一日条。

(11)「天」所収、文永二年五月二十一日付院宣。

(12)「日吉社室町殿御社参記」『群書類従』。

(13) 室町幕府法五一二条。

(14)『八坂神社文書』一二八七・一二八八号。以後この文書は「八」〇号と表記。

(15) 首楞厳院本「天」元亀二年(一五七一)九月十二日条。

(16) 下坂守註(7)前掲書。

(17)「天」青蓮院本、建仁三年八月一日条。

(18)『吾妻鏡』建仁三年十月二十六日条。

(19)「天」浅草寺本、建仁四年二月十二日条。
(20)「天」承元五年八月二十五日条。
(21)「天」建長二年(一二五〇)十二月十四日、文永元年(一二六四)四月十八日条。
(22)高橋慎一朗『中世の都市と武士』、吉川弘文館、一九九六年。
(23)『天台座主記』。
(24)「天」久安三年六月十七日条。
(25)拙稿「吾妻鏡」(『日本仏教文献ガイド』、法藏館、二〇〇二年)。
(26)田端泰子「橋と寺社・関所の修造事業」(『京の鴨川と橋』、思文閣、二〇〇一年)。氏は「公共的機能」という。
(27)『平安遺文』四二一号。
(28)『平安遺文』一〇四三号。
(29)「八」一三三三号。
(30)『鎌倉遺文』一三二〇号。以後『鎌倉遺文』は「鎌」〇号と表記。
(31)「鎌」一五八八七号。
(32)「鎌」一五九〇五・一五九二三号。
(33)網野善彦『日本中世都市の世界』、筑摩書房、一九九五年。
(34)河音能平『中世封建社会の首都と農村』、東京大学出版会、一九八四年。
(35)真保享『北野聖廟絵の研究』、中央公論美術出版、一九九三年。
(36)『中世法制史料集』第一巻・第一五刷、岩波書店、二〇〇一年、鎌倉幕府法一五七条。
(37)『中世法制史料集』第二巻、三三二・四〇〇条。
(38)五味文彦「京に中世を探る」(『都市の中世』、吉川弘文館、一九九二年)。
(39)『平安遺文』二九五四号。
(40)「八」下二巻増補篇八二号。
(41)『八坂神社記録』一巻(増補『続史料大成』、臨川書店、一九九一年)二三三頁。

(42) 高橋康夫ほか編『図集　日本都市史』、東京大学出版会、一九九三年。
(43)『八瀬童子会文書』二〇三号、康正三年(一四五七)等。
(44) 平林盛得『良源』、吉川弘文館、一九七二年。
(45)「八」一二七四号、同年七月二十八日。
(46) 嘉暦三年四月二十七日、「鎌」三〇二四一号。
(47) 同前。
(48) ハワード・サールマン著・福川裕一訳『中世都市』要約、井上書院、一九八三年。
(49) 大日本古文書『高野山文書』三巻三八二号。
(50)「八」一二七四号。
(51)『清水寺史』第三巻『清水寺文書』。
(52)『八坂神社記録』一巻、二七三頁。
(53)『八坂神社記録』二巻、一五三頁、一六三頁。
(54) 中島圭一「中世京都における土倉業の成立」(『史学雑誌』一〇一編三号、一九九二年)。鎌倉幕府法一一六号。
(55)『中世法制史料集』一巻、追加法一七・七一・四八五・五四一条等。
(56) 筧雅博「公家政権と京都」(『日本通史』、岩波書店、一九九四年)。
(57) 佐藤進一「室町幕府論」(『岩波講座日本歴史』中世三、一九六三年)。
(58)「上下京酒屋土倉申状」(『室町幕府引付史料集成』上、別本　賦引付一二)。
(59)「八」増補篇四五号。
(60)「八」増補篇四七号。
(61)『満済准后日記』応永二十年(一四一三)六月二十日条。
(62)『八坂神社記録』一巻三三二頁。
(63)『八坂神社記録』四巻二一三頁。
(64) 室町幕府法参考二〇五・補遺四一条。

(65) 註(1)前掲拙著『日本の中世寺院』。
(66) 西谷地晴美「コラム 中世土地所有の視点」(『土地所有史』、山川出版社、二〇〇二年)。
(67) 『中世法制史料集』一巻、鎌倉幕府法一五〇条、延応二年(一二四〇)。
(68) 桜井英治『日本中世の経済構造』、岩波書店、一九九六年。

中世延暦寺と若狭神宮寺
——本末関係の実相から——

永村　眞

はじめに

中世における寺院相互の本末関係は、さまざまな要因によって成立する。すなわち、「所以立本末之号者、或為私願施入其寺、或依宣旨繋属某寺、為本寺致進止、為末寺従所役之故也」（「我慢抄」）とあるように、本願主の意向や勅命により本末関係が成立する場合もあり、また「凡定寺之本末、全不依勅願、只以事之因縁各所令繋属也」（「東大寺具書」）として、勅願によらずもっぱら「事之因縁」により、具体的には寺僧の「本寺」がその創建・再興した寺院を末寺とする場合もあった。また本末関係に基づく本寺の末寺に対する支配も、必ずしも一律ではない。「我慢抄」にもあるように本寺が末寺を「進止」し、末寺は本寺に「所役」を勤める場合もあれば、単に礼節のみを交わす場合もある。このような幅広い認識のもとで、東大寺が東寺・醍醐寺を、延暦寺が仁和寺を、興福寺が延暦寺を末寺であると主張し相論が繰り返されたのである[1]（同前）。

さて若狭彦神の本地として和銅年中に創建と伝えられる若狭神宮寺（神願寺）は、「天台宗延暦寺直末」（神宮寺所蔵「霊応山根本神宮寺古跡由緒取調表」）とあるように延暦寺末寺とされてきた。今日では東大寺の「お水取り」に対応した「お水送り」を勤修する神宮寺であるが、白山行者である泰澄大徳の弟子滑元和尚により創建され、若狭彦明神と姫明神が影向したとの由緒をもち、奥院に両明神の神像を、本堂には各々の本地仏である薬師如来と千手観音を安置した神仏習合を象徴する寺院であった。若狭一二宮の神宮寺として発展をとげた同寺であるが、すでに平安中期には、「葛川入之事　天慶年中ヨリ当寺僧山門無動寺相応和尚門流ヲ伝ヘ、北嶺廻峯ヲ勤ム」（神宮寺所蔵「霊応山神宮寺古記書合」）とあるように、寺僧が無動寺相応和尚の門下に入り廻峯行を勤めたとも言われる。しかし神宮寺が延暦寺の配下に入り天台宗を掲げるのは時代を下るものと考えられる。

中世の若狭国には、神宮寺のみならず羽賀寺をはじめ延暦寺末寺とされた寺院が少なくない。宝徳二年（一四五〇）「真言之門」に属したとされる羽賀寺であるが（「若狭国郡志」五）、慶長五年（一六〇〇）成立の「羽賀寺縁起」（『小浜市史』社寺文書編「羽賀寺文書」四七号）によれば、「当寺法流事、中古受叡山之一流云、殊応永年中、普広院（足利義教）為青蓮院門主号准三宮義円、其時可為御末寺之由給令旨畢」として、「中古」より延暦寺の法流を受け、応永年中には同寺を「末寺」とする青蓮院義円法親王の令旨を得たという。応永五年（一三九八）に「山中之堂塔一時回禄」した羽賀寺は、その再建を契機として「三井之縁」を断ち、「属青蓮院准三后義円僧正門下」したとされる（同前四八号）。このように羽賀寺は再建を契機に、寺門から青蓮院の「門下」に入り「叡山之一流」に属したわけである。ところで和銅年中創建とされる神宮寺の場合、当初から延暦寺末寺となるはずもないが、いかなる時代に末寺となり、本寺との間にいかなる交流があったものかは必ずしも明らかではない。

そこで本稿では、若狭神宮寺を事例として、延暦寺と膝下諸寺との「本末」関係について、具体的に跡づけることにしたい。なお検討の素材として若狭神宮寺に伝来する「神宮寺文書」をはじめ「根本神宮寺諸引付」「当寺諸事日記」「神宮寺記録」等を活用することにする。[2]

一　寺家経営

建長元年（一二四九）藤原光範の「神宮寺四至領」寄進状には「草創和銅年中」とあり、これが鎌倉中期における同寺創建をめぐる認識ということになる（『小浜市史』社寺文書編「神宮寺文書」一号、以下『小』一と略称）。江戸時代に草された神宮寺所蔵「若狭国遠敷郡神宮寺縁起」「霊応山神宮寺古記書合」[3]によれば、和銅七年（七一四）沙門滑元により創建された神願寺（神宮寺）には、霊亀元年（七一五）に若狭彦明神が、養老五年（七二一）に若狭姫明神が影向し、この両明神の本地である薬師・千手を安置した本地堂と、垂迹示現の神像を安置した奥院が建立された。しかし延暦年中に諸堂が焼失し、同十七年（七九八）桓武天皇の「勅願」により「再建立」されたという。奈良時代に創建され、平安前期には伽藍のみならず宗教的機能が整備されたと伝えられる神宮寺であるが、平安時代を通してその足跡を物語る信頼度の高い史料はきわめて少ない。ただ建長元年の寄進状に記される「抑当寺破壊殊甚」しという表現から、少なくとも鎌倉中期までに神宮寺は大きく荒廃していたことは確かであろう。

この荒廃した神宮寺の再建に重要な役割を果たしたのが藤原光範であった。光範寄進状には、その前半に神宮寺創建とともに、百済を経て本朝に伝来した仏法が都鄙に興隆する経緯が語られ、後半に「像法転時之悲願」を抱く光範が、神宮寺に仏法を久住させるため所領を割いて寺領とし、また四至を境し「住侶之居所」となして、結界内の殺生禁断を定めた事情が記される。また実印大徳を寺務として寺僧統括と寺域管理を委ね、地頭の助力を得て、堂宇と仏法の荒廃を復し、仏法の興隆と「願主繁昌、国土静謐」の祈願を図るよう、実印とその門葉に要請している。すなわち光範と実印大徳は、荒廃した神宮寺の再興に大きな役割を果したと言えるわけである。

ところで正嘉二年（一二五八）左衛門尉藤原某は、

根本神宮寺
奉寄進水田事
合参段者、在坪、
右、奉寄進之志、奉為仏法興隆・寺門繁唱〔昌〕、割分武成名地頭給田内、相宛毎月六斎仏聖燈油料、限永代所奉免
如件、
正嘉二年歳次戊午七月廿三日
左衛門尉藤原（花押）

との寄進状を発給し、神宮寺の「六斎仏聖燈油料」に田地三段を寄進した（『小』二）。寄進された田地が所在する「武成名」は在庁給名であり、その地頭は伊賀氏一族の「隼人三郎左衛門尉光範」とされることから(4)、左衛門尉某は光範ということになろう。また正中三年（一三二六）尼了心は嫡子藤原光定と連署して、亡夫光範の成仏得道と自らの後生菩提のため、「亡夫道教之遺領」である「武成名内田地」一町を神宮寺に寄進した（『小』四）。さらに藤原光定は、正慶二年（一三三三）に遠敷郡西郷内の田地一段を神宮寺の燈油料に寄進している（『小』五）。このように在庁名である武成名の地頭職にあった藤原光範とその後家・嫡子の信心と外護によって、神宮寺は中興の基礎が固められたと言えよう。

これ以降、「神宮寺文書」には室町後期まで寺領寄進状が散見され、寄進による寺領の集積は、下掲の康正三年（一四五七）神宮寺寺領目録（『小』一〇）に窺われ、田地三町四段、畠二段、加えて熊丸名・増福名を財源として、寺家や堂塔の経営と併せて諸法会の勤修が維持された。そのなかに見られる永和三年（一三七七）の左衛門尉藤原

光親田地寄進状（『小』一三）、明徳元年（一三九〇）に守護一色範光の菩提と「伊賀彦次郎聖霊幷自身現世安穏為後生菩提」と記す沙弥道珍田畠寄進状（『小』一五）等は、いずれも南北朝時代まで国人として命脈を保っていた藤原（伊賀）光範の末葉が発給したもので、同家の外護が継続されていたことが確認される。

ところで若狭守護一色氏は将軍足利義教に謀殺され、代わって永享十二年（一四四〇）守護として入部した武田元信は、後に「若州根本神宮寺、依為彦次郎（武田元信）殿御祈願寺、諸役事被免除畢」と記されるように、神宮寺を「祈願寺」として寺領寄進を行うなど外護を加えたのである（『小』二五・二六）。さらに武田氏の滅亡後に若狭国を支配した朝倉義景も、濫妨停止の禁制を下すとともに、元亀三年（一五七二）には、「当寺領諸寄進之事、任永正拾六年十一月十九日仏国寺（武田元信）、大永三年十一月十七日発心寺（武田元光）、天文八年八月廿六日信豊一行等之旨、可有寺納」として、武田氏歴代に倣って安堵の判物を下している（『小』五三・五九）。このように鎌倉中期に再興されて以降、若狭守護や国人、さらには小浜町衆や六十六部聖など幅広い階層からの保護と寄進を受けながら、神宮寺は存続したことが知られる（『小』二〇）。

さて世俗の外護のもとで経営された神宮寺を実質的に支えたのは、言うまでもなく寺僧の存在であった。鎌倉中期の寺家再興にあたり荒廃した寺域が整備され、「寺務」を中核とする「寺僧」（「住侶」）の居所とされた（『小』一）。神宮寺の寺僧集団（僧団）は「衆徒」と呼ばれ、日常的に集会を催して衆議により集団的な意思を固めたことであろう。文和二年（一三五三）に神宮寺の僧侶は集団として武家に以下の訴状を呈し、料所の寄進を訴えている（『小』九）。

若狭一宮根本神宮寺僧侶等謹言上

欲早且任　将軍家清浄御願旨、且依諸国塔婆料所例、被寄附御祈禱料所、奉祈　柳営長久、致仏〇法紹隆子細事

副進
一通　院宣案暦応二年十二月十三日
二通　将軍家御教書案
右、伽藍者、霊亀・養老両年中、当国一二宮大明神降臨影向之最初、忝為
元正天皇　勅願寺、送草創六百余歳之星霜〇（浄場也、）本尊者薬師瑠璃光如来尊容、衆生利益之悲誓、悉地成就之勝利、無過此尊、爰去暦応三年正月一日、仏舎利二粒（一粒東寺、）奉納当寺之三重塔婆以来、長日三時舎利供并講行等于今無退転令勤行者哉、雖然不及料所御寄進之御沙汰之条、無足勤修不便之次第也、然早被寄附便宜之闕所〇（者、）全寺領、為奉祈　天下泰平・武運長久、粗言上如件、
文和二年十月　日

右の訴状によると、暦応二年（一三三九）十二月の光厳上皇院宣と将軍家御教書に基づき、同三年正月に東寺舎利一粒を含む仏舎利二粒が神宮寺三重塔内に奉納され、「長日三時舎利供并講行等」が退転なく勤修されているものの、いまだ法会料所の寄進はなされていなかった。そこで「諸国塔婆料所例」に従い、「将軍家清浄御願」に基づく法会勤修のため、「便宜之闕所」が「祈禱料所」として寄進されたならば、寺僧として「天下太平・武運長久」を祈る所存であるというものであった。

つまり神宮寺三重塔は、足利尊氏によって国ごとに造立された利生塔の一基であり、寺僧による舎利供・舎利講はこの塔婆供養の法会に他ならない[5]。

言うまでもなく神宮寺僧が集会に基づき奉呈したのが右の訴状であるが、このような訴状のみならず寺家置文も「依衆議定置」「衆議一統」という手続きを経て、「寺家政所」が草したものである（『小』二一・三八）。なお「寺家

政所」とは、寺家経営の中核に位置し、「衆議」を取りまとめる立場にあったわけである。ところが室町中期に「神宮寺年預」「神宮寺年行事」が「衆徒」を代表する立場にあって、寺家経営を主導するようになる（『小』一四・二五）。この「年行事」が「寺務」「寺家政所」といかなる関係かいまだ明らかにはできないが、寺外から神宮寺への文書の宛所が室町中期を境にして「衆徒中」から「年行事」に移行すること、「寺務」「寺家政所」宛の文書は存在しないことを考え合わせると、「衆徒」の代表として衆議をまとめる「年行事」が「寺務」の職務を果たし、また「寺家政所」の立場として実質的に寺家経営を担ったと考えるべきであろう。

また「年行事」により統括された「衆徒」は、各々が寺内に「坊」と呼ばれる「居所」をもった。天文年中の神宮寺には「十八坊」が存在し（神宮寺所蔵「当寺日記」一三丁、以下「当」一三と略称）、

一坊ノ庭之木、従　御屋形様御見せ候、（中略）
奥房ニテ杉一本、檜木一本、ツ、シ一カフ、　蓮如房杉一本、ツ、シ一カフ、
松寿院檜ノ木一本、ツ、シ一カフ、　実蔵房檜ノ木一本、ツ、シ一カフ、
泉蔵房ツ、シ一カフ、　杉本房ヒノ木一本、杉二本、ツ、シ一カフ、
光乗房ツ、シ一カフ、　宝光ツ、シ、

とあるように、「御屋形」つまり守護武田信豊が見物に訪れるほどの庭をもつ奥坊以下の諸「坊」が寺内に連なっていた。また「御屋形様御登山候、細川殿京兆晴元御出ノ時也、晴元御宿者、閼伽井房也、杉本房ニ御座候ニ、御樽進上候」（「当」一二五）として、守護武田信豊と管領細川晴元が来寺し、信豊は杉本坊に御座、晴元は閼伽井坊を宿所としており、両坊はその座所に相応しい場であったわけである。これらを含めて、閼伽井坊・安楽坊・円林坊・奥坊・観月坊・光乗坊・桜本坊・実蔵坊・実相坊・松寿坊・正乗坊・松林坊・真如坊・杉本坊・泉蔵坊・東蔵坊・宝光坊・

蓮如坊という十八坊が天文年中の神宮寺内には確認される。

さらに「年行事」のもとで二人の「月行事」により運営された寺内にあって、「衆徒」は宗教的機能を果たすさまざまな役割を分掌した。その詳細を語る史料は少ないが、康正三年（一四五七）の神宮寺寺領目録案（『小』一〇）に記される、

一田壱町仏供・燈油・湯那・鐘ツキ・供料米、寄進状在之、
一参段　鎮守之御供料
一六段　本坊田
一壱段　仏名田　玄教律師寄進
（中略）
一壱段　霊供米　池田善阿弥寄進
一国分寺熊丸名供僧職　六十六部聖沓銭宗覚《小浜》寄進
一一宮増福名　塔之供養法供料

との記載から、「衆徒」は個々に「鎮守之御供」「仏名」「塔之供養法」「霊供」といった寺内法会の「供僧職」を宛てられ、職衆として出仕することにより「供料」の支配に預かったわけである。そして各料所により保証された「供料」こそが、「衆徒」の寺内止住とともに神宮寺の仏法興隆を支えたと言える。

ところで神宮寺の仏法興隆を象徴する法会の多くは、正中三年（一三二六）尼了心・藤原光定連署田地寄進状に記される「為所天芳魂成仏得道幷自身後生菩提」との表現に見られるように（『小』四）、寺領寄進と一体となった現世利益や後生菩提という檀越の願念に基づくものである。たとえば、「春之彼岸」（『小』二八）や「亡父豊前守頼

康法名明岩栄光菩提」（『小』五〇）という亡者追善の「霊供」、「御屋形様伊豆守信豊御歓楽御祈禱」のための現世利益の「護摩」は、檀越の願念に対応した法会勤行という寺院社会の体質を物語るものであろう。また文保三年（一三一九）に同じく藤原光定は、

舎利塔寄進状　遠敷西郷内黒田山畠之事

境限東三町一宇領、限南本寺領家、限西山峯、限北上宮森、

右、山畠者、西郷内為光定重代相伝所領也、而於彼所者、永代所奉寄進神宮寺也、如何者、当寺者、元正天皇御宇霊亀・養老両年、始自号神願寺已来、為仏法繁昌霊崛、既送六百余廻星霜畢、仍為先祖代々崇敬無他異（ママ）霊場也、爰寺僧等致丹誠、令建立一基之塔摩、供養并舎利講勤行之条、興行之趣殊勝也、限永代所奉寄進彼黒田山畠於当寺供料也、仍迄于末代不可有相違、地頭・領主人向後更停止乱入、偏可為寺僧帯領者也、仍寄進状如件、

文保三年己未二月十五日　　藤原光定

との寄進状を草し、父光範が再興した神宮寺の「仏法繁昌」を願い、舎利塔供養と舎利講の料所として山畠を寄進した（「霊応山神宮寺古記書合」一四丁、以下「霊」[6]一四と略称）。この舎利塔に暦応三年に仏舎利二粒が奉納され利生塔とされたことは先にも触れた。

延暦寺末寺とされた神宮寺で勤修される多様な法会のなかに、本宗であるはずの天台宗の顕著な姿を見出すことは容易ではないが、室町後期には法会勤修のため延暦寺から寺僧が下向しており（「当」六・二〇）、ここに法会を媒介とする延暦寺と神宮寺との交流が確認されるが、両者の関係の形成については次節において考えることにしたい。

二　山門末寺

建長元年（一二四九）の藤原光範による「寺域四至」の寄進によって再興が図られた神宮寺であるが、暦応三年（一三四〇）に足利尊氏の本願に基づき寺内三重塔（舎利塔）が利生塔と定められたことからも、同寺が若狭国内において際だつ由緒と寺格を保っていたことは明らかであろう。しかし神宮寺と延暦寺との関係を窺わせる痕跡は、本堂（薬師堂）に懸けられた「根本神宮寺」との額の裏に記される、

本堂額　根本神宮寺　　　　裏書云、

青蓮院尊円二品法親王家　御筆

貞和五己丑年十二月十三日ト在之、

との墨書に初見される（「霊」一四）。貞和五年（一三四九）に額銘を墨書した青蓮院尊円法親王は、翌観応元年に天台座主に還補されている。また天文十五年に神宮寺悵怡が草した「神宮寺縁起」（『小』四八）にも「故尊円法親王、後改神願寺号根本神宮寺」とあり、神宮寺との寺号は尊円による命名とする。神宮寺が寺号を改め、寺額に墨書したことは、神宮寺に対する強い影響力を窺わせる。神宮寺が寺号を改め青蓮院門跡の手になる寺額を掲げた積極的な理由は明らかではないが、少なくとも神宮寺からの働きかけによったと考えるのが自然であろう。冒頭に記したように、羽賀寺の場合、回禄した堂塔の再建を意図し、青蓮院義円法親王の令旨を得てその「門下」に入ったが、神宮寺も同様に再興・興隆という目的のもとに、青蓮院尊円を媒介に延暦寺との関わりをもつに至ったと考えておきたい。

ただし青蓮院尊円の影響下に入り延暦寺との関係を深めることにより、ただちに神宮寺が排他的に天台宗寺院となったとは考えがたいのである。他寺の事例であるが、建武元年（一三三四）の明通寺衆徒奏状案（『小』「明通寺文書」一五）に、「而当山為躰、苟伝天台・倶舎之法燈、兼酌小野・広沢之末流、将亦常翫両峯斗藪之月、徐馴南山経歴之露、既是以顕・密・修験之三事、鎮奉祈国家安寧之歴数者也、依之長日・臨時之勤行其数非一」とあり、同寺における多彩な仏法の姿がみられる。これは前述した通り、奈良時代の創建より近世に至り、神宮寺において勤修された法会のあり方にも類似しており、延暦寺との交流を深めながらも、即同寺の教学が天台に一本化されたわけではないことに留意すべきであろう。

貞和五年に青蓮院尊円の墨書した額が本堂に懸けられて以降、神宮寺と延暦寺との関わりを積極的に語る史料は、室町後期まで見出されないが、次掲の天文五年（一五三六）の発給とされる延暦寺三塔衆議書下写には（『小』三七）[7]、神宮寺が延暦寺の配下に入り、その指示のもとに行動する姿が見出される。

就便風粗々及伝聞候歟、城州岩倉山本旧冬至西谷入夜討、殺害学侶、剰無止事室宅焼失候、三院忿憤此節候、然間既可被加対治旨議定候訖、就其諸宗諸門徒、殊天台之門徒中御出陣肝要候、此度別而被励戦功候者、宗門眉目興隆之専一不過之由、慥可令啓達旨衆議候、猶従南谷可有演達候、恐々謹言、

二月廿一日　　別当代在判
執行代同
執行代同

神宮寺衆徒御中

右の三塔衆議書下写によれば、山城国岩倉の山本氏が旧冬に延暦寺西谷に夜討ちをかけ、学侶を殺害するのみな

らず住坊を焼き払うという狼藉に出たため、「三院」（三塔）は集会を催して「対治」を加える旨を衆議し、ただちに「諸宗諸門徒」とりわけ「天台之門徒」へ出陣命令を下したのである。「出陣」の命を受けた「神宮寺衆徒」は、延暦寺からみる限り「天台之門徒」であり、同寺は末寺としての位置にあった。この衆議の由は「南谷」から神宮寺衆徒に伝達され、また「出陣」も「南谷」の指示によったと考えられ、三塔の「谷」ごとに末寺が編成されていたことが推測される。

なお比叡山西谷を夜討ちした山本氏は岩倉を本拠にする土豪であるが、以下に触れるところの天文法華の乱の渦中に、「寅剋ヨリ法花衆打廻、卯刻松崎城落、岩蔵之山本、田中之渡辺裏返云々」（『鹿苑日録』天文五年七月二十二日条）とあるように、「裏返」って延暦寺側についたとされる。そこで裏切り以前の山本氏は法華一揆に与していたことになるわけで、西谷への夜討ちは法華一揆の一員としての軍事行動と考えることもできよう。

さて延暦寺は三塔一体となって山本氏を「対治」するため末寺から軍勢を徴集したが、本寺から末寺へ軍勢催促は、天文五年に延暦寺衆徒が法華一揆と洛中で衝突し、これを壊滅させた天文法華の乱（天文法難）のなかでもみられる(8)。

応仁・文明の乱後の混乱する洛中にあって、自治体制をもつ町衆は、その多くが法華門徒として法華宗二十一箇本寺の配下にあり、武装して一向一揆や土一揆を排除し急速に勢力を拡大していた(9)。これに対し延暦寺衆徒は、法華一揆の追却を意図して公家・武家への訴訟を繰り返していたが、天文五年二月の一条烏丸観音堂における宗論を契機として、一気に軍事行動に踏み出していった。南都一乗院坊官の手になる「二条寺主家記抜粋」（『続南行雑録』所収）には、

二月之比、於京都叡山花王院阿弥陀経之談義有之、日蓮宗仁杉〔松カ〕本ト云者、談義ノ座江望テ不審ヲ立、一句以非道

致詰儀間、被問訊ト云ヘトモ、頗与恥辱間、山内ニ聞之、大衆怒テ花王院山上ヲ追出云々、依之江州少弼殿、其
外四箇本寺触催、六月廿三〔七カ〕日京都押寄、東山ニハ六角殿衆三万計ニテ陣取、白川ヨリ北、勝軍地蔵ノ上迄ハ、叡
山衆本寺・末寺都合其勢三万余騎、其ヨリ北ノ方ハ、三井寺ノ衆三千余騎ニテ陣取、廿四日・五日、大合戦、廿
七日暁日蓮衆没落、三条口ヨリ初テ下京ハ悉以焼失、上京三分一程焼了、

として、伝聞によってか錯誤はあるものの、乱の経緯が略述されている。すなわち天文五年二月に「阿弥陀経之談義」を行う西塔北尾の「花王院」が、法華門徒の松本久吉により論破され恥辱を蒙った。これに激怒した延暦寺衆徒は「花王院」を寺内から追放するとともに、六月一日には大講堂に三塔集会を催して奏状を奉呈し、「四箇本寺」（園城寺・興福寺・東大寺と延暦寺）をはじめとする諸寺に寺牒を送った。(10)また現存はしないが、諸寺への寺牒と併行して「諸末寺・諸末社中」に対しても軍勢催促がなされたわけで、前掲の書下写と類似した「神宮寺衆徒」宛の三塔衆議書下が発給されたと考えられる。そして「本寺・末寺都合其勢三万余騎」の「山門」勢は「六角殿衆」と連合し、兼ねてから挑発的な示威行動をとる洛中の法華一揆に対して、七月二十三日から全面的に攻撃を開始、二十七日までに二十一箇本寺を焼き討ちし、多くの「日蓮衆」を殺害した。この激しい戦闘に先だち、白川から勝軍地蔵の間に布陣した「山門」勢三万余のなかに、神宮寺を含む「末寺」の軍勢が含まれていたのである。

残念ながら本寺の命に従い洛中に赴いた神宮寺衆徒が、具体的にいかなる働きをなしたか明らかではないが、乱直後の八月に、

就今度日蓮党発向之儀、武田大膳大夫入道(元光)以存知之旨出陣之儀、神妙之至候、彼余党於国弥成敗可然候、猶々
依御法流執心、当谷入魂殊更御感悦之由、
梶井宮御気色所候也、仍執達如件、

（天文五年）
八月廿五日　　　　　　　　　　法橋任済奉

神宮寺衆徒中

として、出陣を賞する梶井宮令旨（『小』三九）が神宮寺衆徒の許に送られている。この梶井門跡は、東塔南谷の諸院家を管領する立場にあった。ここで「日蓮党発向」に対する神宮寺衆徒の「出陣」は、守護武田元光の「存知」のもとに実施され、元光自身も将軍足利義晴により洛中「警護」が命じられていた（『後鑑』天文五年七月二日条）。さらに洛中の法華一揆が壊滅した後も、若狭国内における「彼余党」の「成敗」が重ねて命じられているのである。すなわち延暦寺は神宮寺に対して、守護と連携した洛中への出陣にとどまらず、若狭国内における「成敗」の継続を命じており、末寺を随意に動かすことによって、延暦寺は洛中と近隣諸国における宗教的のみならず政治的な優位を維持しようとしたわけである。

また神宮寺に軍勢催促を行い軍事的な指揮を行った南谷からは、

（端裏）「　　　　　　　　　　南光（坊）、
　神宮寺　　　　　　　　　　祐増　」
　　年行事御坊

就今般日蓮党追討之儀、各々御滞陣、無比類御忠厚、誠以難覃言詞候、就其従　梶井宮御褒美之被成令旨候、
此等之旨、光禄エ可被啓達候哉、猶委曲使者可被申候、恐々謹言、

（天文五年）
八月廿五日　　　　　　　　学頭代（花押）

祐増（花押）

法印
有覚（花押）

法印
永賢（花押）
法印
円俊（花押）
神宮寺
年行事御坊

とあるように、梶井門跡から発給された令旨をうけ、「日蓮党追討」における神宮寺衆徒の「在陣」に対し褒賞の由を記した東塔南谷学頭代等連署書下が同寺年行事に発給された（『小』四〇）。この書下は連署に加わった南谷南光坊祐増から神宮寺にもたらされており、南光坊が「末寺」への接点となっていたと考えられる。またこの書下には、

雖軽砕候、為御礼青銅弐緡贈進覧候、祝儀計候、猶使者可被申候、恐々謹言、
（天文五年）
八月廿五日
南谷
学頭代（花押）
神宮寺
年行事御房

として、礼銭を送る旨を記す南谷学頭代某書状が副えられていた（『小』四一）。このように延暦寺は、法華一揆との軍事的な対決にあたり出陣を要請した「末寺」に対し、手厚い配慮を寄せていることに注目しておきたい。

すなわち天文法華の乱において、神宮寺衆徒は延暦寺三塔衆議書下を受け、さらに東塔南谷の学頭代以下の指示を受けて出陣し、梶井門跡と東塔南谷からその軍忠を褒賞された。このように延暦寺は神宮寺を「天台之門徒」の「末寺」と遇し、「日蓮党追討」などの変事には「在陣」など具体的な義務を課しているわけである。また出陣から褒賞に至る一連の行動のなかで神宮寺衆徒を指揮する立場にあったのは東塔南谷であり、先にも触れたように「末寺」の編成は塔・谷ごとになされ、寺家ではなく谷内の院家が「末寺」との接点の役割を果たしたことを再確認しておきたい。

なお青蓮院尊円を媒介に延暦寺との関わりもったと考えられる神宮寺であるが、少なくとも天文法華の乱にあたっては、青蓮院門跡ではなく梶井門跡（三千院）から褒賞の令旨を得ており、その配下にあったことは明らかであろう。この両門跡はいずれも東塔南谷から生まれた院家であり、神宮寺は南光坊を介して東塔南谷の指揮下に置かれたことから、東塔南谷の諸院家を管領する梶井門跡が、配下の「末寺」へ令旨を発給したものと理解される。

すなわち本節では、延暦寺と神宮寺との本末関係の成立と、戦時という場面における両者のあり方について跡づけたわけであるが、次節では平時における交流の実態を明らかにしたい。

三　本末交流

天文十五年（一五四六）六月、「山門南光房江水雲音信候、霊宝借用并談議者為可被雇申、松林房憲怡モ為同道、此方ヨリ被上候」（「当」六）として、神宮寺から南光坊に「音信」物として「水雲」が送られている。これは「霊宝借用并談議者為可被雇申」との理由によるものであったが、翌十六年にも「山門南光房・実蔵房江昆布五拾本宛音信候也」（「当」九）とあり、神宮寺から南光坊への「音信」は恒例でなされたと思われる。一方、南光坊からは、「慈恵大師絵一幅　山門南光坊ヨリ寄附」（「当寺諸事日記」七九丁、以下「諸」七九と略称）として、叡山を再興した「慈恵大師」良源の絵像が寄進され神宮寺本堂に安置されていた。また天文十五年には、「山門東塔南谷真珠院淳継ヨリ法花経壱部、為寄進御下シ候、六月廿五日講ニ披露」（「当」五）とあり、やはり東塔南谷の真珠院から法華経が神宮寺に寄進されている。このように延暦寺内の諸院家と神宮寺との間には、贈答を媒介として日常的な接触が保たれていたわけで、以下に両者交流の実態を確認しておきたい。

天文十四年（一五四五）十月、神宮寺本堂が雷火により焼失し、本尊だけはかろうじて炎火を免れた（「諸」三四、「霊」五一）。ただちに本堂再建が開始され、「同十五丙午二月二日、堂造立、釿始有之」（「霊」五二）、「本堂立柱天文十六丁未年四月廿八日、己酉定土曜畢宿、時辰、先一本上ニ立也、廿八日ヨリ番匠各集也」（「当」一一）とあるように、翌十五年二月に「釿始」、翌十六年四月には番匠が集められ「柱立」が行われ造営は着々と進められた。さらに「天文廿二年八月三日夜入仏、導師山門東塔南谷摩尼宝房也」（「諸」三五）として、再建された本堂に本尊が安置され、「入仏」作法の導師は東塔南谷の摩尼宝坊が勤めている。本寺である延暦寺が神宮寺本堂の再建を実質的に援助した痕跡はいまだ確認できないが、少なくとも堂宇の落慶に伴う入仏にあたり、南谷摩尼宝坊が導師を勤めるという形で慶賀を表したわけである。

しかし神宮寺本堂の再建に、本寺から提供されたのは導師摩尼宝坊にとどまらなかった。先にも触れた神宮寺から南光坊への「音信」の理由は、「霊宝借用幷談議者為可被雇申」と記される。つまり一つには「霊宝借用」、今ひとつは「談議者」を神宮寺に下向させることへの礼であった。

まず「霊宝借用」については、

天文十五丙午年、神宮寺本堂造立、為奉加山門西塔北谷正教坊ヨリ善光寺ノ如来ヲ借リ被下、当寺僧人足以下迎参、将軍義輝公申上ル、

とあるように、天文十五年に本堂造営への「奉加」として、西塔北谷正教坊の「善光寺如来」が神宮寺へ貸し下された（「諸」三四）。善光寺如来像を貸与するとの報が神宮寺杉本房に届いたのが同年八月十日、ただちに神宮寺の中将公と人夫が正教坊に赴き如来像を奉持して同坊を出立したのが同月十六日のことである（「当」七）。この如来像はいったん神宮寺に安置されたと思われるが、

如来廿一日彼岸ノ入ヨリ小浜観音堂ヘ遷シ申、西光寺共ニ小嶋中隼入道拘ノ間、入魂ニテ被借候、九月十六日マテ在浜、堂賃百疋、

として、八月二十一日から九月十六日まで小浜観音堂に安置された（同前）。さらに如来像は、「如来丙午九月十七日ヨリ高浜ヘ遷シ申矢穴ノ寺ニ七日逗留、」（「当」八）の通り、翌九月十七日に高浜矢穴寺に移され七日間逗留した後に、

次ニ鳥羽・安賀里・三方ニ一夜二夜、次ニ越前国一乗ノ谷ヘ下シ被申候、当国御屋形様御書ニテ、朝倉殿館ノ持仏堂ニ三七日被抑留申、如来ヲ木像ト金仏ト絵像トニ移シ被作セ由候、奉加銭万疋出候、

とあるように、鳥羽・安賀里・三方を経て、朝倉義景の求めをうけ一乗谷朝倉館の持仏堂に遷され二十一日間にわたり安置されている（同前）。この間に如来像から木像・金像・絵像が写し取られるとともに、「奉加銭」（「勧進銭」）として百貫文が神宮寺に寄進された。

善光寺如来像は十一月二十日に西塔北谷正教坊にもどったが、約三箇月の間に若狭の諸寺から越前朝倉館まで転々としたわけで、これは史料上に明記されないものの、いわゆる出開帳に他ならない。延暦寺は神宮寺本堂の再建を慶賀し、正教坊の善光寺如来像を末寺に貸し出すことにより、開帳銭によって間接的に「奉加」を提供したともいえる。[12] また「霊宝借用」をめぐり南光坊に「音信」が送られたということは、如来像借用に同坊が仲介の労をとったということであろう。さらに小浜観音堂において、西光寺と小嶋中隼入道の「拘」りにより、つまり両者が勧進元として開帳がなされたと考えられ、観音堂には「堂賃百疋」が下行されたほか、神宮寺にも勧進銭が納められたと思われる。善光寺如来の開帳により集められた勧進銭の総額を知ることはできないが、少なくとも朝倉氏からの「奉加銭万疋」を含め、かなりの額の勧進銭が神宮寺にもたらされたことは確かであろう。加えて如来の帰座後に神宮寺を訪れた正教坊へは、「御布施今度拾貫文、前ニ浜ニテ弐拾貫文」として、合計で三十貫文の「御布施」

が渡されている。このように本寺は末寺に対して寺内院家の本尊を貸し出し、間接的ながら造営へ「奉加」を行うとともに、本尊を貸し出した寺内院家も「布施」を取得しており、この出開帳は本・末の両者に利をもたらしたのである。

この他に本寺から神宮寺に提供された仏像としては、

紫雲阿弥陀ノ事、山門東塔北谷安居院ノ御持尊也、天文拾九庚戌七月三日ヨリ小浜誓願寺ニ八月十二日迄、掛被申候、十二日ヨリ十九日マテ国分寺、廿日ヨリ九月八日迄北方、十三日ヨリ本郷・佐分・青ノ郷ヲ廻、廿八日ニ被帰候、以上ノ勧進物之員数者、杉本房ニ可在之、安居院ヘ被申定施物者、七十日ヲ五貫文也、取次ノ方ヘ五百文、

とある、東塔北谷安居院「御持尊」の「紫雲阿弥陀像」が知られる（「当」一二）。この阿弥陀像は、「掛被申候」とあることから絵像と考えられるが、天文十九年（一五五〇）の七月三日から八月十二日まで小浜誓願寺、同十二日から九月二十八日に帰座するまでに、国分寺をはじめ北方・本郷・佐分・青郷などを廻っている。この絵像の出開帳を取り仕切ったのは神宮寺杉本坊で、本像をもつ安居院や「取次」への「施物」を負担するかわりに、「勧進物」を取得したと考えられる。

このように南光坊など寺内院家が介在して、延暦寺内に安置された「善光寺如来」「紫雲阿弥陀」などの著名な本尊が末寺に貸し出され、末寺はいわゆる出開帳を催して勧進銭を、一方で諸院家は末寺から「施物」を得るという、本尊を媒介とする至って経済的な関係が本末間にはみられた。しかも出開帳は必ずしも神宮寺ではなく、「堂賃」を支払って小浜の観音堂や誓願寺など結縁者を集めやすい場所で催されており、そこには開帳に伴う収益を追求した開帳興行の姿が窺われよう。

次に神宮寺から南光坊への「音信」の理由とされた「談議者」に目を移したい。天文十五年七月つまり「音信」がなされた翌月に、

西塔西（東）谷ノ西楽院題者法印為談義可有御下リ、為御迎少弐公相憲、七月小廿九日ニ御上リ、人夫者彦三郎三郎大夫分也、

として、神宮寺において「談義」（「談議」）つまり教学上の要諦をめぐる問答の勤修にあたり、「題者」として西塔東谷の西楽院法印が招請されることになり、迎えの使者が登山している（「当」六）。「題者」とはいわゆる探題役であり、問答の論題を講師・問者に課し、問答の結果に判定を下す重要な職衆である。わざわざ「題者」として本寺の碩学を招請するということは、その参仕があってはじめて「談義」が勤修できたということである。ただし天文十五年に西楽院法印は神宮寺への下向を止めており、また代わりの「題者」が下向した痕跡は見られず、この時に「談義」は勤修されなかったと思われる。いずれにしても神宮寺における多くの法会のなかで、天台教学の修学に深く関わる「談義」は、天台宗僧の碩学を「題者」として招請することにより催される法会であり、その意味では本寺に大きく依存していたということになる。

また天文十九年（一五五〇）には、

御屋形様伊豆守信豊 御歓楽為御祈禱護摩、山門西塔北谷ノ正教房詮運法印天文十九年庚戌年壬五月廿八日ヨリ、執行候、伴僧ニ密（日）蔵坊法印同道候、是者三井寺之光音房ノ舎弟也、正教房ノ代ニ方々へ祈禱ニ御入候由候、但未タ開壇者無之由候、（中略）杉本房相胤モ助加持ニ在浜、但朝夕ハ（粟屋光若）粟式ニテ在之、

とあるように、守護武田信豊の病気快癒のため守護館と粟屋亭で「護摩」が勤修され、西塔北谷正教坊の詮運法印が大阿闍梨として参仕し、この場には神宮寺杉本坊の相胤も「助加持」のため出仕している（「当」一〇）。なお正教坊詮運法印は諸寺において催される「護摩」に参仕したが、いまだ神宮寺において灌頂壇を立て伝法灌頂を催す

ことはなかったという（同前）。しかし他寺において伝法灌頂が勤修されているわけで、延暦寺の院家に伝わる密教法流が、末寺に広く相承されたことであろう。

　このように神宮寺において勤修される「談義」「護摩」という顕・密法会に、「題者」や大阿闍梨という中核的な職衆として延暦寺僧が招請されていたことが確認される。病気快癒の「護摩」は言うまでもなく臨時の法会であり、また「談義」は本来ならば恒例の法会であろうが、その勤修に本寺の碩学の出仕が必要とされたわけで、やはり臨時の法会にとどまったと考えるべきであろう。このように神宮寺には本寺に依拠して勤修する法会が確かに存在したが、それらは決して恒例ではなく、恒例法会の多くはあくまで寺僧によって勤修されていたのである（「当」一六）。しかしその一方で、入仏供養や「談義」「護摩」等臨時の法会に、延暦寺から職衆が参仕したことは、本末関係が礼節や布施に加え教学を媒介にして実質的に維持されていたことを物語る。

　さて天台宗教団と延暦寺にとって草創以来最大の危機は、元亀二年（一五七一）九月の織田信長による比叡山焼き討ちであろう。信長勢は朝倉義景に与する延暦寺衆徒を攻撃し、ほとんど全山の堂塔が灰燼に帰した。これを遡る永禄十二年（一五六九）正月に美濃から上洛した信長は、同年四月に岐阜に戻ったが、「去程ニ信長、洛中・辺土為成敗、佐久間（信盛）・村井（貞勝）・森三左衛門（可成）・丹羽（長秀）、御長ヲ居置ク、然間森三左衛門長康宇佐山ニ城墎ヲ構テ、大津・坂本ヲ成敗シケルカ、山門領ヲ悉押領ス、依之山門ノ大衆等、此時当山ノ破滅也トテ、内裏へ牒状ヲ捧」（「朝倉記」）とあるように、京都に残置された森可成が宇佐山に城郭を構え大津・坂本を制圧するとともに、山門領を押領した。そこで三塔大衆は牒状を公家に呈し、同年十月には寺領の「還補」を命じる正親町天皇綸旨が信長のもとに送られている（同前）。この寺領返還をめぐるやりとりのなかで、「三千ノ衆徒一同シテ信長へ謀叛セシメ、越前ノ朝倉義景方へ密々使ヲ遣ハシテ、山門退転ノ急ヲ告ル」（「総見記」）として、延暦寺衆徒は朝倉義景にその上洛と信長討伐を求めたとされ、この動きが元亀二年に信長の比叡山焼き討ちにつながったとも考えられよう。

このような背景のもとで、永禄十二年六月に天台座主の梶井宮入道応胤親王は、

山門座主梶井宮、但馬国御下向之処、彼国錯乱付而、当国小浜江御成、則当寺蓮如房最俊方江、永禄十二年六月七日御成也、御供ハ南光房之同宿善養坊、横川法師寿憲ト申仁、少将公御同宿也、

とあるように、比叡山を離れ但馬国に向かったが、かの国内は尼子勝久と毛利元就との戦闘による「錯乱」が続いていたため下向を断念し、小浜に赴いて神宮寺に入り蓮如坊を宿所とした（「当」三二二）。座主応胤が比叡山を下り但馬国に下向しようとした理由は明らかではないが、同年三月に応胤は信長のもとに出向いており、顕在化した対立に解決を求め、これに失敗したためとも推測される。

また神宮寺への座主の「御成」に供奉した善養坊は南光坊の同宿であり、その縁により神宮寺が宿所とされたのであろう。また神宮寺蓮如坊に寓居した座主応胤は、滞在の礼であろうか、「柏原親王《(桓武天皇)》御筆薬師本願経、当山本堂へ御寄進有之、永禄十二年六月七日之奥書、座主応胤ト御自筆有之」（「霊」一六）として、桓武天皇御筆の「薬師本願経」を神宮寺本堂に寄進し、その奥書に年紀と「座主応胤」と墨書した。この経巻の寄進という行為には、いかに窮迫のなかにありながらも、末寺に配慮する座主応胤の姿が窺われよう。つまり本末関係にあったとはいえ末寺に対する座主の態度には、支配・被支配ではとらえきれない交流の姿勢がみえるのである。

このように平時における神宮寺と延暦寺との間には、寺内院家との恒常的な礼節を媒介として、末寺が催す勧進開帳への本寺本尊の貸し出しと「布施」の上納、臨時の法会における碩学の下向、さらに座主の「御成」など、いずれも日常的とは言いがたいものの、緊密な交流がなされていたことは確かである。とりわけ本寺に安置された本尊の出開帳による勧進銭が、末寺の造営や経営などの大きな支えとなったことは見過ごせない。また本寺が末寺の

寺職・寺領に介入するという実質的な支配がなされた痕跡はなく、至って緩やかな上下関係の意識に支えられて、両寺間の交流が継続されたというのが実状であろう。

おわりに

延暦寺末寺とされる若狭神宮寺について、鎌倉中期の再興以降における寺家経営の実態をたどるならば、特に勤修された法会のなかに天台宗の濃厚な痕跡を見出すことは必ずしも容易ではない。むしろ若狭一二宮の神宮寺として国衙官人や在地武士層の帰依をうけ、利生塔が設けられるほどに高い寺格のもとに、独自の足取りをたどったと考えられる。しかし南北朝時代には寺家の存続に大きな障害が生まれたものか、青蓮院尊円法親王への働きかけにより寺号と寺額を付与された、これを契機に延暦寺東塔南谷の配下に入った神宮寺は、南光坊を仲介に「天台之門徒」として天文法華の乱における出陣など末寺としての課役を果たした。また室町後期における日常的な両者の交流は、神宮寺から南光坊をはじめ東塔南谷の諸院家への「音信」や「施物」の上納、延暦寺から神宮寺法会への職衆下向や出開帳という形で続いたのである。

しかし延暦寺と神宮寺とは本末関係にあるとされながら、本寺から末寺に対する賦課や寺職補任などが日常的になされた痕跡は見出し難い。すなわち神宮寺衆徒の出陣や延暦寺僧の末寺法会への出仕など実質的な一面は確かにあるが、本末関係の基調はやはり礼節にあると考えられる。また延暦寺と神宮寺との本末関係とはいっても、厳密には寺家と寺家との関係ではなく、あくまで延暦寺三塔に属する諸院家と末寺との関係であったことは留意すべきである。そして比叡山の膝下というべき若狭国にあって、神宮寺をはじめ山門末寺とされた諸寺は、おおむね南北朝時代を境にして延暦寺の緩やかな支配下に置かれ、「天台之門徒」としてその教線を支えることになったと考えられる。

註

（1）東大寺と東寺・醍醐寺との本末関係相論については、拙稿「「真言宗」と東大寺――鎌倉後期の本末相論を通して――」（中世寺院史研究会編『中世寺院史の研究』、法藏館、一九八八年）参照。

（2）東京国立文化財研究所により昭和五十九年に撮影がなされた。なお文書についてはすでに東京大学史料編纂所架蔵影写本によって『小浜市史』社寺文書編で活字化されている。また同寺所蔵の「根本神宮寺諸引付　弐番」は、その表紙から桜本坊悵怡により作成された記録で、天文十五年（一五四六）二月から元亀元年（一五七〇）に及び、冒頭から永禄四年（一五六一）まで悵怡の筆で記される。「当寺諸事日記　三番」は、悵怡・相秀・祐秀・秀俊により書き継がれたもので、「若狭国守護職代々系図」「若狭国税所今富領主代々次第」についで、応永三十一・三十二年、天文十四年から元亀元年に至る神宮寺「引付」、「若狭武田系図」、天正年中以降の「若狭領主」の次第、「佐柳城主之次第」等、貞和五年（一三四九）の「神宮寺薬師堂額」銘より享保四年（一七一九）に及ぶ神宮寺や領主の事績の記録など多彩な内容を収める。「神宮寺記録」（「霊応山神宮寺古記書合」）には、創建より近世初頭に及ぶ「記録」、明治二十八年義亮作成の「神宮寺古跡由緒取調表」が合綴される。なお「根本神宮寺諸引付　弐番」とあることから、天文年間を遡る内容をもつ「引付」の「一番」が存在したはずであるが、残念ながら現存しない。

（3）「神宮寺文書」に収められる建長元年の藤原光範寄進状には、日下に光範と思われる花押が加えられているが、全体の筆跡から判断して成立時代が下る写と判断される。本文書の花押と正嘉二年の「左衛門尉藤原」の花押は異なり、内容的にも検討の余地がのこるが、本稿では一応「藤原光範寄進状写」として利用する。なお巻子装の台紙と奥の添紙に、「鎌倉頼経将軍御教書　四至領御寄附」とあるが、建長元年にはすでに頼経は将軍を退任しており、また形式的にも本文書を将軍御教書とすることはできない。

（4）田中稔「鎌倉幕府御家人制度の一考察――若狭国の地頭、御家人を中心として――」（『鎌倉幕府御家人制度の研究』、吉川弘文館、一九九一年）による。

（5）安国寺・利生塔の全国的な造立の実態が解明された今枝愛眞「安国寺・利生塔の設立」（『中世禅宗史の研究』、東大出版会、一九七〇年）には、神宮寺三重塔を利生塔と認定されていないが、本文書によるかぎりその確度は高いと考える。なお松尾剛次「安国寺・利生塔再考」（『日本中世の禅と律』、吉川弘文館、二〇〇三年）には、神宮寺三重塔を若狭国利生塔とする見解が示される。

（6）「当寺日記」に引用される本寄進状は、その形式と文言がすべて当初のものとは考え難いが、内容的にみて原本・写本から引き付けたものと判断する。

（7）本文書には年紀がないが、『小浜市史』『福井県史』にはいずれも「天文五年」の傍注が付されている。「天文五年」とする積極的な典拠が明確ではないが、本稿中で触れたように、天文法華の乱の渦中に、法華一揆側を裏切り延暦寺側についたことから推して、乱に先立って発給されたものと考えたい。

（8）天文法華の乱の経緯と背景については、今谷明『天文法華の乱――武装する町衆――』（平凡社、一九八九年）において詳細な跡づけがなされている。

（9）今谷明註(8)前掲書、京都市編『京都の歴史』三、学芸書林、一九七一年、参照。

（10）辻善之助『日本仏教史』四（岩波書店、一九四四年）第十一節参照。

（11）引用する八月二十五日発給の両文書は、同筆で花押も一致するところから、いずれも南谷学頭代某の手になるものと判断される。なお『小』四一に「学頭職」とするが、これは「学頭代」の誤植であろう。

（12）本稿では、「延暦寺」が如来を貸し出したと表現しているが、厳密に言えば「延暦寺」という寺家がその意思をもって前面に立ち実施したとはとうてい考え難く、あくまで三塔に属する院家が相互に交渉を重ねることにより、如来の出開帳が実現したものであろう。しかし寺外とりわけ末寺からみれば、本寺の厚意による出開帳ということであることから、あえて「延暦寺」と表現した。

室町・戦国期における山門領荘園の支配と代官職

——近江国高島郡河上庄を事例として——

湯浅　治久

はじめに

山門領荘園に関する研究は、史料の制約もあって困難な課題である。本稿が対象とする室町・戦国期についてもそれは例外ではない。しかし、永禄十年（一五六七）に制定された『六角氏式目』第二条において、天文年間の議定に基づいて山門領の相違ないことが山門と守護六角氏の間で確認されているように[1]、戦国末期でさえ山門領は依然として無視し得ない実態を有していたことは確実である。にもかかわらず、この点を窺うに足る当該期の山門領に関する研究成果はきわめて貧しい[2]。

そこで本稿は近江湖西の山門領である大講堂領河上庄を事例として取り上げ、その実態を検討することにしたい。河上庄は、十五世紀後半〜十六世紀前半にかけて、その代官職の行方をめぐる管領細川氏・守護六角氏・幕府奉公衆朽木氏ら武家勢力の関与が具体的に明らかにでき、また、山門領荘園の支配構造が不十分ながらも追究できる貴重な素材である。関係史料は、主に朽木氏の残した武家文書『朽木家古文書』[3]となる。当該期の荘園支配は代官職の動向と切り離して考えることができないものだが、代官としての在地領主側の事情を窺う史料は一般にあまり多くはない。その意味でも、決して豊富な史料に恵まれているとは言い難いが、河上庄の考察には重要な意味がある

ものと言えよう。(4)

一　山門大講堂領河上庄の成立と六角氏

河上庄は、古代の川上郷に成立した荘園で、十二世紀までには摂関家領となり、藤原氏の氏長者に伝領される平等院修理料所となっている。荘域は現今津町を中心とする湖岸の平地部から若狭に連なる杣山を包含した広大な荘園であり、湖西に展開する多くの杣や荘園と同様、京都に材木を供給する役割をになった荘園であった。(5)

その後河上庄は、永享三年（一四三一）に山門大講堂領としてみえる。山門領としての河上庄については岡田晃司氏の研究(6)があるが、その後『今津町史』（以下『町史』と略す）第一巻古代・中世（今津町、一九九七年）・『町史』第二巻近世（同町、一九九九年）が研究を深めて今日に至っている。これらを参照しつつ、その基本的な概略について述べておこう。平等院領たる河上庄がいつ山門領となったのかは不詳だが、『町史』第一巻は応永年間における足利義満の時と推測している。応永元年（一三九四）、義満は山門対策の一環として日吉社に参詣するが、その際延暦寺諸坊から進上された七二五〇貫の銭を大講堂領として寄進し、同三年に建立された同堂の落慶供養の大法会にも参会する。その際に義満より大講堂領として地頭方が山門に寄進されたものであるとする。(7)後述するように、河上庄には室町幕府の御料所に指定されている得分があることを考慮すれば、この推測は妥当なものであろう。河上庄は摂関家領から室町期には足利将軍の進退するところとなり、その後地頭職が山門の手に渡ったものであろう。

ここで山門領としてみえる初見の史料を掲げて検討を加えたい。(8)

（足利義教）
（花押）

一　山門大勧進申大講堂領近江国河上庄奉行職事、
如大勧進宝福寺申者、根本奉行為廿五人之処、近年為十人、尚以修造・常供・常灯以下無沙汰云々、爰弁阿闍梨申請三口之加任者也、如当奉行十人申者、支配彼得分致其沙汰訖、被加任者得分・所役等可減少云々、所詮、被任先例之上者、於寺役者何可令減少哉、只称申私得分歟、然今被加任三口間、十三分也、以残十二口可致講堂修造之旨、被仰付大勧進、如根本所被定置廿五分也、次十三口之衆造営・常供・常灯以下、不可有無沙汰之由、被成御教書訖、
　永享三年十二月五日　　肥前守　為種（飯尾、以下同じ）（花押）
大和守　貞連（花押）
加賀守　為行（花押）

　これによれば、大講堂の修造等のために河上庄に設置された奉行職は二五人（口）であったのが、すでに永享年間には一〇人となってしまい、修造・常供・常灯が滞っている様がわかる。これを補うため三口の加任をしたが、一〇人の給主はその得分を私に分けてしまい加任した得分と所役は減少してしまった。そこで残りの一二口で二五口分の講堂の修造を行うことを大勧進に申しつけ、その他の一三口で造営・常供・常灯の沙汰をするように幕府が命じているのである。山門の堂社修造等の遅滞について幕府が積極的に梃入れを行っているのであるが、大講堂領としての二五口の奉行職が設置された河上庄が、そもそも幕府により寄進されたものであれば、これも当然のことと言えよう。

　その後文亀年間、この代官職に朽木氏が補任されるが、その際朽木氏が取得したと思われる『河上庄地頭廿五房田数帳』なる帳簿が存在する。[9]この帳簿の冒頭の「廿五坊之次第」に名のある僧侶はいずれも山徒である。[10]この山

徒こそ二五口に配属された奉行職＝給主であろう。ここに、山門領河上庄の基本的な構成を見ることができるのである。

つぎに河上庄の領家職について考えよう。十六世紀には「御料所江州高嶋郡河上領家職」[11]との表現があり、領家職も本来は室町幕府御料所であったと思われる。しかし実際には領家職は六角氏や細川家が領有を主張している。本来は幕府の御料所でありながら、有力大名たる細川・六角氏らが、合法・非合法は別として幕府から取得することになったものと推測できるだろう。

特に六角氏の動向は、河上庄にとって重要な意味を持つものであった。長享元年（一四八七）九月、六角高頼が「高嶋郡河上」に城郭を構えていることが注目される。[12]これはこの月に開始された将軍義尚による六角征伐に対抗する六角高頼の措置であろう。では高頼はなぜここに城郭を構えたのだろうか。幕府は朽木・永田・田中諸氏ら西佐々木一族と若狭武田氏に河上の城郭破却を命じている。これは六角氏が若狭・敦賀など北陸方面とのルートの確保か、または封鎖を目指して城郭を設置したことを示唆していよう。また城郭を構えるということは実力による当知行の主張を意味しており、[13]のちの領有の事実を考慮すると、幕府の追討を受け従来もっていた領有の正当性が消滅した時点での当知行の宣言を意味するものであろう。この事実からも、六角氏の河上庄の事実上の領有はこれ以前にさかのぼるものと推測することができる。

二　十六世紀前半における河上庄代官職をめぐる状況

このように、河上庄は十五世紀の半ばから山門大講堂領としてみえ、守護六角氏も少なからぬ権益を有していた。

そして十六世紀になると、地頭・領家双方の代官職の補任をめぐり、諸勢力の複雑な交渉が重ねられる。大局的には、ここに当該期の荘園制支配の後退を指摘することはたやすく、山門についても例外ではあるまい。しかし、結果として維持される荘園の実態がわかる河上庄の事例はやはり貴重である。ここではこの点を史料に即してみてゆきたいが、関係史料は欠年のものが多く、年次比定と関連づけが必要となる。したがってやや煩雑な叙述となることを了承されたい[14]。

六角氏の地頭職の「下知」と朽木氏

まず文亀二年（一五〇二）十二月五日、山門上使直全・仲覚の連署により、「大講堂領河上庄地頭職」が朽木氏被官飯田新兵衛尉に宛てられている[15]。これは事実上朽木直親へのものである。山門上使は、登山して山門として重ねて補任を調えるので「其間之儀」として上使両人の「一筆」を啓したとしている。ここから山門上使の補任は正式のものでなく、緊急の要により認められたものであることがわかるが、これはその約一カ月前の同年十一月七日、六角氏奉行人連署奉書が朽木雑掌宛に出されていることと関連があろう[16]。この奉書において六角氏は、地頭方代官職を朽木氏の望みにより渡したが「但於無御忠節者、重而被相改成敗、為此方可仰付候由候」と述べている。忠節のない場合は、この補任を改め、六角氏として余人に申しつける、というのである。

ここで興味深いのは、河上庄地頭方代官職の補任権は一応山門にあるものの、実質的には六角氏が握っている点である。この場合忠節とは、同年十月にはじまる六角氏家臣伊庭氏による六角氏への反乱（第一次伊庭の乱）における朽木氏の合力を意味するものであろう。この乱において伊庭氏は湖西方面に逃れ勢力を挽回しており、六角氏にとって朽木氏の合力はこれに対抗するために必須のものであった[17]。以上の点から考えて、山門上使による緊急の措置（補任）は、じつは六角高頼の意志を受けたものであったと考えることができよう。

このように、河上庄の地頭方代官職の補任には、当初から六角氏の無視し得ない意向があった。これは翌文亀三年（一五〇三）十二月二十九日、前年の事態を受けて室町幕府奉行人連署奉書が下った際にも、[18]「帯山門補任、為佐々木大膳（六角高頼）大夫下知、令存知之云々、被聞食入訖」と、山門の「補任」と六角高頼の「下知」がともに幕府安堵の条件とされている点にも明らかである。[19]

六角高頼は長享・延徳の十五世紀末期の二度の室町将軍による征伐をしのぎ、明応四年（一四九五）、ようやく近江国守護に返り咲いた直後である。以後伊庭の乱を勝ち抜き、子定頼の代になりさらに領国制を展開してゆくが、[20]その開始にあたって山門領荘園にこのような権限を行使していることは注目される。この場合、「本所」[21]たる山門の意向以上に、代官職の補任に六角氏の「下知」が大きな意味を持っていることが注目される。六角征伐は高頼の寺社本所領の押領に端を発しており、延徳二年（一四九〇）、山門も所々の山門領の高頼による押領を幕府に訴えている。[22]それが文亀年間に至ると逆に山門領荘園の代官職補任に六角高頼の「下知」が不可欠とされているのである。山門と守護六角氏の山門領をめぐる関係に何らかの変化があったのは確実であろう。『六角氏式目』にみえる天文の取り決めに至る起点を、あるいはこの辺に求めることができるのではなかろうか。

細川政元による領家職の知行

つぎに、管領細川政元が領家職の由緒を主張し介入してきた一件を取り上げる。一連の史料は年代を確定できないが、以下に述べるように筆者は永正元年（一五〇四）、すなわち朽木氏が河上庄地頭方代官職を取得した翌年に比定したい。

まず三月二十七日に、細川家内衆遠藤元右・安富元家が連署して、「高嶋郡内河上」には由緒があり知行しているが、今度「屋形《（細川政元）》」が知止軒に申しつけたので入部を承認してほしいと朽木直親に通達している[23]。細川政元と六角高頼は文亀二年の第一次伊庭の乱以来対立しており、被官赤沢朝経が日野の高頼を攻めたが、政元は同三年に伊庭貞隆と高頼の仲を斡旋し、共に和議を結んでいる[24]。これと関連しての政元の主張ではなかったろうか。細川氏の知行は、領家方代官職に関するもので、これは地頭方代官職を得ていた朽木氏にとり自らの権限の侵犯を伴うものであったらしい。そこで以下四月〜五月にわたり、朽木氏と安富氏ら細川方との交渉が行われるのである。

四月二十三日、安富元家は朽木直親に対し、朽木方が地頭方代官職を主張したことを受け、これを知止軒に申し届けたところ、知止軒が領家方と地頭方は各別であることを認めた由を通達している[25]。知止軒は領家方への補任の際朽木氏の地頭方代官職を脅かしたのだろう[26]。それに対して朽木氏は地頭分・領家分が別のものであることを主張している。しかも朽木氏は、同じ細川氏被官の太田保定[27]を介して事の打開を意図している。それを示すのが、翌四月二十四日〜五月十七日に至る一連の関連史料である。四月二十四日、太田方は、朽木氏がさきに申し入れたことを了解した旨の通達が安富方から自分にあったことを慶賀して朽木氏に連絡している[28]。同二十六日付で朽木直親に宛てた西坊如源なる者の書状[29]は、二十五日の夜に太田方が西坊に対して使いを寄越してことの次第を説明したことを述べた上で、朽木氏に向かって安富方に千疋、成合《（相）》（不明）方へ三百疋を贈るべし、という太田方の「いけん（異見）」を通達している。また太田方は五月になって安富氏らに対しこの「御折紙代物[30]」を自分が届けたことを述べている[31]。これらから、朽木氏は西坊を介して太田方と連なり、太田方は朽木氏と安富氏とを仲介する者であることがわかる。

さて、安富氏らの権利の淵源は管領細川政元による河上庄領家職の領有だが、これがいつ細川氏の手に入ったのかは明らかでない。しかし、おそらく延徳年間の六角征伐の際、政元が近江国守護に任命される延徳二年（一四九〇）の前後に六角氏の権益を継承する形で幕府から宛がわれ、その後もその権益を主張していたというのが可能性として最も高いものと思われる。[32]そしてこの一件で最も興味深いのは、朽木方が細川政元—知止軒の動きに対し、ことさらに地頭職が山門大講堂領であることを主張している点である。自らの代官職の正当性は、やはり本所たる山門の権威にあるのであり、ここに山門領と代官相互の依存関係の一端があることも事実であろうと思われる。

六角氏による領家方代官職への介入

領家職をめぐってはつぎにような六角氏の巻き返しも想定できる。十一月二十三日付の六角氏家臣布施貞友の朽木氏宛の書状があるが[33]、これは近年不知行であった領家方代官職について、自分が申しつけられたので代官を差越したことは、六角高頼と後藤高忠の書状に明らかであるので、地下の儀について朽木氏の「御異見」を要請している書状である。この書状は年欠だが、「近年致不知行」をさきの永正元年前後ととればそれ以後、また宛所の朽木氏を『纂集』のように朽木稙広（=稙綱）とすれば、彼が家督を継ぐ永正二年（一五〇五）以後ということになる。[34]これは六角高頼が、細川政元に対抗して領家方代官職を主張し、布施貞友にそれを宛がったということになろう。これに関しては布施氏の書状にあるように、十一月二十四日付で六角高頼と後藤高忠の書状があり、朽木氏に対し合力が要請されていることを付け加えておく。[35]

朽木稙綱・賢綱による領家職の「訴訟」

つぎに上坂満信なる人物と朽木賢綱、そして福井家綱なる人物が相互に交わした一連の書状群を位置づけてみることにしよう。

まず、上坂満信が九月四日に福井家綱宛に出した書状の中身からみよう。[36] これによれば、河上庄領家職の儀について、信濃守（朽木賢綱）から申し越してきたのでよく披見した、六角定頼からの「一途」（決定・方針？）の返事はまだない、などを申し伝えている。朽木賢綱は、その後稙綱とともに大永三年（一五二三）に領家方代官職を取得することになるので、これ以前に上坂満信と領家職について交渉していることになる。上坂満信は後述するように、近江国出身で細川家の被官となったものであろう。内容を吟味すると、六角氏の当主が高頼の子息定頼（＝少弼）の時代に入っており、さきの永正初年をかなり下る時期とみてよい。事実上坂満信の回想によれば、満信の父は永正三年（一五〇六）に、細川政元が領家方代官職に補任した沼田弥三郎の代官として河上庄に下向している。[37] 満信の親とは、おそらく延徳三年（一四九一）、細川政元の近江守護時代、守護代安富元家のもとで犬上郡において遵行にあたっている上坂秀信であろう。[38] そうだとすれば満信も細川家の被官、時期からして細川高国の被官である可能性が高い。この上坂満信の回想を踏まえ、さらに六角定頼や朽木賢綱が家督を継いで活躍し出す時期からすれば、およそ永正十四・十五年（一五一七・一八）以後、[39] 内容からは朽木氏が領家方代官職を取得する大永三年にきわめて近い時期と推測する。さらに内容を吟味してみよう。まず一連のものと思われる史料を一覧にしておく。

①九月　四日　　上坂満信書状（宛福井家綱）（〔家〕一六〇）
②十月　七日　　朽木賢綱書状（宛朽木稙綱）（〔家〕三八五）
③十月十二日　　上坂満信書状（宛福井家綱）（〔家〕四八七）
④十月十三日　　福井家綱書状（宛朽木稙綱）（〔家〕二二三）
⑤十月十三日　　朽木賢綱書状（宛朽木稙綱）（〔家〕三八四）

⑥十月十四日　　朽木賢綱書状（宛朽木稙綱）（〔家〕三八三）

①と③は福井に宛てられた正文であり、福井から朽木稙綱にもたらされたものと判断される。④に、「従信州（朽木賢綱）承候条、上坂五郎申聞、其返事趣申候処、御懇之貴札殊鮭拝領仕候」とあることから、この書状と一緒に稙綱にもたらされた可能性もあろう。②で賢綱は稙綱に対し、福井へ御状を出すことを慫慂しているが、その返事が④であった。福井は上坂と朽木の仲介をしていることになる。朽木が上坂に主に問いただしていることは、「領家之年貢之土貢」（②）に関することである。③と⑤によれば、具体的には「関白殿渡領」「てんか（殿下）の渡り領」が地頭方にあって領家方にはないこと、領家方は「修理・供養（供米）・寺歩」の「三色」のみであること、「永王院領」「永王院母儀分」のことなどに関するものであった。(40)これらの書状にみえる「少弼（霜台）（＝六角定頼）より一途」とは、おそらく六角氏による正式な領家方の補任に関する通達であろう。賢綱が⑥で「乍去別人ニ契約儀、努々不可有之由候、我等も其分ニ存候、如此訴訟ハ、毎々可有候哉」と述べているのも参考になる。これは領家方代官職が坂本清水に宛がわれるという風聞に関しての文言であり、上坂らは朽木方へこれを渡すことは別儀ないが、「公約之貢数」に事を寄せ、また六角定頼の返事がないことで事態が停滞しているとしている。

朽木氏の領家方代官職への強い働きかけがわかるが、この「訴訟」の解釈は難しい。参考になるのは、大永三年（一五二三）と推定される河上庄沙汰人宛の四月十八日付室町幕府管領代奉書案の存在である。(41)これによれば、当時河上庄領家職は「御料所」であり、数年上坂五郎（満信）が仰せ付けられており、競望する族を承認せず年貢等の上坂への納入が沙汰人に指示されている。これによると、細川家―上坂満信の領家職の「知行」もこの時期まで継続していることになり、当然朽木氏・六角氏の意向と対立する。朽木氏の「訴訟」がどこへのものかわからないが、当然この事態に対するものであると考えられよう。すなわち領家方代官職をめぐる従来からの諸勢力の確執が後を引いているのである。その後の経緯は不明だが、結果的に同年、朽木氏は六角氏から念願の領家方代官職に補任されることになるのである。

朽木氏による領家方代官職取得と地頭職の変化

しかし同年は、領家方のみならず朽木氏が有していた地頭方についても変化のあった年であった。その両方の事態について言及しておこう。

まず領家方だが、内容から大永四年（一五二四）のものと判断される朽木稙綱・賢綱の連署請文がある。[42] 宛所を欠くが内容と関連史料から六角定頼であることは確実である。典型的な代官職請文だが、年季については大永三年からの五年に限られたものであった。実際朽木氏が代官職をいつまで維持していたかはわからず過大評価は禁物である。しかし朽木氏が領家方の代官職を取得したことは事実であり、その意味で大永三年以後、河上庄の全体に関する権益に関与する条件を得たことはやはり特筆できよう。次章で述べるが、この時期に河上庄の全体の賦課に関する史料が確認できる点も偶然ではなかろう。また同年の七月〜十月にかけて、朽木氏の領家職取得に関する六角氏重臣後藤高恒の書状群があり、[43] 領家方の保持に関する指示が細かに出されている。

しかしここで留意せねばならないのは、同年八月に地頭職をめぐるつぎのような史料が確認できることである。八月六日、「当（河上）庄公文・下司・名主百姓中」へ宛てた六角氏奉行人連署奉書案[44]がある。これは「地頭職弁万疋銭・上乗等事」について、「配当」として「御一家中江被遣」たので、年貢等は「彼代官」へ沙汰することを申し渡している。注意すべきは年貢等を配当された「御一家中」の存在である。これを六角氏家臣らに比定することに異論はなかろう。事実翌四年十二月には地頭方年貢米の算用状が残っており、それによると「備中殿」「後藤殿」

「欲賀殿」へ応分の年貢米が配分されている。「御一家」とは彼らを指すことは確実である。[45] さらにこの事態と関わって、ほぼ同じ時期に出されたつぎの二点の史料が注目される。

①高嶋郡川上庄名主百姓等謹而言上、右子細者当年作毛延引仕候て、いもちつき作毛不熟以外候也、然上者田畠共四畝上分御免被下候者、忝畏入可存候者也、仍而目安状如件、

大永三年八月廿日　川上惣庄

進上　地頭廿五坊御代官人々御中

②当庄名主百姓等、風気依惣検地之儀申候て、可然様御扶持之儀、可為肝要候、恐惶謹言、

八月廿日　公文貞行在判

廿五坊御代官参御中

二通[46]とも案文でありしかも一紙に書かれている。もとより朽木氏に宛てられたものではなく、さきの同月の奉書もあわせ朽木氏の二次的な取得を思わせる。①は「川上惣庄」「川上庄名主百姓等」による年貢減免を求める申状である。②は公文貞行による百姓らの「惣検地」要求をバックアップする書状である。宛先は同じ「(地頭)廿五坊御代官人々」である。以上の地頭方をめぐる史料は、従来とは異なった状況が地頭職進退に生まれつつあることを意味しているものと思われる。

三　山門支配と内部の様相

1　『河上庄地頭廿五房田数帳』をめぐって

以上、十六世紀前半の河上庄代官職をめぐる諸勢力の確執をみたが、つぎに当該期の河上庄の内部構造を考えよう。この点については、さきにみたように朽木家に伝来した『河上庄地頭廿五房田数帳』（以下『田数帳』と略す）の存在が大きい。この帳簿は年紀を欠いており、まずこの史料がいつ朽木氏にもたらされ、いつの状況を示すものかについてから検討する必要がある。この帳簿は山門の山徒二五坊の地頭方支配のためのものであることは疑問の余地がないので、やはり地頭方代官職を取得した文亀三年、朽木氏が取得したものと考えられる。この点、従来注目されなかった史料があるので紹介したい。それは朽木村の在地に残された朽木家の古文書にある二点の納帳である。これらは上林坊（「しやうりん坊」）と金輪院（「こんりん院」）の河上庄地頭方における田地と収納年貢の書き上げであり[47]、ともに文亀二年十二月三日の日付を持つ。彼らはともに二五坊の構成員たる山徒である（金輪院は八番。上林坊は一一番）。年月日からして、この納帳が朽木氏の河上庄入部に伴い、各坊の実質的な年貢収納のために作成されたものであるのは確実であろう[48]。両帳とも実際の収納に際して作成されたものであり、『田数帳』にはない字《あざ》の情報などが記載されている。すると『田数帳』は河上庄の総田数を示す「目録」に相当し、当時よく代官が所務の遂行にあたって必要とする「古帳」に相当するものであろう[49]。すると、その内容は少なくとも文亀三年以前のある時点を示すものと考えるべきものであることになる[50]。

これを前提にして、以下『田数帳』の性格についてみたい。『田数帳』は長大かつ複雑な帳簿であり、今後の検討にまつべき部分が少なくない。ここでは先学の成果を中心に基本的な点に言及することに止めたい。まず山徒の支配について、『町史』第一巻は、同じ高島郡の山門領荘園である比良庄・音羽庄と河上庄を比較して、以下の点を指摘した。すなわち、第一に比良庄は根本中堂の供僧らが支配する荘園であり、音羽庄は「山徒一揆」（＝音羽衆）が地頭職を観応三年（一三五二）に足利義詮より与えられた荘園であり組織がまったく異なること。第二に音羽庄の「山徒一揆」の構成員のうち六名が河上庄の給主と重なり、「山徒一揆」のメンバーである可能性が高いこと。第三に山門は河上庄地頭方を一括して「山徒一揆」に委託し、「山徒一揆」はこれを二五人の給主に分割していわゆる番頭制の組織を形成した。これらの見解は、当該期山門の荘園支配には諸類型があること、河上庄の番頭制を、山徒という山門固有の組織から解明した点などできわめて興味深いと言えよう。

二五番に編成された給主に総数二〇〇町余の田を分割知行させている河上庄の番頭制については、早くから水上一久氏により注目され、岡田氏も言及されている。(51) 水上氏の見解は古典的な意味をもつが、番頭制の発生は神仏事祭礼のための特殊な賦課の必要性から起こったものであり、やがて年貢賦課の主体に変化すること、番の区分は多くの場合単純に地域的区分が行われるが、地域に関わりなく数名をもって構成され錯圃性をもつものがあり、その唯一の事例が河上庄であるとしている。岡田氏はこれを受け、河上庄の特殊賦課とは大講堂領の修造・常供・常灯料であり、それがやがて年貢収取機能をもつに至ることを指摘しており、番に編成された分田や佃の存在にも言及している。そして『町史』第一巻は、『田数帳』を独自に詳細に検討し、当初の坪並び分割形式が地域的分割形式に変化しつつある状況を示していること、給主には佃一反一〇〇歩、田地七四反前後の配分があったこと、にもかかわらず『田数帳』の給主の分担面積には六三反余から九四反余のばらつきがみられること、名田が確認できるが、その収取体制が崩れて番頭制が成立してきたこと、などを指摘している。

『田数帳』の記載は、基本的には条・里・坪と字名により田数の位置を示し、その坪ごとに田一筆ごとの田積(場合により斗代)、番に結ばれた給主、作人が記されている、という形をとる。坪付を検討すると同じ坪に領家分がある場合があり、領家方と地頭方の区分はいわゆる坪分けの形を取ることも判明する。総筆数は一七〇〇筆を超え、作人は三四〇人を超える。**表1**は作人ごとの経営規模を分類整理した『町史』第一巻から引用したものであるが、二町以上の保持者が一四名を数え、特に公文桂田氏の保持が突出していることに留意しておきたい。この他、『田数帳』研究の課題としては、南の木津庄と連続する条里制との問題や、現地情報の読みとりによる景観復元などの問題が課題にのぼるが[52]、なにより番頭制あるいは山徒による分田支配の実態追究は、山門領荘園の本質をさぐる上でも依然として重大な課題である。そこで問題となるのは、朽木氏の地頭方代官支配との関連であろう[53]。『田数帳』と二点の納帳の存在自体、朽木氏がこの体制を一応承認して地頭方支配に乗り出したことは明らかであろう。しかし具体的に給主たる山徒といかに交渉して支配を実現していったのか、また上述した内部の変化にいかに関わっていたのか、いまだ不明である。新たに見いだされた二点の納帳の詳細な検討と『田数帳』との突き合わせなどが今後の課題となる。さしあたり、本稿で注目しておきたいのは、前節末尾でみた大永三年の地頭方をめぐる状況である。

表1　河上庄地頭方農民階層表

耕作面積(反)	人数(人)	比率(%)		経営耕作者
100以上	4	1.2	4.1	桂田　式部　西念　弾正
50～100	2			覚性(跡)　藤本(坊)
40～ 50	3	1.4		左衛門太郎　宗真(跡)　藤四郎
30～ 40	1	1.4		五郎三郎
20～ 30	4			伊予　越前介　金阿弥　万福寺
10～ 20	24	7		
5～ 10	35	10.3		
1～ 5	139	40.8		
1以下	129	37.8		
計	341	100		

＊『田数帳』に記される名請人を経営規模によって分類したものである。
　この中には佃の名請人も含まれる。
＊『町史』第1巻342頁の表11を一部改変

　この年地頭方の得分は六角定頼により「御一家」に配分された。なぜ六角氏が代官朽木氏を差し置いてこれをなし得たのか判然としない。しかしこの措置が新たな配分関係をもたらしたからこそ、翌四年十二月の算用状が残されたものと判断する。この算用状については前稿で朽木氏の地頭方代官支配の収納の実際を示すものとして分析したが、むしろ六角氏権力による収取の再編という視点から把握すべきであったことを指摘しておきたい[54]。

そして大永三年のこの事態は、河上庄地頭方の収取に新たな増徴をもたらしたのではなかったかと推測する。さきにみた河上庄惣百姓と公文貞行の減免要求・惣検地の要求は、「風気」や「いもち」など自然条件を口実とするが、もとよりこれらは中世百姓らの常套句であり信用に足らない。むしろ六角氏の介入による在地側の反発と考えたほうが事実に近いのではなかろうか。そしてこの要求を直接宛てられているのが「廿五坊御代官人々」＝給主であることは、代官朽木氏を経由せず、給主らと現地の惣庄百姓らが直接対峙していることを予想させる。この二点の文書が案文による伝来であることもこの推測を裏づける案件となろう。朽木氏の地頭方支配が大永三年に至り大きな変化をみたものであることは、まず間違いなかろう。

しかし、ここで本稿が注目しておきたいのは、朽木氏・六角氏・六角氏家臣らの武家勢力が代官職の帰属をめぐり折衝と得分獲得の動きを繰り広げること自体の意味である。そこでは決して河上庄とその代官職という枠組み自体が否定されているわけではない。山門・山徒の支配も含め、ある意味での彼らの共通の基盤であるところの荘園の姿がここに確認できる。そしてこうしたありかたが、永禄にまで至る山門領の生命力の一つの淵源となっているものと考えられるのではあるまいか。

2　朽木氏の河上庄支配の諸相

しかし視点を変えれば、さきに述べたように、この年に朽木氏が六角氏より領家方代官職に補任されていることも事実である。つまり制度上は、朽木氏がまがりなりにも河上庄全体に支配権を行使し得る環境が整いつつあったことも事実なのである。そこで『田数帳』からいったん離れ、朽木氏のいくつかの史料を検討することで、この方面からの朽木氏の支配の契機について考えておこう。

まず、年未詳の棟別算用状を取り上げたい[55]。この史料は後欠ながら、棟別銭を庄内の村ごとに賦課していることが確認できる（**表2・図**参照）。大永三年の領家方の代官請文にも棟別銭・反銭の賦課についての記載があるが、その単位としての村の把握を確認できるのである。さらに注目したいのは、そのなかに「浜地頭分」「同（浜）領家分」がある点である。現在の石田川河口北側の集落は、**図**のように「領家」と「地頭」に分かれており、近世には他の集落とともに「浜分村」を構成していた。これは石田川が材木の津出しなどに機能しており、河口が「浜」＝湊であったことを示していよう。この史料からこの事態は中世に確実にさかのぼることがわかり、かつ朽木氏がその双方から棟別銭を徴収していることは、領家・地頭の区別を問わず庄内の村落自体を把握していることを意味していると言える。これは『田数帳』の世界とは別のレヴェルで朽木氏が庄内を把握していることを推測させるのではあるまいか。

またこれも年欠ながら、「河上庄諸入目之事」[56]と題する帳簿も注目される。これには「料足之分」とされる収納が合計八七貫八〇〇文計上されているが、このうち「石田河之公用」五貫文、「うわのり《上乗》之公用銭」二四貫文、「山て《山手》」八〇〇文が注目される。「石田河之公用」とは関からの収入を「公用」と言う場合のあることから、石田川を通過する物資から徴収する関税の類であろう。また「うわのり《上乗》」とは、大永三年に六角氏家臣に配当されたなかにも「地頭職幷万疋

表2　河上庄棟別銭一覧

村落・他	収納額
深清水大治分	6貫860文
桂村分	2貫900文
岸　脇	3貫100文
梅原野分	2貫800文
同くほ分	1貫500文
生見分	1貫500文
浜地頭分	3貫500文
同領家分	3貫700文
井口分	3貫120文
伊井村分	4貫260文
三谷分	4貫142文
北仰分	3貫 40文
平崎免々□所	3貫900文
湯屋かいと	4貫 10文
公　文	1貫120文
辻村分	1貫 10文
総　額	48貫562文

＊河上庄棟別算用状(〔家〕857)より作成

図　河上庄とその周辺

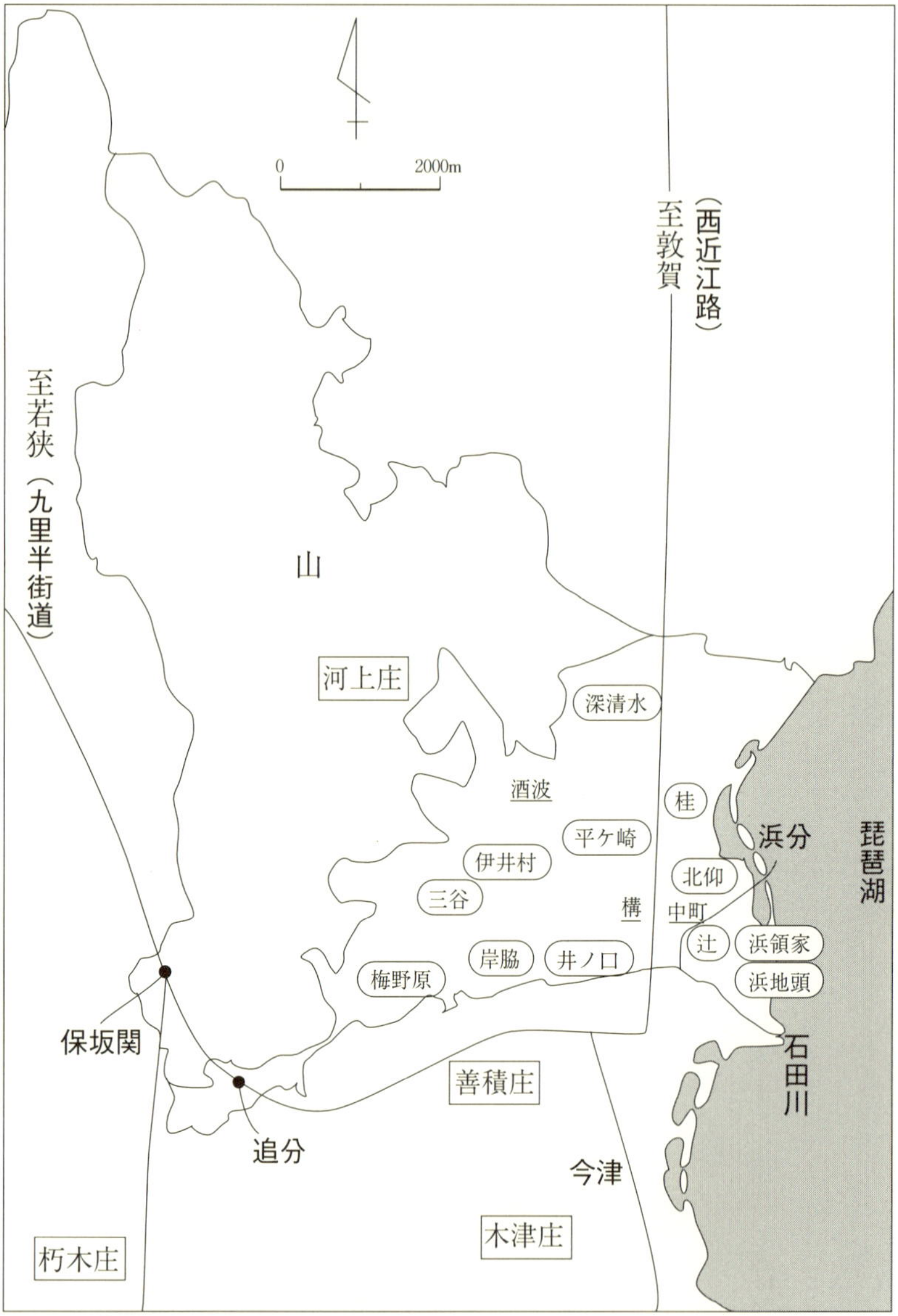

＊本図は『町史』第２巻の図８を参照して作成した。
＊（　　）は棟別銭の賦課が確認される村。それ以外の村は近世「川上庄」に属する村である。
＊表２には本図に比定できないものもある。

銭・上乗等事[57]」と記されているもので、おそらく河上庄の「浜」の運輸業者に課される関銭か、安全確保のため船に乗る行為から得る銭と思われ、それが二四貫という無視し得ない額の収納になっている[58]。また「山て《山手》」は言うまでもなく山の用益権であり、額は少ないが材木の豊富な山野を擁する河上庄の用益権にふさわしい。以上の賦課は、朽木氏の河上庄における流通の拠点や山野の用益の把握への強い意志を示していると言うことができよう。

つぎに人的関係について、河上庄の公文桂田氏と日置氏と、朽木氏の関わりについてふれることにしよう。まず日置氏についてだが、天文十五年（一五四六）の坪付断簡[59]には、作成者として宮川貞頼・同頼忠と連署して日置右衛門亮貞忠の名が見える。宮川氏は朽木氏の有力被官で、日置貞忠もこの時点における朽木氏被官であることは間違いない。この日置の出自は河上庄の日置[60]であり、日置氏は河上庄の住人であると思われる。日置氏は南北朝期から朽木氏の家子的な存在として散見されるが、その後朽木氏の被官となったのであろう[61]。河上庄は朽木庄に隣接しており、その出身で朽木氏の家子・被官になった者は他にもいたであろうが、特に注目されるのは桂田氏一族である。桂田氏は公文として『田数帳』にもみえ、庄内最大の田地を所有する存在である。桂田一族が朽木氏と関わるのは、大永二年（一五二二）の高島郡内の保坂関の関務の違乱、という事態である。保坂関は湖西から若狭方面へ抜ける九里半街道と敦賀方面へ抜ける西近江路の分岐点として重要な地点であり、山門・幕府らによる関がおそくとも十五世紀半ばまでには設置されている所である[62]。その保坂関の「関務一方公文分」の「押妨」を桂田孫次郎が行っている[63]。この桂田氏の違乱は、朽木氏の「仰付」によるものであることが判明している[64]。つまり桂田氏はこの時点で朽木氏の被官かあるいは合力関係にあるとみてよいだろう。桂田氏はさきに述べたように、『田数帳』最大の名請地（一四町）を持つ公文として河上庄に君臨する有力者であり、また年未詳ながら桂田新三郎なる者が六角高頼により「河上領家所務」を申しつけられており[65]、六角氏とも好を通じる間であった。また当然のことながら、公文として山門領における荘官としての実務に携わっていたはずである。いわば多様なチャンネルを持つ桂田氏のような存在が当該期の荘園経営の中核を占めていたことは言うまでもなかろう。

ここでは桂田氏一族が保坂関の関務に携わることの持つ意味を考えるために、彼の本拠地についてみよう。『田数帳』の佃の約三分の一は桂田氏が所有している。この意味も改めて考える必要があるが、注目すべきはその大部分を二四条四里八坪、「成真名町皆佃田」に有している点である。ここは現在の中町と北仰の間にある田地である。ここが桂田氏の本拠地であり、「成真名」は桂田氏の公文名なのではなかろうか。そして興味深いことに、中町には桂田姓が多く、現在も地域の名族である桂田一族の拠点となっている。[66]そしてこの中町は、西近江路（かつての北陸道）の街道に面した宿場的な集落である（**図**を参照[67]）。論証は今後の課題とせざるを得ないが、桂田氏はこの街道を行き交う富に吸着する宿の有徳人的な要素を併せ持つ存在ではなかったろうか。そう考えると、桂田一族が保坂関の関務に積極的に介在することも、街道の要衝に位置するという彼の存在形態からすれば、きわめて自然なことと理解されるのである。荘官にして宿有徳人、そして朽木氏・六角氏・山門と縁をもつ桂田氏。彼のような存在を自己のもとにどのように編成するかが、河上庄の実質的支配にとっての一つの鍵となるものであったと思われる。

おわりに

以上、山門大講堂領河上庄の十五〜十六世紀前半のありかたをさぐることで、山門領荘園の支配と代官職の実態、またそこに介在する山徒・武家勢力・有徳人らの動向を分析した。

本稿はしばしば指摘したように多くの課題を残しているが、稿を終えるにあたり、加えて二点の課題について確認しておこう。まず、地域史としての河上庄の問題である。『町史』第二巻は、近世に「川上庄」なる村落の連合体があることを指摘し、水利や祭礼、または山野用益の組織がこれに規定されていることを明らかにしている。特に荘園鎮守である日置神社の祭礼（川上祭）に際しては、そこに桂田一族を主体としたいくつかの組分けがあることが指摘されている（『町史』第一巻）。こうした枠組みは、近世に変化した部分があることは当然としても、基本的には中世に形成されたことは確実である。河上庄域には、それらに関わる多くの未検討の記録類があり[68]、それらを勘案しつつ、現地の景観のありかたを含め、中世的な地域統合のありかたを復元する作業が不可欠であろうと思われる。また、十六世紀の後半の河上庄については、それ以前に比べても極端に依拠すべき史料が少ないが、浅井氏の高島郡への入部に伴って「河上六代官」なるものが確認でき、朽木氏・田中氏ら西佐々木の面々も関わっていることが判明する[69]。これらについても改めて山門領荘園と在地勢力との関わりから追究する必要がある。中〜近世を通じた河上庄の実態究明は、これらの検討を必要としている。今後とも是非考察を期したいと考えていることを述べ、拙い本稿をひとまず閉じることにしたい。

註

（1）勝俣鎮夫校訂『中世政治社会思想』上、岩波書店、一九七二年所収。

（2）近江国の山門領の全体については、さしあたり福田榮次郎「近江国」（『講座日本荘園史』六、吉川弘文館、一九九三年）を参照。

（3）『内閣文庫影印叢刊　朽木家古文書』上・下（以下〔家〕とする）。また現地の朽木家が所蔵する文書は東京大学史料編纂所架蔵写真帳『朽木義綱氏所蔵文書』（以下〔義〕とする）を利用する。なお『史料纂集　朽木文書』第一・二巻（以下、『纂集』とする。続群書類従完成会）は、約半分の『朽木家古文書』を活字化している。本稿は年未詳の書状類の年次比定などの成果を最大限参照したことを付記しておく。なお石尾芳久・市川訓敏・辻本弘明・藤原有和・藤田恒春「〔資料〕朽木文書の研究」（『関西大学法学論集』二八―一、一九七九年）は、『朽木家古文書』中の河上庄関連の史料を独自に翻刻しており、その成果も参照したことを付記しておく。

（4）拙稿「中世後期における在地領主経済の構造と消費」（『国立歴史民俗博物館研究報告』九二集、二〇〇二年）において朽木氏の代官請負と支配の特質を財政構造の観点から検討している。本稿はその延長線上にある。なお朽木氏の代官請負に関しては、西島太郎「中～近世移行期における在地領主の代官請について――山城国久多郷を例に――」（三鬼清一郎編『織豊期の政治構造』、吉川弘文館、二〇〇〇年）、同「朽木氏の針畑庄支配と山門・幕府」（『日本歴史』六二九、二〇〇〇年）がある。

（5）河上庄の個別研究はごく少ない。以上は、平凡社『滋賀県の地名』「河上庄」の項、戸田芳実「摂関家領の杣山について」（同『初期中世社会史の研究』、東京大学出版会、一九九一年。初出は一九八〇年）、同「湖西の荘園と杣山――摂関家領河上荘など――」（岡田荘司編『史跡でつづる古代の近江』、法律文化社、一九八二年）を参照。なお後述するように近年は今津町の町史編纂事業が河上庄研究に大きな成果をあげている。

（6）岡田晃司「中世後期の近江国河上荘と朽木氏」（『史翰』一六、一九八〇年）。

（7）『町史』第一巻、三一九頁。なお河上庄はこれ以前にすでに地頭方と領家方に中分されていたとみられ、二十五坊の給主に分割されているのは地頭方であり、また地頭方・領家方にそれぞれ代官職が設置されているのは以下にみるとおりである。

（8）『御前落居記録』（『室町幕府引付史料集成』上）三五頁。

（9）〔家〕五二五。

（10）『町史』第一巻、三三一～三四三頁。なお山徒については下坂守『中世寺院社会の研究』（思文閣出版、二〇〇一年）、特に山門使節制度以下、山徒にふれた第一篇「山徒の存在形態」を参照。

（11）大永三年（一五二三）と推定される室町幕府管領代奉書案（〔家〕六七五）。この史料については註(41)を参照。次節で検討したい。またほぼ同時代、庄内の歓喜寺名の公用が御料所に指定され朽木氏に預けられている事実がある（飯尾行房書状〔家〕三一一・三三〇）。

（12）室町幕府奉行人連署奉書（〔家〕六九・六六二）。

(13) 小林一岳『日本中世の一揆と戦争』、校倉書房、二〇〇一年、一八九頁参照。
(14) この点、前掲『滋賀県の地名』と『町史』第一巻が検討しているが不十分である。なお、史料には「領家職」「地頭職」など職表現があるが、代官職と紛らわしいので「地頭方」「領家方」の代官職というように以下統一して表現しておく。
(15) 〔家〕一四六。
(16) 〔家〕六六六。ただし案文。
(17) この乱については今岡典和「戦国期の幕府と守護」(『ヒストリア』九九、一九八三年)、『新修大津市史2　中世』(大津市、一九七九年)などを参照。
(18) 〔家〕五一二(朽木直親宛)、〔家〕一七二(河上庄名主沙汰人宛)。引用は前者。
(19) これは奉書発給に関わった奉行人飯尾清房が朽木直親に宛てた同日付書状(〔家〕三九六)にも記されているところである。ところで同書状は、この旨を特に「被仰出」た「右衛門督殿局」の存在を記している。おそらくこの「右衛門督殿局」の書状の写が、某書状(〔家〕一九〇)とされるものと推測する。これはかな混じりの書状であり、「こと《殊》に大せん《膳》の大夫《六角高頼》かたく申つけ候うへハ、ことなる《異》しさい《子細》なく候といへとも、くほう《公方》御けち《下知》の御事申うけたく候、このふんきこしめしわけ《聞食分》られ、御けち《下知》をなされ候やうに御ひろう《披露》にあつかり《預》候ハヽ、かたしけなく《忝》かしこまり《畏》入なん候へく候」とある。ここからも六角高頼の意向が決定的なファクターであることがわかる。ただ「右衛門督殿局」は未詳。なお『纂集』がこれを朽木直親申状案とするのは誤りであろう。
(20) 註(17)前掲『新修大津市史2　中世』参照。
(21) 某書状(〔家〕一九〇)。註(19)参照。
(22) 「伺事記録」九月十七日条、『大乗院寺社雑事記』十月四日条。『新修彦根市史』第五巻史料編古代・中世所収。なおこうした動向が応仁・文明の乱以来のものであることは、大谷安彦「六角高頼と延暦寺」(『近江地方史研究』六、一九七八年)を参照。
(23) 〔家〕一二〇九。
(24) 六角高頼書状(〔家〕一一七三)。『新修大津市史一〇　年表・便覧』、大津市、一九八七年、一三九頁。

(25) 安富元家書状(〔家〕一二一一)。
(26) 河上庄における領家方と地頭方の中分はいわゆる坪分けであり、両者は散在かつ入り組んでいるので、違乱に及びやすいのではなかろうか。この点は次節を参照。
(27) 太田保定は『蔭涼軒日録』に散見するが(明応二年正月十七日・同四月二十二日条など)、長享三年(一四八九)八月十四日条に、細川政元の犬追物の「三手犬人数書立」に多くの政元被官人とともに太田蔵人(保定)の名がある。なお『瓦林政頼記』(『続群書類従』二〇輯上)にも所見がある。また『北野社家日記』によれば、彼は延徳三年(一四九一)三月に政元が守護である丹波国の北野社領船井庄の代官に任じられている(『北野社家日記』同年三月二十三日条)。ここで彼は七十二貫余の銭を北野社に秘計して、そのカタに代官職を手に入れている。太田氏は武士とはいえ致富に長けた有徳人だったのではあるまいか。朽木氏がこうした相手を仲介に細川方と交渉しているのは、彼の代官としての実務を媒介とした人的関係の一面をみるようで興味深い。
(28) 太田保定書状(〔家〕一二一九)。
(29) 〔家〕一二二八。
(30) これはいわゆる折紙銭のことであろう。折紙銭については桜井英治「折紙銭と十五世紀の贈与経済」(勝俣鎮夫編『中世人の生活世界』、山川出版社、一九九六年)を参照。
(31) 五月十七日付朽木直親宛太田保定書状(〔家〕一二一八)。
(32) 延徳三年、政元は守護として北野社領同国八坂庄の年貢を請負ったが、地下が拒否している。その際地下から千疋の礼銭を出させている(『北野社家日記』延徳三年九月十三・十九・二十日条、前掲『新修彦根市史』第五巻所収)。これは安富方への礼銭と共通性がある。同じ動向と理解すべきか。
(33) 〔家〕一二〇七。
(34) 西島太郎「室町中・後期における近江朽木氏の系譜と動向」(『日本歴史』五九一、一九九七年)参照。
(35) それぞれ、〔家〕一一八六・一二六七。
(36) 〔家〕一一六〇。
(37) 後掲の③⑤の書状。

(38)『大徳寺文書』『勧修寺文書』。上坂秀信は「上坂五郎右兵衛尉」であり「五郎」の通字も満信と一致する。関係資料は前掲『新修彦根市史』第五巻に収録。なお湖北坂田郡に上坂氏がおり、ほぼ同時代に京極氏家臣の上坂秀信もいるが、両者は別人であることは『改訂坂田郡志』第二巻、三五九頁に指摘がある。
(39)今谷明『守護領国支配機構の研究』(法政大学出版会、一九八六年)三九〇頁、西島太郎前掲註(34)論文。
(40)この内容は領家方代官職の具体像に関わるが難解である。後日を期したい。しかし平等院領段階の得分と推定されるものが「関白殿渡領」としてみえることはきわめて興味深い事実であると言える。
(41)〔家〕六七五。なおこれは従来六角氏年寄奉書とされているが誤りである。今谷明註(39)前掲書九九頁参照。奉者中沢秀綱は管領細川高国の管領代(『同』九〇頁)。なお上坂五郎(満信)がおり、彼を細川高国の被官と推定するのはこの史料による。
(42)〔家〕四五二。
(43)以下七月から順に番号のみ記す。〔家〕二五二・二五三・二五四・二六一・二五五・二六二。
(44)〔家〕六七六。
(45)〔家〕八二四。前掲註(4)拙稿にて全文引用している。
(46)①―〔家〕六三六。②―〔家〕六三七。
(47)いずれも〔義〕に収録。冊仕立ての帳簿である。
(48)この日は山門上使による地頭方代官職補任(十二月五日)の直前にあたり、また十一月七日にすでに六角氏が地頭方代官職を朽木氏に渡している。六角氏の措置を受けて朽木氏がすでに河上庄経営に介在していることを示す史料である。
(49)代官入部と「古帳」探索については、拙著『中世後期の地域と在地領主』(吉川弘文館、二〇〇二年)第七章「室町~戦国期の地域社会と『公方・地下』」を参照。
(50)岡田晃司前掲註(6)論文・『町史』とも『田数帳』に異筆はなく、一括して書写された写本であるとしている。写真版を見る限りこれは妥当とも思えるが、なお原本の確認が必要であろう。後日を期したい。
(51)水上一久「荘園における番頭制」(同『中世の荘園と社会』、吉川弘文館、一九六九年。初出は一九五五年)、岡田晃司前掲註(6)論文。

(52) これらの問題については、福田徹『近世新田とその源流』(古今書院、一九八六年)、近江国木津荘調査団・新旭町教育委員会編『滋賀県高島郡新旭町　近江国木津荘現況調査報告書　Ⅰ』(同町教育委員会、二〇〇二年)、『同Ⅱ』(二〇〇三年)などの成果とのすり合わせを必要とする。

(53) 大石直正「荘園公領制の展開」(井原今朝男・木村茂光編『展望日本荘園史8　荘園公領制』、東京堂出版、二〇〇一年。初出は一九八四年)は、高野山領膝下荘園にみられる分田支配をして「農村内の実情を一切無視した知行地配分の制度」として「荘園制の極北ともいえる保守的なもの」で、「中世寺領荘園のもっとも完成した姿」とする。また十四、五世紀にみられるこうした再編をして「都市の農村支配のシステムである荘園公領制の最後の形態であった」とする。山門領河上庄の番頭制もこのようなものの一つに数えられるだろう。まさに寺領荘園の極北としての山門領と代官支配の関係の解明こそ、当該期の荘園支配の核心であろう。

(54) 註(4)前掲拙稿。この算用状は総額四一五石余の年貢配分を計上している。このうち六角氏家臣である「備中殿」(不明)・後藤氏・欲賀氏の配分はそれぞれ一二二石余・三〇石・五石である。これに対して朽木氏の代官得分は明示されておらず、「本役」一〇〇石がそれに相当するか、あるいは山門の得分とすべきか判断がつかない。ところがその後、〔義〕のなかに「従河上庄参御米算用之事」と題する後欠の算用状を確認した。これは端裏書に「大永七年八月」とあり、大永七年(一五二七)のものと判明する。冒頭には「合弐拾八石弐斗三升二合御配当之内」とあり、「五斗　九月十三日参」以下の項目が並んでいる。項目をみてもこの「御配当」が何を示すものかは残念ながら判明しないが、この配当が朽木氏へのものである可能性もあろう。今はいずれとも判断し難く、こうした事実を指摘しておき、確定は今後の検討に委ねたい。

(55) 〔家〕八五七。

(56) 〔家〕八五二。

(57) 六角氏奉行人連署奉書(〔家〕六七六)。

(58) 船頭的な上乗は堅田上乗が有名である。また関銭としての上乗については、桜井英治「山賊・海賊と関の起源」(同『日本中世の経済構造』、岩波書店、一九九六年。初出は一九九三年)参照。

(59)〔義〕所収。
(60)河上庄の酒波の日置神社。また日置前の地名あり。
(61)建武五年の朽木頼氏軍忠状（〔家〕四三一）に日置彦七郎がいる。その他の所見は枚挙にいとまがない。文亀年間には日置右京亮の名がみえる（〔家〕三九六・一二四五）。
(62)保坂については先行研究も多いが、さしあたり註(4)の前掲拙稿参照。
(63)室町幕府奉行人連署奉書（〔家〕九一他）。
(64)小林家国書状（〔家〕三七九。大永二年に比定される）。『町史』第一巻、三八五頁も参照。
(65)年未詳六角高頼書状（〔家〕一一八二）。
(66)桂田一族の本拠地が中町であることは今津町史編纂室の森脇啓充氏のご教示による。また推測になるが、**表2**に示した棟別銭の書き上げにみえる「公文」分は中町を意味するのかもしれない。
(67)『町史』第一巻、三一五頁は、鎌倉期の『古今著聞集』にみえる相撲強力佐伯氏長が大井子という女の家に長期滞在して力をつけ上京したという「高島郡石橋」を字の比定から現中ノ町付近に推定している。西近江路における街道宿のありさまを彷彿とさせる説話である。桂田氏がここに本拠を置く理由の一端を示唆する説であると言えるのではなかろうか。
(68)『川上庄旧事記』『大江保記録写』などの近世に成立した記録。『町史』第一巻が部分的に引用・検討している。
(69)『来迎寺文書』（『東浅井郡志』四巻所収）など。

第Ⅲ部　延暦寺の教学と文化

中世天台談義所の典籍受容に関する考察
——柏原成菩提院の場合——

牧野　和夫

はじめに

本稿は、中世の動きの激しい様相を、近江の有力一寺院襲蔵の書物一点を軸にしていささか考えてみようとする試みに尽きるものである。

近江坂田郡柏原には、中世中・後期以降、天台の談義所としての活動で知られた成菩提院があり、その豊富な蔵書をもって（旧蔵書を含め）学会に周知のところである。成菩提院は、貞舜を実質的な開祖として開創された天台寺院であり、南北朝期から室町前期にかけてその名を全国に轟かせた天台系の学問寺院である。曽根原理氏「天台寺院における思想の体系——成菩提院貞舜をめぐって——」（『説話文学研究』三六号、二〇〇一年六月）に纏められている一節を引く。

近江国坂田郡の成菩提院は、十四世紀末に開かれた天台宗寺院で特に談義所としての活動が知られている。談義所とは、中世後期から近世にかけて栄えた学問活動に重点を置く寺院で、天台・真言・浄土・日蓮などの宗派に見られた。天台宗では信濃国津金寺が、既に建治二年（一二七六）に談義所として成立していた。成菩提院の開創はそれより百年以上遅れるものの、盛んな活動によって一宗を代表する談義所として目されるに至

図1　成善提院蔵『華厳仏三昧観秘法蔵　巻下』奥書の部分

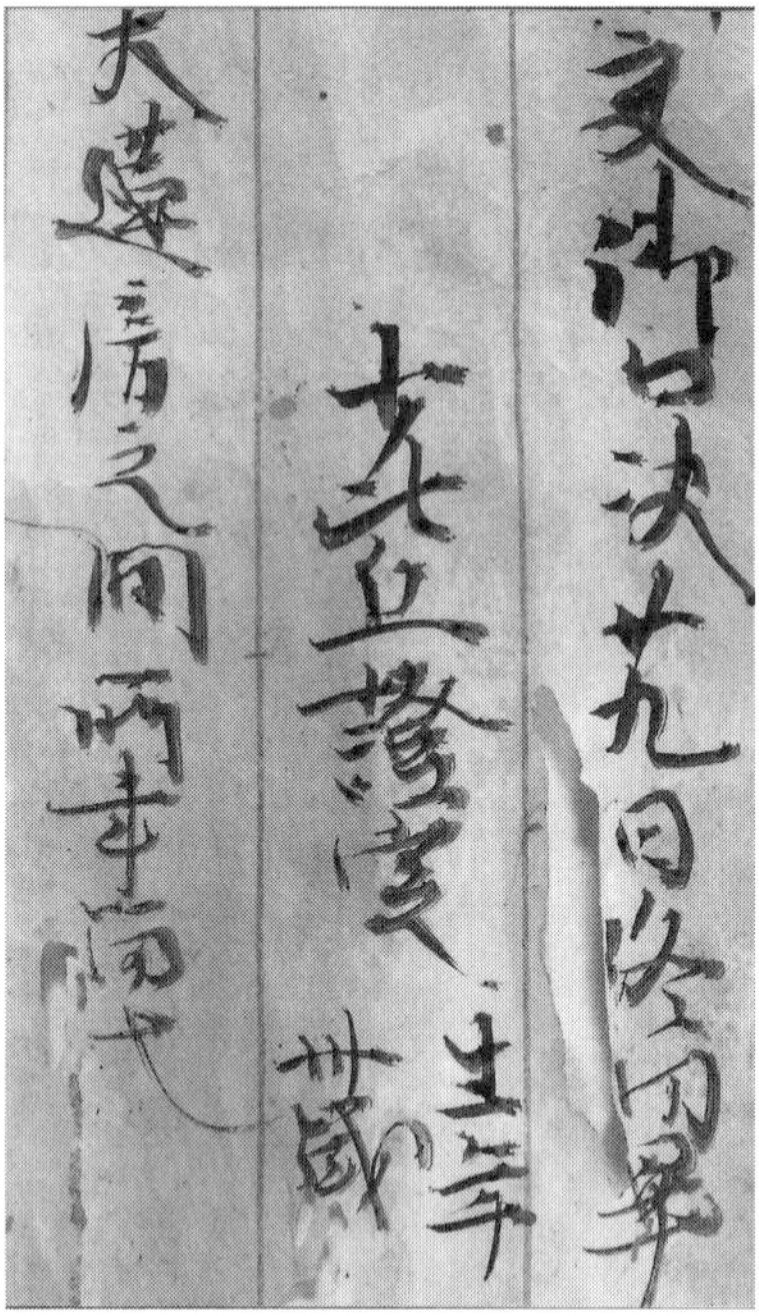

った。

成善提院の初代住職である貞舜は（中略）その教学的立場については、天台顕教では恵心流の系譜に立つことが確認された。また密教においては、西山流が受容されている。（中略）ところで一九九四年以来、明治大学を中心とする日本史研究者により成善提院寂照蔵の資料調査が行われている。筆者は二年目から参加し、主に典籍・聖教の整理を担当した。整理作業を通じて発見された資料は、従来知られた成善提院の活動に新たな知見を加えるものである。（中略）こうした顕教の系譜に加え、貞舜は他方で密教の教学も修めていた。成善提院が本格的に密教を受容し灌室となるのは、第二代住職慶舜の時代である。だが貞舜段階で、既に西山流台密と極めて関係の深い即位法の教説が行遍―慶盛―光宗―澄恵―運海―貞済の系譜を経て流入していた。

貞応二年釈證定写の奥書を有する『華厳仏光三昧観秘宝蔵』巻下一巻が、成善提院に蔵されていることは、古くより『近江国坂田郡史』などによってすでに知られていたが、もし仮に十四世紀末に貞舜を実質的な開祖として成立した成善提院に十二世紀半ばの鎌倉時代前期貞応二年の写本が存在していたとするならば、貞舜の学問形成に至る血脈の流れ、天台の談義所としての性格などを考える上で、看過し難い重要な問題を惹起することになろう。今回の悉皆調査において貞舜の活躍時期を遡る鎌倉初・前期の写本が、成善提院に十点前後現存することが判明した。

『華厳仏光三昧観秘宝蔵』巻下一巻もそのうちの一点である。

教相・事相の両面から、その天台における必然性を解きほぐすには十分な用意がなく、憶測に立脚した贅言は慎まねばならないが、貞舜の位置を正確に測る上で、いささかの推測を試みる。

一　成菩提院蔵『華厳仏光三昧観秘宝蔵』巻下について

貞舜の在世以前の刊・写の典籍資料が少なからず現存することは、転蔵・購入などの経路を考えれば当然のことであるが、しかし、鎌倉初・前期頃にかけての典籍が、十四世紀末以降の琵琶湖周辺の天台寺院において発見されようとは驚きである。

その古写本のうちの一点が『華厳仏光三昧観秘宝蔵』巻下である。

簡単な書誌事項を記すならば、次の通りである。なお、書誌事項として、①表紙等、②見返し等、③目録等、④内題・本文初行等、⑤本文書写形式、⑥尾題、⑦奥書識語等、⑧注記事項、として掲出した。また、項目をとくに採らなかったものについては、あえて表記しない。

柏原成菩提院蔵　　五箱一三番

華厳仏光三昧観秘宝蔵巻下（前欠）　　一巻

貞応二年釈證定写

①表紙欠、初第一紙前半、破損

②③ナシ
④内題ナシ、本文初行以下「(前欠)／(破損) 是則今／(破損) 徳理智大 (破損) 行者身□／(破損) 是文殊大智躰用此中摂普／」
⑤第一紙　料紙高さ二七・七㎝、幅約四三・五㎝、二三行々二〇・二一・二二字、淡墨の烏絲欄 (天地横単辺)、界高約二三・四㎝、界幅約一・九〜二・〇㎝
第二紙　料紙 (二七・七×四五・六㎝)、二三行々二一字内外、界高約二三・五㎝、界幅約一・九〜二・〇㎝
第三紙　幅四五・三㎝、二三行
第四紙　幅四五・三㎝、二三行
第五紙　幅四五・五㎝、二三行
第六紙　幅四五・五㎝、二三行
第七紙　幅四五・三㎝、二三行
第七紙二〇行「明真言等然後一七箇日成満以後可援之也／(一行アキ)／華厳仏光三昧観秘宝巻下／(一行アキ)」第七紙 (了)
第八紙　幅三三・六㎝、一七行
第八紙一行「(4格アキ) 承久三年十一月九日丑刻於賀茂仏光山寺／(4格アキ) 禅院住坊記之 (3格アキ) 沙門高弁／(一行アキ)／(5格アキ) 貞応二年十月下旬於西山高山寺和尚／(5格アキ) 御堂賜御本書写之／(5格アキ) 一七箇夜之間受御口決廿九日終功畢／(13格アキ) 少比丘證定生年卅歳／(14格アキ) 但件本付属大蓮房之間所書留也／(九行〈有界〉アキ)」

末にやや汚れあり。あるいは軸の存したものか。

料紙、打ち紙楮紙か。

全八紙であるが、第七・八紙のみ少しく糊にて一部が連続するが、他はすべて糊はがれで、ばらばらである。第一紙と第二紙との間に一紙分欠落がある。第一紙は「(前欠)／(破損)是則今／(破損)徳理智大(破損)行者身□／(破損)是文殊大智躰用此中摂普／」に始まり「証不染智者触近用也不同彼世法男女触近生染者謂」に終わる。第二紙は「義以此四心和合……」に始まり「名上下十峯大金剛表十真如十法界等今三」に終わる。その間に「根本智証入真理中……」に始まり「……慢菩薩是証得義即十地証位」に終わる二十三行分が欠けていることになる。また、その料紙、字体などから少なくとも鎌倉時代の書写であることは動かない。すなわち貞応二年證定書写かその鎌倉時代の転写本かのいずれかであろう。

かくて、證定の手かどうかの検討が必須となる。高山寺明恵の弟子證定については、その著作『禅宗綱目』によって知られているが、高山寺明恵の弟子であることのほかは、具体的な證定の経歴となると、ほとんど不明である。〃證定〃の名は高山寺蔵の典籍類に拾うこと稀で、『高山寺経蔵典籍文書目録』第一の次の六カ所に認められるのみである。

20　大方広仏華厳経巻一～四十(貞元華厳経)(内巻第二十一・四十欠)　三十八巻

［1］巻第一

鎌倉時代貞応元年写、巻子本、高山寺朱印、金界、朱点(句切、清濁声点)、紫地金銀切箔砂子散シ霞引銀箔野毛原表紙、見返表紙地ト同ジ、黒檀撥型軸、原紐、

(表紙)「一」

（外題）（金字）「貞元華厳経巻第一」

（内題）「大方広仏華経巻一　罽賓国三蔵般若奉詔訳」

表紙書入、外題、内題、以下各巻之ニ準ズ、

（巻尾ニ、貞元十四季二月二十四日訳畢進上記アリ）

と簡略な書誌データがあり（『高山寺経蔵典籍文書目録』二六頁、〈第一重書二〇〉）、

［7］巻第七

体裁等［1］ニ同ジ、但シ筆者證定、

（奥書）貞応元年八月十一日於賀茂別所書写了　少比丘證定廿九歳

［17］巻第十七

体裁等［1］ニ同ジ、但シ筆者證定、

（奥書）貞応元年八月十三日卯刻於賀茂別所書写了　證定

［25］巻第二十六

体裁等［1］ニ同ジ、但シ筆者證定、

［26］巻第二十七

体裁等［1］ニ同ジ、

（奥書）貞応元年八月十三日於賀茂別所書写了　證定

［34］巻第三十五

体裁等［1］ニ同ジ、但シ筆者證定、紐欠、

（奥書）貞応元年八月十六日於賀茂別所書写之　　少比丘證定

［36］巻第三十七

体裁等［1］ニ同ジ、但シ筆者證定、紐欠、表紙書入ナシ、

（奥書）貞応元年八月十五日於賀茂山別所書写之

抑此経一部四十巻比丘尼十忍房去春　請和尚

幷当山徒衆於十六羅漢形像前令転読○聴聞之刻

深生愛楽速発微願欲企如法書写之行其

志日々夜々増進更無緩怠之色和尚憐志願之堅

遂応彼請仍自今月三日　十口僧起一七ケ日加行即勤

修六時礼讃沐浴潔済入堂之威儀法則遠訪

彼修徳々円之跡近学慈覚大師之儀加行已満同

十日筆立也人別所分充経四巻也證定別此数自

彼筆立之日至今日写功已訖願以此功徳与施主

幷同写之輩各引有縁同生花蔵世界別舎那

仏会乃至見聞随喜之輩同結一味之円因共成

無上之妙果矣

花厳宗末学釈證定生年二十九歳

と、書写奥書などに「證定」の名を確認できる。『貞元華厳経』については、『高山寺善本図録』（東京大学出版会、

一九八八年十二月）に解説がある。

19大方広仏華厳経　三十八巻　鎌倉

（重書二〇）図版三三頁

唐の般若が貞元十四年（七九八）に訳了した四十巻本の『貞元華厳経』である。全四十巻の内、巻第二十一、四十の二巻を欠く。金界を施し、紫地金銀切箔砂子散し霞引銀箔野毛の原表紙を存し、見返しも同体裁で、外題は金字で「貞元華厳経巻第一」等とある。黒檀撥型軸を有し、金界を施した装飾経で、貞応元年（一二二二）八月、賀茂の別所で、親玄、成玄、證定、利弁、照静などが、一七ヵ日の精進潔斎の行を満した後に、十日から十八日頃、十名が各自四巻宛を写したものと認められる。

すなわち、巻第七・十七・二十六・二十七・三十五・三十七の六巻分を明恵の弟子證定が手ずから書写したことが判明し、自筆資料として、検討に十分値する一等資料となる。いま、巻第二十七・三十五・三十七の書誌事項を記す。

『経蔵典籍文書目録』二六頁第一重書二〇

高山寺蔵　二十七巻［26］

大方広仏華厳経巻二十七

貞応元年釈證定写　一軸

①茶地金揉箔ちらし、スヤリ霞文表紙（高さ二六・一㎝）、打付金字「貞元（華？）」、その下方「二十七」と墨書（後筆）

②見返し、幅約二三・〇cm、金銀切箔・揉箔ちらし、銀野毛、銀スヤリ霞など施した装飾見返し
短冊型紙片（近代）「奥書ナシ（アリ、鉛筆で消す）（證定）第二十七巻二七尺七寸　十七枚」をはさむ
④⑤料紙高さ二六・一cm　表紙ノリ代〇・二cm
「（一行アキ）／大方広仏華厳経巻第二十七「高山寺」（単枠朱文印　四・二×一・七cm）（九格アキ）罽賓国三蔵
般若奉　詔訳／入不思議解　境界普賢行願品／尓時善財童子〇（朱）白林神言〇聖者得此解脱〇其／
金界（界高約一九・九cm）、有界（界幅約一・八cm）、一紙幅・行一・四九・七cm・二六行、二・四九・七cm・二六行、三・四九・八cm・二六行、四・四九・八cm・二六行（一一七から朱の断句）、五・四九・八cm・二六行、六・四九・九cm・二六行、七・四九・八cm・二六行、八・四九・八cm・二六行、九・四九・七cm・二六行、一〇・四九・七cm・二六行（一三迄朱断句、一一四・六字間よりまた朱の断句）、一一・四九・八cm・二六行、一二・四九・七cm・二六行（一二一迄朱の断句）、一三・四九・七cm・二六行（一二〇より朱の断句）、一四・四九・八cm・二六行、一五・四九・七cm・二六行、一七・四六・七cm・二五行
斐紙（かなり筆が走る）
第十七紙116大方広仏華厳経巻第二十七／（三行）／⑶貞応元年八月十三日於賀茂所書写　證定」

高山寺蔵

大方広仏華厳経巻第三十五　一軸
　貞応元年釈證定写
①巻二十七と同装訂、高さ約二六・一cm打付金字「……（不明）第……（不明）三十五「卅五」（後筆墨か）」

短冊状の紙片墨書「貞応元年八月十六日於賀茂別所書写之／第三十五　少比丘證定二五尺九寸十六紙」

巻首、品題迄巻二十七と同じ。

本文初行「尓時善財童子以如是等一切菩薩無量／」

巻末

「貞応元年八月十六日於賀茂別所書写之少比丘證定」

高山寺蔵　三十七巻

大方広仏華厳経　巻第三十七

貞応元年釈證定写　一軸

①後補縹色地、金銀切箔・銀野毛ちらし表紙（高さ約二六・二㎝）、「貞元華厳経巻第三十七」と金字。

②見返し、茶地に金銀切箔・揉箔ちらし、銀野毛

品題迄巻二十七と同じ、界高一九・八㎝　全十三紙

本文初行「尓時弥勒菩薩・告善財童子吉・善男子・如汝／」

尾題　貞応元年八月十五日證定書写奥書など、省略。

幸いに本文成忍筆の巻三十四（原装）、本文照静筆の巻三十（表紙後補）の二巻を披見し、この寄合書の『貞元華厳経』の證定以外の成忍・照静の手が確認でき、おのおのまったく字様を異にしたものであることを知りえた。したがって、證定の手が、きわめて個性の強いもので、「筆癖」とも言うべき特徴を持ったものであることが判明した。

ここに、成善提院蔵『華厳仏光三昧観秘宝蔵』巻下と、高山寺蔵證定写『大方広仏華厳経』巻二十七・三十五・

三十七との字形を比較することにする。

成菩提院蔵本の文字は、撮影した写真を切り貼りし、下に「5―9」「1―10」のごとくに記した。「5―9」は第五紙の九行目に存在し、「1―10」は第一紙の一〇行目に存在することを示している。

また、高山寺蔵本は、撮影のご許可を得られず、臨模をもって当てることになった。模写を二度（年一回一日を二年、合計二日）行い、より確実を期した。文字の下に「27―1―20」「35―1―8」のごとくに記したのは、おのおの、二十七巻第一紙第二〇行目、三十五巻第一紙第八行目に存在することを示すものである。

文字の採否は筆癖・特徴を端的に示すものを恣意的に選択したが、一部の網羅的なサンプル調査においても同様な傾向を示したことを附記しておく。

成菩提院蔵『華厳仏光三昧観秘宝蔵』に見られる筆癖は、如上の字形対照一覧を通覧するに、すべて高山寺蔵證定写『大方広仏華厳経』に同じく見出せることは、誰しも納得されるであろう。

「華」字や「所」字など、両書には相違の顕著なものであるが、やや速筆の連綿体を認めうる聖教類（料紙楮打紙系）の書写に比して、斐紙系紙に金界を施した装飾経典書写の姿勢には謹厳の楷書意識が存したことを予想するならば、その書写に臨んでの意識や姿勢に応じた変化として十分に納得可能な範囲である。

かくしてほぼ、成菩提院蔵『華厳仏光三昧観秘宝蔵』存巻下の書写年代は貞応二年、筆者は高山寺明恵の弟子證定ということになろう。かくて、高山寺明恵の弟子證定写『華厳仏光三昧観秘宝蔵』一点が、天台の談所に現蔵している事実を確認しえたことになる。

ひとつの可能性として提示したいことがある。いま、『増訂国書総目録』によると、

「華厳仏光三昧観　一巻二冊㊊華厳仏光三昧観秘宝蔵」「㊢大谷（弘化二写、華厳仏光三昧観冥感伝を付す）・京大

表1　字形対照表

	清浄	無	樂	外
〔成善提院蔵本〕	2-16	3-6, 5-19, 4-2	1-10, 3-20, 3-21	3-4, 6-5
〔高山寺蔵本〕	27-1-20, 27-16-16, 27-16-18, 27-17-11, 35-1-16, 35-1-17, 35-2-3, 35-3-4	27-1-16, 27-2-2, 27-17-5, 35-1-8, 35-1-19, 37-1-13	35-1-23, 37-2-5, 37-13-9	35-1-8, 35-1-10

愛 3-13	遞 5-23	染 1-18	彼 5-9	故 6-10	故 4-10
愛 4-16		染 1-22	彼 6-6		故 4-22
愛 5-13			彼 6-12		故 5-10
愛 35-3-13	遞 27-1-14	染 27-17-11	彼 27-1-14		故 27-2-2
愛 37-2-5	遞 27-17-5	染 35-1-19	彼 27-1-15		故 27-17-9
	遞 35-1-5		彼 27-1-17		故 37-12-24
			彼 27-1-20		故 37-12-25
			彼 27-2-4		故 37-12-26
			彼 27-2-7		故 37-12-26

復 3-17	宐 8-7	是 4-3	歲 7-22	即 3-17
復 6-1		是 5-14		即 4-11
		是 7-10		即 5-10

復 27-1-16	定 37-13-14	是 27-17-8	歲 27-1-6	即 35-1-13
復 27-1-26	定 35-13-19	是 27-17-4	歲 35-1-5	即 37-1-11
復 37-12-13		是 27-17-4	歲 35-3-4	即 37-1-21
復 37-12-16		是 27-1-16	歲 37-1-11	
復 37-12-19				

4-18
4-20
5-9
5-16
6-4
7-22
5-17
5-23
6-3
3-10
7-2
7-7
37-17-22
37-1-14
37-2-1
37-2-4
37-2-8
27-1-14
27-2-5
27-2-6
27-17-5
35-1-5
35-1-9
27-16-17
37-2-4
37-12-23
37-13-8
27-16-17
27-17-2
35-3-4

（高山寺蔵本写）・龍谷（持経講式と合）（一巻一冊）・金沢文庫（二巻二冊）（巻上一冊）・高野山金剛三昧院（寛延四智定写）㊖文政二版一大谷㊍大正新脩大蔵経七二・大日本仏教全書　華厳小部集・日本大蔵経　華厳宗章疏下」と著録される。

高山寺蔵の二本、金沢文庫蔵の二本が他に知られる。高山寺蔵二本については、おのおの次のごとき簡略な書誌データを得ることができる。

276華厳仏光三昧観秘宝蔵巻上・下二帖　鎌倉初期写、下帖ハ高弁筆ナリ、上帖ハ別筆カ
（奥書）承久三□十一月九日丑刻於賀茂／仏光山「寺禅（後補）」堂院住房記之
沙門高弁
（『高山寺典籍古文書目録』第一部　一四七頁）

（第一一五函）35華厳仏光三昧観秘宝蔵　上下　一冊
○江戸初期写、袋綴装、首欠、墨点（仮名、江戸初期）、
（奥書）承久三季十一月九日丑刻於賀茂仏光山寺禅堂院住房記之／沙門高弁
同晦日以草案之本清書了　喜海（以上奥書）」
（『高山寺典籍古文書目録』第三部　九五三頁）

金沢文庫蔵本の二本についての書誌は、次の通りである。

金沢文庫蔵　　八七箱

華厳仏光三昧観秘宝蔵　巻上・下

①茶地包紙風帙（中央やや淡黄紙短冊を貼り「華厳仏光三昧観秘宝蔵」と墨書）　大二帖
包紙内底に「昭和四十七年八月十二日／以県費修理之／金沢文庫」と打付墨書。
後補白楮紙包背装（元は仮袋綴か）（上冊二六・九×一九・七㎝）
②とくにナシ
④「華厳仏光三昧観秘宝蔵巻上（以下〈　〉内双行）〈此法最深秘密也非伝受修行人者／輙不可持之必莫耶尓而已〉／仏光山寺禅堂院沙門／今将ニ…／／…」
⑤無辺無界、楮紙　字面高さ約二一・二㎝　原本文料紙（高さ約二六・三㎝〈上下共に〉、幅約一九・二㎝〈上〉一九・一㎝〈下〉）、訓点を本文同筆墨にて附す。（朱はナシ）
原袋状を左端切り、半葉を一紙ごとに台紙（薄手楮紙）に貼り、粘葉包背装に改装。

金沢文庫蔵

華厳仏光三昧観秘宝蔵　巻上　　三〇箱A（Bと一帙）　　仮一帖

①渋引き厚手帙風包紙（文庫製、中央白楮紙を貼り、「華厳仏光三昧観秘宝蔵」と墨書）。
現代の太糸にて大和綴風に綴（本文ノドにかかるのはかつてはもっと違った位置に穴があったか）。
②③ナシ
④「華厳仏光三昧観秘宝蔵巻上／（1格アキ）此法最深（下に「秘」重書）秘蜜《（ママ）》也非伝受修行人者輙不可持之／（1

格アキ）必莫聊尓而已／（5格アキ）仏光山寺禅堂院沙門高弁注／今将釈此三昧観大文有三一惣示大意二出／…／／…」1・オ

⑤無辺無界、字面高さ約二〇・七㎝、毎半一〇行（1・オのみ九行）々一八字内外、字数不等、本文同筆墨にて一・二点、上・中・下点等施す。右下に断句。以下引用は一・二点など省略。

8・ウL9「広大所説大慈悲也、於中清浄無染等（下に字あり）者（三格アキ）／（一行分アキ）」

9丁表裏一紙分白紙（本文共紙）挿み（虫損の文様がもともと正にこの位置であったことを証する）。

10・オL1「二通一切定散也言初発心住等者十信中以／善心所十一中生得信心所縁如来十億起欣求心得／…／／…」

11・ウL3「釈曰依此論十重倶無尽心／」

12・オL1「三広第二十五云／三光明覚品令信心者自以自心光明覚照一切世間／…／／…」13オ

23・ウ本文L7「如自他宗禅門修證義説恐煩不別出之也／（一行アキ）／華厳仏光三昧観秘宝蔵巻上」

24・オ「写本／貞応二季十月下旬於高山寺御庵室三箇夜／之間偸奉伝受畢此書三巻当巻即自／聖人御房所賜也執筆林月房也（但件本奉付属／大蓮房以彼）／（本所書留也以彼／所校本書写之）小比丘證定」（24・ウ白紙）

25・オ「写本乱脱僻字多之間書様狼藉也／以證〇（本）可糺之矣　末学全海」

右端改装補修時に裁断か。

包紙の底に打付に「昭和三十九年一月廿九日／以県費修理之／金沢文庫」と墨書。

底本自体に多くの脱葉などがあるようで、「写本乱脱僻字多之間書様狼藉也」の評が相応しいものである。

金沢文庫蔵

華厳仏光三昧観秘宝蔵巻下　　三〇箱B（Aと一帙）　　一帖

①後補（現代）白楮紙表紙（二一・三×一四・一㎝）
②③ナシ
④「大智自在義有大智恵利世間故従一処出／二類者是表悲智相導義也依大智力故至／…／…」1・オ
⑤（元は押界が存したかもしれないが、不明）無辺無界字面高約一八・二㎝、毎半八・九行（1・ウ、2・オ、4・オ九行）（1・オ、3・オ、3・ウ、4・ウ、5・オ八行）
稀に墨同筆にて一点はあり（2・オL7、4・オL9等）楮紙粘葉装両面書。
⑥⑦5・オL5～「以後可授之也／華厳仏光三昧観秘宝蔵巻下／承久三季十一月九日丑尅於加茂仏光山寺／禅堂院住坊記之　沙門高弁」
5・ウ「貞応二季十月下旬於西山和尚御高山寺庵室／賜御草本書写之一七ケ夜之間偸受御口決／廿九日終功畢小比丘證定生四十歳／但件本奉付属大蓮房之間所書留也」
6・オ（後見返し、本文共紙）左（端）肩より「弥勒―高弁（承久三）―證定（貞応二）―長弁」と本文同筆墨書。
⑧薄葉を当て部分的に補修。
三〇箱A（Bと一帙）『華厳仏光三昧観秘宝蔵』巻上（巻下も）が書写されて、「写本乱脱僻字多之間書様狼藉也／以證〇（本）可糺之矣」との認識のあった「末学全海」が、後日改めて「證本」を得て書写したものが、三〇箱B（Aと一帙）『華厳仏光三昧観秘宝蔵』巻下（巻上も）と考えてもよいか、と思われる。

すなわち、『華厳仏光三昧観秘宝蔵』の伝本は、伝写の過程を手がかりに見るならば、

・明恵自筆本（高山寺蔵本）
・喜海の書写奥書をもつ本（高山寺蔵江戸初期写本・版本）
・證定の書写奥書をもつ本（成菩提院蔵證定写本、金沢文庫蔵全海写本Ａ・同Ｂ）
・円通居士の書写奥書をもつ本（金沢文庫蔵本）

となる。

金沢文庫蔵全海書写本はすなわち、成菩提院蔵證定自筆書写本の転写（さらなる転写の可能性も含む）過程に生じた鎌倉末・南北朝初頃書写の一本である。

證定自筆本が貞舜開祖ともいうべき柏原の談義所に伝来したことの意味を探るうえで、金沢文庫蔵全海自筆書写本は注目すべき一点である。

称名寺の全海とその書写活動について近年興味深い論考が相次いだ。津田徹英氏『金沢文庫の中世神道資料』（神奈川県立金沢文庫テーマ展図録　一九九六年八月）、福島金治氏『金沢北条氏と称名寺』（吉川弘文館、一九九七年九月）第三章第二節「鎌倉幕府滅亡期の極楽寺――全海紙背文書の検討――」である。

全海は嘉暦元年（一三二六）から暦応五年（一三四二）の間の活動が確認できるといい、建武五年（一三三八）以降には、称名寺に居住していたと福島氏は推定する。鎌倉・極楽寺関係の文反故類の紙背を用いて書写された神道関係書が多く、津田氏によれば、今日確認できる全海の書写本三十四点のうち「二〇点が神道関係や諸山霊場の縁起の類」である。とくに天台系の神道書、「記家」の学派に属した成乗房義源の撰述『山家最略記』『山門秘記』に及んでいることは注目されよう。義源は鎌倉後期から南北朝期（一二八九〜一三五一）に活躍した、全海とは同時代

の人である。金沢文庫伝来の『山家最略記』『山門秘記』それぞれの奥書、『山家最略記』「仏像安置革」の「正和四年三月三日賜比叡山東塔北谷虚空蔵尾成乗房御本令書写畢」、また『山家最略記』「山門密記」の「正和元年壬子五月十六日□申　於比叡山神蔵寺閑窓伝□□」、『山門秘記』の「正和元年十月廿日於東塔神蔵寺許比丘光宗遍照金剛義源」とあるが、「東塔神蔵寺」は、称名寺第三世湛睿が赴いて『授菩薩戒儀』を書写したことが知られる（尾上寛仲氏「比叡山東塔別所神蔵寺の教学」、『印度学仏教学研究』一五巻一号、一九六六年十二月）。天台の論議書『法命集』（別当代蔵本）奥書に認められる、嘉暦元年（一三二六）に比叡山内の無動寺香勝房でこれを書写した「阿闍梨大法師全海」を金沢文庫に書写本を残す全海その人と同一人物とみる説も尾上寛仲氏によって提出されている。

全海書写聖教、特に縁起関係の聖教紙背文書は、極楽寺と特定の僧・静妙房宛に集中しているのである。

「これらの聖教紙背文書は、ほとんどが極楽寺宛てであり、文書の内容を確認するとその年代は一三三三年の前後十年ほどに限定されてしまう」と福島氏はいう。（前掲書、一三五頁）

全海は、鎌倉末期には比叡山から極楽寺に移り住した僧で、その後、称名寺に移り称名寺からまた武蔵国仙波談義所へ移っていった僧であったということとなろう。

金沢文庫蔵全海写本Aを、「鎌倉末期」の比叡山住僧時代の全海が書写所持して極楽寺を経て称名寺にもたらされた一点と考えることが許されるならば、成菩提院現蔵證定自筆書写本がすでに叡山神蔵寺周辺にもたらされていた可能性が出てくるが、あくまでひとつの可能性に過ぎない。今後の課題である。

かくて、曽根原氏前掲論文を再び参照する。

「成菩提院が本格的に密教を受容し灌室となるのは、第二代住職慶舜の時代である。だが貞舜段階で、既に西山流台密と極めて関係の深い即位法の教説が行遍―慶盛―光宗―澄恵―運海―貞済の系譜を経て流入していた。光宗

や運海に由来する教学に関しては、やや時代が下るが、次の印信類も発見されている」として一通の印信を紹介し、

D（前略）如秋八月霧事（中略）

元弘三年（一三三三）十月十七日於金山院書写了／金剛仏子　運海記之

光宗遍照金剛記之

延文四年（一三五九）正月廿二日於江州倍山延寿寺書写了／金剛仏子貞済

応永十四年（一四〇七）丁亥正月廿九日賜円―師御本書写訖／金剛仏子貞舜記之三部伝法阿闍梨位円済示（聖教9―1）

E（前欠）尋云、灌頂義如何／答、経云、四智因明変法楽、（中略）

正和三年（一三一四）六月一日於天台黒谷正流相伝義勢／大概載之、不可散在之由誓文代々在之／不可違越者哉／籠山沙門光宗敬記御判

暦応三年（一三四〇）庚辰二月十四日於霊山寺賜師匠／自筆御本謹令書写之訖／求法沙門運―記之

延文四年（一三五九）己亥二月五日於江州倍山之内／霊山寺知足院令伝受之於同山延寿寺／令書写了／天台沙門貞―記（聖教11―16）

（後略）

「貞舜がその修学を通じて得た学問・思想には、光宗に連なる記録重視の姿勢が存在したと思われる」（曽根原前掲論文）とも記す。

成乗房義源や光宗に連なる記録重視の学問周辺に證定自筆書写本がもたらされていたこともありえない話ではない。文保二年（一三一八）に東山鷲尾（金山院）で、栂尾（高山寺）の新渡の「宋朝印本」を借用して、称名寺の湛睿

が『華厳経孔目』を校合している（識語篇　№五一九・五二〇・五二一）ことは、光宗が金山院再興上人と称されていたことから考えて看過し難い点である。翌年の元応元年十一月（称名寺カ）に湛睿が明恵自筆の『善知衆芸童子法』を敷写しているが、栂尾（高山寺）の明恵真筆本を東山鷲尾（金山院）で得たのではないか、とも想像される（光宗伝授書については、伊藤聡氏の紹介が予定されているので、参照）。證定自筆本と成菩提院とを結ぶひとつの可能性としてのルートを、ここに見ることもできる。いずれにしても、高山寺における證定自筆書写と推察される『華厳仏光三昧観秘宝蔵』巻下一巻が澄豪ゆかりの天台西山流を継承した成菩提院に現存することが確認できたのである。

二　「於智満寺」書写典籍群について

貞舜の活躍時期を遡る鎌倉初・前期の写本は、貞応二年證定自筆『華厳仏光三昧観秘宝蔵』巻下一巻を除くと、「智満寺」なる寺院における写本が複数現存して、注目される。簡単な書誌事項を示して紹介するならば、以下の通りである。なお、①から⑥までの項目は、本書三五七頁の成菩提院蔵本・高山寺蔵本・金沢文庫蔵本の書誌事項に同じ。

成菩提院蔵　　　　　　　　　　聖教一・二・四

金剛界台法対授記第一（尾題）

寛喜四年信豪写　　　　　　　　大一帖

①表紙欠、料紙大きさ（二五・三×一六・〇㎝）、

押界（二一・二×一四・五㎝）、有界七行、界幅約一・九㎝内外、
「寛喜四年壬辰卯月十一日於智満（スリケツ）寺書了小比丘信豪／書本交合了」

成善提院蔵　聖教一・二・四

金剛界大法対受記第四　大一帖

〔鎌倉時代初期〕写

①茶地原表紙（二五・三×一六・〇㎝）、左肩天地一、幅四・六㎝で外題簽「　」（ケズリ消える）。右肩「第六」と墨書。

④「金剛界大法対受記第四（3格アキ）沙門安然記／大日如来羯磨印第六十五　記者私云両巻　云羯磨会品第二又　印合三経／」

⑤押界（二一・三×一三・五㎝）、有界七行（界幅約一・九～二・〇㎝）

56・ウ　三行本文、一行アケ

「金剛界対受記第四」と。

57・オ（後見返し）11「（3格アキ）貞永元年壬辰《カ》七月十九日於智満寺（カスカニ見ユ、三字スリケチ）以書本交了」と。

なお、聖教一・二・六の第七は後末欠。聖教一・二・五第五上も末欠。第三は「一交畢」のみ。

成善提院蔵　聖教一・二・七

金剛界大法対受記巻八

寛喜四年釈信豪写　　　大一帖

①茶地原表紙（二五・四×一六・〇cm）、左肩より天地一杯に幅約四・八cmの楮紙外原題簽を貼り、「金　界

巻　信」と本文と別筆墨書（所々削りスレ、不明）。左肩打付「第六」と墨書。

②見返し本文共紙

③ナシ

④「金剛界大法対受記第八（6格アキ）沙門安然記／正念誦法第百九十八之余／日院説凡念誦有四種一音声念誦

謂高声文字／…／／…」

押界（二二・四×二三・二cm）、有界七行々二〇字内外、界幅約一・九cm

尾題　26・オ　本文三行、一行アケ／

「金剛界大法対受記第八」

26・ウ16「（4格アキ）寛喜四年五月十一日於法花（この下「智満」二字削、重書）寺中尾書了比丘信毫（豪カ）／以書

本交了（別筆墨或別時墨）」

成菩提院蔵

蘇悉地対受記　　　聖教一・二・八

天福元年釈信豪写　　　大一帖

①茶地原表紙（二五・三×一五・九cm）、左肩天地一杯に幅四・七cm題簽剥がれ痕あり、下に茶地表紙紙の及ば

ぬ幅三・〇㎝、本文共紙の見返し料紙が出る。その表に後筆墨書「蘇悉地　　成菩□□（さらに後筆墨書）」、右肩に「第六」打付墨書。紺絹包背。

②見返し本文共紙

③④「蘇悉地対受記／永雲私尚雲記云夫行者欲作法当知三部大意台蔵従阿／…／…」

⑤押界（二一・二×一三・二㎝）、（界高約二一・二㎝、有界七行、界幅約一・九㎝）行二〇・二一字内外、粘葉装、料紙は斐楮交漉か。

⑥61・ウ本文末二行アキ「（3格アキ）天福元年癸巳七月一日於智満（この二字スリケチ）寺書之了　信豪」

貞永・天福の頃、智満寺において信豪が書写した台密系の典籍が成菩提院に現存するのである。いつ、いかなる経路で成菩提院に伝来したのであろうか。

参考とすべき聖教が日光輪王寺蔵『十不二門指要鈔』二巻である。以下に簡単な書誌事項を記す。

日光輪王寺蔵

十不二門指要鈔　二巻　釈遵式撰　83・1／2―1／45

上・弘長三年写　下・正嘉二年　釈祐澄写　大二帖

①本文共紙楮紙表紙（二六・五×一六・六㎝）、左肩天辺より地辺に至る幅四・九㎝の胡蝶文刷り出しの雲母引き紙を張り、「要抄下　慶舜（後筆墨）」と墨書。上冊は破損不明。表紙中央打付に「指要鈔上（下）」と墨書（下冊はほぼ消える）。右肩に上冊は「第（後筆墨）八／（後筆墨）指要抄十不二門」と墨書。下冊は「[破]不二門要（本文同筆墨）／第八（後筆墨）」と墨書。表紙やや右下方に上下共に「大僧正文海」と墨署名。下冊のみ

その右に「祐□《澄カ》之」と墨署名。天海より古い感じ。
⑤押界（界高約二二・一×七㎝　界幅約一・七㎝内外）、有界八行々一八字内外字数不等。墨の本文同筆訓点（一点、送り片仮名、訓み片仮名、朱の断句、左傍送り訓み仮名）。句頭朱の合点を附す。楮紙（打紙か）粘葉装。両面書。
36・オ「（本文四行一行アキ）／十不二門指要鈔巻上／以書写本交了／伝天台教観湖居沙門釈　　梵　　校勘」
36・オ
以（イ）唐古雲治定之第二傳之本重交合了／（一行アキ）／弘長第三天才治癸亥仲冬上旬之候《カ》之時許書了／（一行アキ）／大僧正天海／慶舜」
下冊
押界（界高約二三・一㎝×一三・六㎝、界幅約一・七㎝内外）、行一九字内外、
31・オ　本文七行、次行下方「大僧正天海」と墨署名。
31・ウ「指要鈔巻下／（一行アキ）／伝天台教観湖居沙門釈　梵致　校勘／（一行アキ）／（以下低五格）正嘉第二天龍星戊午八月十日辰時書之了以古本《カ》交了／雖極悪筆為自身用（事）旦者末代学者／於智満寺東谷之内相福院謹書之了／右筆祐澄」
書本云宝治二年戊申弐月晦日於摂州四天王寺安居僧堂／談義之次以唐本重交合了　交点了／　　慶舜（別筆）」
この典籍は、元来、成菩提院に伝来したもので、後に天海の蔵書となったと考えるべきであろう。
智満寺は、現在刊行されている地名辞典類によると、静岡県島田市千葉（旧志太郡）にある天台宗寺院のみが挙げられている。駿河の寺院と成菩提院とを結ぶ手がかりは、やはり、金沢文庫に所蔵される一点の聖教に認められる。

納冨常天氏の紹介があるので、引用する。

最近になってその資料が『忍空授釼阿状』一巻一軸であることが判明した。勿論智証大師が感得した金色不動尊の印信血脈に関するもので資料的に重要であるが、さらに血脈の部分に従来未知にかかる僧名・寺名等について触れているから、ここに改めて資料を紹介し、これを手がかりに室生寺と釼阿の関係を考察してみたい。『忍空授釼阿状』一巻一軸はもっとも標準的な釼阿の自筆にかかるもので二紙からなっている。第一紙の右端部が上下にわたりわずかに破損しているが、保存は至極良好である。第一紙縦三二・八糎、横四八糎、第二紙縦三二・八糎、横五一・五糎の料紙の大きさおよび資料の現状等から推して、内容的に前欠は無いものと思われる。（中略）

（前略）船形寺住僧覚智々々以於伊州走湯山東明寺授与同山住僧源延々々以安貞二年七月廿日於伊州走湯山来迎院授与駿州智満寺住僧堯真々々以延応二年三月廿二日於智満寺授与同寺住僧堯豪々々以建長五年九月朔日於智満寺授与真尊（右傍小字「一蓮上人」）々々以永仁三年十月廿四日於四天王寺勝鬘院授与忍空（右傍小字「空智上人」）々々以嘉元二年三月十七日於大和州室生寺授与武州金沢称名寺住僧釼阿宜隠心蔵勿披露矣

嘉元弐季三月十七日

伝灯大法師位忍空示之

（納冨常天氏『金沢文庫資料の研究』、法藏館、一九九五年）

血脈によれば、建長五年（一二五三）、四天王寺勝蔓院の「一蓮上人」真尊が、智満寺において伝授されたもので、永仁三年には、四天王寺で空智上人忍空の手へ授けられたことが判明する。日光輪王寺蔵『十不二門指要鈔』下冊に認められる、正嘉二年（一二五八）「智満寺」における書写が確認でき、その底本には、宝治二年（一二四八）「四天王寺安居僧堂談義之次」校合との識語があり、成菩提院現蔵・旧蔵の両書に共通する智満寺と四天王寺との交渉を辿ることができる。『圓照上人行状』によれば、次の記述に遭遇する。「諱忍空、房号ハ空智、駿河ノ国人也。初ハ雖モ投ト禅院ニ、而由テ縁ニ入ル律ニ、即勝鬘院ノ圓珠・思順ノ両徳東遊之時、相ヒ随テ上洛、(略)」(『圓照上人行状』巻中、東大寺図書館、一九七七年、九頁)

四天王寺勝鬘院の圓珠・思順が、駿河の国へ下り、「駿河・国人」忍空は、両徳に随い上洛したことが知られる。おそらく、建長九年頃の智満寺滞在と関わるものであろうが、多くの典籍類もまた、忍空と共に南都へもたらされたものと推測しうるのである。四天王寺と智満寺との組み合わせは、単なる遇合とは考え難いものがある。さらに、「智満寺」が〝智証〟系資料や〝十不二門〟関連聖教と関わることは、〝智満寺〟が駿河における重要な天台系であった可能性を秘めている。

旧稿にたびたび記したので省略するが、圓照の戒壇院系の寺院をめぐる「動き」、すなわち金山院・東大寺戒壇院・八幡善法寺・法花寺・天王寺勝鬘院などを結ぶ頻繁な僧侶・典籍の往来を台密西山流の澄豪・豪鎮に結び、緊密な相互授受を想定するならば、真言律の忍空・圓珠・真尊、円光上人良含が寺戸宝菩提院蔵書形成に多大な影響を及ぼしたことも理解できるのである。貞舜・慶舜における黒谷系学問の流入、さらには台密西山流の継承の過程に一群の〝於智満寺〟書写本が「法花寺」(いずれの法花寺か不詳)経由の可能性は高いとしても成菩提院に現存するに至ったと考えることもできる。

むすび

今回行っている成菩提院の悉皆調査によって開基ともいうべき貞舜の在世以前に書写された典籍資料の少なから

ず現存することが判明した。すなわち鎌倉中期頃にかけての戒壇院系の寺院に蓄積されてきた聖教類が、あるいは台密西山流の澄豪や豪鎮などの「動き」を介して、あるいは戒壇院系寺院から天台黒谷系寺院へと軸足を移しつつあった「金山院」の光宗・運海などの「動き」を介して、また、さらに想定される複雑な「動き」（たとえば、〝法花寺〟経由など）に従い、少なからず「移動」し、慶舜ないしそれ以前の貞舜ゆかりの「成菩提院」へと継承された可能性が高い、ということである。

ともあれ、高山寺明恵の弟子にして『禅宗綱目』の撰者證定の自筆『華厳仏光三昧観秘宝蔵』巻下が成菩提院に現蔵されること、この一点を確認しえたことは、きわめて大きな意味をもつものである。

近江国坂田郡の著名な談義所として知られる成菩提院の末寺にあたる菅生寺の僧、栄心（?～天文十五年〈一五四六〉）は、とりわけその著作『法華経直談抄』をもって知られるが、成菩提院第十代真海との交遊が推測されることなど、いまや近世・中世文学の研究者にとって周知の事実である。中世後期以降の「文学」とのつながりのなかで成菩提院に関心が集中するようであるが、しかし、現存典籍からは、中世の初・前期にも及ぶ「拡がり」が確認されることとなった。

付記

なお、貴重な典籍の閲覧・調査・紹介につきまして、格別なご高配を賜りました高山寺・成菩提院ならびに神奈川県立金沢文庫当局に対しまして、深謝申し上げます。

『阿娑縛抄』の書写奥書について
――滋賀成菩提院蔵本にみる教学の伝授と集積――

松本　公一

はじめに

『阿娑縛抄』は、中世における天台宗の修法をはじめとした事相の集大成書である。現在の本書についての基礎的な事項を整理すると、以下のようになる。

①承澄の弟子の尊澄が、原撰者で、のち師の承澄が再治・増補を行った。
②巻数は、承澄の治定目録では、二百二十八巻とするが、二百三十七巻、あるいは『大日本仏教全書』の「阿娑縛抄総目幷諸本存欠一覧」では、二百三十三巻とするなど、その巻数は一定していない。
③成立年についても、①の撰者をどう解釈するかで説がわかれる。承澄を撰者と考えた場合、仁治三年（一二四二）から弘安七年（一二八四）の間となり、尊澄を撰者とみた場合は仁治二年（一二四一）から正元元年（一二五九）の間で、後に承澄が再治・増補を行ったと考える。

このように『阿娑縛抄』は基礎的な問題についてですら、十分には解明されておらず、よく本書と比較される真言宗の『覚禅鈔』に比べると、その研究はあまり進んでいないのが現状といえる。[1] その理由は、いくつかすでに指摘もされているが、『覚禅鈔』などと比較すると図像が少ないこと、中世にさかのぼる古い写本に恵まれていないこと、また中世にさかのぼる写本の調査も十分になされていないことなどがあげられる。このような現状において、本稿ではこの『阿娑縛抄』について、現在論者も参加して、調査がすすんでいる成菩提院所蔵の『阿娑縛抄』について、その奥書を中心に書写・伝播や受容の問題を中心に考えていくこととしたい。

一　『阿娑縛抄』とその問題点

現在、『阿娑縛抄』については、活字本が『大日本仏教全書』と『大正新修大蔵経』に収められている。しかし、これらはどちらも底本が別のものを使用しており、複数の底本で不足をそれぞれに補った取り合わせ本である(2)。これら二つの叢書はまず本文を提供するという目的が第一であるため、このような措置は当然であるが、このことは一方で『阿娑縛抄』という書物の性格を考えることを困難にしてしまったともいえる。それは『阿娑縛抄』が各寺院でどのように受容されていたかという問題である。

とくに『阿娑縛抄』の書写奥書は、それぞれの本の性格や書写目的などを知る材料となるわけだが、これら取り合わせ本では、数本が同時に収録されてるため、この点はわかりにくくなってしまっている(3)。むしろ、各寺院などに伝来しているものをそれぞれ取り上げて考えることで、『阿娑縛抄』の受容の仕方や入手経緯といった、当時の寺院で本書に対する意識やあるいは書写のネットワークのようなものが解明できるのではないだろうか。

ところが現状の活字本では、このような視点からの研究は困難なものとなっているのである。現在のところ、中世の写本でまとまって伝来しているものとしては、

①叡山文庫真如蔵　②叡山文庫天海蔵　③京都・曼殊院　④神奈川・宝戒寺　⑤滋賀・成菩提院などがある。[4]ところが、これらの諸本は④以下はまだ本格的な紹介すらなされていない。また、①②はいわゆる取り合わせ本で、これらからはその独自の性格を読み取ることは難しいものとなっている。

この現状において唯一、このような視点で分析できるものに、鎌倉の宝戒寺に伝来した『阿娑縛抄』がある。そこでまず、この宝戒寺本を検討することで、宝戒寺本の性格を考え、成菩提院本の考察の参考としてみたい。

二　宝戒寺本『阿娑縛抄』奥書の検討

宝戒寺本の『阿娑縛抄』については、『鎌倉市史』史料編、「宝戒寺文書」にその奥書が翻刻されている。ただし、それらは『阿娑縛抄』とは紹介されず、具体的な巻の名称を採っている。しかし、奥書を読めば、『阿娑縛抄』であると判断できるものである。一例をあげてみよう。

宝戒寺文書四七九、聖教奥書のうち、「尊澄筆金灌記奥書」とするものには、

建長三年十一月一日、於二小河一草了、
同五年三月十四日、於二関東大蔵谷一書了
無障金剛尊澄記レ之

とあるが、これは『阿娑縛抄』第三、金灌記の奥書と同じであり、これが『阿娑縛抄』の一巻であると判断できる。

この聖教奥書に収録された『阿娑縛抄』をその書写を行った人物とともに列挙してみると、以下のようになる。

1　金灌記　『阿娑縛抄』第三　尊澄（四七九―2）

2　合灌記　末　『阿娑縛抄』第六　尊澄（四七九―3）[5]
3　合行灌頂私記（胎灌記　本）『阿娑縛抄』第一　惟賢（四七九―14）
4　両行毘灑次第（合灌記　本）『阿娑縛抄』第五　惟賢（四七九―16）
5　灌頂私記　『阿娑縛抄』第二一五　昌俊（四七九―34）
6　五色糸　『阿娑縛抄』第一七四　昌俊（四七九―35）
7　両行毘灑次第（合灌記　本）　『阿娑縛抄』第五　昌俊（四七九―37）

以上の七点が、奥書の記述から『阿娑縛抄』と考えられる。そしてこの七点は三つのグループにわけることができる。それは、Ⅰ、尊澄の名で終わる、『阿娑縛抄』諸本にみられる本奥書のみをもつもの（1・2）。Ⅱ、惟賢の書写奥書をもつもの（3・4）。Ⅲ、昌俊の書写奥書をもつもの（5・6・7）。である。

Ⅰについては、尊澄による原本かあるいはそれを写した写本か、実物を見ていないのでどちらとも決し難い。むしろ注目すべきはⅡ・Ⅲである。Ⅱは、宝戒寺の住持であった惟賢が書写したもので、奥書にその事情が記されている。これには、

暦応二年庚辰九月十一日於二法勝寺方丈一、灌頂私記蒙二免許一、賜二御本一訖、於二三戒私記一者、以乙日比所下令レ授二諸人一給上御本甲、於二彼寺一書二‐写之一、於二両界私記一者、同十八日、令レ進二‐発関東一之間、賜二（阿娑縛　梵字三字）抄之内一日比伝授御本、不二相替一故也　随二‐身之一、同十月七日、於二光明寺一写レ之訖。

円頓菩薩比丘遍照金剛惟賢

同廿日夜、手自朱墨両点能〻交合了、但於二御本一聊有二書写之誤落字等一、今私以レ朱改レ之、或入二落字一了、傍書或本是也、或本者、以二教王房私記一校二‐合之一者也、後見得レ意而已、惟賢[6]

とあり、暦応二年（一三三九）に京都法勝寺の方丈で灌頂私記は師の恵鎮より免許を得て、本を賜ったが、三戒私記は日ごろ諸人に授けられる本を法勝寺で書写、両界私記は惟賢が関東に出発するときに、『阿娑縛抄』の内のものを賜り、相模国大住郡金目郷の光明寺で写したと記している。(7) さしあたり注目すべきは、これらの書が、恵鎮が拠点とした法勝寺に存在していたこと、また『阿娑縛抄』が師匠より弟子の惟賢に授けられたことなどがあげられる。なお、恵鎮と惟賢の関係については、同じ「宝戒寺文書」の惟全附法状などに、その関係が散見する。(8)

また、4の「両行毘灑次第」の奥書には、康永元年（一三四二）の惟賢の自筆奥書に続き、恵鎮筆として、

両行毗灑見行者、所レ無二諸流一、三部冥合次第、恐限二吾家一、（中略）更不レ可レ及二他見一、而為レ不レ堕二秘私之相承於地一、加二奥書一、与二于昌景上人一了、

康永元年七月　日　　沙門恵鎮

とあり、この法が吾家（『鎌倉市史』ではこれを穴太流とする）に限られるものであり、他見させてはならないものであることなどが記され、ここに『阿娑縛抄』の性格の一端がみてとれる。それは、ここにまとめられた修法が、恵鎮を含む一流（ここでいう一流が、『市史』の注にあるように穴太流か西山流、あるいは後にもふれるが、恵鎮の属した黒谷流のいずれか）の秘法として伝えられ、他見は禁じられていたということである。

以上二つの奥書から、『阿娑縛抄』が京都の法勝寺に存在し、それは師である恵鎮の許可により書写が許されるというものであったこと。また本がそのまま伝授されることもあったが、いずれも一流の秘法として伝えられたと考えられる。

続いて、昌俊の書写にかかる『阿娑縛抄』についてみてみることにしよう。5の奥書には、

文明十二年庚子八月廿四日、於二東坂本宗聚寺一書二写之一畢、

遍照金剛昌俊記レ之[9]

とあり、7の奥書には、

文明十三年辛丑三月六日、於二宗聚寺一、以二授職之次一、宗福寺之本慈救和尚相伝之証本書二写之一、後日亦慈心和尚之相伝之秘本開山和尚上書御筆以レ令二再校一了、為レ備二老後之廃忘一、愚老相伝之旨等別而加二押紙一了、将来之指南可レ有二人々心一者歟、

遍照金剛昌俊記レ之[10]

とあって、文明十二年（一四八〇）から十三年にかけて近江国東坂本宗聚寺において書写したもので、7については「宗福寺之本慈救和尚相伝之証本」を書写し、後に「慈心和尚之相伝之秘本」で再校したものであったことがわかる。さらに7の奥書には、本奥書の尊澄の後に、澄豪・恵鎮、そして昌俊と書写・所持が続いていることがわかる。つまり昌俊は恵鎮のものを写しているのである。

昌俊については、同じ宝戒寺文書の「昌俊筆澄豪穴太流始終具書」において、恵鎮が自筆の本書を光宗に伝え、光宗は慈顗に伝えたと記されるが、昌俊奥書には、

右抄、文明中比法勝寺住院刻、以二妙戒院本一写レ之、弘二通東関一、于レ今明応六年丁巳六月日、為二伝持流通一、秀山上人奉レ免了、門流一統以レ之可レ被レ仰レ本者也、

昌俊誌レ之[11]

とみえ、ここでいう門流が穴太流をさすこと、そしてその流れの一つが、澄豪―恵鎮―光宗―慈顗―昌俊に連なること、また昌俊自身も京都では法勝寺に住んでおり、『阿娑縛抄』をはじめとした聖教の書写に従事したことがわかるのである。

さらに、昌俊は他の書物の奥書を見ると、西山流の系譜の中に位置づけることもできる。たとえば、宝戒寺文書の「昌俊筆略作法奥書」[12]には、

澄豪―豪鎮―厳豪―豪喜―豪宗―救舜―昌俊

という転写過程がみえる。

宝戒寺は、恵鎮を開山として後醍醐天皇が北条高時の霊を弔うために発願した寺院であるが、実際に寺が整うのは足利氏が私寺として以後のことである。また開山の恵鎮は実際には鎌倉に下らず、弟子の惟賢が経営した。また、惟賢の奥書にみえた金目郷の光明寺は宝戒寺の末寺である[13]。

宝戒寺の『阿娑縛抄』は、西山流の伝授の中で伝えられたものと考えることができる。そしてその伝授も一流のなかで、許可を得た者に厳重に秘法として意識されていたようである。ただし、惟賢の段階では、西山流という意識はまだあまり認めることはできず、むしろ師の恵鎮からの伝授が意識されていたようである。ところが、昌俊の段階ではむしろ西山流のなかで、恵鎮もその流れをくむ西山流の僧侶の書物が多く書写されていたようである。

このようにみるならば、『阿娑縛抄』は、西山流という一つの流派のなかで相承されていった書籍と考えることができそうである。これらの事実をふまえて、次に成菩提院蔵の『阿娑縛抄』について、その奥書の記述から分析してみることにしたい。

三　成菩提院蔵『阿娑縛抄』について

成菩提院は、滋賀県山東町の柏原に所在する天台宗寺院である。開山は貞舜、中世には柏原談義所として諸国よ

り学僧が集まった。[14]この成菩提院に『阿娑縛抄』が所蔵されていることは、『国書総目録』には、「滋賀成菩提院（数十軸）」とあり、また渋谷亮泰編『昭和現存天台書籍綜合目録』（以下、「渋谷目録」と略す）には「数十軸、豪鎮写」とあることからその存在は知られていたようだが、本格的な紹介や調査はまったくなされていなかった。また、戦前の『近江国坂田郡誌』に「成菩提院文書」として聖教の奥書が紹介されているが、『阿娑縛抄』としては紹介されていなかった。[15]今回、機会を得てこれらを調査することができ、まだ完全に終了したわけではないが、全体の輪郭は明らかとなったので、ここにその紹介とともに、考察を試み、先の宝戒寺蔵本の考察とあわせて『阿娑縛抄』の性格や伝来の一端をみていくことにしたい。

成菩提院蔵『阿娑縛抄』（以下、成菩提院本と略す）は、原本は全くないが、原本を書写した段階のいわゆる、第一次転写本以下が多数伝来している。すべて巻子本の形態をとり、中世の写本であることは明らかなものだが、いずれも長い年月を経るうちの虫損・焼け・湿気の甚だしいものが多い。また、このことが原因で巻子の形態を保たず、一紙ごとにばらばらになっているものや断簡になっているものも多く、その内容比定・巻次決定が困難なものも少なくない。しかしこの状態は成菩提院本の史料的価値を損なうものではない。

成菩提院本は六十二巻程度が現在確認されているが、首尾整った完本は少ない。現在のところ、奥書からは十四グループに分類できる（論文末表参照）。以下これを列挙すると、

①元弘・建武・延元の年号、豪鎮の書写あるいは、校合奥書をもつもの
②永和元年（一三七五）・厳豪書写・校合奥書をもつもの
③応永九年（一四〇二）・円俊書写奥書をもつもの
④応永二十九年（一四二二）・慶舜書写奥書をもつもの

⑤嘉吉元年（一四四一）書写奥書をもつもの
⑥享徳元年（一四五二）書写奥書をもつもの
⑦康正三年（一四五七）書写奥書をもつもの
⑧天文十六年（一五四七）・豪仁書写奥書をもつもの
⑨天文十七年（一五四八）・源尚書写奥書をもつもの
⑩天文二十四年（一五五五）・憲栄書写奥書をもつもの
⑪永禄六年（一五六三）・憲栄書写奥書をもつもの
⑫天正十三年（一五八五）・光栄書写奥書をもつもの
⑬近世写本
⑭年次未詳のもの

となる。それでは、それぞれの写本グループについて、奥書の記述からもう少し詳しく検討を加えてみたい。

①豪鎮書写本

豪鎮の書写、あるいは校合の奥書をもつものは、二十二本程度が存在する。その年代は建武二年から五年のものである。いくつかその奥書をあげてみる（ただし、異同のある場合以外は、本奥書は除いた。便宜上読点を付した。また、番号は目録番号）。

尊勝（聖4―01）

建武四年二月十二日、於二西山草庵一誂二同朋義英一書写了、豪鎮

同五月十一日、於二花蔵房一以二五大堂殿御自筆之御本一一校了

胎記供養会　末（聖4―02）

建武二年十二月廿四日、一交了、　豪鎮

同四年五月三日、以二五大堂殿御自筆之御本一於二東谷花蔵房一交合了、

護摩要（聖4―03）

延元元年三月廿三日、於二長岡之旧都寺戸之草庵一本写レ之了、　豪鎮生廿八、臈十五、

自二去比一病連々受二発然一而為レ継二法命於未来一不レ顧二身苦一於二当時一欣楽護法天等垂二納受一扶二病苦一有レ之、先年此御事一部終写、却而元弘反逆之時大略炎上、重思二立一部本写一懇志与執譬無レ物後学可レ哀歟願欣解二文義一即名執二法如一而已

（朱書）同廿五日朱跡了、延元五年四月廿九日一交了、　豪鎮

建武四年五月七日、於二東塔東谷仏頂尾
花蔵房一以二五大堂殿御自筆之御本一交合了
豪鎮

諸法要略抄（聖4―07）

文永十年十二月廿八日、賜二上御本一於二鎌倉二階堂御坊一馳レ筆了
無障金剛圓春

建武四年六月十二日以二小川殿御真筆之御本一校点了　豪鎮

これらの奥書によれば、元弘四年（一三三四）から建武年中（一三三四〜三八）、延元五年（一三四〇）までに豪鎮が、

延暦寺の東塔東谷の仏頂尾花蔵房や西山草庵で書写したものである。西山草庵とは「護摩要」の奥書では寺戸草庵とも記されているが、これはいずれも京都の西山に存在した天台宗の宝菩提院のことである。なお、西山流とは、この西山宝菩提院に住した澄豪にはじまる天台の一学派である[16]。

書写、校合を行った豪鎮は、宝菩提院の第三代で、小川流（西山流）に属した僧侶である。『阿娑縛抄』の奥書によれば、覚敬、義順、覚教といった同朋とともに書写に従事したこともわかる。

この豪鎮の書写・校合による『阿娑縛抄』は、原本を書写した一次写本の一つであり、古い写本の少ない『阿娑縛抄』においては、曼殊院本に次ぐ古い写本群を構成しているものであるといえる。また、豪鎮自筆と考えられるものも数本存在している。他に豪鎮の書写奥書をもつものとしては、曼殊院本に建武四年五月に東塔東谷の花蔵房で書写したという奥書をもつ「求聞持」一巻と「星」一巻、同じく建武四年六月に寺戸仏花林菴で書写したという奥書の「五壇法日記」一巻の三巻が存し、『渋谷目録』にも、京都の三千院円融蔵に「許可」の一巻が存在している。この一群は成菩提院本とは重なる巻がなく、両者相補うもので、本来一具であった可能性が高い。

ところが、このグループは、成菩提院が再興される以前の時期のものであり、貞舜が成菩提院に入ってから以後にもたらされた可能性が考えられる。この点については後にもう一度考えてみることとしたい。

②厳豪書写本

厳豪の手になるものは、「愛染王」の一本のみで、その奥書は、

愛染王

建武四年四月廿三日書‐写之了、

（朱書）同日朱点了　豪鎮
同五月廿三日以二五大堂殿御自筆之御本一於二花蔵房一校合了
永和元年乙卯四月十一日巳時以二右御自筆之御本一改以書写畢
（朱書）同四年正月廿五日申時朱点了
同三月五日子時一交了　無障金剛厳豪　歳廿六　臈十二

と、豪鎮の書写したものを厳豪が書写、交合したものである。

厳豪は、西山流の第四代で豪鎮の弟子にあたる。厳豪による『阿娑縛抄』の書写は、活字本においても認められる。活字本では応安四年（一三七一）以降、厳豪の没する応永二十三年（一四一六）ごろまで散見する。これらによると書写の場所は、宝菩提院に集中している。[17]ただし、これらの奥書も厳豪書写以後の奥書が続き、厳豪書写本そのものではない。

このようにみると、成菩提院本は、現在のところ、厳豪書写本そのものを伝えているといえる。この厳豪書写本は、豪鎮書写本をさらに書写したもので、これも西山流の書写活動の範疇で考えられる。こういった意味では①のグループに準ずるものと考えておきたい。

③円俊書写本

これも現在のところ「胎灌記」一巻のみである。奥書は、

建武二年十一月十八日誂二行賀金剛一書写畢
清浄金剛澄豪

応永九年秋八月之比祖師伝法和尚御本書二写之一訖

遍照金剛円俊

とみえ、ここには行賀、澄豪、円俊の順に書写されたものであることがわかる。円俊の書写奥書の記述にみえる祖師伝法和尚とは澄豪のことである。

この円俊は、活字本にも応永九年の年紀とともに数箇所に現れるが、澄豪の弟子の永慶に続く弟子として認めることができる。つまり円俊は穴太流の系譜に属する僧侶である。(18)

④応永二十九年書写本

これは「許可略作法　上」一巻のみであるが、その奥書には、

彼御本書写了　金剛仏子澄豪

□時弘安三年極月十三日為レ興二隆仏法一書写了　在御判

建武元年七月廿四日書写了　豪鎮

四年五月一日以二小川殿自筆之□一大□交合了　豪鎮右御本伝領早　厳豪

応永廿九年壬寅七月五日於二西山寺戸御房一賜二御本一誂二豪宗金剛一書二写之一早　慶舜

とあり、澄豪、豪鎮、厳豪と西山流の歴代に続き、西山流の第六代豪宗から慶舜に至っている。慶舜は成菩提院の第二世である。(19)ここに西山流の僧侶の書写に続き、慶舜につながっている。後にみる⑦と⑩の奥書にも応永二十九年の慶舜に関わる記述が見られる。これについては、また後にふれることとする。

⑤嘉吉元年書写本

嘉吉元年の奥書をもつものは四本存在している。このグループも成菩提院の二世であった慶舜との関わりが推定できるものである。奥書をみると、

五壇法

建武四年五月廿四日以二右御自筆之御本一於二東塔東谷仏頂尾花蔵房一校合了　豪鎮

永徳二年壬戌五月廿七日於二右御遺跡一為二未来紹隆報恩謝徳一敬書写了

同日朱点了　同廿八日校了　厳豪　卅三歳　十九臈

嘉吉元年辛酉三月十六日於二西岡寺戸宝菩提院一賜二御本一書写了

とあり、豪鎮、厳豪と書写されたものを宝菩提院で書写したものであることがわかる。

また「弥勒」の巻には、

弥勒

建武二年十月十八日誂二同朋一　定守　書写乞　豪鎮

同四年五月廿三日以二御所之御本一校合早

嘉吉元年三月十一日於二寺戸一□種宝秀書写訖　慶舜

とあり、慶舜の書写にかかることがわかる。さらに巻次不明の一巻（聖11—7）も慶舜書写本である。

ここにも豪鎮、厳豪という西山流の僧侶に続き、慶舜が書写に関わっているのである。

⑥享徳元年写本

このグループに属するものは、「安鎮法日記集」乙と丁の二つ（四点）がある。これらは奥書は欠けているが、聖9—03の『阿娑縛抄目録』が、法量、紙質などから一具のものと考えることができ、その奥書に、

享徳元年壬申潤八月十七日丁未故慶舜法印御□発願書二写阿娑縛抄一、悉以二春海僧都一于レ時柏原住持奉レ渡レ之早、右抄者小川僧正御製作、為二当流無双重書一、然嘉会時到、令レ伝二持之一給、甚以為レ難レ有矣、予又始中終致二奉行一、今亦依二懇請一、染二六十一歳之禿筆一、銘二二百余巻之題一、願也契二弘通於星宿一却□利二生於龍花暁一焉、

穴太末嗣小川嫡流法印権大僧都豪宗

とある。やや文意の不明なところもあるが、ここには故慶舜法印の発願により『阿娑縛抄』の書写が行われたが、この享徳元年には慶舜は亡くなっていたので、当時の住持であった春海僧都に渡されたということが記されている。[20]春海僧都は、成菩提院の第三世である。また実際に書写を行った豪宗は、穴太末嗣小川嫡流とあるように、西山流第六代にあたる人物である。

⑤の慶舜書写本とこの⑥のグループの存在は、成菩提院において、慶舜により『阿娑縛抄』の書写が進められていたということがわかる。慶舜が自ら書写したもののなかには、「老眼書写」（聖11—7）というように、老齢の身での書写を行ったことをつづった奥書も存し、おそらく慶舜は成菩提院に『阿娑縛抄』を備えるべく自ら書写を行うとともに、豪宗にも依頼をして書写を行ったのであろう。この目録は、活字本に収録される『阿娑縛抄現在目録』にあたるもので、この時『阿娑縛抄』全巻が書写されて、そのリストとして春海に渡されたのか、あるいは『阿娑縛抄現在目録』そのものが渡されたにすぎないのかは、にわかに決し難いが、享徳元年の書写本は、年次不詳のものと合わせても、全巻分はないので、『阿娑縛抄現在目録』そのものが求められたと現時点では考えておきたい。あるいは、①の豪鎮書写、校合本をはじめとして、この享徳元年写本までの間に成菩提院に蓄積された『阿娑縛抄』

の存欠の点検などの必要から求められたものかもしれない。
このグループはいわば、慶舜の時代の事業が、次代の春海の時に完成し、成菩提院に『阿娑縛抄』がもたらされたものであり、また、目録の存在は、この段階で、体系的な書写あるいは集書活動が行われたことを示すものの可能性もあると考えておきたい。

⑦康正三年書写本

このグループも「胎灌記　末」の一巻のみである。奥書は、

応永廿九年壬寅十月五日於㆓西山寺戸御房㆒賜㆓御本㆒誂㆓豪宗金剛㆒書㆓-写之㆒訖、　持者慶舜（花押）
　穴太末資法印権大僧都豪宗記㆑之
康正三年丁丑九月廿八日於㆓深瀬慈明院御房㆒賜㆓右御本㆒書写畢、　（梵字二字）弁賀

というもので、この一巻ももとの本は⑤⑥と同じく、慶舜が関わったものである。康正三年の箇所にみえる深瀬慈明院は、現在、岐阜県高富町の天台宗寺院であると考えられる。この寺院と成菩提院との関係は不明であるが、ここも成菩提院と同様に談義所の一つであった(21)。また書写を行った弁賀も今のところ不明の人物である。成菩提院との関係は、「持者慶舜」という点でしか認めることはできない。

⑧天文十六年書写本

このグループも「胎灌記」一巻のみであるが、この奥書には西山流歴代の嫡流の僧侶の名が記されている。

正応元年十一月八日酉剋許書㆓-写之㆒畢

校二合之一畢　　清浄金剛澄豪
建武四年四月晦日以二五大堂殿御自筆御本一於二花蔵房一校合了　　豪鎮
右御本伝領畢　　厳豪
伝領畢　　豪喜
敬以伝領畢　　豪宗
右御本敬以伝領畢　　豪恵
長享二年戊申中春之比雍州長岡旧都
於二西山寺戸願徳寺宝菩提殿一蒙二免許一賜レ相二承御本一謹以奉レ書二写之一畢　　右筆宗行（梵字二字）
穴生苗稟小川末流法印豪恵記レ之　御判
小川嫡流法印　豪宣記レ之
天文十六年丁未九月中旬之比書二写之一
源継法印開壇之時新二調之一
小川之末流法印豪仁記レ之

ここには、西山流の二代澄豪、三代豪鎮以下、厳豪、豪喜、豪宗、豪恵と歴代による書写がみえ、その後に続く豪宣、豪仁も小川流の僧侶である（**図1**　西山流系図参照）。「源継法印開壇之時新調」とあるように、源継法印が伝法灌頂壇を開いた時に、豪仁の手により書写され新調されたものであることが記されている。この源継法印なる人物は、豪仁に連なる僧侶であること以外は今のところ不明の人物で、成菩提院に関わる人物かどうかも不明である。ただ、この一巻は胎蔵界の灌頂の次第に関わる内容をもち、「開壇」に関わる書写であったことは明らかである。

図1　西山流系図

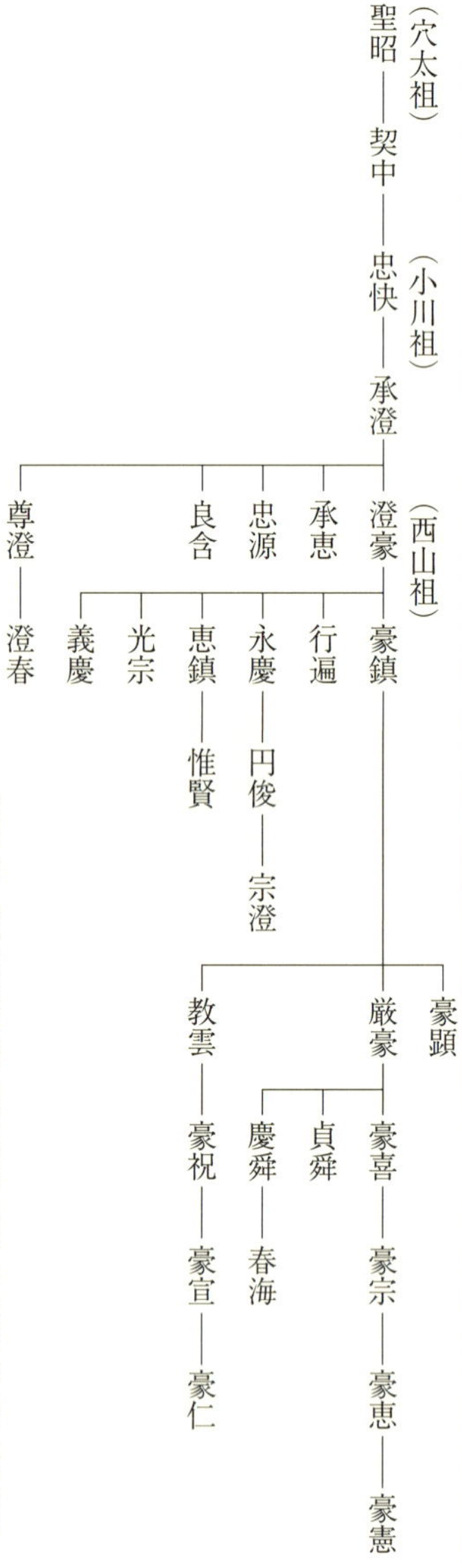

島地大等『天台教学史』、『密教大辞典』、宮島論文、尾上論文などより作成。

⑨天文十七年写本

これも「内作行灌頂私記」一巻のみである。その奥書には、

文安五年戊辰夏之比為二巻舒軽一安二現用一処書二‐連之一

右筆豪宗（梵字二字）

法印豪喜記レ之

明応三年甲寅十一月廿二日於二西山寺戸一之御本敬以奉レ書二‐写之一畢

右筆豪祝（梵字二字）

持者無障金剛豪猷
法印豪憲記レ之
于レ時天文十七年戊申八月十日書二写之一
権律師源尚書レ之

とあり、その後に別筆で、

右本者源継法印去年有二開壇一至二今年一瑜灌懇望之間令二印可一此刻新調也、偏喜二令法久住之本意一加二奥書一早
于レ時天文十七年戊申八月廿二日
三部阿闍梨兼二会講匠探題職小河正流宝菩提院法印大和尚位豪仁（花押）

とある。ここで注目すべきは別筆の部分で、これによれば、この一巻も⑧と一連のものとして理解される。すなわち、源継法印が、去年（天文十六年）に開壇をして、さらに今年は瑜灌、すなわち瑜祇灌頂を行うことを懇望したので、印可すなわちこれを許可して、それにともないこの一巻を新調したというのである。最後の記述にみえる豪仁はここにも記されるように、小川流の僧侶で、宝菩提院九代の豪祝の法脈に連なる人物である。

⑩天文二十四年書写本

このグループには、「三摩耶戒儀」と「許可略作法」の二巻があるが、「三摩耶戒儀」の奥書には、

応永廿九年壬寅十月五日於二西山寺戸御房一賜二御本一誂二豪宗一書二写之一畢　持者慶舜
穴太末資法印権大僧都豪喜記レ之
天文廿四年五月廿七日　持者憲栄

とあり、慶舜所持の本を憲栄が継承して所持していたのであろう。ただし、前の三行と後の一行は同筆のようで、慶舜所持本を憲栄の段階で書写したものかもしれない。また、この一巻の奥書の前の三行は、⑦の康正三年書写本の奥書とまったく同文で、応永二十九年書写奥書をもつ慶舜本は、④以外にも、数巻存在していたこともこれらから明らかとなる。内容的にはいずれも灌頂に関わるものであることは注意を要する。

憲栄は成菩提院の第十三世である。憲栄の段階において、慶舜所持の『阿娑縛抄』を伝えていることがわかり、成菩提院において、慶舜所持本が重視されていたのかもしれない。

⑪永禄六年書写本

このグループは、「胎灌記」「金灌記」「合灌記」と奥書のみのものからなるが、そのいずれにも、

右本紛失故勢州宝光院以ㇾ本写ㇾ之畢

永禄六年六月朔日　成菩提院憲栄

とあり、これらが紛失したために、伊勢国の宝光院の本を写したものである。このグループも⑩と同じく憲栄の事業として行われたものである。宝光院は伊勢国高縄村にあった寺院で、現在は廃絶している。そして近世には成菩提院の末寺であった[22]。

このグループはいずれも灌頂に関わるもので、紛失後にわざわざ伊勢国のものを写していることは、この灌頂に関わる一群がとくに重要視されたからであろう。成菩提院には、西山流の灌室があり、それはすでに慶舜のころには存在しており[23]、存続していたわけであるから、成菩提院にとっては、灌頂に関わる書物は当然必要なものであった。それゆえに『阿娑縛抄』もわざわざ改めて書写されたのであろう。ただ、この奥書には西山流との関係はみる

ことはできない。

⑫天正十三年書写本

このグループは、六巻が残るが、いずれの奥書にも、やや字句の有無はあるものの、

天正十三年乙酉三月十四日九州筑後高良山刑部卿顕秀誂奉二寄進一

成菩提院光栄（花押）(24)

と記されている。

光栄は成菩提院の第十六世にあたる僧侶である。九州筑後高良山は、現在福岡県久留米市に所在する高良大社のことである。高良大社も天台宗の支配下にあった神社である。(25)はたして高良大社に『阿娑縛抄』が存在していたかどうかは、一考を要するが、高良山刑部卿顕秀により書写され、これが成菩提院に寄進されたことから、少なくとも成菩提院と高良大社は何らかの関係のあったことは、明らかである。現在のところ、この奥書以上の事実にはふみこむだけの史料もなく、さらに別の方面から考察する必要があるだろう。

ただ、このグループもほとんどが、灌頂、許可というものに集中しており、⑪のグループと同様の性格づけができる。

⑬近世写本

近世の年紀をもつ写本は元和六年（一六二〇）のものと元禄十六年（一七〇三）の二巻である。ただし元禄十六年のもの（聖5―04）は、「三摩耶戒儀　本」にあたるもので、奥書は「癸未卯月仏誕生日」とあるのみであるので、

あるいはもう少し古いものかもしれないが、貼紙に「灌頂十四」とあり、元和六年のものには「灌頂十三」とあることから、今は近世のものと判断しておく。

元和六年の一巻は「許可略作法」の一巻で、奥書は、

嘉暦二年十月十日於㆓元応寺㆒以㆓御本㆒書写了

遍照金剛光宗記㆑之

文安三年八月上旬書写了

三部都法位権大僧都盛尊了

元和六年庚申九月二日於㆓山門密厳院㆒書写早

越前大谷寺円智坊聡源貼紙

とあり、嘉暦二年（一三二七）に京都の白川元応寺で、光宗の書写したものがもととなっている。これを盛尊（未詳）、聡源（未詳）が書写したものである。ここにみえる元応寺は、恵鎮の建立した寺院で、恵鎮門流の拠点となった寺院である。(26) 光宗は、恵鎮と同じく澄豪の法脈に連なっており、『阿娑縛抄』の書写は、宝戒寺本と同様、西山流のつながりのなかで行われたと理解できる。

また最後にみえる越前大谷寺は、現在福井県朝日町に所在しており、天文年間に天台宗となった寺院がこれにあたると考えられる。(27) そしてこの一巻は、最後の書写の時点では、延暦寺の東塔西谷の密厳院にあったことがわかる。

⑭年次未詳書写本

このグループは、奥書が失われているので、紙質、字体、法量あるいは用紙の特徴などから今後先にあげた各グ

ループに分類していかねばならないものである。現段階では、まとめてこの分類とした。

一巻のみ奥書のあるものがあるが、この一巻はかなり傷みが激しく、上部が欠損していて意味のとりにくいものであるが、ここにも注目すべきことが記されている。それは「合灌記」の一巻（聖21―06）で、そこには、

（前欠）丙寅秋之比加二軸表紙一了雖二有難一

（欠）不レ可二堂内一殊更不レ可レ有二他見一努々

小川遺流豪恵（梵字二字）記レ之

（前欠）多芸庄於二妙徳院一書二写之一

（前欠）持者縛日羅第十四代定俊

（前欠）三年甲午十月四日右筆円智

（前欠）流正本也不レ可二聊爾寄進一之

とあり、豪恵による奥書には「殊更に他見あるべからず」ということが記され、『阿娑縛抄』は小川流のなかで管理され、この流派以外が見るには厳しい制約があったことがうかがわれる。また、その後にみえる「多芸庄妙徳院」は、美濃国（現在は岐阜県養老町）にあった寺院で、現在は廃絶しているが、近世には成菩提院の末寺になっていたようである。[28]この奥書の段階では、妙徳院は成菩提院の末寺であったかは未詳であるが、その関係を示唆するものである。

四　成菩提院本『阿娑縛抄』の伝来と性格

さて、やや煩瑣なほどに成菩提院本の各グループについてみてきたが、ここでもう一度簡単にまとめておきたい。

まず①②③の三つのグループは、豪鎮をはじめとする西山流の僧侶たちの書写によるもので、成菩提院再興以前の年紀をもつものもある。この一群は、成菩提院再興を行った貞舜によりもたらされた可能性があろう。貞舜も西山流の流れをくむ僧侶で、同じ成菩提院に伝わる「即位灌頂」にかかわる切紙（聖9―01―2）の最後に、「月輪殿承澄　澄豪　行遍　慶盛　光宗　澄恵　運海　貞済　円済　貞舜」の伝授次第が記され、西山流と貞舜のつながりがわかる[29]。

本来、西山宝菩提院にあった『阿娑縛抄』は、元弘の兵乱で荒廃した後に、貞舜によりその一部が成菩提院に移されたと考えておきたい。なお、金剛輪寺にも豪鎮書写本が二本存在するが、これは巻数が重ならないことから、もと成菩提院のものと一具であったと考えておきたい。

次に④⑤⑥のグループは慶舜の書写に関わるものである。成菩提院二世の慶舜も西山流の系譜に連なり、その流れの中で『阿娑縛抄』が書写されたのであろう。ただし、この事業は、慶舜在世中には終わらず、次の春海の代になったのである。

⑦に関しては、慶舜所持本を写したもので、成菩提院との関係は不明である。

⑧と⑨は源継という僧侶の開壇に関わる書写で、当然灌頂に関わる巻が書写されている。このグループも⑦と同様、成菩提院との関係、なぜ成菩提院に伝わっているかということも不明である。

⑩⑪は成菩提院十三世の憲栄の関わったもので、灌頂関係に集中していることが注目される。西山流で重視されたのは受法関係のもので、それは『阿娑縛抄』序のなかの「当流七重受法」として、

一、許可　二、両壇　三、合行　四、蘇悉地　五、瑜祇　六、第五　七、別行経

とみえ、これらがとくに重視されたことがわかる。

さらには、成菩提院が西山流の灌室であったことにもよるのであろう。永禄六年には紛失したものをもう一度書写しなおしていることからも、その意識がうかがえる。ただ、この永禄六年の段階では宝菩提院の本ではなく、伊勢宝光院のものを書写しているのはなぜだろうか。憲栄は、「西山流許可密印」にみえるように西山流の豪宣から許可をうけており、正式な西山流の流れをくむ人物であった。それなのにここに宝菩提院の『阿娑縛抄』がみえないのは、この時点で、宝菩提院そのものが応仁の乱で全焼してしまっており、[30]『阿娑縛抄』も散逸してしまっていたからであろう。

最後の⑫のグループは成菩提院十六世の光栄の時のもので、これは筑後国高良山から寄進されたものであった。これらも灌頂関係のものに集中し、成菩提院ではこれらが特別に重視されていたことが考えられる。

おわりに

以上、成菩提院本にウエイトをおいて、『阿娑縛抄』について考察を加えてきた。宝戒寺本でもみられたように、『阿娑縛抄』はやはり原則としては西山流のなかでのみ厳重に伝えられた典籍であった。そしてこれらの書写には許可、免許といったものが必要であった。

『阿娑縛抄』序の「阿娑縛抄書写事」に、

仍聊爾不㆓書写㆒、蒙㆓御免㆒者、酬㆓宿善㆒也。若終㆓一部之功㆒、未㆑令㆓具足㆒之間、万之一離㆓御門㆒人、有㆑奉㆓違背㆒、又無㆓付属之仁㆒者、早可㆑返㆓納本所㆒、若又依㆓不慮之横死㆒、不㆑及㆓成敗㆒者、輒不㆓被見㆒

とあり、その管理の厳重であったことがわかるのである。

そして成菩提院においては、初代の貞舜については、さらに検討を要するが、二世慶舜、十三世憲栄、十六世光憲の時に『阿娑縛抄』の書写・収集が行われた。二世慶舜の段階では目録の存在から組織的な書写活動あるいは集書活動が想定でき、残っている巻もさまざまである。ところが、十三世憲栄、十六世光憲の時には灌頂関係に集中するという対比を示している。むろんこれらの残り方は偶然性も考慮しなければならないが、おおよそはこのような傾向になると考えておきたい。

また、成菩提院には、歴代の手により『行用抄』という修法関係書も大量に伝えられており、これらとの関係が明らかになれば、成菩提院歴代の教学研究・学問その他の実態もより明らかになるであろう。

今回は、奥書のみに限ったため具体的な内容にまではふみこむことができなかったが、成菩提院本には活字本と内容が若干異なるものも存在しており、今後はこの問題も考えていく必要があろう。また数本、活字本では欠本となっているものも存在している[31]。

『阿娑縛抄』そのものに戻ると、このような奥書の分析からその寺院の教学への関心や、あるいは伝播の問題がはっきりと示されてくる。はじめに述べたように、『阿娑縛抄』は成菩提院のみならず、各地の天台宗寺院に伝来しており、これらを調査、分析することにより中世天台宗の具体的様相も明らかになるであろう。これらは中世天台宗史研究の上では今後の課題となるであろう。このような意味でも『阿娑縛抄』はさらに研究さるべき対象として重要な典籍である。

註

（1）近年、『覚禅鈔』については、愛知県稲沢市の万徳寺蔵本が『図像蒐成Ⅱ〜Ⅶ（仏教美術研究上野記念財団助成研究会研究報告書）』（仏教美術研究上野記念財団助成研究会、一九九四〜二〇〇〇年）としてまとめられ、『密教図像——『覚禅抄』の世界——』図録（神奈川県立金沢文庫、一九九八年）などで諸本の紹介・研究がある。『阿娑縛抄』については、切畑健「阿娑縛抄——その成立と撰者承澄——」（『仏教芸術』七〇、一九六九年）、宮島新一「阿娑縛抄をめぐる二、三の問題」（『仏教芸術』一一二、一九七七年）、なお、最近のものとしては、大久保良峻『阿娑縛抄』（日本仏教研究会編『日本仏教の文献ガイド』、法藏館、二〇〇一年）などがある。

（2）『大日本仏教全書』は成田山新勝寺・東京本竜院・叡山文庫真如蔵・坂本西教寺の蔵本を底本として諸本により校訂している。『大正新修大蔵経』図像は、叡山文庫天海蔵・毘沙門堂・浅草寺の蔵本を底本としている。

（3）このことについては、拙稿「「阿娑縛抄」書写奥書についての覚書」（所功先生還暦記念会編『國書・逸文の研究』、所功先生還暦記念会、二〇〇一年）参照のこと。

（4）註（3）拙稿参照。なお、⑤は『坂田郡志』第四巻に部分的に紹介されている。

（5）『鎌倉市史』（鎌倉市、一九五九年）では、灌頂具書とするが、『阿娑縛抄』にはそのような巻はない。またその奥書は、大蔵経本ははじめの一行しかないが、曼殊院本のものとは二行とも一致するので、「合灌記　末」とするのが適当であろう。

（6）文書四七九—14。

（7）文書四七九—15の「胎灌記」の奥書には暦応三年九月に法勝寺で師の御本を賜り、相模国に下向し、十月十八日に光明寺で書写したとあり、四七九—14とは一連のものと考えることが可能であり、本書も『阿娑縛抄』の可能性のあることも指摘しておく。

（8）文書四四六・四四七・四四九など参照。

（9）文書四七九—34・35。

(10) 文書四七九―37。
(11) 文書四五五。
(12) 文書四七九―45。
(13) 註(5)前掲書『鎌倉市史』社寺編、一五九頁以下。
(14) 尾上寛仲「柏原談義所の発展」(『印度学仏教学研究』四六号、一九七五年)。山東町編さん委員会編『山東町史』本編(山東町、一九九一年)、四三二頁以下。
(15) 滋賀県坂田郡教育会編『改訂近江国坂田郡誌』第四巻(一九四一年初版、のち一九七二年、名著出版より復刻)。
(16) 宝菩提院については、京都府向日市編『向日市史』上(京都府向日市、一九八三年)、八一一頁以下。
(17) 『大日本仏教全書』、『大正新修大蔵経』図像の他に、『大日本史料』第六編之三十五・四十二、第七編之三など。ただし、『大日本史料』に引用されたもののうち、出典の示されないものは、東大史料編纂所の所蔵本と考えられるが、東大史料編纂所のものは近世に書写された冊子本で、京都洛西の金蔵寺旧蔵本がその中心をなす取り合わせ本である。
たとえば『大日本史料』第六編之三十五、六一・六二頁に引用された『阿娑縛抄』白傘蓋仏頂には、

応安四年（辛亥）五月七日、酉時、於二西山寺戸願徳寺𦬇（菩提）院南向学窓一書写了

金剛仏子巌豪（生廿二 臈八）

とみえる。
(18) 西山流系譜については、島地大等『天台教学史』(明治書院、一九二九年初版、のち隆文館より再刊、一九八六年)巻末、『近江愛智郡志』第一巻(愛智郡教育会、一九二九年、のち名著出版、一九七一年復刻)四一九頁など参照。
(19) 成菩提院歴代については、『改訂近江国坂田郡誌』第五巻(一九四一年初版、のち一九七二年、名著出版より復刻)。
(20) この奥書は、尾上寛仲「台密西山流――成菩提院灌室の成立について――」(『印度学仏教学研究』第五〇号、一九七七年)のなかで引用されるが字句にやや異同がある。

(21)『扶桑台州本末記』(『続天台宗全書』)。曽根原理「天台寺院における思想の体系——成菩提院貞舜をめぐって——」(『説話文学研究』三六号、二〇〇一年)。

(22) 成菩提院の末寺については、中世の段階ではほとんど不明であるが、近世の段階では『扶桑台州本末記』(『続天台宗全書』)などで、宝光院については判明する。この奥書の記述によれば、伊勢の宝光院は、中世段階で末寺であった可能性がある。

(23) 尾上寛仲前掲註(20)論文。

(24)「取水作法」(聖6—07)。

(25) 久留米市史編さん委員会編『久留米市史』第一巻、久留米市、一九八一年。

(26) 松尾剛次「恵鎮円観を中心とした戒律の「復興」」(『三浦古文化』四七、一九九〇年、のち同著『勧進と破戒の中世史』、吉川弘文館、一九九五年に再録)。

(27) 日本歴史地名大系『福井県の地名』(平凡社)による。

(28)「比叡山延暦寺本末帳」(『続天台宗全書』所収)。

(29) 尾上寛仲前掲註(20)論文。曽根原理「貞舜と中世天台教学」(玉懸博之編『日本思想史　その普遍と特殊』、ぺりかん社、一九九七年)。

(30) 註(16)前掲書、八一八頁。

(31)「請雨」「香薬」など。ただし、同定するにはもう少し検討を要する。

＊『阿娑縛抄』の巻数・引用については、注記のない場合は、『大正新修大蔵経』本を使用した。

付記

本稿を成すにあたり、成菩提院調査に参加の機会を与えていただいた福田榮次郎先生・明治大学成菩提院調査研究会の皆様、成菩提院御住職山口智順師にお礼申し上げます。

表　成菩提院所蔵『阿娑縛抄』目録

目録番号	巻　数	巻次タイトル	書写・校訂年次	書写・校訂人名	法量	備　考
①豪鎮書写・校訂本						
聖４–01	60	尊勝	建武４年	義英・豪鎮	26.6	
聖４–02	21	胎記供養会　末	建武２年	豪鎮	26.6	内容に異同多し
聖４–03	42	護摩要	延元元年・建武４年	豪鎮	26.5	
聖４–06	46	薬師　本	建武　年	豪鎮	26.7	
聖４–07	212	諸法要略抄	建武４年	豪鎮	25.8	
聖４–10	29	金記諸会　本	建武４年	豪鎮	26.7	
聖４–16	143	星供	建武４年	豪鎮	26	
聖４–17	17	修法雑用心	建武４年	豪鎮	26.3	
聖５–09	67	准胝	建武元年	豪鎮	26	
聖５–10	116	不動　本	建武４年	豪鎮	27.3	内容に異同多し
聖５–12	114	馬鳴	建武４年	豪鎮	26.6	
聖７–01	188	教相雑抄　下		豪鎮	26.7	
聖７–02	58	熾盛光法		豪鎮ヵ	26.6	
聖７–04	65	仏眼秘記　第三度	建武４年	豪鎮	26.8	
聖７–05		十天壇・聖天護摩壇	建武４年	豪鎮	26.5	
聖７–09	198・199	香薬ヵ		仲賢・豪鎮校	27.4	大正蔵・仏全になし
聖７–12	20	胎記供養会　末	建武４年	豪鎮	26.5	
聖７–24		未詳	建武４年	豪鎮	26.5	
聖７–26	3	金灌記　本	建武４年	豪鎮	27.3	
聖８–02	38	十八道次第　末	建武４年	豪鎮		
聖８–04	38	十八道次第　末		豪鎮	26.8	聖８–02と一連ヵ
聖11–29	112	転法輪	建武４年	豪鎮	26.4	

聖21-03	27	金灌記	建武３年・建武４年	豪鎮	26.5	
聖21-05	34	蘇悉地記　本	建武４年	豪鎮	26.4	

②厳豪書写本

聖４-11	115	愛染王	永和元年	厳豪	26.5	

③応永九年円俊書写本

聖21-04	1	胎灌記	応永９年	澄豪→円俊	27.3	

④応永二十九年慶舜書写本

聖11-24		許可略作法　上	応永29年	慶舜		

⑤嘉吉元年慶舜書写本

聖４-19	119	五壇法	嘉吉元年	豪鎮→厳豪→（慶舜）	27.3	
聖７-13	100	文殊一字	嘉吉元年	豪鎮→慶舜	26.7	
聖11-07-1		未詳	嘉吉元年	豪鎮→慶舜	26.1	
聖11-14	109	弥勒	嘉吉元年	豪鎮→慶舜	26.5	

⑥享徳元年書写本

聖４-09	223	安鎮法日記集　乙			25.8	
聖４-15	225	安鎮法日記集　丁			26.6	
聖４-21	225	安鎮法日記集　丁			26.6	
聖10-03	225	安鎮法日記集　丁			26.6	
聖９-03		阿娑縛抄目録	享徳元年		26.6	

⑦康正三年書写本

聖４-23	2	胎灌記　末	康正３年	弁賀		

⑧天文十六年書写本

聖５-11	1	胎灌記	天文16年	豪仁	27.5	

⑨天文十七年書写本

聖６-01		内作業灌頂私記	天文17年	源尚		

⑩天文二十四年書写本

聖6－02	7	三摩耶戒儀	天文24年	慶舜→憲栄	27.6	
聖6－03	215	許可略作法次第	天文24年	憲栄	28	

⑪永禄六年書写本

聖6－04	1	胎灌記	永禄6年	憲栄	28.6	
聖6－06	5	胎灌記	永禄6年	憲栄	28.5	
聖6－10	3	金灌記　初	永禄6年	憲栄	28.5	
聖6－13-1		未詳断簡（表紙）	永禄6年		28.5	表紙のみ6点
聖6－13-2		未詳断簡	永禄6年	憲栄	28.6	

⑫天正十三年書写本

聖6－05	3	金灌記	天正13年	光栄	28.7	
聖6－07		取水作法	天正13年	光栄	28.7	大正蔵・仏全ともになし
聖6－08	7	三摩耶戒儀	天正13年	光栄	28.7	
聖6－09	1	胎灌記　本	天正13年	光栄	28.9	
聖6－11	5	合灌記　本	天正13年	光栄	29.1	
聖6－12	215	許可	天正13年	光栄	28.7	

⑬近世写本

聖5－03	215	許可略作法	元和6年		27.5	
聖5－04	7	三摩耶戒儀　本	元禄16年		30.7	

⑭年次未詳写本

聖4－04	201	諸寺略記	年次未詳		26.5	
聖4－08	59	熾盛光　本	年次未詳		26.6	
聖4－13	225	安鎮法日記集　丁	年次未詳		26.2	
聖4－14	120	五壇法日記	年次未詳		26.6	
聖4－18	220	普賢延命法日記	年次未詳		26.4	

聖4-24	76	請雨ヵ	年次未詳		26.6	大正蔵・仏全ともに欠
聖7-03	1	胎灌記	年次未詳		28.7	
聖7-07	5	合灌記	年次未詳	慶舜本ヵ	31.5	
聖7-08	104	求聞持	年次未詳	豪秀	26.6	
聖7-10①	3	金灌記　本	年次未詳		28.5	
聖7-14	220	普賢延命法日記	年次未詳		26.5	豪鎮本ヵ
聖7-15	220	普賢延命法日記	年次未詳		26.4	
聖7-16	12	両寺灌頂記	年次未詳		26.5	
聖7-17	172	大師供・山王供・玉女法	年次未詳		26.4	南北朝
聖7-18	12	両寺灌頂記	年次未詳		26.6	聖7-16と一連
聖7-19①	5	合灌記　本	年次未詳			
聖7-19②	5	合灌記　本	年次未詳		27	
聖7-20②	3	金灌記　本	年次未詳			壇図のみ
聖7-20④	5	合灌記　本	年次未詳		27	
聖8-01	58	熾盛光　本	年次未詳			
聖21-06	5	合灌記	年次未詳	豪恵→定俊	27.7	大正蔵とかなり差異あり

＊法量の横については、破損の甚だしいものが多いため略した。

『渓嵐拾葉集』と『秘密要集』

田中　貴子

はじめに

『渓嵐拾葉集』は、鎌倉後期から南北朝時代にかけて編まれた天台系の仏書である。『渓嵐拾葉集』現存百十三巻を通して見ていくと、全体の統一性からすると違和感を覚える巻がある。具体的にいえば、その巻が成立当初から『渓嵐拾葉集』の一部であったかどうか判別しがたい巻が存在するのである。もちろん、今我々が見られる『渓嵐拾葉集』は近世に再編成をされたのであり[1]、その意味では編纂の途中に別の書物を『渓嵐拾葉集』の一部と「勘違い」してしまった例ということができる。

その例として本稿で取り上げるのは、大正蔵本巻四十一『大黒天　秘密要集』である。この巻は、奥書には見えないが、文中の奥書や注記によって、光宗死後に活躍した運海という天台僧の、光宗の生前に伝授された大黒天の秘口決を元にした著述であることがわかるのである。しかし、なぜここに運海の名前が見えるのか、今まで何ら注目されず、『大黒天　秘密要集』が『渓嵐拾葉集』と深い関わりを持ちながらも同一のものではないことに気づいた研究者は見当たらなかった。

巻四十と四十一は大黒天に関する秘説を網羅しており、巻三十六の「弁才天秘決」から始まる一連の天部秘法の中に含まれている。ちなみに、巻三十六と三十七は弁才天、三十八は多聞天（毘沙門天）、そして三十九はダキニ天について記されたものである。いずれも山門の宗徒にとっては重要な秘法であった。とくに大黒天は比叡山の守護神である山王権現と同体とされ、尊ばれていた。

この大黒天についての二巻のうち、巻四十は「大黒天口決」と題され、『大日経』や『理趣経』などからの引用が多く、それに続いて山門と大黒天とが深い関わりのあることを説話によって語っている。その奥書には、文保二年（一三一八）の光宗の本奥書の後に、実観が元禄十四年（一七〇一）に「日光本」によって対校した旨が記されている。この巻については問題はないが、次の巻四十一は少しく性質の異なるものとなっている。

巻四十一は「渓嵐拾葉集　秘密要集」と題されており、内題に「大黒天灌頂密印」とある。これだけ見れば『渓嵐拾葉集』の一部と思えるが、この巻の奥書には光宗の名前はなく、元禄十五年に実観が校閲したという一行しかない。光宗の奥書を持たない巻は他にもあるが、この巻四十一の特異性は、本文中に光宗没後の年号が出てくるところにあり、それも複数にわたって現れている。必ずしも年号が書かれているわけではなくとも、光宗没後に活躍した運海の名前が出てくるので、それが書かれた年代は推測できよう。順に摘記してみると、次のようになる（なお、「金山院光師」は、一時期東山の金山院の住持を務めていた光宗のことを指す。金山院については牧野和夫氏の論に詳しい[2]）。

①応安五年（一三七二）壬子八月九日沙門運海これを記す。

②已上金山院光師の御口伝也。尤も秘蔵秘蔵すべし、穴賢穴賢。天台沙門運海記

③本云。先師に随ひて伝受せしめ畢ぬ。沙門運海記す。

この他にもしばしば「已上先師金山院御口伝也」というような一文も見えるので、この巻は運海なる僧が先師た

る光宗から伝授を受けて記したということがわかる。ただ、不思議なのはそれが奥書ではなく本文中にいくつも現れることである。通常、こうした伝授の文言は奥書（本奥書）に記されるべきもので、それから考えると、この巻は運海がたしかに光宗から伝授されたとはいえ、その後の伝来はまったく不明なのである。つまり、運海の伝授の記述は奥書ではないと見なしてよいだろう。光宗に直接伝授を受けたらしい運海は、師から大黒天の口伝を受けたものの、それを『渓嵐拾葉集』という一個のテクストとして受容したのではないといえるのである。その、運海オリジナルの口伝書が『秘密要集』であって、『渓嵐拾葉集』とは本来別々に流通していたと考えられる。

それがなぜ大正蔵本では『渓嵐拾葉集』の一部に取り込まれているのか。推測にすぎないが、江戸時代、実観が『渓嵐拾葉集』の転写本を集めていたとき、たまたま光宗の名前が記された『秘密要集』を発見し、それを『渓嵐拾葉集』の一部だと誤認してしまったのではないだろうか。

本稿では、これらの疑問点について具体的な例を挙げながら解明していきたい。

一　運海という人

まず、光宗を「先師」と仰ぐ運海という僧について述べてみたい。この運海については早く池上洵一氏が『三国伝記』との関わりにおいて注目した人物である。池上氏は『説話と記録の研究』（『池上洵一著作集』第二巻）[3]第三編第五章「『三国伝記』の成立基盤」の中で、近江善勝寺との関係から、『三国伝記』の二箇所に登場する運海を紹介している。

一つ目は『三国伝記』巻四第二十一話「三人同道の僧俗愛智川の洪水を渡る事」で、永和の頃、美濃国の時衆や天台僧ら三人の僧が不破の関から近江国へ入り郡境の大河を渡る話である。説話の眼目は三人の男がいかなる方法をもって大河を渡ったかというところにあるのだが、その後、次のような一見話の流れに関係ない一文が付け加えられている。

時衆の云はく、「御僧は何くより何方へ御渡候や」と問へば、僧の云はく、「濃州龍泉寺の辺に居住の者也。我れ穴法曼の流を汲みて秘蜜乗の今智水を澄。近比白川元応寺の運海和尚に親しみ、両部の大法を伝へ、諸尊のゆがを学び、金剛薩夕の位に居せり。其の報恩の為に上洛する也」と答へけり。（池上洵一校注『中世の文学　三国伝記』上）

ここではとくにストーリーにおいて重要ではない「元応寺の運海和尚」が突然現れている。池上氏は、これについて、

これはこの話を形成した者が運海に対してなんらかの親近感を抱いていたことを思わせる。そして、この話では、その運海に会うために上京するという台密を学ぶ僧に対してだけ敬語が用いられていて、明らかに優遇されている。

と述べているが、首肯すべき指摘であろう。この「運海」が、『渓嵐拾葉集』を書写した運海と同一人物であることは、永和の頃（一三七五～七九）に生存していたことから明らかである。運海の事跡と生涯については後で詳細に述べるが、『渓嵐拾葉集』巻二十二「求聞持法」と巻百六「記録部」の運海の奥書がそれぞれ暦応元年（一三三八）、巻六十八が元徳三年（一三三一）の書写にかかるので、同じ人物とみてよかろう。

『三国伝記』で運海が二回目に登場する説話は、巻五第三話「賤下の女、地蔵講の功徳によりて蘇生する事」である。白川にあった地蔵を供養する講に一度だけ加わった賤女が、死んで後地蔵の助けによって蘇生するという霊

験譚になっている。ここにも、ひととおり霊験譚が済んだ後、次のような文章が付加されているのである。

元応寺の長老運海上人の時、善勝寺の日海和尚に付属有りて、仏法東漸の悲願に乗じて江州大谷山に遷り給ひ、済度無辺にして利生掲焉なる今の地福寺の本尊是也。

これは地蔵菩薩の由来を説くものだが、近江国の善勝寺や、それにほど近い地福寺とともに運海の名前が目を引く。この話でも、主題は地蔵菩薩に帰依した善女の功徳であるのに、それとは関係がないような運海の存在がなぜ記されなければならなかったのだろうか。なお、近江の善勝寺や地福寺については、池上氏が考察しているのでここでは問題にしない(4)。

運海についてさらに研究を進めたのは、牧野和夫氏である(5)。氏は、『三国伝記』の成立基盤に運海のような僧が関与していたことを示し、

「京都」という窓を通しては絶えて視界に入ることのない湖東・湖西の文化に胚胎し、中世の文学に寄与するところのあった潜在力をそこに看取することは、『三国伝記』という作品一つをとりあげても、たやすいことであろう。

と述べている。牧野氏はいわゆる「都」の文化圏に対して叡山を含む近江の文化圏を想定し、説話や伝承がその中から生まれ出た過程を綿密に追っている。運海の来歴の研究も、こうした目論見の上で進められたのである。

牧野氏が指摘するように、運海について考究した先行研究は大久保良順氏の「秘密独聞鈔について(6)」が唯一のものである。それまでの仏教学者は、教義上になにがしかの貢献をした僧しか研究対象として取り上げない傾向にあり、たとえばインターネットの印度学仏教学データベースで検索しても、運海に関していえば大久保氏の論考しか見つけられないのである。したがって運海は、仏教学ではなく国文学の分野で初めて光を当てられた人物といって

よい。

大久保氏の論では、三千院円融蔵の『恵光院流五箇大事』の奥書により、運海は正安二年（一三〇〇）から康暦二年（一三八〇）を過ぎるまでの生存と述べられている。これは、先に述べた『渓嵐拾葉集』奥書における運海生存可能年代とほぼ重なっているので、両者は同一人物と断定してよいだろう。教義上の業績がさほどないとされた運海であるが、大久保氏によれば、秘密作法や書写になる口伝が三十数部残されているという。その事実は、『昭和現存天台書籍綜合目録』によって確認できる。

運海は『三国伝記』で「元応寺の長老運海上人」と呼ばれているように、元応寺の住持を務めたことが、牧野氏の紹介している『元応国清寺列祖之次第』（東大史料編纂所の影印）によってわかる。

第五　　明性上人運海和上貞治元壬寅

慈明和尚　入院江州十輪寺開山明応《徳》元庚午

五月十五日於元応寺九十齢入滅

牧野氏の算出によれば、康暦二年に八十歳とあるので、数えでいえば生年は正安二年（一三〇〇）ということになる。運海は貞治元年（一三六二）に元応寺に入り、明徳元年（一三九〇）に没した。運海の元応寺入院は光宗の没後であるから、運海と光宗とのつながりは元応寺においてではなく、それ以外の場所で生じたと考えられる。運海は『渓嵐拾葉集』巻百六「記録部」の奥書で、書写した場所を「倍山霊山寺に於いて自筆御本を賜り書写せしめ畢ぬ」と記しているので、光宗も老年時代をすごした霊山寺[7]で秘法の伝授が行われたと考えてよかろう。その他にも、『渓嵐拾葉集』の奥書には運海の手になる旨のものが存する。某家本は応永年間書写の古い写本だが、ここにも「暦応二年（一三三九）九月五日霊山寺に於いてこれを書写畢ぬ」という奥書が見えるのである。運海のいう

「自筆本」とは光宗の自筆本に他ならず、二人の間には明らかに子弟関係があったことがうかがえる。

その事実は血脈にも表れている。『渓嵐拾葉集』巻二十九「三種法華事」末尾には、おそらく光宗没後に書き加えられたと思しい次のような血脈が記されている。

静明……心聡……空観……光宗……運海……宗秀……貞算（六〇三頁）

これが何流の血脈かはわからないが、静明は恵心流を受け継いでいるのでそれに関係した血脈なのであろう。ちなみに、貞算は後世『渓嵐拾葉集』の書写をしばしば行った人物で、室町時代の僧である。[8]

この他、拙著『渓嵐拾葉集の世界』（名古屋大学出版会、二〇〇三年）の第一章で引用した『相承次第谷合行血脈』にも、台密小川流の承澄を祖とする血脈の中に運海が現れている。澄豪、恵鎮、恵澄の後に運海がつながる流れと、慈明、行遍、慶盛、光宗の後に運海が置かれる二つの流れが示されている。

大久保氏の論考には、葉上流の栄西を祖とする血脈が掲げられているが、ここには、光宗と運海がはっきりと子弟関係で結ばれている。

基好……栄西……頼厳……覚誉……光宗（鷲尾金山寺）……運海（元応寺）

これらの血脈からすると、運海は記家が属していた恵心流、密教の小川流、葉上流といういくつもの教義の伝授を受けていることがわかる。しかも、運海の師は常に光宗であった。牧野氏も、

先ず、運海の師として特筆すべきは、光宗であろう。（略）東洋の百科全書派とも称すべき幅のひろさであり、この師にして運海は出でたと云って過言ではないであろう。

と、運海と光宗の結びつきの強さを強調している。

このように、運海は光宗の後を受けて着々と学問に邁進し、最終的には元応寺住持という地位にのぼった人物だ

ったのである。ただし、光宗が、恵鎮の関東下向の際だけ元応寺を預かったのとは異なり、運海は長年にわたって元応寺に止住しそこで生を終えた。これは、子弟でありながら、運海が記家ではなく戒家の思想を持っていたことを物語るのではないだろうか。元応寺は天台律僧の拠点でもある寺院で、「円頓戒」という戒律を授ける道場でもあった。

しかし、運海は戒家の思想を著述に残すということはしなかったらしい。彼の著作は、大久保氏の指摘するように、『秘密独聞鈔』だけであると言われてきた。これとてそれまでは永弁や澄豪の撰と言われていた著作だが、大久保氏は、西教寺蔵の『摩訶止観口決』の書き入れに「運海作」とあることから、『秘密独聞鈔』を運海撰と判断したのである。この書物の内容については、牧野氏が諸本調査の上詳細に論じているのでここであえて踏み込むことはしないでおく(9)。

では、運海の著作は『秘密独聞鈔』だけにすぎないのであろうか。ここで改めて考えるべき問題は、『渓嵐拾葉集』巻四十一『大黒天　秘密要集』の存在なのである。

二　『秘密要集』の誕生

先に、『大黒天　秘密要集』には、文中のところどころで運海の名前が挙がっていることを述べた。その年次は応安五年（一三七二）で、光宗の没後に当たるため、今まで大正蔵本『渓嵐拾葉集』を見た人々は、これが運海の『渓嵐拾葉集』書写年次であると考えていたようである。しかし、『大黒天　秘密要集』がはたして最初から『渓嵐拾葉集』に含まれていたかどうかは依然として考究の余地があると思われる。

結論からいえば、論者は『大黒天　秘密要集』は光宗の口伝を受けた運海がしたためた彼自身の著作であると考えている。その理由として、弁才天や大黒天といった天部の名を冠した『秘密要集』という題を持つ書物が、かなりの数存在していることが挙げられる。しかもそのほとんどが運海の本奥書を有しているのである。つまり、『秘密要集』は『渓嵐拾葉集』の一部ではなく、一つの独立した書物であると推考されるのである。『国書総目録』や『昭和現存天台書籍綜合目録』を繙くと、たしかに『秘密要集』という名前の書物が数多く記載されている。『国書総目録』と『昭和現存天台書籍綜合目録』の記載には少なからぬ齟齬があり、諸本の数の確定は難しいが、ここでは、管見ながら論者が叡山文庫を中心に調査を行った『秘密要集』の諸本を列挙しておく。

1、明徳院蔵『秘密要集』寛文十二年（一六七二）豪観写
2、法曼院蔵『秘密要集　大黒』明応五年（一四九六）永俊写
3、双厳院蔵『秘密要集　弁才天』延宝三年（一六七五）写
4、生源寺蔵『秘密要集』文久元年（一八六一）亮海写
5、同右　『秘密要集　四箇頓法』江戸時代写
6、真如蔵『秘密要集』江戸時代写
7、真如蔵『秘密要集』江戸初期写
8、滋賀院門跡蔵『弁才天　秘密要集』元文三年（一七三八）写
9、同右　『歓喜天　秘密要集』寛永十一年（一六三四）写
10、同右　『歓喜天　秘密要集』元禄十五年（一七〇二）写
11、同右　『歓喜天法　秘密要集』元禄十二年（一六九九）写

12、延暦寺蔵『秘密要集』運海記、江戸時代写
13、三千院円融蔵『秘密要集　大黒天神』天文七年（一五三八）覚継写
14、教林文庫蔵『秘密要集　弁才天』江戸時代写
15、本證寺蔵『秘密要集』江戸時代写

なお、この他にも『秘密要集』の名を持つ書物があるが、真如蔵の本は「行慶記」、戒光院蔵本は「安然記」とあり、運海と関係するものではない。また、必ずしも『秘密要集』として登録されていなくとも、一部に『秘密要集』が含まれている場合もある。双厳院蔵本『大黒天秘法集』や『大黒天秘密供』[10]、教林文庫の『聖天縁起集』[11]はそのような例である。また、内題に「渓嵐拾葉集」とあるも外題が「弁才天秘決　大黒天秘決」となっており、前半に『渓嵐拾葉集』巻三十六の「弁才天秘決」と巻四十の「大黒天秘決」が、後半には、「秘密要集」という題名はないが、内容はほとんど同じテクストが合写されている寛永寺護国院本もある。

従来、『秘密要集』は国文学からも仏教学からも取り上げられることのなかった書物である。その題名が「秘密の密教の教え」といった意味の、いわば一般名詞のごとく取り扱われたことがその原因ではないかと思われる。わずかに山本ひろ子氏が、弁才天について論じた箇所で『秘密要集』と運海について触れてはいるが、氏の視点はあくまで弁才天灌頂の手順を究明することにあり、『秘密要集』の重要さには気づいていない[12]。

右の一覧を見て気づくのは、『秘密要集』の題名にしばしば天部の名が挙げられていることである。それも、調査の限りでは大黒天、弁才天、そして歓喜天（聖天）がそのすべてである。『国書総目録』ではこれ以外にダキニ天の『秘密要集』（大森氏蔵本、新写未見）が記載されているので、『秘密要集』とはこの四天について記されたものを指すと考えられる。

先の一覧の5では「四箇頓法」という副題が見えるが、「頓法」とは効験がめざましく早い法という意味であるので、先の三天にダキニ天を加えた四天部のいち早い効験が期待されていたのである。なぜこの四天部が選ばれたかという問題については後に述べるが、たとえば歓喜天法は一度始めたら決して中絶してはならない法とされており、ダキニ天法は「外法」とも呼ばれる異端の修法であった。いずれも、やりおおせば富と栄華が待っているが、いったん間違ったことをすると逆に天部に祟られるのだという。(13)

一覧の10には、最終奥書の前に次のような文言が記されている。

慈威和尚、金山院道光上人毎年百ケ日如法聖天供十余年勤行これあり。供物等慇懃にして法の如くこれを備へ、浴油等これあり。慈威和尚、常に「当流には荒神供これを略し、如法聖天供をこれ修すべし。真俗障碍これ無し」と常には仰せられけり。

これは、慈威(恵鎮)と道光(光宗)が実際に聖天供を行っていたという記述である。「当流」とは、二人が属する黒谷派を指すのであろう。とするならば、聖天法の実践に基づく秘法を伝えるのが『秘密要集』と題された書物の目的であったということになる。運海は光宗らから伝授された天部についての秘説秘法を記録しておいたのである。

そういった伝授の模様は、『秘密要集』諸本に散見される「金山院御口伝」などといった注記や奥書からうかがうことができる。一覧の2の伝本では、「先師黒谷道光上人之御口伝也　天台沙門運海記」という文中の注記が見られる。こうした注記はバリエーションを変えて他の諸本にも存し、運海が光宗の口伝を元にして著したのが『秘密要集』である、といえるのである。

したがって、本稿の冒頭でも述べたが、大正蔵本巻四十一『大黒天　秘密要集』は運海が光宗の本を書写したものであり、『渓嵐拾葉集』の大黒天部にもとからあった、という誤認が起こったのだと推測される。しかし、光宗は口伝を運海に伝授しただけであり、『渓嵐拾葉集』（正確にいえば、後に『渓嵐拾葉集』としてまとめられる彼の著作）をそのまま運海に書写させたのではないのである。

ただ、ここにも微妙な問題が表れてくる。『秘密要集』の文中注記には「道光上人之御口伝」を記した、というものと、「（光宗の）御自筆本」を写した、という二つのものがあるのである。師から弟子への口伝伝授には、必ず口伝書の書写が伴うはずなので、この両者の注記は意味の上で変わらないようだが、運海が光宗の生前に伝授を受けた場合と、光宗没後に自筆本を拝見して写した場合では、自ずから伝授形態が異なってくる。

そこで、『秘密要集』諸本のうち、運海の注記の年代を調べてみると、光宗生前のものと、光宗没後のものがあることがわかった。次にその年記を摘記しておく。まず、光宗生前のものは、次の通りである（光宗生存中でも運海が幼すぎる時期のものは除いた）。

2、法曼院蔵本「秘密要集」

嘉暦元年（一三二六）十二月十一日（注）

10、滋賀院門跡蔵本「歓喜天　秘密要集」

嘉暦三年（一三二八）二月二十一日、於金山院奉伝相承之訖

いずれも運海の二十代後半の頃に当たり、学問の志がいや増した時期ではないだろうか。このとき光宗は五十代に入ったところで、いわば円熟の時期を迎えている。10で光宗の居住する金山院で相承した旨が記されているように、両者は直接対面して天部に関する「重要な秘密口伝」を共有したと思われる。したがって、この二本は光宗が先師から相承を受けた教義を運海に伝授したもので、その際には光宗の手になる口伝書の書写も行われたに違いな

い。『秘密要集』は光宗以前の天部に関する教義を網羅した内容であったと思われるが、それを筆記したのは運海であって、彼が独自に自身のメモなどを書き込んだ可能性を考えれば、『秘密要集』は運海の著作と見なしてよいのではなかろうか。

また、『渓嵐拾葉集』の奥書にも、光宗からの直接伝授をほのめかすものが存する。

巻二十二「求聞持法事」（某家本）

暦応元年（一三三八）九月五日……運海

巻六十八「除障事」（大正蔵本）

……光宗　運海

元徳三年（一三三一）正月十六日これを記す

巻百六「記録部」（大正蔵本）

暦応元年（一三三八）十一月十三日……運海

これらは、運海が三十代の頃の伝授で、ちょうど学問僧として脂ののった時期である。対する光宗には晩年の足音が聞こえてくる頃で、弟子に自らの学問のすべてを、水を移すがごとくに傾注しようとしたのかもしれない。ただ、この時期は光宗が最終的に『渓嵐拾葉集』の序をしたためる約十年前に当たり、そのとき『渓嵐拾葉集』が全部完成をみていたのか、それともまだ巻ごとにばらばらな形態として存在していたのかは不明である。運海が右の三巻を『渓嵐拾葉集』として伝授されたのか、それとも光宗の草稿の段階で相承したのかは何も証拠がないのでわからないのである。しかし、少なくとも右の事例で、運海が光宗と直接会って相承を受けたことは確認できよう。

それに加えて、右の三巻は光宗が止住した寺院において書写されている。巻二十二と巻百六とは近江の霊山寺で書写された。とくに注目したいのは巻百六の奥書である。

暦応元年十一月十三日。倍山霊山寺に於いて自筆御本を賜り書写せしめ畢ぬ。留めて後賢に賜り、共に仏恵を期す。（八五八頁）

直接対面による伝授では、口伝相承の後、師の自筆本を書写している（あるいは他の人に書写させている）ことがわかる。そしてその目的は後代の学僧の学習のためであった。このようにして光宗が伝えてきた口伝は、運海によってさらに継承されていったのである。これは『渓嵐拾葉集』の例であるが、『秘密要集』の場合でも変わりはないのではないだろうか。

その場合、問題になるのは、光宗がすでに存在していた『秘密要集』という名の書物を書写させたのか、それとも光宗が持っている口伝を書きとどめた草稿、あるいはメモを運海に見せたのか、ということである。しかし、『昭和現存天台書籍綜合目録』や叡山文庫のカードを当たっても、光宗書写、あるいは光宗記とする『秘密要集』の存在は管見の限りでは見当たらない。したがって、光宗は運海に口伝の草稿を書写させ、運海はそれに基づいて『秘密要集』という書物を完成させたと考えられる。

光宗没後も運海の書写活動は衰えず、むしろ後年になるに従って活発化を見せている。もう一度『秘密要集』の奥書に戻ってみよう。光宗没後に運海が書写した『秘密要集』の年記（本奥書）を拾っていくと次のごとくである（「聖天縁起集」「大黒天秘法集」は除く）。

8、滋賀院門跡蔵『弁才天　秘密要集』

応安五年（一三七二）八月九日　　沙門運海これを謹記す。

永和元年（一三七五）六月六日元応国清寺方丈に於いて未来弘通利生のためこれを書写せしむ。

求法沙門運海記　行年七十五歳。

10、滋賀院門跡蔵『歓喜天　秘密要集』

応安八年（一三七五）二月十六日白川元応国清寺に於いて未来弘通利生のためこれを書写せしめ訖ぬ。……

運海

12、延暦寺蔵『秘密要集』

貞和三年（一三四七）五月廿日法勝寺に於いてこれを書写訖ぬ。……運海

12を除けば運海の晩年に近い頃の書写となっており、それも自ら筆を執るのではなくおそらくは弟子に書写させ、最後に自分の署名をしたのだと推測される。8、10が元応寺、12が法勝寺という光宗と関わり深い寺院で書写されているのは、光宗没後、彼の手元にあった草稿類などがこれらの寺院に施入されていたからではないかと思われる。

こうして運海の手によって光宗の口伝を伝える『秘密要集』という書物が生まれるに至ったのである。その背後には、運海のたゆまぬ努力と志があったのではないだろうか。

しかし、問題はまだ残されている。先に運海は光宗の草稿類を写したと述べたが、その草稿はおそらく『渓嵐拾葉集』のために準備されていたものであるはずである。では、『秘密要集』の中身は『渓嵐拾葉集』と重なり合うのだろうか。また、教林文庫蔵『聖天縁起集』には『秘密要集』と『渓嵐拾葉集』の一部が抜き書きされている。こうした「取り合わせ本」はどのようにして生まれたのだろうか。以下、この問題について考究していく。

三　『秘密要集』と『渓嵐拾葉集』

『秘密要集』の多くは、「光宗口伝」という注記や奥書を残している。それが、光宗から直接伝授された口伝なのか、また、光宗が書き貯めておいたであろう『渓嵐拾葉集』の草稿からのものなのか、区別することは難しい。光宗没後に書写された『秘密要集』であれば、草稿が元になっている可能性が高いが、光宗と運海とは血脈で確認されているように師と弟子の関係であり、生存年代も重なっている。したがって、運海は光宗の生前にも口伝の書写を許され、没後も草稿を写したという仮定が成り立つであろう。

だが、『秘密要集』と現存する『渓嵐拾葉集』を比較してみると、さほど内容が重なっていないことに気づかされる。『渓嵐拾葉集』大正蔵本巻四十一となっている『大黒天　秘密要集』を、『秘密要集』の大黒天についての諸本とつきあわせても、共通する部分は最初の方だけで、後半部分はかなりの異なりをみせる。これについて、少し踏み込んで考えてみたい。

『渓嵐拾葉集』巻四十一は表題に「渓嵐拾葉集」とあるが、これはおそらく近世になってから付加されたもので、実は真の表題はその後にある「秘密要集　大黒天神灌頂密印」である。ここには文中に運海と光宗の注記や奥書が現れている。それを順に拾ってゆくと次のごとくである。

①応安五年（一三七二）壬子八月九日　沙門運海これを記す。

②已上金山院光師の御口伝也。尤も秘蔵すべし、穴賢穴賢。天台沙門運海記す。

③已上先師金山院御の口伝也。

④元応元年（一三一九）六月一日黒谷に於いて口伝せしめ畢ぬ。光宗記す。

⑤黒谷青龍寺相承の次第かくのごとし。天台沙門光宗記す。

本云。先師に随ひて伝受せしめ畢ぬ。沙門運海記す。

ちなみに、最終の奥書は「元禄十五年春三月翫望法印実観閲」である。これによると、江戸時代に『渓嵐拾葉集』の転写本を集めていた実観が、光宗の口伝であることをもって『秘密要集　大黒天神灌頂密印』を『渓嵐拾葉集』の大黒天部に含めてしまったのであろうと考えられる。

さて、右に挙げた①から⑤までの識語のうち、④は光宗と運海の生存年代が重なる時期であり、このとき光宗は大黒天の秘説を運海に直接授けたと考えられる。ときに光宗四十九歳、対する運海は十九歳の若輩であった。また⑤には黒谷の名前が見えるが、これは伝授の場所ではなく、光宗が黒谷に籠山していたときに先師から伝授されたことを指すのであろう。運海への伝授がどこでなされたかは不明である。

②と③は、運海によるものである。①は光宗没後の年記であるように、運海が光宗の残していた草稿を写したことを示している。ただし、この「草稿」が『渓嵐拾葉集』の草稿であるかどうかは少しく疑問が残る。

このように、運海の『秘密要集　大黒天神灌頂密印』は、光宗から運海への伝授によって生まれたが、それは光宗の生前から没後にまでわたる長期間に記され、整理されたと思われる。応安年間というもっとも新しい年記がはじめに記されているので、運海は日頃から光宗の伝授を受けつつ自分なりのメモを作り、光宗没後、光宗の書き貯めていた草稿からも一部を抜き書きして、応安年間頃に『秘密要集　大黒天神灌頂密印』を書き上げたのであろう。

ところが、先に疑問を呈したように、光宗が書き貯めていた草稿は必ずしも『渓嵐拾葉集』のそれではないとも思われるのである。その理由としては、現在見られる『秘密要集』諸本を『渓嵐拾葉集』の当該部分と比較しても、内容の上でほとんど重なり合わないからである。ここでは、大黒天について記された『秘密要集』諸本を例に挙げて述べよう。

叡山文庫双厳院蔵『大黒天秘法集』は、その中に『秘密要集』を含む、大黒天の秘説の取り合わせ本である。(14)この『秘密要集』の部分は、内容、文体、識語ともに『渓嵐拾葉集』の「大黒天神灌頂密印」の部分とほとんど重なり合っている。しかし、その後は「文禄四乙未極月二日　上下二巻在之」となっており、実観の奥書はない。そして、そこで途切れている『渓嵐拾葉集』の「大黒天神灌頂密印」とは異なり、その後は新たな記事がつながっているのである。この部分は他の大黒天『秘密要集』諸本と共通しており、ほとんど同文といってよいほど重なり合っている。これによってわかるのは、『渓嵐拾葉集』の「秘密要集　大黒天神灌頂密印」が、本来は後にもっと記事が続く『秘密要集』から抜き出されたか、あるいはその後の記事をすでに欠いた『秘密要集』によったのか、ということである。

光宗の大黒天に関する秘説がほぼ網羅されていると思われる本が、法曼院蔵『秘密要集　大黒上下』や三千院円融蔵『秘密要集　大黒天神』である。これらは内容がほとんど同一の『秘密要集』伝本で、ここには「大黒天神灌頂密印」と題された項目が含まれている。それは『渓嵐拾葉集』「秘密要集　大黒天神灌頂密印」とほぼ同じ内容である。つまり、『渓嵐拾葉集』巻四十一は、『秘密要集』の一項目である「大黒天神灌頂密印」の途中までに相当するのである。

ところが、『秘密要集』の成立、伝流事情はかなり複雑であるように思える。以上の論述によると、運海は光宗からの伝授を受けて『秘密要集』を書いたということになるが、その諸本によっては「渓嵐」あるいは「渓嵐拾葉集」という書名が書き加えられているのである。たとえば、法曼院蔵本の見返し剝がれには「渓嵐大黒分此帖、山家御流云以下書出処別帖書也」と記されている。これは書かれた場所からも本来のものではないことがわかるが、法曼院蔵本を書写した後代の人が『秘密要集』を『渓嵐拾葉集』の大黒天部であると見なしていた証拠になるだろう。また、天文七年（一五三八）覚継書写になる三千院円融蔵本の最後には、「事相法門口伝等開山伝信和尚先師金山院道光上人如渓嵐拾葉集云々」とあり、やはり『秘密要集』が『渓嵐拾葉集』に非常に近いものという認識がうかがえる。

運海が光宗に師事していたこと、文中に光宗の口伝である旨の一文があること、光宗の方が『渓嵐拾葉集』を完成させてから運海が『秘密要集』を書いていることなどが、こうした理解を生んだのではなかろうか。推測にしかすぎないが、光宗はその著作を『渓嵐拾葉集』にまとめる意図もなかった頃、天部についてのなにがしかの草稿を運海に見せていたのかもしれない。それを運海は『秘密要集』として世に出し、光宗はほとんどの部分を『渓嵐拾葉集』に用いることをしなかった。とすれば、『秘密要集』は光宗が受け継いできた口伝をライブな形で残したということになろう。

『秘密要集』と『渓嵐拾葉集』の関係について述べてきたが、一応の私見は示したものの、いまだに不明な点も多い。しかし、『秘密要集』が運海の著作であること、子弟関係によって後代の人には『渓嵐拾葉集』の一部と見なされてしまったことは指摘できたように思う。

ただし、『秘密要集』は大黒天、弁才天、歓喜天、ダキニ天の四天についてしか残ってない。なぜ運海は広い知識を持った光宗から天部だけの口伝を書きとどめるに至ったのだろうか。その理由は、光宗と運海との立場的差異に由来するのではないだろうか。次節はその点をめぐって述べていきたい。

四　記家と戒家

『秘密要集』と題された諸本が、大黒天、弁才天、歓喜天、そしてダキニ天の四天の巻しか存在しないという問題であるが、それについての考え方は二つあると思われる。一つは、本来この四天の巻しか作られなかったということ、二つ目は、これ以外の巻も存在していたが伝流するうちに失われた、ということである。論者の不十分な調査の結果ではあるが、『秘密要集』諸本には他の天部や菩薩についての伝本は見出せなかった。すべてはこの四天に集中しているのである。もしこの他に『秘密要集』があるとすれば、かなりの諸本を持つ書物であるがゆえに、現在四天の巻以外が残っていないことは疑問に感じられる。しかも、都合よく四天の巻だけが残った、とも考えがたい。したがって、『秘密要集』とは成立当初から四天についての巻しかなかった、と考える方が妥当であろう。

こう仮定してみると、やはり最初の疑問である、どうして四天だけ取り上げたかという問題が浮上してくる。このことについて、もっとも伝本の多い大黒天の巻を取り上げて内容を吟味してみることにしたい。三千院円融蔵『秘密要集　大黒天神』は天文年間の比較的古い写本で、他の大黒天に関する『秘密要集』とほぼ記事内容を同じくしているので、これを例にとることにする。

三千院円融蔵本は、「秘密要集　四ケ頓法　山門相承次第」という内題を持ち、大黒天の縁起がまず述べられている。その後、運海の奥書を挟んで「大黒天神供ノ祭文」「大黒天供秘密作法」「大黒一印法事」と、大黒天を祀る秘法が記されている。これらのいずれにも運海の奥書があり、こういった構成は他の大黒天『秘密要集』にも共通している。最初の運海奥書には、

已上第四重之檀様供物之次第、別紙にあるによつてこれを略す。先師黒谷道光上人の御口伝也。

とあり、この本では第一重から第三重までが欠けているが、大黒天をめぐる秘説は本来第一重から第五重まであったことがわかる。

さて、三千院円融蔵本には最初大黒天の異名や功徳が説かれ、続いて大黒天と一体であるとされるほとけたちが

列挙されている。

一、不動一体事
一、愛染一体事
一、釈尊一体事
一、地蔵一体事
一、妙見尊星王一体事
一、弁才天一体事
一、吒天一体事
一、聖天一体事
一、毘沙門一体事
一、山王一体事

これらのいずれにも、大黒天と一体となる理由が簡単に添えられているが、注目すべきはここに弁才天、聖天（歓喜天）、そしてダキニ天との一体説が述べられていることである。それはさまざまなほとけを相互の変化身として関係づけていく言説で、決まった法則性はなく、まさに中世の混沌とした神仏習合の様相を如実に表している。

では、一つずつ見ていこう。まず、弁才天との一体説だが、

示云。この天（大黒天）は弁才天頂上の宝珠也。又陰陽宇賀神と習ふ事。

とある。これは、厳密にいえば大黒天と弁才天とが同体というわけではなく、弁才天の頭上の宝珠が大黒天の変化身ということになる。また、陰陽宇賀神とは、二天が福神として表わされた宇賀神(15)であり、陰陽、すなわち男女の

神であることを示している。これについては、三千院円融蔵本の一丁裏に次のような秘説が語られていることとも関連が深い。

口云。今老翁は弁才天の天頂上の老翁也。これ則ち如来王頂の髻珠、諸法実相妙理一乗無償の宝珠也。

大黒天は老翁の姿へと変じて宇賀神たる弁才天の頂上に坐すわけである。この図像は中世後期以降の弁才天像に多く見られとくに「宇賀弁才天」と称される。白蛇体に老翁の顔を持つ大黒天を頂いた弁才天の作例は室町時代に多く見られ、日本以外でもフランスのギメ美術館に多数収蔵されている。[16]

また、円頓戒の復興を目指し、戒灌頂という独特の受戒システムを生み出した伝信和尚興円は、[17]その著になる『円戒十六帖』[18]に次のように記す。

弁才天の宝冠の内に白蛇あり。頭は老翁也。これは大黒天神也。大黒・弁才は陰陽父母。万法能くこれを生ずる義也。

山本ひろ子氏の指摘にかかるように、[19]この説は戒家独特のものである。興円自ら大黒天像を造立したというエピソードも見られる（『伝信和尚伝』[20]）。山王権現と一体とされる大黒天は、山門の教義において重要な位置を占めているのである。しかも、その存在は戒律を重視する戒家によって重要性が高められた。それは、弁才天の頂上の宝珠が「戒体」と呼ばれる、戒灌頂の本尊的存在であるという事実からもうかがえる。[21]

戒体とは必ずしも実体を伴う「物質」ではなく、受戒者が戒を受けるときその心の中に感ずるものであるという。[22]これは戒家の秘説の中では宝珠や舎利として理解され、そのため、宝珠を頂く宇賀弁才天と宝珠そのものである大黒天は陰陽一体の本尊、顕密一致の象徴として尊ばれたのである。

舎利と弁才天との関わりは、『円戒十六帖』に次のようにあることから知られる。

示云。戒体如意宝珠とは。真言にては弁才天の三摩耶形也。戒家にては、九重の淵の底、驪龍のをとかひの下の珠とはこの事也。（略）これは前仏の舎利也。舎利は戒体也。この体変じて弁才天となりてこの戒体を守護する也。

舎利、宝珠、そしてその変化身たる弁才天の関係が表されている。天部を教義の中心に置くのは、戒灌頂が密教の影響を受けて成立したからであろう。[23]

次に聖天（歓喜天）と大黒天との一体説に移ろう。三千院円融蔵本には、

示云。この天は大自在天の変作也。聖天亦大自在天の変身也。又云。この天は大日と観音との変化身と云へり。聖天も又大日と観音との変ずるところ也。

と、やや強引にもみえる習合説が説かれている。大日如来は密教、観音菩薩は顕教の影響を表すのだと思われる。

そして聖天との一体説では、

示云。大日経義釈云。大自在天の所変にして、又云。大黒天神は闘諍の神也。人の精気を呑み尽くす事、即ちこれ吒天一体也。又云。一経疏云。大黒天神は文殊師利の化現にして吒天は即ちこれ文殊化身也。仁王経の塚を以て祭る神とは、即ちこれ吒天也。これ亦大黒也。仁王経には大黒神と説けり。

とされている。大黒天とダキニ天との関係のうち、「人の精気を呑む」というのは、ダキニ天が人の生命の源である「人黄」を、その人の死に際して奪うことを意味している。[24] ダキニ天が「奪精鬼」と別称されるのはそのせいである。そして大黒天は本来インドの闘諍神、つまり闘いの神である。[25] ともに、仏教に吸収される以前はインドの民間信仰神であった。

以上みてきたように、大黒天をはじめとする四天は、戒家にとって非常に重要な天部であった。したがって、

『秘密要集』諸本はこの四天についての巻がたまたま残ってしまったのではなく、はじめから四天の巻しか作られなかったと見なしてよかろう。運海が、顕・密・戒・記全般にわたる広い知識を持った記家たる光宗に師事しながらも、四天についての口伝や秘説をとくに『秘密要集』として著したのは、彼が記家ではなく戒家であったことに由来しよう。

運海は、恵鎮が関東下向の際だけ住持を務めた光宗とは異なり、戒灌頂のメッカたる元応寺の第五代住持となったのも、彼が純粋な戒家であったことを示している。『渓嵐拾葉集』の一部として近世に紛れ込んでしまったゆえに、『秘密要集』は運海の著作と認められることもなく、今まで埋もれていたのであった。しかもこの書物は、記家と戒家との思想的なつながりをも示している。戒家についての関心が高まる昨今、『秘密要集』には、今後さらなる研究が必要になってくるであろう。

註

（1）『渓嵐拾葉集』のほとんどの写本が近世にまとめられたものであることは、かつて論じたことがある（拙稿「『渓嵐拾葉集』の諸本」、『国語国文』第五六巻第六号、一九八七年）。
（2）金山院については、拙稿「金山院長老光宗」（『春秋』三二五号、一九九〇年）のほか、牧野和夫「延慶本『平家物語』における「東山鷲尾」の注釈的研究」（『説話論集』第一一集、清文堂、二〇〇二年）。
（3）池上洵一『説話と記録の研究』（『池上洵一著作集』第二巻、和泉書院、二〇〇一年）。また、運海の活動については、池上洵一『修験の道』（以文社、一九九九年）にも詳しく述べられている。
（4）池上氏によると、『近江国輿地誌略』では、地福寺は犬上郡（現・彦根市）にあるとも、善勝寺と同じ佐野にあるとも言われている（池上洵一註（3）前掲書『修験の道』）。
（5）牧野和夫『中世の説話と学問』、和泉書院、一九九一年。

（6）牧野和夫「秘密独聞鈔について」（『天台学報』第二二号、一九七七年）。
（7）光宗が霊山寺に止住したのは、著作の奥書によると、暦応元年（一三三八）頃から康永元年（一三四二）頃と推定される。
（8）貞算は応永二十年（一四一三）から二十四年（一四一七）にかけて集中的に『渓嵐拾葉集』を書写している。
（9）牧野和夫註(5)前掲書。
（10）双厳院蔵『大黒天秘法集』『大黒天秘密供』は、大黒天に関する秘説や祀り方などを抜き書きしたらしいもので、その一部に「大黒天秘密要集」を含んでいる。前者には大正蔵本巻四十一とほぼ同じ記述が、後者には三千院円融蔵本とほぼ同じ内容が記されている。
（11）教林文庫蔵『聖天縁起集』は寛永十九年（一六四二）賢重写で、表紙には「渓嵐拾葉集二通　秘密要集上　秘密要集下　聞書抄私」と記されている。江戸時代に、『渓嵐拾葉集』『秘密要集』から聖天に関する部分だけを抜き出した取り合わせ本とみられる。
（12）山本ひろ子「宇賀神――異貌の弁才天女――」（『異神――中世日本の秘教的世界――』第三章、平凡社、一九九八年）では、双厳院蔵『弁才天秘密供』なる書物を取り上げているが、正確にいえば、文庫には『弁才天秘密要集』として登録されており、「弁才天秘密供」はその内題である。
（13）ダキニ天の外法的性格については、拙著『外法と愛法の中世』（砂子屋書房、一九九三年）参照のこと。
（14）『大黒天秘法集』の構成は次のようになっている。この部分は三千院円融蔵本や法曼院蔵本にも共通している。これらの記事は大黒天『秘密要集』に本来含まれていたとみられ、『渓嵐拾葉集』巻四十一「秘密要集　大黒天神灌頂密印」はこれを欠いている。

山門摩訶迦羅天縁起事
不動一体事
愛染一体事
釈尊一体事
地蔵一体事

妙見尊星王一体事
弁才天一体事
聖天一体事
吒天一体事
毘沙門一体事
山王一体事
三部大日事
大黒天神秘口伝　第五重
灌頂重事
秘密且供事
大黒天神供秘祭文
大黒天神供秘密作法
大黒一印法事
大黒天神肝心秘法
大黒根本印重ハ相承事
入三摩地事

(15) 山本ひろ子註(12)前掲書第三章参照。
(16) 図録『甦るパリ万博と立体マンダラ展』(一九八九年七月~八月、西武百貨店)。
(17) 興円らによる円頓戒復興については、拙著『室町お坊さん物語』、講談社現代新書、一九九九年、第二章に略述した。
(18) 『続天台宗全書　円戒1』、春秋社、一九八九年。
(19) 山本ひろ子註(12)前掲書第三章付論「戒家と大黒天」参照。
(20) 『続天台宗全書　史伝2』、春秋社、一九八八年。

(21) 戒灌頂や戒体については、色井秀譲『戒灌頂の入門的研究』、東方出版、一九八九年に詳しい。
(22) 恵谷隆戒『改訂 円頓戒概説』、大東出版社、一九八八年参照。
(23) 註(21)に同じ。
(24) 『大日経疏』巻十。
(25) 喜田貞吉『福神研究』、日本学術普及会、一九三五年参照。

『諸国一見聖物語』における説話と風景

小林　直樹

はじめに

『諸国一見聖物語』(1)は、至徳四年（一三八七）六月、「権少僧都亮海」によって「十四世紀後期の比叡山の状況を案内する目的をもって記された物語風の概説書」(2)である。本書は、「諸国一見ノ聖ト申者ヲ一人作リ出シテ、奥州ヨリ道スカラノ物語セサセテ」（跋文）、その語りを書き留めた、聞き書きという体裁を仮構する。

　是ハ奥州ノ者ニテ候カ、差《サセル》道心モ候ラハネハ、遁世籠居ニモ不レ及、諸国ヲモ一見シ、貴キ寺々山々ヲモ拝見申サハ、若ヤ有為无常ノ理ヲモ知リ、道心ノ念モヤ発リ候ヘキト存候テ、加様ノ身ト成テ候也、……（1オ）

まず自己をこのように紹介した聖は、奥州を出発してこの方、東海道を上る道中で目に触れた「名所」のさまを道行文風に語っていく。やがて近江国で聖は比叡山一見を思い立つが、折よく「山徒」や「北嶺ノ行者」をはじめとする叡山関係者に次々と出会い、彼らの案内で山内を廻りながら、山の各所に伝わる「秘事」「因縁物語」の数々を聞く。後に山を下り、洛中の寺社を眺めての印象は「四明天台山ニハ何ナル名所モシクハナシ」というものであった。――と、ここまで語り来たった聖の様子は「富楼那ノ弁説モカクヤト思合セラレ」たほどであったという。

　本書の著者・亮海は関東天台の代表的寺院、常陸国黒子千妙寺の第三世である。その略伝は叡山文庫蔵『黒子千妙寺列祖譜』に次のように記される。

第三世竪者贈僧正亮海

応永六己卯年月未詳二十四日寂年七十四

これによれば、本書執筆時、亮海は六十二歳であった。

彼は学問寺の住持をつとめる学僧であったばかりでなく、天台行門の修行者でもあった。中野真麻理氏は『葛川明王院史料』に「大先達権少僧都法眼和尚位亮海」（「葛川修験行者等連署状」）、「大先達少僧都法眼和尚位亮海」（応永二年十一月「北嶺修験行者等解状」）とその名が見える点を指摘する。(3) 氏はさらに、『諸国一見聖物語』跋文に亮海が至徳四年六月二日、清水寺北斗堂周辺で加持を行った記述が見え、かつこの「六月という月は葛川明王院で蓮華会が営まれる月である」ことから、「彼は『諸国一見聖物語』の草案を著した時、葛川にいたのではなかろうか」とも推測している。(4)

亮海の本書執筆の意図は、上記の彼の経歴と密接に関わるものであった。跋文には「此山ノ行門ノ事ヲ書テ、門弟ニ授ケハヤト思テ、如レ此草案シタル也」と記す。したがって本書の力点が後半の比叡山の案内記的性格を有する部分、なかんずく著者の分身かとも思われる「北嶺ノ行者」によってなされる長大な語りの部分に存することは言うまでもなかろう。

しかしながら、本書の魅力は単に比叡山案内記といった点に尽きるものではない。中倉千代子氏はその特色について次のように述べている。(5)

謡曲にでも登場しそうな諸国一見の聖が、行く先々で土地の老翁や物知りの僧にそこかしこのいわれを聞く、という設定で書かれた『諸国一見聖物語』は、その設定自体もさることながら、七五調で飾られた道行文や風景描写、中にちりばめられた説話の数々、元亀二年（一五七一）の、織田信長による延暦寺・日吉社の焼討ち以前の中世の信仰の実態解明の手懸り、そして今なお連綿と続き、最近も大きな注目をあびた千日回峯行の中世における姿など、まことに豊富な世界をその中に含んでいる。

本稿では、中倉氏も注目する、道行文中の説話と風景描写とに特に焦点を当て、それらが含む問題点につき、いささか考察を巡らしてみたいと思う。

一　道行文に現れる地名と説話

1　道行文中の地名

聖は信夫里を出ると、まず塩竈明神に参詣したのを嚆矢として、名所一見の旅に赴く。以下、聖の道行文風の語りに登場する地名と、そこで語られる説話とを順番に列挙してみよう。

（□で囲った地名は『歌枕名寄』[6]『名所方角抄』[7]に見出し語として立てられているもの。ちなみに、聖は近江国で三井寺を一見した後、「山徒」に出会い、比叡山へ向かう。）

1〔陸奥国〕
忍フノ里（信夫里）
塩鎌ノ明神（塩竈明神）
松嶋
平泉
アコヤノ松（阿古屋松[8]）
白川ノ関

2〔武蔵国〕
武蔵野
霞ノ関

3〔相模国〕
箱根ノ御山
足柄
4〔伊豆国〕
矢立ノ杉⑨
5〔駿河国〕
田子ノ浦
清見カ関
富士
●かぐや姫説話
宇津ノ山
岡辺（岡部）
6〔遠江国〕
駒ハカ原（駒場原）
サ夜ノ中山（小夜中山）※
●足利尊氏詠歌説話
新坂（日坂）※
菊河※

ミツケノコウ（見付郷）
池田
引馬（引間）
篠原宿
孫売（馬郡）
舞サワ（舞沢・舞坂）
●孫売舞沢地名起源説話
浜名ノ海⑩
橋本
●安居院澄憲説話
白スカ（白須賀）
高市ノ山（高師山）
塩見坂（潮見坂）
7〔三河国〕
二村
ミヤチ河原（宮路河原）
八橋
●八橋地名起源説話

8〔尾張国〕
ナルミ（鳴海）
熱田ノ宮
●蓬莱宮説話

9〔美濃国〕
墨《スノ》マタ河（墨俣川）
因幡ノ山（伊奈波山）
藤河
不破ノ関屋

10〔近江国〕
スリ針山（摺針山）
鏡山
床ノ山（鳥籠山）
イサヤ河（不知也川）
山田
松本
三井寺

一見して歌枕の地名が多いことに気付く。そもそも聖の旅は仮構されたものであるから、亮海が歌枕の知識に頼ってその旅の地名を綴ることはきわめて自然であろう。だが、ここで注意されるのは、そうした全体的傾向の中にあって、ひとり遠江国付近においてはむしろ歌枕でない地名が目立つ点である。登場する地名の数自体、他国に比べ格段に多く、しかも全国的には知名度が低いと思われるものが少なくない。

一例を挙げよう。聖が遠江国に入る場面は次のように語られる。

サテ行末ハ遠江、○ハカ原ノ朝風ニ、夏草露ヲ打払イ……（4ウ）

この○の箇所の文字は、曼殊院本では「駄」と読める。つまり「駄ハカ原」である。しかしながらこの地名は遠江国には見出せない。一方、大谷大学甲本[11]では、その点を不審に思ってであろう、「駄」の左傍に「本ノマヽ」、右傍に「手越歟」と注記が付されている。粉河寺本や大谷大学乙本、内閣文庫本（『墨海山筆』巻六八所収本）になると、すでに本文自体が「手越ガ原」となってしまう。[12]「手越」は確かに実在する地名である。ただし、それは遠江ではなく、駿河国の地名であった。道行文において遠江の先陣を切って名を挙げられる土地としては、やはり相応しいものとは言えない。この時、注目されるのが『名所方角抄』の以下の記事である。

菊川より東へ駒場原なと、云所を過て大井川と云大河北より流たり。……河の西ハ遠江なり。

これによれば、遠江の東端に近いところに「駒場原」という地名があったことになる。[13] すると、曼殊院本の「駄」は本来「駒」で、「駒ハカ原（駒場が原）」ではなかったかという推定が成り立つであろう。

「駒場原」という地名をめぐって諸本が乱れを見せるのは、ひとえにその知名度の低さゆえであったと思われる。『名所方角抄』の「駒場原なと、云所」という言い方にも、そうした認識の一端が窺えるように思う。「駒」を「駄」と読み誤る原因もそこにあった。また、それを「手越ガ原」と読み替えていくのは、「手越」が『海道記』や『十六夜日記』にも名前の出る宿駅として、少なくとも「駒場」に比して遥かに知名度が高かったからであろう。それが遠江でなく駿河に位置するなどという知識は、もとより書写者の持ち合わせるところではなかったのである。

以上を要するに、「駒場原」という地名は、その土地とまったく無縁な人間が、歌枕などの知識だけを頼りに記すことは、まず不可能な地名なのではなかろうか。「サテ行末ハ遠江、駒ハカ原ノ朝風ニ」と、その位置ともども正確に記し得た亮海にとって、このあたりが見ず知らずの土地であったとは考えにくい。

もっとも、亮海の知識にも正確を欠くところがある。地名一覧で※を付した三か所の順序は、正しくは菊川→小夜中山→日坂であり、ここでは菊川の位置がずれている。とはいえ、「佐夜中山　只さよの山共。西の麓新坂と云、東の麓にハ菊河と云所あり」（『名所方角抄』）とされるように三所は隣接して位置しており、ある程度の記憶違いはやむを得ない面があったかもしれない。[14]

聖の語る道行文には、やはり亮海の実際の旅の経験が生かされていると見るべきであろう。亮海は黒子千妙寺と葛川との往復で東海道を何度も行き来していたはずである。なぜ遠江付近の地名がとりわけ詳細なのかという点については、亮海の履歴に不明な点の多い現在、判断を保留せざるを得ないが、彼が机上の知識だけに頼って聖の旅を綴っていたわけではなかったことはまず確実と思われる。

2 道行文中の説話

前項で扱った地名の問題と関連して気になるのが、道行文中に見える説話記事の性格である。前掲地名一覧に●を付して示したように、聖の東海道の旅ではそれぞれの土地にゆかりの六つの説話が語られている。しかも、その半数までが遠江の地に関わって語られる説話なのである。

遠江で最初の説話が語られるのは小夜中山においてである。ここで聖は、西行の「命なりけり」の名高い詠歌を想起した後、次のように語る。

昔ヨリ今ニ至ル迄、名歌ヲ読タル処也。サレハ、今ノ代ニハ、尊氏将軍、関東御下向ノ時、夜ヲ日ニ次テ打往ケルニ、時シモ在明ノ月夜成ケルニ、佐夜ノ中山ニテ、夜既ニ明ケ、朝霧深ク立ケルニ、月ニ行佐用ノ中山中々ニ明テハクラシ峰ノ朝霧、ト詠シ玉ヒケル、ト物語申シ道ツレ在リ。実ニ面白キ所也。（4ウ～5オ）

小夜中山を越えるあたりでは旅の同行者がいたのであろうか、その「道ツレ」から聞いた話という設定である。

尊氏が関東下向に際し、小夜中山を通過した機会は二度あった。一度目は、建武二年（一三三五）のいわゆる中先代の乱の折で、北条時行ら討伐のため関東へ向かった尊氏は、八月十二日、小夜中山にて合戦を行っている（「足利尊氏関東下向宿次・合戦注文」[15] 国立国会図書館所蔵文書）。二度目は、いわゆる観応の擾乱に際してで、足利直義追討のため関東に下る尊氏は、観応二年（一三五二）十一月二十六日、遠江国掛川へ到着、「ミやう日するかの国へうちこゆへく候」と結城朝常宛に書状を送っており（「足利尊氏御内書」[16]榊原文書）、二十七日には小夜中山を通過したであろうと考えられる。このうち説話の状況により合致するのは後者であろう。前者の場合、合戦に及んでいるから、「夜ヲ日ニ次テ打往ケル」という情景とそぐわないし、八月十二日では「在明ノ月」も望めない。一方、後者とすれば、十一月二十七日の早暁に小夜中山を通過したと考えるなら、「在明ノ月」とも符合することとなる。

観応二年は、実は、亮海が住持をつとめる千妙寺草創の年でもあった（「千妙寺亮信宛正親町天皇綸旨」[17]千妙寺文書）。しかも、「当院《ノ》大檀越《ノ》関館《ノ》大内刑部、在《テ》二尊氏将軍幕府《ノ》一居《ルコト》レ洛《ニ》年《シ》久《シ》矣」（「亮恕筆千妙寺縁起」[18]千妙寺文書）と記される、千妙寺の大檀越・大内刑部は「下総国の結城氏の有力な一族で、下野国大内荘の領主でもあった大内刑部大輔重朝に比定される人物であ」り、彼は「結城氏とともに足利尊氏の無二の功臣であった[19]」。亮海にとっても「尊氏将軍」は存外つながりの感じられる存在であったかもしれない。彼は、おそらく小夜中山付近で伝承されていたであろうこの尊氏説話を、旅の折、記憶に留めたものと思われる[20]。

再び、聖の遠江の旅に戻ろう。

サテ、新坂、菊河、ミツケノコウ、池田、引馬、篠原宿ヲ過行ハ、浅間敷賤カ家居ノ里問ヘハ、此所ヲハ孫《マコ》売申ス、アノ所ヲハ舞サワト申也。能々聖聞玉ヘ。此ノ所ノ名ニ昔物語カ候ソ。昔シ、我等カ如ク貧女ニ一人ノ女メ有リ。其ノ女メニ一人ノ子在リ。其母、老少不定ノ浮世ニテ、老母ニ先立テ空ク成テ有ケルカ、老母一人ノ孫ヲハク、ミカネ、我モ命ヲ継カネテ、此里ニテ人商人ニ孫ヲ売ル。サスカニ恩愛ノ中ナレハ、別ノ涙セキアヘス。孫ノ名残ヲ惜ミツ、、アレニ見ユル処ニテ、左右ノ袖ヲヒルカヘシ、招クト見ヘシ其袖ノ舞ノ姿ニ似タレハトテ、アノ里ノ名ヲ〔舞サ〕ワト申シ、此ノ所ヲハ孫ウリト申也、ト彼老女カ物語セシ也。〔昔モ今モ〕

貧賤身程ツラキ物ハナシト、ス、ロニ哀ヲ催シ也。（5オ〜5ウ）

ここで老女が語るのは、孫売（馬郡）舞サワ（舞沢）の地名の起源を説く伝承であるが、こうしたさほど知名度の高くない土地の地名起源説話が、その土地を離れた場所でさしたる意味をもったとは考えにくい。おそらく本話も、亮海がこの土地を旅した際、耳にした伝承をもとに、「老女」の「物語」に仕立て上げた可能性が高いであろう。

聖はこの後、橋本の宿に入るが、そこでは次のような「宿ノ主シノ物語リ」を聞くことになる。

かつて、山門の説経の名手として知られた澄憲法印[21]が関東下向の際、この橋本の宿を訪れた。折しも、宿の長者の娘が亡くなって三七日目に当たっていたので、長者はたいそう喜び、澄憲を招請して経供養を行い、娘の菩提を弔おうとする。澄憲は快く応じ、経を供養すると、諷誦願文など読み上げて、やがて施主段に掛かった。長者は亡き娘の愛用した形見の琵琶を澄憲への布施とすることを涙ながらに告げる。澄憲は、即座にその琵琶とその地の名勝とを一編の対句に巧みに織り込み、これを高らかに唱え上げた。それを聴いた長者はじめ一座の聴衆は皆、感涙に袖を絞った。（5ウ〜6ウ）

本話の主役は安居院の澄憲という有名人であり、橋本も中世には名の通った宿駅であった。その点で、本話を前話と同様、単純に在地の伝承として論ずることには慎重でなければなるまい。すでに阿部泰郎氏は、長享二年（一四八八）成立の直談形式の法華経注釈書『一乗拾玉抄』に、舞台を三河の矢作宿に入れ替えた形の、本話の類話の存在を指摘し、「これは、単なる海道上の在地伝承というものではなく、海道を往還する宗教芸能者が叡山を中心とする文化圏と深い関わりのあった消息を語るものであった」と述べている[22]。本話が叡山関係者の間に共有される説話となっていたことは事実であろう。が、その一方で、遠江における前述した地名の分布状況や、すでに触れた二つの説話（尊氏説話、孫売舞沢説話）の在地性、さらに曼殊院本で一丁分に及ぶほどの本話の詳細な記事内容とを併せ考える時、亮海自身による現地での取材の可能性もなお十分考慮の余地あるものに思われてくるのである。

さて、東海道の旅の説話で、澄憲説話と並ぶ雄編は駿河国のかぐや姫伝承であろう。富士を見上げた聖が、土地の老翁に「扨、アノ富士ノ煙ハ未タ不レ絶哉」と尋ねたところ、老翁は次のように答えた。

我是、此ノ浦ニ住、朝夕鉤ヲ垂レテ、浮世ヲ渡ル翁也。ヤ、聖、聞給へ。アノ煙ノ因縁ヲハ知給ハスヤ。昔シ、此国ニ竹トリノ翁トテ、我等カ如ク賤キ老翁夫婦有ケルカ、竹ノ林ニ鶯ノ卵ノ中ニ、一人ノ姫出生ス。不思儀哉ト思ヒ、姫ヲ取リ、養育シ、明シ暮セシ程ニ、ツナカヌ月日ニ随テ、花ノ姿タ色深ク、雪ノ膚アサヤカニ、美翠ノカンサシタハヤカニ、人ニ勝テ有シカハ、其ノ名ヲ覚夜姫ト申ツヽ、イツキカシツキセシ程ニ、歳十五ト申セシニ、都ヨリ当国ノ々司トテ、京上臈ノ御下有ケルカ、彼ノ姫ノ事ヲ聞シ食シ、軈テ最愛有シカハ、比翼ノ契リ不レ浅、ワリナキ情見エシ比、御門トヨリ国司ヲ都ヘソ被レ召ケル。君ニ仕ル習ヒトテ、心任ノ身ニアラネハトテ、互ニ別レヲ悲ミ、国司ハ鬢ノ鏡ヲ取出シ、朝夕是ハ面影ヲ移置スル鏡也。是ヲ形見ニ奉ル。是ヲ見給ヘトテ、落ル泪ヲ押ヘツヽ、心強《ツヨ》ケニ宣玉ヘハ、姫ハ鏡ヲ請取テ、涙ニ咽ヒ伏シ沈ミシカハ、物ヲモノ玉ハス。ハタノ守ヲ指アケテ、是ヲ君ニハ進スル。思ヒ忘レ給ハスハ、身ニ添カケテ持給ヘ。会ハ別ノ始トハ、今コソ思被レ知タレト、互ニ形見ヲ取違ヘ、都ヘ上付ク〔ナラハ、頓〕テ音信申サントテ、ワリナキ中ヲ振捨テ、、国司ハ上〔洛有ケ〕ルカ、其音信ノアルヤトトテ、明ヌ暮ヌト待シカトモ、契リ置ニシ其後ハ、三年セニ早ク成ヌレト、風ノ便リモ絶シカハ、若ヤ慰ム方モヤト、形見ノ鏡ヲ胸ニ引当テマトロムニ、其ノ面影ノ夢ニサヘ見ヘス成ニシアタ人ハ、我ニ思ヲマス鏡、見ヨト云シハ偽也。憂身ノ露ト消モセハ、カクハ思ヒノウカラシト、積ル思ノイツシカニ、恋ノ病ト成後、形見ノ鏡ヲ胸ニ当テ、終ニ空ク成ニケルヲ、富士ノスソ野ヘ送ツヽ、其ノ貌ヲカクシ、塚ヲツキ、夫婦ノ老翁モロトモニ、啼〳〵家路ニ帰リツヽ、別離ノ悲ミヤ、无常ノ殺鬼ト成ツラン、思死ニシニケル也。サテ、彼ノ姫カ塚ヨリシテ、心ニ当ニシ鏡ヨリ、クユル思ヒノ煙トナリ、富士ノ高峰ニナヒキシヲ、富士ノ煙ト申也。其ヨリシテコソ、彼ノ塚ヲ恋塚トハ申ナレ。昔ハ絶ス立煙リ、其怨念ヤ尽キニケン、絶テ久ク成ニケリ。……（2ウ～4オ）

老翁が語るのは富士の煙の起源を語る物語であり、彼がこの後さらに、「サレハ、古今ノ序トヤランニハ、富士ノ煙リモタ、スナリ、長等ノ橋モツクル也ト、カ、レタリト承テ候也。……」と続けていることからも、本話が古今序注の世界に連なる説話であることは間違いない。しかし、それにしても、ここでのかぐや姫は、その天上性、神性をまったく欠いていて、あまりに人間的、俗的である。こうした伝承が古今序注の世界で生成されたものか、あるいはここにも民間や在地の伝承(23)の摂取を見るべきか、にわかには判断できない。

それよりも今注目したいのは、本話の持っている雰囲気に、すでに見た孫売舞沢説話や澄憲説話のそれと多分に共通するものを感じる点である。しかも、それは本話がかぐや姫伝承としては変わり種に属する所以の部分と密接に関わっている。すなわち、前半の姫と国司との別れの場面では、「会ハ別ノ始トハ、今コソ思被レ知タレ」とその愛別離苦が強調され、それは再び後半で娘を失った老いたる両親の「別離ノ悲ミ」、老少不定の悲しみとして繰り返される。一方、孫売舞沢説話では、「老少不定ノ浮世」の常で娘に先立たれた老母は、孫との別れに「恩愛ノ中」ゆえの愛別離苦を味わう。さらに、澄憲説話でも長者の娘が母親に先立っており、澄憲自身、「実ニ恩愛ノ悲ハ、サコソ」と感じているように、ここでも話中に老少不定・愛別離苦の悲しみが濃厚に漂っているのである。

実は、この傾向は、三河国と尾張国で語られる二説話にもある程度窺える。両話は駿河・遠江両国で語られた四話に比べると、内容は格段に簡略であるが、まず、三河の八橋では、「八橋ハ、父ノ菩提ノ為ニトテ、八ツ子《コ》ノカケシ橋ナレハ、旅人モ昔シ物語リヲ聞伝へ、哀レヲ催シ渡ルトテ、クモ手ニ物ヤ思フラン」（7オ）と、父子という恩愛の愛別離苦に関わる地名起源伝承が語られる。また、三河の熱田神宮では、「是ソ此楊貴妃ト馬嵬カツ、ミノ本ニシテ、カンサシヲ沈メラレシ〔時〕、方士ト申セシ仙人ノ、一葉ノ船ニ竿指テ、蓬萊宮ニ尋ネ入、彼楊〔貴妃〕ニ相ヒタリシ蓬萊宮ト申ハ此ノ所也ト申也」（7オ～7ウ）と、そこが蓬萊宮であったとの伝承を語るが、この伝承の背後に玄宗皇帝と楊貴妃との愛別離苦を透かし見ることは容易であろう。

亮海は、聖の東海道の旅に恩愛や愛別離苦を主題とする哀話をちりばめることで、そこに一種心細いような物悲しいような、統一感ある雰囲気を醸そうとつとめたのではなかろうか。説話の入手経路は在地伝承をはじめ、さまざまであった可能性があるが、そこに亮海の目指す方向性に沿った整序が加えられていることは確かであろう。

二　風景描写

1　東海道の風景描写

『諸国一見聖物語』の東海道の旅において、まとまった風景描写が現れるのは二か所である。一つ目は、聖が足柄路を越えて、伊豆の矢立の杉付近を通り、駿河国に入って間もなくの時点で語られる以下の景である。

〔既〕ニ早《ハヤ》、思ヲ駿河ノ田子ノ浦、月ヲ清見カ関守ハ、心モ身ヲ〔モ留ムヘシト〕、アカヌ計ノ名所也。見上テ見レハ、富士ノ高峰ニ残ル雪キ、今日《ケフ》春カトアヤシマレ、花カト思フ心地シテ、四方ノ山辺ヲ見渡セハ、茂リアヒヌル梢ニテ、夏蟬ノ心カラ憂音ニ鳴ケハ、サテハ夏カト思ハル、。時シラヌ山ハ富士ノ根イツトテカ鹿子マタラニ雪ノ降ラン、ト古人ノ読ル哥ノ心、実モト思合セツ、、……（2オ～2ウ）

田子の浦、清見が関という著名な歌枕の地から眺められた富士は、『伊勢物語』の東下りで歌われた通りの、万年雪を頂いた伝統的な姿で描かれる。富士山を実見する機会がなくとも十分に描き得る景である。

一方、二つ目は、聖が遠江の橋本の宿を立った後に語られる。

サテ、白《シラ》スカヲ打過テ、高市ノ山ニ上リ、塩見坂ニ暫ク休息シテ、十方ヲ遠見スルニ、日本一ノ名所ト申シツルハ、是ヲヤ申シ侍ルヘキ、ト覚タリ。来方《コシ》ノ麓ヲ帰リ見渡セハ、シラスカ、橋本、浜名ノ海、サ、ネトモ浪ニ引カル、アマ小船、憂世ヲ渡心カヤ。南ハ峰カ高ク峨々タル山際《キハ》迄ニ、白浪ノヨセテハ返ス音トシケク、東ヲ遥カニ詠レハ、ホノカニ見ユル沖津船、島ニハアラヌ富士ノ峰ノ、雲ヨリ上ニ見エヌレハ、富士ノ峰ハ年ニ高カサヤマサルラン積ルカ上ニフレル白雪、ト読ケル歌ノ心ロ、実ニモト思知ラレタリ。カ、ルチケイノ名所ナレハ、六十六部ノ経聖モ日本第一名所也ト札ヲ打ツ。画ニ書トモ筆ニモ及ハヌ処也。（6ウ～7オ）

こちらは塩見坂（潮見坂）からの遠望である。浜名湖近くの潮海に漂う釣り船、南側の断崖に打ち寄せる白波、駿河湾の沖合遥かに霞む船、そして遠く雲上に望む富士の高嶺。聖はこの景を「日本一ノ名所」と称揚する。注目したいのは、ここにも富士山が顔をのぞかせていることである。いな、むしろ「富士ノ峰ハ……」の和歌[24]の引用により、一場の視点を富士に収斂させていると言ってよい。

塩見坂について『名所方角抄』は「……過れハしほミ坂也。富士みゆる也。しほみ坂ハ非名所。連歌なとにハ用るとなり」と記すが、実際のところ、十四世紀の半ば頃までの紀行文で、塩見坂からの富士の遠景を記したものは管見に入らない。

貞応二年（一二二三）の『海道記』[25]に「此山ノ腰ヲ南ニ下テ遥ニ見クダセバ、青海浪々トシテ、白雲沈々タリ。海上ノ眺望ハ此処ニ勝タリ」と描写されるのがその付近にあたるが、塩見坂という地名は見えない。弘安二年（一二七九）の『十六夜日記』[26]にも塩見坂の名は見えず、「高師の山も越えつ。海見ゆる程、いと面白し。浦風荒れて松の響すごく、浪いと高し」とそのあたりの景が描かれる。いずれも、言及されるのは海の眺望である。一方、建治元年（一二七五）の『都路のわかれ』[27]では「潮見坂下りて、あまり苦しければ」と地名のみ記され、景の叙述はない。そのほかは、観応年間（一三五〇～五二）の『都のつと』に至るまで、塩見坂に言及する記事は見出せない。

塩見坂からの富士の眺望が紀行に記されるようになるのは、十五世紀に入ってからである。永享四年（一四三二）、将軍足利義教の富士遊覧に随行した尭孝は、『覧富士記』[28]に次のように記している。

今日なむ遠江国塩見坂に至りおはします。かの景趣なほざりにつづけやらん言の葉もなし。まことに直下と見下ろせばと言ひふるしたる面影浮びて、雲の波、煙の波、そこはかとなき海のほとり、松原はるばるとつづきたる洲崎、数も知られず漕ぎ連ねたる小舟、いと見所多かり。雲水茫々たる遠方に、富士の嶺まがひなく現れ侍り。これにて御筆を染められ侍りし御詠二首、

今ぞはや願ひ満ちぬる塩見坂心ひかれし富士をながめて

立ち帰り幾年なみか忍ばまし塩見坂にて富士を見し世を

かたじけなく御和を奉るべきよし仰せごと侍りしかば、

言の葉もげにぞ及ばぬ塩見坂聞きしに越ゆる富士の高嶺は

君ぞなほ万代遠くおぼゆべき富士のよそめの今日の面影

さらに、「正徹と近い関係にある僧によって書かれたと思われる紀行文で」、同じく「富士遊覧の旅行記である[29]」、永享三年（一四三二）の『麓のちり』には次のように見える。

たかし原ときこゆるは、三河と遠江とをかけて、いとはるかなり。ゆき〳〵て直下と見おろす。三嶋眼前にあり。五湖脚下にあり。しほみ坂といふは、これなりけり。都より富士みにくたる人、おほくはこれよりかへり

のほるなるに、けふは雨なをそほふりて見え侍す。これも天、吾にあたへさるならむかし。
をろかなる目にはをよはぬ山とてやふしの高ねも雲うつむらん

これによれば、永亨の頃には、塩見坂は富士を眺望するための絶好の場所として、都人には周知の名所となっていたようである。

こうして見ると、『諸国一見聖物語』は塩見坂からの富士の風景を「発見」した最初期の著述ということになるであろう。聖の旅の翌年、嘉慶二年（一三八八）には将軍足利義満が富士遊覧を行っており（『後鑑』）、ちょうど富士見への関心が高まりつつある時期にあたっていたのであろうか。

一方、亮海自身にも、富士への関心は確かに認められるように思われる。『諸国一見聖物語』の東海道の旅で富士山に言及されるのは、先引の田子の浦、清見が関からの描写に始まって、そのまま前節で扱った、土地の老翁の語るかぐや姫伝承へと続き、さらにこの塩見坂からの眺望の場面まで加えると、曼殊院本で約二丁半に及ぶ。聖の東海道の旅は同本で六丁分ほどであるから、いかに富士が名所とはいえ、この分量はかなり多い。また、後に比叡山から近江の三上山を眺望した際、「是ハ富士カト思ハル、」と述べている点なども、富士への関心の反映と受け止められよう。(30)

亮海のかかる富士への関心には、時代の趣味が投影されている点ももちろんあろうが、彼個人の問題と関わる面も多分にあったと思われる。一つには、亮海が葛川修験の徒であるという点。すでに、道興准后『廻国雑記』や尭恵『北国紀行』など、修験と関わる作者の紀行には「山が目立って多く現れる」ことが指摘されている。(31)

しかし、亮海の場合、それにもまして大きかったのは、尊敬する慈円の影響であろう。聖は比叡山で「北嶺ノ行者」に「慈鎮和尚ノ旧跡」に案内してもらい、そこで次のような逸話を聞く。

……此庭上ニテコソ、西行、東国修行シ、立帰リ、和尚ヲ拝シ奉リ、東路ノ名所々々ノ物語リ、申上ケケルニ、サテモ富士ハ何ニ、ト御尋有ケルニ、サ候、上无キ富士トハ名ニコソ承リ侍シニ、中々ニ言モ心モ不レ及レ、絵ニ書トモ似ヘカラス、ト申上ケルニ、サテ哥ハ詠シ侍リケル歟、ト御尋在シニ、腰折ヲ仕テ候ヒシカ、上ミノ五文字ヲ失念仕候也、ト申。本ト読侍シ哥ハ、スルカナルト置テ読タリケルカ、和尚ノ位ニヲサレ申ケルニヤ、物フトワスレテ興モナカリケリ、ト思テ、何トシテ富士ノ煙ノ空ニキヱテ行衛モ知ヌ我思哉、ト申上ケルニ、和尚聞召テ、若、風ニナビクトバシ五文字ヲ置タリケルカ、ト仰有ケル時、サ候、失念仕テフツトウカバス候ツル。仰ノ如仕テ侍ル也、ト申セシカハ、御感不レ斜。サテコソ西行カ秀歌ノ中ニ入タリト承伝タリ。（33ウ～34オ）

生前、西行自身が慈円に「これぞわが第一の自嘆歌」（『拾玉集』[32]五一六一～五一六三詞書）と語ったとされる、富士を詠んでの古来の名歌が、実は慈円の助力あって初めて誕生したものであったという。慈円の西行以上の歌才を語ろうとする、おそらくは比叡山に伝承された説話であろう。

亮海が住持をつとめた千妙寺は「常州東叡山千妙寺金剛寿院、……為二青蓮之末葉一、継二三昧之正脈一」（「千妙寺亮信宛正親町天皇綸旨」千妙寺文書）と記されるように、青蓮院の門末に属し、三昧流の正脈を伝える存在であった。慈円はその青蓮院の第三世である。亮海自身、師亮澄の言を筆録した『三昧流由来事書』において、「慈円の三昧流伝授の経緯を詳述し」ている。[33]

一方、慈円は寿永元年（一一八二）、無動寺検校に就任するが、その前後、葛川明王院に籠って修行を積んだ。[34]この葛川明王院については、「平安末期になって」「比叡山無動寺の管下に入り、さらにその上に青蓮院を本所として戴く支配関係が成立し」ていたとされる。[35]まさに、「三昧流の血脈や天台回峰行を通じて、青蓮院と千妙寺、葛川明王院、慈円、亮海とは密接に関わっている[36]」のである。

亮海にとって、慈円は自らの法流の源に位置する仰ぐべき存在であったろう。次項でも触れるように、『諸国一見聖物語』には慈円を意識した文言が散見される。先引の西行との逸話からは、慈円の富士への関心[37]が十分に窺え、しかも西行の富士詠の傑作が実は慈円の手で生み出されたものだというのであるから、そうした伝承が亮海の富士への思いに影響を与えなかったとは考えにくい。聖の旅で富士に多くの筆が費やされることと、後に慈円と西行の富士にまつわる逸話が紹介されることとは、無関係な事象ではないと思われるのである。

2　「遠見」の風景と瀟湘八景

前項で見た塩見坂からの眺望において、注目される今一つの点は、「十方ヲ遠見スルニ」というように「遠見」という語が用いられていることである。この語について、キリシタン文献では次のように説明される。

Yenqen. エンケン（遠見）　Touô miru（遠う見る）遠方を見ること．　Yenqen suru.（遠見する）同上．

（『邦訳　日葡辞書』）

Yenqen. Touô mifarucasu coto（遠う見晴るかすこと）

（『天草本　平家物語』「分別しがたき言葉の和らげ[38]」）

遠方を遥かに見渡すことを言うのであろう。このさほど使用頻度の高くはないと思われる語[39]が、先の用例も含め、『諸国一見聖物語』中で五例も用いられているのである。

他の用例を見よう。まず聖が、山王二十一社のうち二宮から八王子へと参詣した際に、「宮立、眺望、地景、詞ヲ以非《ル》レ可《キニ》レ宣程ノ遠見也」（16ウ）と語られる。また、無動寺への参詣の道中でも、「……无動寺へ参詣ルニ、道スカラ言モ心モ及ハサレハ、暫ク立休ラヒテ四方ヲ遠見スルニ、……」（31ウ）のように使われている。いずれも眺望のすばらしい場面での用法である。

さらに注目すべきは残る二例であろう。うち一つは、聖が戒壇院を訪れた場面に見られる。

其ヨリ戒檀院ニ上リ、四方ヲ遠見スルニ、言語モ不レ及眺望也。湖水漫々ト湛《タヽヘ》、日月自影ヲ浸、北ニ望テ詠レハ、ホノカニ見ル竹生島、奥ノ島々ノ戸、アケノ朝霧ニマキレテ見ユル船モ有リ。志賀ノ入江ノ浦浪ニ、釣シテ見ル船モ有リ。南ニ向テ詠レハ、長等ノ山ノ麓ナル唐崎ノ一松、大津、松本、粟津カ原、源氏ヲ書シ石山寺、勢多ノ唐橋ホノ見ヘテ、旅人ノ憂ヲソヘテヤ渡ルラン。山田、矢橋ヤ野路野々《(ママ)》ノ末ノ三上山、是ハ富士カト思ハルヽ。雲霧重ナル山ノ峰、続《ツヽ》キイツクト見ヘワカス。瀟相《(ママ)》ノ八、唯此山ニ顕レタリ。（28ウ）

戒壇院から眺められた琵琶湖やその周辺の景を、「瀟相《(ママ)》ノ八」すなわち瀟湘八景になぞらえているのである。

「遠見」の景を瀟湘八景に見立てるもう一つの場面は、先の西行の逸話が語られた「慈鎮和尚ノ旧跡」、すなわち大乗院においてである。「北嶺ノ行者」は西行説話に引き続き、寂蓮法師の逸話を語る。それは、「和尚ノ御座所、地景眺望一見」せよとの勅定を蒙った寂蓮が、この大乗院を訪れ、その庭の景を詠んだ秀歌をもって天皇への報告に代えたという話である。

……申シモ、此庭上ニテコソ、ト行者物語セラレシヲ、実、瀟湘ノ八景モ此所ニ顕レタリ。時剋ノ移ルモ覚エス、彼ノ庭上ニタヽスミテ、十方法界ヲ遠見スルニ、湖水ノ浪ニ船浮ヒテ、帆ノ奥ニ見ヘシカハ、是コソ遠浦ノ帰帆ト云ヘシ。三井ノ入逢幽カニテ、聞ニ心ツキヌルハ、遠寺ノ晩鐘是也。其折カラニ夕立ノ一通リシテ過ルニ、松ノ木間ヲモル雨ノ音モキヒシク聞ヘシハ、瀟湘ノ夜ノ雨也《(ママ)》ト疑ル。志賀ノ浦半ニ村鳥ノムレヰル暮ヲ見ル時ハ、平砂ノ落雁ト覚タリ。唐崎ノ汀ノ真砂雪ニ似テ、江天ノ暮雪ニ不レ異。自ラ諸房ノ庭ニ見ル月ハ、洞庭ノ秋ノ月ニ等シ。大津ノ浦ノ釣舟ニ夜毎ニトホスカヽリ火ハ、漁村ノ夕照是也。此ノ山ノ松ノ梢ニイツトナク嵐ノ音ノ絶スシテ、山路ニ人ノ行合ハ、山市青嵐ト覚タリ。八景ハ只此寺ニ留タリ。サレハ、慈鎮和尚ハ此ノ所ニ於テ十六景ヲ詩哥ニ造リ給ヒタリト承ル也。（34ウ～35オ）

このように『諸国一見聖物語』中の「遠見」の用例は五例すべて、高みの地点からのすばらしい眺望を楽しむ場面で使われているが、そのうち二例までが「遠見」の景を瀟湘八景に見立てていることは重要である。

瀟湘八景の瀟湘の地（中国湖南省）は古くからその景勝をもって知られていた。そこに八景を創始したのは、十一世紀、北宋の宋迪だとされる。

度支員外郎宋迪工レ画。尤善為二平遠山水一。其得意者、有二平沙雁落、遠浦帆帰、山市晴嵐、江天暮雪、洞庭秋月、瀟湘夜雨、煙寺晩鐘、漁村落照一。謂二之八景一。好事者多伝レ之。

（『夢渓筆談』[40]巻一七）

彼が得意としたという「平遠山水」とは、「目を遮るような山を間近に配置しない、広々とした山水の景観を広々として描く形式であり、江湖の景観を対象とするには最も相応しい山水形式である」[41]という。この瀟湘八景は「我が国の水墨画の成立期にいち早く取り上げられ、画軸にそして障子絵にいちはやく流行していった」[42]。それは漢詩文の題としても定着を見たことにより、絵画・漢詩の両面において受容され、やがては八景和歌を生むに至る[43]。ちなみに堀川貴司氏は、「瀟湘八景は、川・湖あるいは海のような水辺とそれを取り巻く山々とで作られた風景を、容易に「○○八景」として設定できるような、つまり瀟湘に似たほかの場所に八景を移植できるような、融通性をはじめから含んでいた」とし、『諸国一見聖物語』中の二例のうち特に後者を「のちに近江八景に定着する、その前段階を示す資料」として注目している[44]。

聖が比叡山からの眺望を二度までも瀟湘八景に譬えたことは、もとより亮海の八景への親近を示すものに他なるまいが、その背後には、ここでも慈円の存在が認められるであろう。大乗院からの景を瀟湘八景になぞらえた後で、聖が「サレハ、慈鎮和尚ハ此ノ所ニ於テ十六景ヲ詩哥ニ造リ給ヒタリト承ル也」と述べている点は見逃せない。この「慈鎮和尚」の「十六景」について、中倉千代子氏は「十六景とは八景を詩と和歌で一景ずつ作るので十六首になったのであろう」と推測するが[45]、いずれにせよ慈円自身が大乗院からの絶景を瀟湘八景に倣って漢詩と和歌とで表現した「十六景」なるものが、十四世紀後半の比叡山において存在すると信じられていたことは確かであろう。前項で見たような、亮海の慈円に対する崇敬の念が、彼に慈円と同じ視線をもって風景を眺めたいという思いを生じさせたとしても不思議はない。現に、聖は東海道の旅を経て、琵琶湖畔の山田で乗船した際にも、「見セハヤナ志賀ノ唐崎麓ナル長等ノ山ノ春ノ気色ヲ、ト詠シケル歌ノ心ロ、実ニ所ロカラ読ミアラワセリト覚タリ」（7ウ）と慈円の和歌を引き、眼前の景と重ね合わせて捉えようとしているのである。瀟湘八景的視点についてもおそらく同じことが言えよう。「慈鎮和尚ノ旧跡」である大乗院においてはもとより、戒壇院の場面においても、聖の「遠見」の視線は、慈円のそれをなぞっていたのである。

さらに言えば、そもそも聖の「遠見」という行為自体、瀟湘八景的景観を前提としてのものだったのではあるまいか。「遠見」の五つの用例のうち四例は、「十方ヲ遠見スルニ」、「四方ヲ遠見スルニ」（二例）、「十方法界ヲ遠見スルニ」のように、高みの場所からぐるりを見渡すような行為として描かれている。そこから得られるパノラマ的景観には、「広々とした山水の景観を広々として描く」「平遠山水」形式の水墨画の景のごときが想定されていたのではないか。

ここで、もう一度、前項で扱った、塩見坂からの風景に立ち戻ってみたい。すると、そこに描かれていた、「浜名ノ海」「アマ小船」「峨々タル山際」「白浪」「沖津船」「富士ノ峰」「雲」といった景物の点綴は、まさに「川・湖あるいは海のような水辺とそれを取り巻く山々とで作られた風景」というに近いものであったことに気付く。しかも、聖はこの景を「画ニ書トモ筆ニモ及ハヌ処也」と語り納めており、この箇所を綴る亮海の念頭に絵画表現があったことを予想させる。

成瀬不二雄氏は十五世紀から十六世紀にかけて描かれた水墨画の富士図に瀟湘八景の図様の影響を指摘している[46]が、亮海はこの時すでに、塩見坂からの富士の遠望に瀟湘八景的な要素を見出していたのではなかろうか。田子の浦・清見が関からの「見上テ見」た仰角の視点での富士の景が、伝統的な歌枕的景観に沿って描かれたのに対し、塩見坂からの「遠見」の富士の景は、瀟湘八景的景観に沿う方向で描出された可能性があるように思われる。ちなみに、亮海に次いで、塩見坂からの詳細な富士の景を『覧富士記』に記した堯孝にも、瀟湘八景和歌の作があること[47]が注目されよう。

紀行文と瀟湘八景との関わりをめぐっては、早く鶴崎裕雄氏が、天文十三年（一五四四）の宗牧『東国紀行』中の風景描写に瀟湘八景の投影を指摘している[48]が、紀行文中の風景描写における瀟湘八景の潜在的投影は、さらに時代を溯って存在し得るように思われる。『諸国一見聖物語』の塩見坂からの「遠見」にそうした要素が意識されているとしたら、ここでの富士は二重の意味で慈円という存在の磁場のうちにあると言えようか。

おわりに

かつて黒田俊雄氏は中世文学と王法・仏法の問題を論じる中で、『諸国一見聖物語』に触れて次のように述べた

ことがある。(49)

中世の中期以降、さきに一言したように庶民生活への注目の高まりとともに「仏法・人法の興隆」がいわれるようになるのと並行して、「神国」が強調され、また中世後期には修験（山伏）の諸国経回が盛んになる。それは、霊地・霊山と国土の神聖視・神秘視という点で同一の思潮・信仰の現われであり、「王法」「仏法」のよりいっそうの癒着・融合を示すものなのである。ここでも、いきなり文学作品と呼ぶには躊躇される『太神宮参詣記』（通海）（十仏）、『熊野詣日記』（後崇光院）、『諸国一見聖物語』（亮海）、『廻国雑記』（道興）などが、宗祇や宗長などの文芸の旅日記と決して無縁でないことを、読みとるべきであろう。

本稿では、『諸国一見聖物語』の中核を成す「此山ノ行門ノ事」とは直接は関わらない、その意味ではむしろ周辺的な部分にのみ焦点を当てて考察を行ってきたが、そこにも慈円の問題等おのずから著述の本質に繋がる要素が浮上してきた。一方、この方向の考察により『諸国一見聖物語』が「文芸の旅日記」をはじめ、文学史上のさまざまな事象と関わりを持ち、むしろそれらに先んずるような要素を含む場合もあることを、ある程度は明らかにすることができたと思う。しかしながら、本書の魅力はいまだ十分に解きほぐされているとは言えず、今後の研究に俟つべき点がはなはだ多いのである。

註

（1） 本書の引用は特に断らない限り、『諸国一見聖物語』（京都大学国語国文資料叢書二九、臨川書店、一九八一年）所収の曼殊院本の影印による。該本の破損箇所について他本（大谷大学甲本）で補った部分には〔 〕を付した。句読点は私に補い、漢字は通行の字体に統一した。また、片仮名小字の表記についても、漢文の訓点表記的部分以外は通常の書き方に改めた。濁点は原本のままとした。

（2）黒田俊雄「顕密仏教における歴史意識——中世比叡山の記家について——」（『日本中世の社会と宗教』、岩波書店、一九九〇年）。
（3）中野真麻理「『諸国一見聖物語』」（『一乗拾玉抄の研究』、臨川書店、一九九八年）。
（4）中野真麻理前掲註(3)論文。
（5）中倉千代子「『諸国一見聖物語』の成立——広本と略本の性格をめぐって——」（『国語国文』五一—三、京都大学文学部国語学国文学研究室、一九八二年）。
（6）渋谷虎雄編『校本歌枕名寄　本文篇』、桜楓社、一九七七年による。
（7）野中春水「対校「名所方角抄」上・下」（『武庫川国文』二九・三〇、武庫川女子大学国文学会、一九八七年）による。引用に際しては、句読点を補った。
（8）阿古屋松は出羽国歌枕だが、ここでは便宜上、陸奥国に含めた。
（9）矢立杉については、「矢立の杉迄伊豆といふ」（『名所方角抄』）の記述により伊豆国に含める。
（10）浜名の海の名は、塩見坂から来し方を振り返っての展望の中に挙げられるが、便宜上ここに位置させる。
（11）大谷大学に蔵される二本のテキストの呼称については、中倉千代子前掲註(5)論文のそれに従う。
（12）叡山文庫蔵『三塔巡礼聖物語』（内題『諸国一見聖物語』、天保七年〈一八三六〉写）では、ここを「真葛カ原」とするが、これはその直前に位置する和歌、「秋ナラハ露ヤ岡辺ノ真葛原恨ハハテシ人ノ心ヲ」の表現に惹かれた結果と思われる。
（13）『東関紀行』に「菊川を渡りて、いくほどなく一村の里あり。こまばとぞいふなる」（新日本古典文学大系）と見えるのが、そのあたりか。現静岡県榛原郡金谷町牧之原付近。「牧野原　一に諏訪原と号す、……上件の三村は、旧号駒場里に当る」（『遠江国風土記伝』）。
（14）この他、近江国でも本来山田の前に来るはずの鏡山の位置にずれが認められるが、これも現地の人間でない旅人の得た知識として見れば、許容される程度の錯誤であろう。
（15）『静岡県史　資料編6』（一九九二年）による。
（16）同右。

(17)『関城町史　史料編Ⅰ』（一九八三年）による。
(18) 同右。
(19) 註(17)前掲書「解説――千妙寺文書の世界――」。
(20) ちなみに、尊氏が詠んだという「月ニ行……」の歌に類想歌の多いことはすでに中倉千代子前掲註(5)論文で指摘されるが、これとほとんど一致する歌が『六華和歌集』羇旅に素暹法師の作として見える。「月に行くさよの中山中中にあくればくらきみねのあさ霧」（新編国歌大観）。『六華和歌集』は「南北朝期、由阿の撰んだ私撰和歌集で、「成立は貞治三年（一三六四）以後であろう」（同書解題）とされる。
(21) 曼殊院本では「隆憲」とするが、大谷大学甲本は「隆」の右傍に「澄歟」と注記。粉河寺本他「澄憲」とするのに従う。
(22) 阿部泰郎「唱導における説話――私案抄――」（『説話と儀礼』、桜楓社、一九八六年）。
(23) すでに、『臥雲日件録抜尤』文安四年（一四四七）二月二十日条に「座頭」が、『桂川地蔵記』に「巫女」が、それぞれかぐや姫伝承を語っている記事が存することが知られる。伊藤正義「謡曲『富士山』考――世阿弥と古今注――」（『言語と文芸』六四、東京教育大学国語国文学会、一九六九年）参照。ちなみに、『駿河志料』富士郡比奈・無量寺の項に、甲斐国の伝承ながら、民間化したかぐや姫説話の一端を伝える次のような記事が見える。

此寺はもと春日社の北西にありしが、近古易地し、此地に移す、里人此地を竹取屋敷と称し、寺前の畠を籠畑と唱へ、翁の籠を造し所なりと云、竹取翁の事は、古人の説種々あり、富士の麓にありしと、里人の伝もいと久しき事なりけん、仮名風土記、甲斐の条云、昔は富士山のふもとに、竹取の翁とて、竹を種てあきないける者あり、彼をきな、園生竹林にして、鶯の卵を見付たり、暖置、その後程をへて是をみれば、容顔優なる寵姫となりけり、しかるに、かれを養子とす、たけし後に、かの翁が田作りけるときに、暇なくしかば、養母の訴へていはく、隙なき時にしも、何とかや手助となり給はざると、なさけなく云ければ、鶯姫これに怒をなして、富士山のみねにのぼりて、いわを蹴破て、湯を走らかし、田つくる人かれをみな焼石となる、件の祖父祖母はにげて、白根がみねへゆき、又彼の田かける馬もにげ、信州駒がみねにすみける、其駒主をわすれず、つねになれしかば、かの馬をこゝろに入て、飼しゆゑなり、此所を飼と云、しかるを、かながきに甲斐とかくなり原文かく見え、甲斐の国の事にありけん、東泉院縁起には、姫の名をも赫夜姫とし、大同小異あり、里俗の竹取屋敷、籠畑など云も、か丶る伝説あればなるべし……

(24) 当歌に酷似する歌が、『詞林采葉抄』第五に「フシノネ八年ニタカサヤマサルラムキヱヌカ上ニツモル白雪　本撰六帖　読人不知」(京都大学文学部蔵本) として見える。

(25) 引用は新日本古典文学大系による。

(26) 同右。

(27) 引用は、浜口博章『飛鳥井雅有日記注釈』(桜楓社、一九九〇年) による。

(28) 引用は新編日本古典文学全集による。

(29) 奥田勲・片岡伸江「山岸文庫蔵『なくさみ草　麓のちり』解題・翻刻」(『年報』一一、実践女子大学文芸資料研究所、一九九二年)。引用も同翻刻により、句読点を補った。

(30) 尭孝『覧富士記』の旅でも、「曙の雲間より三上山ほの見え侍り。富士の嶺思ひやられて、思ひ立つ富士の嶺遠き面影を近く三上の山の端の雲」と、三上山から富士に思いを馳せている。

(31) H・E・プルチョウ『旅する日本人――日本の中世紀行文学を探る――』(武蔵野書院、一九八三年)。

(32) 引用は新編国歌大観による。

(33) 中野真麻理前掲註(3)論文。

(34) 同右。

(35) 星宮智光「比叡山回峯行の成立とその形態」(『論集』二、東北印度学宗教学会、一九六九年)。

(36) 中野真麻理前掲註(3)論文。

(37) 久保田淳「富士山の歌――新古今歌人の場合――」(『国語と国文学』六四―五、東京大学国語国文学会、一九八七年) によれば、「新古今時代において最も多数の富士山の歌を残している歌人は慈円であ」る。

(38) 引用は、島正三編『「天草本へイケモノガタリ」検案(続)』(桜楓社、一九六七年) による。

(39) ただし、松岡心平「能の空間と修辞――世阿弥の〝遠見〟をめぐって――」(『国語と国文学』六〇―一一、東京大学国語国文学会、一九八三年) が指摘するように、「世阿弥の後期能楽論書の中には、「遠見」という余り耳慣れないことばがしばしば出てくる」。

(40) 引用は、胡道静校注『新校正夢渓筆談』、中華書局出版、一九五七年による。返り点は私に付した。

(41) 渡辺明義編『瀟湘八景図』(日本の美術一二四)、至文堂、一九七六年。

(42) 同右。

(43) 岩佐美代子「八景歌考」(『京極派和歌の研究』、笠間書院、一九八七年)。

(44) 堀川貴司『瀟湘八景　詩歌と絵画に見る日本化の様相』、臨川書店、二〇〇二年。

(45) 中倉千代子前掲註(5)論文。

(46) 成瀬不二雄「日本風景を描く室町水墨画について——雪舟以外の作品——」(『日本絵画の風景表現——原始から幕末まで——』、中央公論美術出版、一九九八年)。

(47) 有吉保「中世文学に及ぼした中国文学の影響——瀟湘八景詩の場合——」(『日本文化の原点の総合的探究』一、日本評論社、一九八四年)。堀川貴司註(44)前掲書。

(48) 鶴崎裕雄「連歌師の絵ごころ——連歌と水墨山水画、特に瀟湘八景図について——」(『芸能史研究』四三、芸能史研究会、一九七三年)。

(49) 黒田俊雄「中世文学における王法と仏法」(黒田俊雄註(2)前掲書)。

付記

本稿を成すにあたり、貴重な資料の閲覧をお許しいただいた所蔵者各位に厚く御礼申し上げます。

栄心と天台宗談義所

曽根原　理

はじめに

叡山仏教の教えが、日本の文化に多くの影響を与えたことは確かであろう。中でも、三大部教学と密教教学の基盤の上に形成された天台本覚思想は、仏教諸宗派の教学はもちろん神道・修験から文芸・美術・建築・音楽・芸能などの理論形成にまで深く関わったといわれている。「永遠の今」として現実を絶対的に肯定するというその思想傾向は、「仏教哲理のクライマックス」と評される一方で、修行不要と嘯き欲望肯定を説く堕落思想とも見なされた(1)。いずれにしても、ありのままを重んじる風潮の源流として、現在に至るまでの日本文化に抜き去り難い影を落としていると考えられる(2)。

だがその一方で、天台本覚思想がどのように流布し受容されたかは、必ずしも明らかではない。当初、叡山の学僧の間で形成されたその教説は、唯授一人の秘事口伝を標榜しつつ、切紙や短釈を基本とする限定された形で伝えられたという。南北朝期以降それらの文献化が進むが、そうした文献を受容し得たのは地方の学僧レベルにとどまる。一般の人々は、おそらくは唱導・説教といった場で、天台本覚思想の教えに接したことと思われる。そうした教説授受の場の実態解明は、叡山内部の学僧間の教学伝授解明と同じくらい重要であると思われるが、研究史は多くない。今回取り扱う天台宗談義所は、そうした点に関し意義深い研究対象である。

地方の天台宗の学僧たちにとって、教学の学習は所属寺院内部で完結したものではなかった。特に中世は、近世に比べ本末関係等が未確立だったこともあり、多くの学僧が各地を移動して活発に教学の交流を行っていた。また彼らにとって、叡山に登り法華大会で実力を認められて「竪者」の肩書きを得ることは、名誉の点でも実利の面でも重要であった。こうした現実が要請したところに、各地の学問寺院＝談義所が成立した。天台寺院で「談義所」を公称した早い例として、建治二年（一二七六）信濃国の津金談義所が挙げられるが、実際に談義所が成立したのは鎌倉初期に遡るともいわれている。典型的な天台宗談義所では、数名の教師（学頭）が五十人前後の学僧を教えたとされる。談義所は基本的に学僧教育の場であったが、そこで学ばれた内容が民間への教化に用いられた様子も知られている。[3] 法華大会対策に代表される教学研鑽と、民間への布教という両面を担った学僧たちの一人として、本稿では菅生寺の栄心に注目し検討を加える。

栄心（?～天文十五年〈一五四六〉）は、近江国坂田郡の菅生寺（著名な談義所として知られる成菩提院の末寺）の僧で、とりわけ『法華経直談鈔』の作者として高名であるが、彼の生涯について知られていることは多くない。いくつかの編著の存在を除けば、尊舜を通じ月山寺の教学を継承したこと、[4] 越前国白山平泉寺に居住した時期があったらしいこと、[5] 成菩提院第十世真海との交遊が推測されるという程度である。[6] そこで以下、彼の編著を検討することで栄心の活動を把握し、天台宗談義所の持った歴史的意義を考察していきたい。[7]

一　学僧としての栄心

栄心の仏教教学受容の様相を示す書として、『独宝集』に注目してみたい。同書は管見の限り、日光山輪王寺天海蔵の一本のみ現存が知られている。後述のように、栄心晩年の修学内容を示すものであり、「本ノマ、」の奥書注記に対応するかのように、楷書に近い部分（本稿では太字で表示）と行書の部分、細字の部分（栄心以降の後補か）が書き分けられた写本である。

同書は、表紙に「諸の善悪を起すも本これ幻なり、諸の悪業を造も亦々幻なり、身は聚沫《アハ》の如く心は風の如し、幻より出ものは根無く実性も無し」という「尸棄仏得解文」を載せ（原漢文、以下同）、本文も巻頭題の次には「毘婆尸仏得解文」として、「身は無相の中より生を受こそ、猶幻より形像を出すが如し、行人は心識本来罪福無し、皆空にして所住無し」の文を挙げる。以下、尸棄仏（表紙書き入れと同文）など釈迦に至る過去七仏、さらに迦葉に始まり阿難・優婆毱多・提迦多・弥遮迦・婆須密・仏陀難陀・仏駄密多・脇尊者・富那奢・馬鳴・迦毘摩訶羅・迦那提婆・羅睺羅多・僧伽難提・伽那舎多・奢摩多・婆修槃・摩拏羅・鶴勒夜那・師子脇尊者・婆舎斯多・不如密多・槃多羅の五言四句の偈が続いている。これらは『伝法偈下語』に類し[8]、心や法の実体視を戒める内容である。

五言四句の偈はさらに続く。次は、菩提達磨から慧能までの六名で、「初祖」から「六祖」までの注記が添えられていることから、禅宗の系譜の意識されていることが分かる。偈の内容は、「吾れ本よりこの土に来たるは、法を伝へ迷情を救はんとなり、一花五葉に開すれば、果を結ぶこと自然に成る」（達磨）、「心地に諸種を含み、普く雨悉く皆萌ず、頓に悟すれば花生じ已て、菩提の果のみ自ら成ず」（恵能）など、教えにより悟りを開くことを種と花の比喩で説明する点で共通する。

その次も禅宗の系譜で、「能忍大師」「□（破損）晏大師」「朗覚大師」と続く。この三者には「日本五十一代」「五十二代」「五十三代」と注記が添えられていることから、大日能忍―仏地覚晏―孤雲懐弉―徹通義介という曹洞系の嗣法を意識した系譜と推測される。[9] 偈の内容は、「迷悟は悉く幻の如く、是非は皆夢に似たり、霊々の知常に在り、了々の心独り通ず」（能忍）、「根境は空花の如し、誰か兎の首の届を論ぜん、識知ては太虚に同じ、何か円常の覚に非ざる」（朗覚）など、世俗風の個別的認識を否定する方向で把握される。

五言四句の偈はここで終わり、次の「中峯和尚」（明本、一二六三～一三二三）は「天地我を生ずるは幻中の幻、人間相逢ふは誰かこれ誰、父母来りて生ずるは誰かこれ我、一息来らずんば我これ誰」と、七言四句で自他の区別に懐疑を投げつける。この後は、さまざまな形態で著名仏者の名句が引用されている。順番に挙げるなら、「上宮王太子臨終詞曰」「天台末流存海上人語」「恵心白骨観」「□（破損）磨大師血脈論曰」「三祖鑑智禅師信心銘」「本無生死論伝教作」となる。他の（順番に）聖徳太子・源信・達磨・僧璨・最澄といった著名な仏教者に交じり、さほど高名だったとは思われない存海[10]（?～明応二年〈一四九三〉～大永三年〈一五二三〉～?）の名が見えるのは特徴的であるので、その部分を左に抜き書きする。

夫仏法ノ大道者、以テ二簡択分別ヲ一為シレ病、以二平等法界一為レ薬、是尚ヲ夢中ノ迷悟也。実ニハ病・薬共ニ亡ハ是大安楽ノ田地也。

私ニ云、何ナルカ是レ一心ナリ〇〇ト者其体如何。三界唯一心、其証如何。色即是空々即是色。一息示云、一息去テ両眼閉ル処ヲ云へ、一息去テ暹無念自性。サテ五大集散者、五陰ノ衆集ハ昨日夢、五大ノ集散ハ只今覚観。

一　惺々ノ寂々ハ是ナリ　無起寂々ハ非ナリ
　寂々ノ惺々ハ是ナリ　乱想惺々ハ非ナリ

仏法の教えについて、「簡択分別」する（良い悪いを区別する）態度を病的、「平等法界」の観点（世界の本質的一体性を重視）によりそれを対治と見なしがちだが、本当はそうした（病と薬といった）対立や区別さえ不要になるところを目指すべき、と説かれている。続く「私に云ふ」では、キーワードとして「色即是空、空即是色」を挙げ、世の中に確かな実体は無いことを説明する。最後の偈では理想とする心が、「惺々」（心の聡いさま）「寂々」などで示される。全体としては、本書冒頭から並べられた偈と通底する内容である。

以上は、短い句を連ねて過去の著名な仏教者の教えを並べた形式であった。次に、事書形式で天台教学に関する記述が続いている。題を列挙すると、「三諦形事」「一心三観事」「一念三千事」「無作三身事」「六即事」である。一例を掲げる。

無作三身事

私云、如二尺迦・ミ六《(弥勒)》等一ノ難行苦行ノ始テ成仏ト者有為造作ノ仏也。サテ不レ修二修行一ヲモ不レ経二劫数一ヲモ十界三千其任仏也ト者無作本覚ノ如来也。是即仏ト者一心也。而ニ法界一心ニノ更無二余法一、故ニ不二ルニ作意造作一依報モ正報モ悉皆一心ニノ無作ノ実仏也。サテ三身ト者其姿唯《(雖カ)》レ不二一准一、先十界ノ衆生ノ色法無分別ナルカ故ニ法身ノ境也。次、十界衆生ノ心法ハ知恵ナルカ故ニ報身也。次、十界衆生ノ作業ハ応用ナルカ故ニ応身也。

作用ハ必色心不二一ノ請レ之故也、恵心作業トハ共ニ用ナルカ故ニ其義同レ之。

秘経中有二此説一、境智用理智慈悲何レニテモ経二テ依正ノ二報一二三身ノ姿雖《(於カ)》レテ義ニ可レ用レ之

修行をせずとも世界がそのまま仏であることが分かるなら本来の悟りに達するといい、その仏を心と一体のものと説く点など、明らかに本覚思想の影響下にあることが分かる。

こうした記述の次に、次の識語などがある。

右条々隆仙アサリ、先年熱病以後依二妄失一ニ内観等悉廃妄之間、某無二他事一依二智弟一三千三観等ノ修行ノ肝心取二最要一ヲ可二注進一之由、重々欣慕之間不レ顧二愚案之誤一ヲ任二師々稟承ノ旨一ニ、最極深秘之大事等為二易レ教易レ行一、教

行証ノ始中終悉令二注進一畢。努々不レ可レ有二他見一者也云々。

存海上人記レ之

存海授実全、々々授亮栄、々々授定俊、々々授心能

右の記述から、少なくとも事書部分については隆仙—存海—実全—亮栄—定俊—心能という系譜で伝承されたことが理解できる。この系譜と栄心との接点は未詳ながら、(11)存海周辺に起因する天台教学が栄心に至っていることになる。栄心が存海を特別扱いしているようにみえたのも、ここに原因があると思われる。

識語の次は、「達磨大師安心法門」「傅大士心王銘」という二つの引用記述が続き、その後に栄心の覚書風の記事となる。冒頭部分を記す。(12)

常ノ用心　　栄心

記一云、若尋レ迹々広メ徒ニ自疲労ス。若尋レ本々高々メ不レ可レ極。日夜ニ数二他ノ宝一ヲ自無二半銭ノ分一。但観二己心口伝アリ—大空 高広一ヲ扣二無窮ノ之聖応一ヲ矣。

常ノ懺悔

普賢経云、一切ノ業障海ハ皆従二リ妄想一生、若欲二セ懺悔一ント者端座メ思二ヘシ実相一ヲ、衆罪ハ如二シ霜露ノ会レテ日ニ能消除一ルカ矣。私云、実相ト者真如法性ノ理即是太虚空、深ク入精ニ観レ之ヲ者妄念ハ刹那ニ可レ断レ之也、猶々深ク口伝有レ之可レ習レ之、常ニ此懺悔可レ修レ之事肝要也

細字部分の後補の可能性に留意が必要ではあるが、以下奥書までの記述は、栄心の考えが端的に示されている点で本書の中でも一番注目される部分である。こうした記述が「常発心修行」「見性」「大悟—一心三観」「刹那ノ成道」「真言秘教付心地修行之相」と続いている。次に少し長くなるが、その最後の記述を掲げ、四つに分けて内容を検討する。

真言秘教付心地修行之相　　顕密同致也

大日経住心品云、汝問二吾如レ是義一、汝当ニ諦ニ聴キ極テ善ク作意、吾今説レ之ヲ、金剛手ノ言ク、如レ是ノ世尊願ヒ楽ハクハ欲レス聞上ント、仏言ハク、菩提心ヲ為レ因ト大悲ヲ為二根本一ト方便ヲ為二究竟一ト、秘密王云、何ルカ菩提、謂ク、如実知二ナリ自心一ヲ、秘密王、是阿耨多ラ三藐三菩提乃至彼法、少分モ無レ有レ可レ得、何ヲ以ノ故ニ、虚空ノ相ナリ、是ノ菩提ハ無二智解スル者一モ亦無二開暁一スルモノ、何以ノ故ニ、菩提ハ無相ナルカ故ニ、秘密王、諸法ハ無相ナリ、謂ク虚空ノ相ナリ文。

同経ノ説如来性品云、菩提虚空ノ相、離一切分別、求彼菩提、名菩提薩埵、成就十地等、自在善通達、諸法空如幻、知此一切同文。

同経義釈云、以二無所《無念》徳一為二方便一、万行《ス行》為レ縁、得《大悟》二真実生一ヲ、真実生ト者大空生

縁起諸法━随縁真如　真如法性━本心

「顕密」の一致を説く記述は、真言密教の根本経典の一つである『大日経』とその最も権威ある注釈書の引用から始められた(13)。そこでは、仏者が最も重視すべき菩提心について、それは「如実に自心を知る」ことにより得られる「無相」であり「虚空の相」である心、と説かれている。「空」の重視は、続く図（引用省略）では「大空」を頂点におくことでも示されている。図では、「本心識」に対する「生初一念」から派生したものとして「随縁真如」と「輪廻生死」を挙げ、さらにそれに関わるものとして「十界依正」、さらにそれと関係するものとして「三種幻（即空幻、即仮幻、即中幻）」を示している。

私云、三種ノ幻ノ相、大日経幷ニ義釈可レ見レ之、亦随二聴テ明眼之師一ニ能々聞二口伝一ヲ可レ被レ得、真言行者ノ肝要、秘々中ノ深秘也而已。

義釈云、大空ハ即是遍二ス一切処一ニ故ニ能ク起二ス速疾ノ神通一ヲ、住二ル此処一ニ者ハ初発心ノ時即成二正覚一ヲ、不レ動二生死一ヲ而モ至ルレニ文。

又云、爾時ニ心不レ住レ相ニモ不レ依レ空ニモ、而モ照二見スレハ空一ヲ与二不空一畢竟ノ無相ナリ、而モ具二一切ノ相一ヲ故ニ名二大空三昧一ト、住二ルハ此三昧一ニ即此住二ルナリ於仏ノ無礙ノ恵一ニ、仏説ハク、是人ハ一切智々究竟円満ナリ、所以ニ経云、故説テ為二大空円満薩婆若一ト也文。

又云、一切戯論滅スルト同三心日ノ光明無二所不一レ照、故ニ曰三遍ク照事猶二シト日ノ光一ノ、恬怕一心ナル人乃チ能見二此身一ヲ矣。

菩提心論云、若人求二仏恵一通二達菩提心一、父母所生身速証二大覚位一矣。私云、能々得文ノ意可二ス行(修)一事肝要也

記述は、『大日経義釈』（一行記）や『菩提心論』（不空訳）などを援用し、「真言行者の肝要」を書き連ねる。(14) その内容は、「空」「無相」「大空三昧」などの語で表わされ、その覚悟が菩提心に至ると説いている。

恵心云、問、初心行者如何カ観二メ一念三千一ヲ住二ン自受用之心地一耶。答、如実智二レハ自心一ヲ虚空ノ相アリ、是菩提ナリ、無二知解スル者一亦無二開暁ル者一ノモ。諸法無相ナリ、謂虚空ノ相アリ、達二レハ念ノ無相一ニ無相ノ々ハ鏡懸二リ性空一ニ、無形ノ々ハ星シ烈二ル心地一ニ、此時念三千天真独朗ナリ。問、若菩提如二ナラハ虚空一ノ何カ故ソ求レ之ヲ。求二虚空一ヲ有二何ノ益一カ耶。答、無相ノ中ニ三千宛然トメ有二無量無辺ノ秘密甚深之事一。実ニハ非二世間ノ虚空一ニ、冀ハクハ諸ノ学者得レテ意ヲ忘レヨレ筌ヲ耳矣。

私云、此尺ハ大日経ノ住心品ノ文ヲ移也、即是向二大虚一ニ住二トハ無所得ノ心一ニ仏性虚空也、有所得ノ心シテ見レハレ之智ノ虚空ナリ也。私云、可レ得レ意也。当時遍ス行(修)スル人ハ有所得ノ心ニメ六識ノ妄心少モ不レ息、乱心中ヨリ見二テ大虚一ヲ得タリトレ理ヲ事多レ之。外道・天魔ノ類也、可レ恐々々。悟レハ絶待無所得ノ心也、能々可レ用レ心云云。

心地□□(教行カ)決之文云、虚空ヲ為二道場一ト、菩提ハ虚空ノ相也、亦無二シ等覚ナル者一真如ノ故ニ如来ナリ矣。虚空ヲ為二
身と(土)一ト々々ヲ名二真如一ト、此文在二秘経一顕密同致也以上。

上《カミ》ノ恵心尺云、無相々ハ三千諸法鏡懸二性空一ニ大空法性心

和ノ云、マスカ、ミ　ミカケハウツル　物カケハ　目ニコソ見ユレ　手ニハトラレス。尺云、解如二明鏡一、

明喩即空大空不変真如、像喩即仮三千随縁真如、鏡喩即中不二法界

同恵心御尺云、無形々ハ三千星烈心地大空

和ノ云、雲ハレテ　高ネニノホリ詠レハ　四方ノ千里ノ花ハいろ〳〵経云、諸法実相所謂諸法如是相

続く部分では、虚空をめぐる源信（恵心僧都）の論を検討する形で議論が展開する。[15] 虚空は単なる空虚ではなく、「無相の中に三千宛然として無量無辺の秘密甚深の事有り」と説かれるように、充実した内実を持つものとして説明される。そして「一念三千」「天真独朗」、さらには空仮中の三諦とも関連づけられ鏡と像の比喩も動員されるなど、ここまでの議論と異なり天台三大部教学との習合が顕著である。また、「和して」示される二つの釈教歌も、教えを説くスタイルとして注目されるであろう。[16]

覚大師(ママ)云観心往生論、夫三千依正ハ具二一念一、円融三諦ハ有二一心一ニ、直視円頓旨帰以テ往生ノ難易ヲ可レ知矣。

私云、十界依正ハ随二テ一心ノ所一レ趣不日相分ル、也、依二テハ善心ノ浅深一ニ生二ソ上四生界一ニ得レ楽ヲ、依二テハ悪心ノ重軽一ニ

下生二テ六道界一ニ受レ苦ヲ也。一心ノ趣方ヘ行二受生一ヲ也。

私云、ヲキ中ニ　波ニタ、ヨウ　海士小舟　風吹方ニ　フカレ行カナ

同御尺決上云、道ハ非レ観不レ得、観ハ非レ心不レ滅、二者相兼為レ用故ニ、求二仏道一ヲ者雖二一念一必ス以二観心一ヲ為

レ宗以レ是哉矣。

私云、求二仏道一願二出(離)リ生死・往生極楽一ヲ人ハ先ツ発二シ堅固ノ道心一ヲ、至上ニ可二観心ス(修)行一也。随二於菩提心一大小乗ノ不同有レ之。明匠ノ口伝ニ六識九識ノ道通ト被レ成也。ケニモ小乗ノ菩提無レハ之、九識円教ノ菩提心不レ可レ及也。此故ニ先ツ六識ノ菩提心ヲ可レ尋、是即界内下根ノ凡夫ナル故也。サレハ金剛経云、一切有為ノ法ハ如二夢幻泡影ノ如レ露亦如レ雷、応ニ如レ是観一文。同経随キ(喜)品云、世ハ皆不ル二事牢固一ナラ如二水ノ沫泡焔一ノ、汝チ等咸応ニ当三疾生二厭(離)リノ心一ヲ矣。如二此等ノ文一深ク観二ノ生者必滅・会者定(離)リノ道理一ヲ、此六識ノ菩提心ヨリ入テ次第ニ常境無相・常智無縁ノ九識円満ノ発菩提心ヲ可レ発事肝要也。而ルニ当時如二我等一於二無道心ノ愚僧一、欲心深ク瞋恚強盛ニノ憍慢・我慢ノ心高ク深ク、名聞リ(利)養ニ貪着ノ而モ受二信絶一ヲ少モ厭(離)リノ心無レ之、婬酒ニ能ノ懈怠末行ナル人ハ、天魔外道ノ眷属、妄堕蛮行ノ国賊也。此故ニ小乗六識ノ菩提心ハ無レ之、九識円満ノ菩提心ハ一向不レ及レ発事也。能々可レ有二用心一事也。

一連の記述の末尾は、「往生」という主題に議論が展開している[17]。仏道の到達目標として生死を離れ極楽に往生することが挙げられ、ここまで論じられた菩提心によってそこに至るべきことが説かれているのである。

最後に、右の記述に続く本書奥書を記しておく。

右諸条ハ愚老七十二歳ノ夏之比、臨二テ末後(期)一ニ乍レ臥二病床一ニ所レ聚レ之也。是即、且ハ為レ奉レ勧二他之見理一ヲ、且ハ為レ決二自身之菩提一ヲ也。願ハ依二此功徳一ニ自他倶ニ即生ニ出二テ娑婆ノ苦域一ヲ生二シ安養ノ浄刹一ニ親ク奉レ見二ミタ(弥陀)如来一ヲ聴二聞ノ深如法一ヲ得二無生忍一ヲ、遠来二ノ穢国一ニ導二引キ苦ノ恩者一ヲ利二益シ無縁ノ者一ヲ、乃至慈氏下生ノ時ハ自他共ニ成二親友一ト、慈尊ノ之観法ヲ弘通シ教二化ノ無辺ノ衆生一ヲ共々成二シ仏道一ヲ、乃至法界利益周遍而已。

本云　天文十五年丙午六月廿八日　　欣求浄土沙門栄心記レ之

カキヲクモ　袖コソヌルレ　筆ノアト　ナキ後ノ世ノ　タメトヲモエハ

光栄法印御所持候ヲ懇望申シ而書写畢　　本ノマ、ナリ

寛永十五年　月日　　　　　　　　　　持主戒海

この奥書には、いくつもの興味深い事実が示されている。まず、栄心が七十二歳まで生きたことが確認できる。さらに、本書はその年の夏に病床につき後学に示した内容であること、記録されたのが天文十五年（一五四六）六月二十八日であることが記されている。そこから、その教学伝授を行った七十二歳の夏（四〜六月）は、おそらくは天文十五年であったことと考えられる。「自身の菩提」等を期す病床での授法が、死の丸々一年前（あるいはそれ以前）というのは考えにくいからである。

栄心の逝去は天文十五年八月二十六日であることが確認されている。[18]そこから、この書は死の二カ月ほど前の作であることとなる。彼の生年は、本書奥書により文明七年（一四七五）と推定できる。少なくとも、それ以後ではあり得ない。また、彼が死を控えて後進に授与した法を示すものとして、「栄心印信」や『法華経直談鈔』に加えて『独宝集』が存在したことも確認できる。

次に、本書の原本は「光栄」の所持本であったことが確認できる。彼が成菩提院十六世の光栄であるなら（その可能性は大きいと考える）、栄心の著述で『法華経直談鈔』の他にも成菩提院に伝来したものが見つかったこととなる。本寺成菩提院と末寺菅生寺の教学交流について、今まで以上に親密な関係と捉え得る材料であろう。

その他、「欣求浄土沙門」の名乗りなどにも栄心の浄土信仰が確認できる。一方、寛永十五年（一六三八）に本書を書写した戒海については未詳ながら、原本が成菩提院旧蔵でこの写本が日光天海蔵に現存という事実と、祐円（成菩提院十九世）が寛永五年以前に多くの典籍を天海に献上したという記録をあわせて考えるなら、[19]おそらくは日光周辺の天台僧かと思われる。

以上、『独宝集』を一覧した。その結果、栄心は天台僧として三大部や密教を修得しており、当然本覚思想をも吸収していたことが確認できた。さらにそれだけでなく、栄心は真言・禅・浄土教学にも親しみ、諸宗を広く学んでいた様子も窺うことができたのである。

二　談義僧としての栄心

学僧として諸宗を学んだ栄心であったが、実際の説法にはそれが反映されていたのだろうか。また、天台本覚思想はどの程度説法に影響を与えていたのだろうか。本章では談義の台本的性格を持つ書として、まず『阿弥陀経見聞私』（以下『見聞私』と略記）、ついで『法華経直談鈔』（同様に『直談鈔』）の記述からその点を考えてみたい[20]。

栄心は、天台僧として観相念仏を嗜む一方、法然流の専修念仏には批判的であったことが予想される。その点について『見聞私』には確かに、法然説批判とみられる記述が存在した。

弥陀ノ外ノ余仏菩薩ヲ軽メ、神明モ不レ敬ル人有レ之。此ハ一向背キ二諸経文ノ文一ニ道理ヲモ背ク也。（三九八頁上）

不レ敬ハ二神明一ヲ事大段ノ道理ヲ不レ知也。其故ハ、日本ハ神国也、此国ニ生ルル程ノ者ハ不レ蒙ラ二神明ノ擁護一ヲ事無レ之、一切何事モ神明ノ恩徳也。（三九八頁上）

当時ハ、愚痴ノ道俗ノ身トメ偏執我慢ノ心ヲ以テ、持戒修善ノ人ヲハ雑行也ト云テ謗レ之、大乗ノ経典ヲハ別ノ物也ト心得テ、結句極悪不善ニメ恣ニ振舞処ノ人ヲハ、是ヲハ善人也、決定メ往生スベキ人也ト云事有レ之。是、大邪見ノ人也。但此ハ、聖教ニ学シ智者ニモ近付キ正路ニ心得ル人ハ不レ可レ如ナルレ此。田舎辺ノ在俗ノ中ニ如レ此ノ人有ト聞ヘタリ。但不レ限二念仏門ノ人一ニ、天台・真言・禅宗ナントニモ悪ク心得テ邪路ニ入タル人有レ之。但能ク聖教ヲ学シ、能ク法理ヲ心得タル人ハ不レ然。（四〇〇頁上）

願レ往二生極楽一ニ人、於二テ余ノ経論・余ノ菩薩、亦余ノ諸ノ修善等一ニ少モ差別心無レメ之、何ヲモ難レク有殊勝ニ意得テ而念二ジ弥陀仏一ヲ可レ唱二ス名号一ヲ也。若シ夫ノ余ノ経論、又阿弥陀ノ外ノ余ノ仏菩薩、或ハ余ノ修行ニ差別ヲ存メ行レルハ之、背二弥陀ノ本願一ニ故也。（三五三頁下）

法然に始まる、阿弥陀以外の仏や神を敬わない態度、称名以外の行（持戒・修善）を雑行と称し誹謗する主張が、「道理をも背く」「大邪見」として批判されている。それと平仄をあわせ、教えの選択を前面に出す法然流の主張とは異なり、さまざまな教えの有用性を認める主張も説かれている。

願二フ往生極楽一ヲ事ハ不レ限二浄土宗一ニハ、亘二ル諸宗一ニ也。サレハ諸宗ノ修行不同ナレトモ、共ニ所レハ期スル往生極楽也。故ニ我我ノ宗宗ノ所レノ誦スル非二トモ所依ノ経一ニハ、能能聴二聞レハ此経一ヲ出二離シ生死一ヲ可レ往二生極楽一ニ事ト可レ被二心得一也。諸宗共ニ尤可レ聴二聞ス此経一ヲ事也。（二九一頁上）

阿弥陀如来、本願深重ナレトモ謗二正法一ヲ人ヲ捨レ之ヲ也。而ルニ、大乗ヲ修行メ可二往生一ス上品上生ノ人ハ、此ハ難行道ノ人也、此ハ雑行也ト云テ嫉レミ之ヲ謗レル之ヲ。所詮衆生ノ根性ニ上中下相分ル故ニ、如来モ彼ノ万差ノ機ニ順メ九品ノ修因ノ不同ヲ説玉フ也。機類不同ニメ修因不同ナレトモ、倶ニ可二往生一人ナラハ互ニ深ク相親テ少モ嫉レミ之不レ謗ラ也。総メ諸宗共ニ、偏ニ立メ是二トシ我宗一ヲ非二ル余宗一ヲ事不レ可レ然事也。（三九六頁下〜三九七頁上）

往生極楽を願うのは浄土宗に限らない、諸宗の種々の修行が共に往生の因となるのであり、各宗派にとって『阿弥陀経』の教えは有益であると述べられている。しかしながら一方で、『見聞私』には法然を肯定的に扱っているところもある[21]。そこから、栄心の目的は法然に対する個人攻撃ではなく、彼の所説の異端的傾向を批判することであったと考えられる。造悪無碍批判には、それが明確にみてとれる。

念二ジ弥陀仏一ヲ願二フ往生極楽一ヲ人ニ付テ、重重ノ用心有レ之。先達ノ語ニ、悪人モ往生スト意得テ不レ可二少ノ悪ヲモ作一ス、十念モ往生スト意得テ念ヲハ多念ニ可ニ運ヒ被レ成、尤モ殊勝ノ事也。然ニ当時念仏門ノ人ノ中ニ、弥陀如来ニハ悪人往生ノ御誓願在ス故ニ、作二リ悪業一ヲ起二ストモ三毒一ヲ奉レ念二弥陀如来一ヲタニ名号ヲダニ唱レハ往生ハ無レ疑云テ、恣ニ振舞人有。如レ此意得ル人ハ大悪見ノ人也。（三五二頁下）

「悪人も往生する」という教えを逆手にとり恣に悪事を行うことが批判されている。実際にその主張は、法然門徒の行為として弾圧の口実となり、法然自身も重ね重ね門弟を戒めていた。ところで『見聞私』では、こうした「悪」を戒める言葉に独特の道徳観が認められるので、次にその点についてみていきたい。

先ツ為二親・師匠一ノ仏事作善スルモ、無レ志ハ人目ヲ恥テ作ス事、或ハ三宝ノ照覧ヲ不レ顧世間ノ人目ヲ為レテ本ト作ス事、廻向ノ志ニモ背ク故ニ邪業ナリ。或ハ仏事作善ノ時、我カ親カ歟又兄弟ノミ呼ヒ集テ仁義仏事ヲ作シ、無縁ノ人ニハ不レ施サ、剰ヘ乞食・非人来レハ戸ヲ閉チ、結句罵詈打擲スル事有リ、一向ノ邪業也。（三六二頁下～三六三頁上）

サテ不レ限二一乗一ニ末世ノ衆生ノ中ニモ沈二但空一ニ、無二地獄一モ無二極楽一モト心得ル人有レ之。此ハ大悪見ニシテ非二正見ノ人一ニ。又、適雖レ求二浄土一ヲ己調ノ心ニテ我計ト心得テ他人ヲ利益スル心無レ之、仏教ノ本意ニ背ク也。（三七六頁上）

右の引用文は、二つとも内面の重要性を説いた文である。第一の引用は、世間の人の目だけを気にして形だけの作善を行うこと、および仏事の場で身内の者と他人を差別することについて、「邪業」と断じている。第二の引用では、物事の虚無的側面を強調しすぎる傾向（但空）や、自分ばかり救われようとする執着を否定する。心の正しいあり方について、「一味の仏法なれども心の著執に依り、外道とも成り小乗とも成れり。修善に依りて還て堕獄すべしと見たり」（三六四頁下）、「さしたる悪業をばこれを作さずといえども、一向に世間の事のみ営み弥陀を念ぜず往生を願はざる人は、本願に順ぜざるが故に往生せざるなり」（三七〇頁下）ともいわれる。正しい信心のあり方を説く志向は、しかしながら特殊肥大化する面もみえる。

外道ナレ共利根ノ人ハ、速ニ捨テ二著執ヲ一住シ二無著ノ心ニ一、翻ノ二邪心ヲ一向ニ二正理ニ一也、如二舎利弗・目連等ノ一。サテ仏法者ナレトモ鈍根ナル人ハ、無著清浄ノ法ニ生レ著ヲ、正法ヲ邪法ニ修シ成ス也。今マ時分ノ仏法者ハ、多分ハ此ノ類ナリ。（三六二頁上〜下）

仏教では通常、自らの教えに従わない者を「外道」と称し、貶める。しかしここでは、外道に対する仏法者の優位は揺らいでいる。外道であっても能力のある者（利根）は速やかに悟りに至るとされ、一方能力を欠く仏法者（鈍根）は正しい仏教の教えであってもそこに執着を起こしてしまうため悟りから遠くなってしまうという。結果としての「無著心」を求めて「利根」を特別視してしまう傾向に加え、法然説と異なる方向性を示すものとして、次の記述にも注目しておきたい。

親ハ子ヲ不便ニ思ヘトモ、子ガ親ノ命ニ不ソレ順ハ無ク二正体一身ヲ持成ス事ハ、非ス二親ノ失ニ一自身ノ失也。如レ其、弥陀如来ハ此ノ娑婆世界ノ衆生ハ如二一子ノ一悲愍シ、我国ニ迎取ント云大願ヲ発シ玉フ也。此本願ニ順スル人ハ、速ニ往生スル也。サレハ其国不逆違自然之所牽ノ説此ノ故也。サテ何カニ本願深重ナリトモ、背二仏意ニ一人ハ不二往生一、留二悪趣ニ一受二諸苦一也。是レ全ク本願ノ非レ無ニハ、衆生不信ノ失也。（三七〇頁上）

阿弥陀仏が人々を救う願をかけたとしても、衆生の側からそれを拒否するなら往生は得られないという。これは、阿弥陀による全衆生の救済を原則とする法然流の経典解釈とは異なる立場であり[22]、自力を重視する天台浄土教の立場といえるだろう。

こうした傾向について、『直談鈔』の場合はどうだろうか。そこでは、『大日経』の三句を根拠として「顕密一致」

を説き（一六三頁）、「『法華経』を縮むれば阿弥陀の三字なり」（一八一頁）と浄土信仰を位置づけるなど諸宗の融和を主張している。また、『法華経』を宣揚する一方で諸宗の価値を否定した「日蓮衆」を、かえって「法華を謗る」者と断じている（一七三頁）。あるいは経典書写の功徳を説き（一六五頁以下）、在世中の行いによって「極楽の九品の不同」が存在することを論じる（五六頁）など善行を勧める記述も見える。一方、「仏神は世に御座さぬ」「女犯肉食をしたるともやすやすと成仏すべし」などの教えを「堕獄すべき」「邪法」とする（一八八頁）。その他、日本は大日如来と一体のアマテラスほか諸神が守る国と述べる（一九五頁以下）など、諸宗の並存を認め善行と道徳を重んじるという点に『見聞私』の主張と共通する天台浄土教の立場が窺えるのである。[23]

以上のように『見聞私』や『直談鈔』にみられる栄心説は、一宗一派にとらわれずさまざまな教えを肯定的に扱う傾向がみられた。また、内面的な信心を重んじる点で法然の主張と通じる一方、各人の先天的能力（機根）を重視する側面もあった。さらに、仏意に背く行為を厳しく戒める態度は、世俗道徳と親和的であった。法然説を〈曲解〉した造悪無碍はもちろん否定され、天台本覚思想に基づく反道徳的傾向もみられなかった。天台本覚思想の奥義は、究極的な哲理であると同時に堕落思想的要素も含むと言われるが、説法の場で栄心は、そうした教説は表に出さず、深い信心と正しい行為を勧めていたことが推測されるのである。

おわりに

栄心の編著にみられた特徴は、日本仏教史の上でどのように位置づけられるのだろうか。最後にその点について、鎌倉時代の著名な学僧である無住道暁（一二二六～一三一二）を参照することで考えてみたい。

無住が諸宗兼学の律僧として諸価値の共存を説いたこと、民間への布教を志して『沙石集』『雑談集』などを著したことは広く知られている。『沙石集』では、天台本覚思想を受容しつつも、煩悩即菩提といった堕落思想の側面に警告を発しているともいわれる。[24]

ところで、従来こうした特徴は、無住の個人的体験や資質に原因を求めるか、あるいは仏教界における臨済禅の発展・展開や〈周縁的〉な土地での生活などの外的状況から説明されてきた。[25]だが、本稿で論じてきたように栄心には、顕・密・禅・浄土の諸宗を兼学し、民間への布教を志し編著を著し、本覚思想を受容しつつも道徳的立場を崩さなかったことなど、無住と共通する特徴が多くある。そして、ちょうど無住の活躍した頃は談義所寺院が活動を始めた時期でもあり、彼の活動の場は後に真言宗の談義所となる真福寺のネットワークに含まれていた。[26]そうであるなら、無住と栄心の共通点について、談義僧としての共通性という観点を加えることはできないだろうか。[27]

従来の中世仏教思想史は、正統八宗を標榜する側も、それと対立した法然門徒・日蓮門徒たちの側も、高度な教学書に重点をおいて性格規定がなされてきたように思われる。それに対し初学者や民間を意識した編著に、より融和的な教説がみられることは知られていたものの、相異なる二つの位相が強く意識され検討されたことはなかったように思われる。本稿で試みたのは、〈談義所〉〈談義僧〉という範疇を提起することで、頂点教学とは異なる仏教の性格を想定してみることであった。その結果、談義の場で生まれた教説に、ある程度の共通性がみられるように思われた。

知識人の著作等を考察する場合、個人的要件や外的な状況から分析する外に、二つの接点を探る第三の視点として、彼らの活動した〈場〉に注目することができる。本稿では、中世仏教の授受の〈場〉の一つとして、談義所寺院の存在を意識することが有効であることを提唱した。もちろん、一人の学僧の事例だけで結論づけることはできず、今後多くの例を検討することが必要であろう。あわせて、中世の天台本覚思想受容の実情を探る上でも、この視点に留意していきたい。

註

（1）田村芳朗「天台本覚思想概説」（『天台本覚論』〈日本思想大系9〉、岩波書店、一九七三年）などを参照。

（2）この点については、細川涼一氏のコメントに留意したい（「梅原猛氏の日本人の『あの世』観論について」、『歴史評論』四九〇、一九九一年）。

（3）談義所に関する基本的知見は、尾上寛仲「中古天台に於ける談義所」（『印度学仏教学研究』八―一、一九六〇年）、同「信濃の天台宗談義所」（『信濃』一一・一二合併号、一九六〇年）、内山純子編『中世常陸国天台宗高僧の足跡』（茨城県郷土文化顕彰会、一九九六年）による。天台宗以外の談義所については、真言宗は稲葉伸道「尾張国真福寺の成立」（『名古屋大学文学部論集』一四三、二〇〇二年）、日蓮宗は丹治智義「重須談所の教育史的考察」（高木豊・冠賢一編『日蓮とその教団』、吉川弘文館、一九九九年）、などが論及している。廣田哲通「天台宗談義所の相貌」（『女子大国文』国文編五一、二〇〇〇年）は、研究論文を列挙している。

（4）「栄心印信」（成菩提院所蔵）。この印信の「光栄―尊栄―忍意―尊舜―栄心」の系譜について、曽根原理「天台寺院における思想の体系」（『説話文学研究』三六、二〇〇一年）では成菩提院第十六世の光栄から栄心に至るものと考察した。だが、第十六世の光栄の活動時期（天正年間）から考えれば無理があり、むしろ常陸国月山寺開祖の光栄以降の法系と人名が一致する点について渡辺麻里子氏のご指摘を得た（同「尊舜の学系」、『天台学報』四四、二〇〇二年を参照）。ここに訂正する。

（5）中野真麻理「法華経直談鈔」（同『一乗拾玉抄の研究』、臨川書店、一九九八年、初出一九九四年）。

（6）池山一切円「解題」（『法華経直談鈔』一、臨川書店、一九七九年）。

（7）栄心の編著で存在が確認できるのは、『阿弥陀経見聞科』（二冊、高野山持明院所蔵、元禄九年写本）、『阿弥陀経見聞私』（六巻六冊、『天台宗全書』一一所収）、『観音品直談顕説抄』（二巻一冊、金沢市立玉川図書館金陽文庫所蔵、寛文七年刊本）、『独宝集』（一冊、輪王寺天海蔵所蔵、寛永十五年戒海写本）、『法華経直談鈔』（十巻二十冊、

写本刊本多数）、『法華経抄』（一帖、積翠文庫旧蔵、室町末期写本）、『法華拾葉集』（八冊、真福寺文庫所蔵、写本）である。本稿で言及しない諸書のうち、『観音品直談顕説抄』は『法華経直談鈔』の「観音品」の部分にほぼ当たる（註（5）中野前掲論文ですでに指摘）。『法華拾葉集』も基本的に『法華経直談鈔』の転写本である点は、渡辺守邦「解説」（『法華経直談鈔古写本集成』、臨川書店、一九八九年）参照。『阿弥陀経見聞科』は筆者未見。『法華経抄』は現在所在不明であるが、川瀬一馬編『石井積翠軒文庫善本書目』全二冊（石井光雄発行、一九四二年）「書目」一八頁に「室町末期写。毎半葉十二行片仮名交り講説。白界、厚葉楮紙両面書写、粘葉装。界高約七寸二分。巻首・尾に「天台沙門榮心集之」とあり、提婆品より勧持品に至る。巻首見返に「泰養寺」（江戸期筆）の墨書識語が見え、又巻中・巻末に「泰養寺什物」の墨印記等があり、藍色原表紙に「恵胤」の墨書識語が見える。大いさ、縦八寸五分、横五寸六分」の記述がある（伴勝代氏のご教示に感謝申し上げる）。

（8）鈴木鉀三編『霊樹山耕運寺六百年誌』（耕運寺、一九九五年）一四八頁以下参照。猿投神社所蔵の「澄秀伝授印信集」に応永十五年（一四〇八）伝授の「達磨和尚秘密偈」等として「纔覚玉池無滴瀝」以下の七言四句を載せる（『豊田史料叢書』猿投神社中世史料、豊田市教育委員会、一九九一年、一六三頁）などの例もある。

（9）能忍の教団が、懐奘が道元の弟子となり永平寺二世を嗣ぐなどして曹洞宗教団に合流した事情は、鷲尾順敬「大日房能忍の達磨宗の首唱及び道元門下の関係」（同『日本仏教文化史研究』、冨山房、一九三八年、初出一九三六年）や嗣永芳照「日本曹洞宗に於ける大日能忍の達磨宗の消長」（『書陵部紀要』一八、一九六六年）に詳しい。義介が能忍を達磨以来の五十一世、自らを五十三世として認識していた点については、辻善之助『日本仏教史』中世篇之二（岩波書店、一九四九年）六四頁および三一九頁の史料参照。ただし、朗覚大師の伝は筆者未詳。

（10）存海については、下西忠「沙石集抜書の方法」（『中世文芸論考』一、一九七五年）、落合博志「『行者用心集』攷」（『法政大学教養部紀要』八六・人文科学編、一九九三年）参照。

（11）註（4）の「栄心印信」によると、定舜《ママ》（成善提院第十四世との関係未詳）に対し、逆に栄心からの伝法が存在したらしい。

（12）引用は「記一」が『法華文句』一上（『大正新修大蔵経』三四、二頁b）、「普賢経」が『観普賢菩薩行法経』（同九、三九三頁b）。

(13) 引用は『大正新修大蔵経』一八、一頁b～c、四二頁c、『続天台宗全書』密教1(春秋社、一九九三年)八頁下。活字本と相違する箇所がある(以下同)。
(14) 引用は註(13)前掲『続天台宗全書』密教1、九頁下、一七一頁上、『大正新修大蔵経』七六、一一二頁c(『行林抄』一三)、同三一、五七四頁c。
(15) 引用は『大日本仏教全書』三二(一九一六年)、一一七頁下(『枕双紙』)、『大正新修大蔵経』七六、六〇四頁a(『渓嵐拾葉集』三〇)等、同四六、九頁a(『摩訶止観』一下)、同七〇、七九頁b(『菩提心論見聞』三)など。
(16) 小峯和明「和歌と唱導の言説をめぐって」(『国文学研究資料館紀要』二一、一九九五年)は、和歌の持つ「集約」「要約」の働きを指摘する。法華経注釈書の和歌については、廣田哲通「『法華経』と和歌」(『女子大文学』四六、一九九五年)などが扱っている。
(17) 引用は『大日本仏教全書』二四(一九三四年)、三一六頁下、『大正新修大蔵経』八、七五二頁b、同九、四七頁b(『法華経』随喜功徳品)など。
(18) 註(7)渡辺「解説」。
(19) 尾上寛仲「叡山天海蔵義科抄類の構成」(叡山学会編『叡山仏教研究』、獅子王教授喜寿記念刊行会、一九七四年)。
(20) 底本は、『阿弥陀経見聞私』は天台宗全書本、『法華経直談鈔』は『法華経直談鈔古写本集成』「金台院蔵本」を使用し、該当箇所を表示し、本文中では私に読み下した。
(21) 「法然の語に、尼入道の心に還て念仏すべしと云へる、この意なり」(三五四頁上)、「法然の語にも、尼入道の心に帰て南無阿弥陀仏と唱る外は別の事これ無し、是非・善悪の心ヲを打捨て但打向て称名すべきなり」(三五八頁上～下)など。
(22) 「下品下生はこれ五逆重罪の人なり。しかもよく逆罪を除滅すること、余行の堪えざるところなり。ただ念仏の力のみあって、よく重罪を滅するに堪えたり」(『選択本願念仏集』〈日本思想大系10〉、岩波書店、一九七一年、一三九頁)。法然が全面的な帰依を公言した善導は、誹謗正法者であっても往生可能という立場をとり、それは親鸞において化身土往生の理論に至ったという。市川浩史『親鸞の思想構造序説』(吉川弘文館、一九七七年)第一部第四参照。

(23) しかしながら、多少の相違点らしきものも散見される。たとえば「広学にして物を広く覚へ弁説自在に物を云ふも真実の利根には非ず、出離生死を祈り後生菩提を欣が真実の利根なり」(二三七〜二三八頁)という一文は、資質よりも信心に重点を置くようにみえる。阿弥陀如来の名号を唱えれば「是の心が即ち是れ仏なり」(二九三頁)といった記述も、信心と並んで、あるいはそれ以上に道徳的行為を重視した『見聞私』とは距離があるように感じられる。こうした両書の相違が、執筆時期の違いによるのか、対象となる経典の関係か、あるいはその他の事情があるのかについては、紙幅の都合もあり別の機会に考察することとしたい。

(24) 藤本徳明「『沙石集』裁判説話の構造」(同『中世仏教説話論』、笠間書院、一九七七年所収、初出一九七三年)。また、三崎義泉『止観的美意識の展開』(ぺりかん社、一九九九年)第三部第六章にも関連記述がある。

(25) 藤本徳明「『沙石集』の思想史的位置」(初出一九六七年、同註(24)前掲書所収)、小島孝之「無住と医術」(同『中世説話集の形成』、若草書房、一九九九年所収、初出一九七五年)、大隅和雄「無住『雑談集』をめぐって」(同『中世歴史と文学のあいだ』、吉川弘文館、一九九三年所収、初出一九八七年)、和田有希子「無住道暁と鎌倉期臨済禅」(『文芸研究』一五三、二〇〇二年)。その他、伊藤聡「『沙石集』と中世神道説」(『説話文学研究』三五、二〇〇〇年)は遁世僧であったことに原因を求めている。

(26) 伊藤聡「猿投神社所蔵の無住撰述『三昧耶戒作法』について」(『愛知県史研究』五、二〇〇一年)。

(27) 鎌倉後期の無住と戦国期の栄心とは二百年以上の時代差がある。談義所の存在が両者に別々に影響を与えたと考えるよりは、初期の談義所と無住の間に知的な相互交渉があり、栄心がその影響下にあったと考えるべきだろう。なお、栄心に影響を与えた存覚が無住の熱心な読者であったことは、落合博志前掲註(10)論文の註(5)の各論文参照。

付記

引用文中の句読点・訓点は私に付した部分がある。私注は(　)で示した。『独宝集』の閲覧等に関しては、日光山輪王寺および天台宗典編纂所に格別のご高配を賜わり、改めて感謝申し上げる。同書記事による栄心没年等の検討はすでに西村冏紹氏が行っているが(『正続天台宗全書目録解題』、春秋社、二〇〇〇年、八五頁以下、渡辺麻里子氏のご教示による)、校正中に知ったため触れられなかった。なお本稿は、平成十四年度科学研究費補助金(課題名「中世談義所寺院の知的交流と言説形成」基盤(B)(1)、代表曽根原)による成果の一部である。

延暦寺文書復元研究会　研究会日誌

一九九三年八月一日　同志社大学
延暦寺文書復元研究会発足

一九九三年十一月二十二日　同志社大学
井上寛司「比叡山楞厳三昧院領出雲国鰐淵寺について」

一九九四年五月三十日　明治大学
平瀬直樹「天台宗の地方的展開と守護大名」
福田榮次郎「江北における山門史料をめぐって」

一九九四年八月一日　同志社大学
佐藤　圭「中世の越前と延暦寺」

一九九五年五月二十九日　明治大学
衣川　仁「中世延暦寺の門跡と大衆」
榎原雅治「日記（日記文書）について」

一九九六年五月二十七日　明治大学
曽根原理「貞舜と中世天台学」
飯沼賢司「天台六郷山文書に関して」

一九九七年五月二十六日　明治大学
見学「明治大学所蔵青蓮院文書」展
福田榮次郎「明治大学所蔵青蓮院文書について」

一九九七年十一月十七日　日本史研究会会議室
平　雅行「鎌倉幕府と延暦寺」
田良島哲「中世前期における山門発給文書について」

一九九八年五月二十八日　明治大学
大田壮一郎「大覚寺門跡の形成と室町幕府」
釈迦堂光浩「葛川明王院文書の構成と成立」

一九九八年十一月二十三日　日本史研究会会議室
深尾啓子「近江国葛川の公人をめぐって」
上島　享「仏教史のなかの密教」

一九九九年五月二十四日　明治大学
伊藤　聡「関白流神道について」
酒井彰子「園城寺常住院門跡の創設と九條家」

一九九九年十一月二十二日　日本史研究会会議室
松本公一「成菩提院所蔵『阿娑縛抄』をめぐって」
廣田哲通「天台宗談義の相貌」

二〇〇〇年五月二十九日　明治大学
上杉和彦「平田俊春氏の仕事をめぐって
――僧兵論を中心に――」
衣川　仁「強訴について」

二〇〇〇年十一月二十日　日本史研究会会議室
伊藤正敏「叡山門前としての京」

東舘紹見「平安初期〜中期における一乗思想の展開」

二〇〇一年五月二十八日　明治大学

池浦泰憲「南北朝内乱期における権力と寺院」

稲葉伸道「青蓮院門跡の成立と展開」

二〇〇一年十一月十九日　日本史研究会会議室

畠山　聡「中世における葛川支配の組織について」

長谷川賢二「熊野三山奉行考」

二〇〇二年六月三日　明治大学

赤沢春彦「鎌倉幕府と陰陽道」

岡野浩二「平安時代の延暦寺の寺院法」

以上

あとがき

本書の「あとがき」として「延暦寺文書復元研究会」の発足ならびに研究会の活動と本書刊行にいたる経過について記すことにする。

河音さんから福田が延暦寺文書復元研究の話を聞いたのは、黒田俊雄さんがお亡くなりになった年の歴史学研究会大会の頃であった。黒田さんと福田は先学の稲垣泰彦さんの紹介で親しくなり、お互いに独身の頃には日本史研究会大会の時に、黒田さんの下宿に宿泊させてもらったりしたこともあり、一九八六年には近江大原観音寺文書の文書調査を黒田さんをはじめとする寺院史研究会の皆さんと一緒に行っている。このようなこともあったので、河音さんから黒田さんの遺言のような延暦寺文書復元研究の話が福田にあったのではないかと思っている。黒田さんの遺言のようなものであるということと、文書の復元研究ということに興味をもったので、早速賛同した。そして一九九三年八月一日に研究会を行うことが決まると、六月七日には京都の旅館「松華楼」に七月三十一日の宿泊を申し込んでいる。この頃福田は毎年のように七月三十一日には院生・学生諸君と『東寺百合文書展』を展覧したりして京都にいた。それに合わせて研究会を企画してくれたのである。

八月一日、同志社大学の井ヶ田良治さんの御高配により、第一回の研究会が同志社大学で行われた。その時の参加者は井ヶ田良治・河音能平・大山喬平・熱田公・高橋昌明・橋本初子・平雅行・春田直紀・福田榮次郎といった面々であった。研究会の意とするところは序文に示されたところであるが、会の名称は「延暦寺文書復元研究会」とした。そして定期的に京都と東京で研究会を行うこととし、具体的には東京では歴史学研究会大会の翌日、京都では日本史研究会大会の翌日とし、会場は東京では明治大学、京都では同志社大学、日本史研究会事務局会議室が利用された。

研究会は延暦寺研究の現況をふまえて、延暦寺、延暦寺文書の研究にこだわらず、多様な研究のなかでその成果が延暦寺・延暦寺文書にかかわるものであれば積極的にとりあげていくことにした。その研究会の動きについては参考資料として掲げた「研究会日誌」を参照されたい。毎回の研究会には二十数名から三十数名の人々が出席しており、その出席者の名簿が作成されているが、一九九八年には四十五名、二〇〇〇年には七十四名となり、南は大分、北は仙台の人々が名をつらねている。こうした研究会をかさねていくなかで、河音さんから「そろそろ研究活動をかたちあるものにしては」との提案があり、一九九九年十一月の会合では、「論文集」の刊行に意見がまとまり、編者に河音・福田があたり、出版の世話人を平雅行さん・大石雅章さん・上杉和彦さんにお願いすることになった。

「論文集」はタイトルを『中世延暦寺と寺社』として、延暦寺文書の復元研究や延暦寺そのものを対象とした論稿は勿論であるが、それに限定せず、それぞれの研究内容が延暦寺や延暦寺文書となんらかのかかわりをもつようなものであればよろしいということにして、研究会参加の皆さんに執筆をお願いすることになった。そして幸いなことに多岐にわたる興味あるすぐれた論文十六点をおさめることができたのである。

なお、本書の編者河音と福田は昨年末から本年にかけていちじるしく体調をくずし、予定していた論稿を執筆できなくなってしまった。まことに残念であるとともに申し訳のないことになってしまったと思っている。しかし本書刊行の世話人をお願いした平・大石・上杉の三氏の熱心な御尽力により、その出版にたどりつくことができ、ありがたく思っている。また、これにより延暦寺文書復元研究会の役割も一応果たすことができるのではないかと安堵している。
「あとがき」を結ぶにあたり、本論文集の原点である黒田俊雄さんの御冥福を心からお祈りするとともに、すぐれた論文を寄せてくださった皆さんに御礼の言葉をおくり、またお世話になった法藏館の上別府茂・大山靖子の両氏に謝意を表する次第である。

二〇〇三年九月三十日

延暦寺文書復元研究会　代表
河音　能平
福田榮次郎

あとがき追記

二〇〇三年三月十八日、河音さんから電話があり、そのお話は深刻なものであった。その日は福田が日本医科大学多摩病院から退院した翌日のことであった。二人とも体調のよろしくなかった時である。しかし河音さんはお元気になられるであろうと福田は信じていた。

本書の「序文」「あとがき」は二〇〇三年の正月には一応でき上がっていた。そして二人とも論文の最終締切までに何とか論稿を書き上げようと筆をすすめていた。しかし夏を過ぎる頃二人とも執筆を断念せざるを得なくなっていた。十一月に入ると出版のお世話をしてくれている平さんから、論文の執筆はなくても河音・福田が編者となってもよいのではないかとのお手紙をいただいている。

こうしているうちに、十一月二十二日、日本史研究会大会が行われているその日、河音さんはお亡くなりになった。まことに痛恨の至りである。河音さんは延暦寺文書復元研究に情熱をかけておられたのに、その成果を世に問うことができないうちに、このようなことになったのは本当に残念のきわみである。

河音さんのためにも、延暦寺復元研究会に論文を提出してくださった方々のためにも、悲しみにくれているわけにはいかず、本書の刊行に尽力することになる。そして集まった十六点のすぐれた論考は、以下のように三部に分けて収載することにした。

第Ⅰ部は延暦寺の内部構造を扱った論文から成る。岡野浩二論文は古代中世における延暦寺の寺院法の特質を検討し、衣川仁論文は鎌倉初期に行われた堂衆追放の歴史的意味を明らかにした。稲葉伸道・平雅行論文は青蓮院の門跡紛争の実態を復元しながらその原因を追究し、下坂守論文は十五世紀前中期の山訴を取り上げてその実現過程を解明している。

第Ⅱ部では、延暦寺を政治的社会的な広がりのなかで捉えようとした。上川通夫論文は十世紀の天台宗の変質を天神信仰の形成過程とのかかわりで説明し、高橋昌明論文は平安末の延暦寺強訴を後白河院政および平氏の政治的力学のなかに位置づけた。大石雅章論文は天台宗の地域有力寺院である粉河寺と寺内別院との関係を具体化し、伊藤正敏論文は中世京都を比叡山の門前都市という視覚から捉え直している。また永村眞論文は延暦寺と若狭神宮寺との本末関係の具体相を明らかにし、湯浅治久論文は近江国河上庄を素材にして室町・戦国期の山門領支配の実態に迫った。

第Ⅲ部には延暦寺の教学にかかわる論考を集めた。牧野和夫・松本公一論文は近江柏原にある成菩提院所蔵の典籍をもとに、中世天台談義所における教学のありようを検討し、田中貴子論文は運海著『大黒天　秘密要集』がのちに誤って『渓嵐拾葉集』に編入されたことを明らかにした。また『諸国一見聖物語』は奥州出身の聖に仮託して比叡山への案内をした十四世紀後半の作品であるが、小林直樹論文はそこに登場する説話や風景描写の特徴を捉え、曽根原理論文は『法華経直談鈔』の作者栄心の思想と活動について考察している。

当初の計画では延暦寺以外の寺社勢力の論文も多様に収載する方向で編集を考え、本の題名を「中世延暦寺と寺社」としてきた。しかし延暦寺以外の寺社勢力の論文は、寺門系の地域寺院を扱った大石論文だけとなってしまった。この点からすると題名と内容にやや齟齬が生じたように思われる。そこで題名を「延暦寺と中世社会」とすることにした。

しかしそのために大石論文がやや浮いたような感じになってしまったかもしれない。大石雅章氏には深くお詫びしたい。

本書の結びにあたって、河音能平さんの御冥福を心から念ずるとともに、延暦寺文書復元研究という大きな課題に真摯に取り組んでこられた河音さんのお仕事は、延暦寺文書の復元ということだけでなく、これからの中世の古文書研究に大事な問題をなげかけており、日本中世史研究者のみんなでひきついでいくべきことが多々あるのではないかと思っている。

なお、予期せぬ非常の事態にあたり、「あとがき」の追記というあまり例をみない一文をもって本書をまとめることになった。このようなことで本書を結ぶことが、これまでの本書の成立の経過を素直に語ることになり、最もふさわしいものではないかと考えている。この点御海容いただきたく思っている。

二〇〇四年三月二十五日

福田榮次郎

著者紹介（五十音順）

伊藤正敏（いとう　まさとし）
一九五五年生まれ。東京大学大学院修士課程修了。中世史研究家。著書『中世後期の村落』（吉川弘文館）、『日本の中世寺院』（同）ほか。

稲葉伸道（いなば　のぶみち）
一九五〇年生まれ。名古屋大学大学院文学研究科博士課程修了。同大学院文学部研究科教授。著書『中世寺院の権力構造』（岩波書店）ほか。

大石雅章（おおいし　まさあき）
一九五三年生まれ。大阪大学大学院文学研究科博士課程単位取得退学。鳴門教育大学教授。著書『日本中世社会と寺院』（清文堂）ほか。

岡野浩二（おかの　こうじ）
一九六一年生まれ。駒澤大学大学院博士課程満期退学。國學院大学・明治学院大学非常勤講師。論文「延暦寺諸堂の再建事業について」ほか。

上川通夫（かみかわ　みちお）
一九六〇年生まれ。立命館大学大学院文学研究科博士課程単位取得退学。愛知県立大学教授。論文「奝然入宋の歴史的意義」ほか。

河音能平（かわね　よしやす）→奥付

衣川　仁（きぬがわ　さとし）
一九七一年生まれ。京都大学大学院文学研究科博士後期課程研究指導認定退学。徳島大学講師。論文「強訴考」ほか。

小林直樹（こばやし　なおき）
一九六一年生まれ。京都大学大学院文学研究科博士後期課程指導認定退学。大阪市立大学助教授。著書『中世説話集とその基盤』（和泉書院）ほか。

下坂　守（しもさか　まもる）
一九四八年生まれ。大谷大学大学院修士課程修了。文化庁文化財美術学芸課長。著書『中世寺院社会の研究』（思文閣出版）ほか。

曽根原　理（そねはら　さとし）
一九六一年生まれ。東北大学大学院博士後期課程修了。東北大学助手。著書『徳川家康神格化への道』（吉川弘文館）ほか。

平　雅行（たいら　まさゆき）
一九五一年生まれ。京都大学大学院博士後期課程修了。大阪大学大学院文学研究科教授。著書『日本中世の社会と仏教』（塙書房）ほか。

髙橋昌明（たかはし　まさあき）
一九四五年生まれ。同志社大学大学院修士課程修了。神戸大学文学部教授。著書『武士の成立　武士像の創出』（東京大学出版会）ほか。

田中貴子（たなか　たかこ）
一九六〇年生まれ。広島大学大学院博士課程修了。博士（日本文学）。甲南大学教授。著書『渓嵐拾葉集の世界』（名古屋大学出版会）ほか。

永村　眞（ながむら　まこと）
一九四八年生まれ。早稲田大学大学院博士課程中退、日本女子大学文学部教授。著書『中世寺院史料論』（吉川弘文館）ほか。

福田榮次郎（ふくだ　えいじろう）→奥付

牧野和夫（まきの　かずお）
一九四九年生まれ。慶應義塾大学大学院博士課程修了。実践女子大学文学部教授。著書『中世の説話と学問』（和泉書院）ほか。

松本公一（まつもと　こういち）
一九六一年生まれ。同志社大学大学院博士後期課程単位取得。同志社大学文学部嘱託講師。論文「後白河院の信仰世界」ほか。

湯浅治久（ゆあさ　はるひさ）
一九六〇年生まれ。明治大学大学院博士前期課程修了。博士（史学）。市立市川歴史博物館学芸員。著書『中世後期の地域と在地領主』（吉川弘文館）ほか。

＊所属は二〇〇五年一一月現在。

河音能平（かわね　よしやす）

1933年兵庫県生まれ。1957年京都大学文学部史学科卒業。1962年京都大学大学院文学研究科博士課程単位取得。京都大学文学部助手。1971年大阪市立大学文学部助教授・同教授を経て，1996年定年退職。大阪市立大学名誉教授。2003年11月22日逝去。
主な編著書に『中世封建制成立史論』（東京大学出版会，1971年），『中世封建社会の首都と農村』（東京大学出版会，1984年），『世界史のなかの日本中世文書』（文理閣，1996年），『中世文書論の視座』（東京堂，1996年），『大阪の中世前期』（清文堂，2002年），『天神信仰の成立』（塙書房，2003年）ほか。

福田榮次郎（ふくだ　えいじろう）

1928年東京都生まれ。1951年明治大学文学部史学地理学科日本史専攻卒業。1957年明治大学大学院文学研究科博士課程単位取得。東京大学史料編纂所において大日本史料第九編・第十二編の編纂にたずさわり，1974年明治大学助教授・同教授を経て，1998年定年退職。現在，明治大学名誉教授。
主な編著書に『岐阜県史　古代中世史料編』一～四（岐阜県，1969～73年），『新訂中世史料採訪記』（ぺりかん社，1998年），『近江大原観音寺文書』一（続群書類従完成会，2000年）ほか。

延暦寺と中世社会

二〇〇四年　六月一〇日　初版第一刷発行
二〇〇五年一二月二〇日　初版第二刷発行

編　者　河音　能平
　　　　福田　榮次郎
発行者　西村　七兵衛
発行所　株式会社　法藏館
京都市下京区正面通烏丸東入
郵便番号　六〇〇-八一五三
電話〇七五(三四三)〇〇三〇(編集)
〇七五(三四三)五六五六(営業)

印　刷　立生株式会社
製　本　新日本製本株式会社

ISBN 4-8318-7462-0 C3021

律令国家仏教の研究　本郷真紹著　六、六〇〇円

平安時代の寺院と民衆　西口順子著　八、七〇〇円

描かれた日本の中世　絵図分析論　下坂　守著　九、六〇〇円

南都仏教史の研究　遺芳篇　堀池春峰著　九、八〇〇円

戦国期本願寺教団史の研究　草野顕之著　九、八〇〇円

法華衆と町衆　藤井　学著　八、八〇〇円

法華文化の展開　藤井　学著　八、〇〇〇円

王法と仏法　中世史の構図〈新装版〉　黒田俊雄著　二、六〇〇円

法　藏　館　価格税別